ABC DU BAC

Tout-en-un

LE BAC EN CONFIANCE

2de

Maths
Jean-Luc Dianoux
Muriel Dorembus

Physique-Chimie
Sylviane Laffitte
Geneviève Ponsonnet

SVT
Frédéric Lalevée

Français
Françoise Cahen
Garance Kutukdjian
Ghislaine Zaneboni

Histoire-Géo
Pierre-Marie Imbert
Alain Rajot

Anglais
Anne-Laure Delord

Nathan

Sommaire

MATHÉMATIQUES

PHYSIQUE-CHIMIE

SVT

FRANÇAIS

Partie 1 : Les objets d'étude

Partie 2 : Vers le bac

HISTOIRE-GÉOGRAPHIE

Histoire

Géographie

ANGLAIS

Réalisation éditoriale : Caroline Edenhoffer, Roseline Messager (éd. 2018)
Conception graphique intérieur : Élise Launay
Couverture : Marc & Yvette
Cartographie : AFDEC
Schémas : CORÉDOC
Compositeur : Thomson Digital, Facompo, Linéale

Édition précédente : ISBN 978- 209-189210-8

ISBN 978- 209-150377-6

Mode d'emploi

Un ouvrage pratique pour réviser toutes les matières et réussir l'examen !

Retrouvez en un seul ouvrage les matières au programme de 2de.

Et pour chaque chapitre, trois rubriques pour progresser en toute sérénité :

Cours

- Des **cours synthétiques** et **structurés** pour maîtriser tous les thèmes du programme.
- Des **encadrés en marge** donnent des informations complémentaires, du vocabulaire, des biographies, etc.

→ Révision express

- Une page **Révision Express** à la fin de chaque chapitre résume les principaux points à retenir.
- Un **Quiz** permet de se tester rapidement et de vérifier que le cours est bien compris.

▸▸▸ Cap sur le bac

- Des **exercices** pour vous entraîner ou des **sujets type** qui pourraient vous être proposés au bac l'année prochaine.
- Des **conseils méthodologiques** vous aident à comprendre les points difficiles et à réaliser les exercices ou les sujets.
- Les **corrigés** sont accompagnés de nombreux **conseils**, **remarques**, **astuces du prof** pour acquérir les bons réflexes pour le bac.

Des compléments sur Internet :
Encore plus d'exercices et des podcasts, des cartes interactives, des animations, des sujets de bac sur **www.abcbac.com**

Mathématiques

Fonctions

Géométrie

Statistiques et probabilités

Algorithmique

Mathématiques

MATHS

Chapitre 1 Ensembles de nombres

1 Les ensembles de nombres

De quoi s'agit-il ? **Il existe différentes sortes de nombres. On les regroupe dans des ensembles.**

1 Définition

- L'ensemble des nombres réels, noté $\mathbb{R}$, est l'ensemble de tous les nombres que nous utilisons.
- On représente cet ensemble par une droite graduée :

2 Les différents ensembles de nombres

- L'ensemble des **nombres entiers naturels** est $\mathbb{N} = \{0 ; 1 ; 2 ; \ldots\}$.
- L'ensemble des **nombres entiers relatifs** est $\mathbb{Z} = \{\ldots ; -2 ; -1 ; 0 ; 1 ; 2 ; \ldots\}$.
- L'ensemble des **nombres décimaux** $\mathbb{D}$ est l'ensemble des nombres dont l'écriture décimale comporte un nombre fini de chiffres après la virgule. Ils s'écrivent aussi sous la forme $a \times 10^p$ où a et p sont des nombres entiers relatifs.
- L'ensemble des **nombres rationnels** $\mathbb{Q}$ est l'ensemble des nombres qui s'écrivent sous la forme $\frac{p}{q}$, où p et q sont des nombres entiers relatifs ($q \neq 0$).

Remarque

On a $\mathbb{N} \subset \mathbb{Z} \subset \mathbb{D} \subset \mathbb{Q} \subset \mathbb{R}$
(Le symbole $\subset$ se lit « inclus dans ».)

2 Les intervalles

De quoi s'agit-il ? **Il s'agit de manipuler les intervalles de nombres.**

1 Écriture des intervalles

Soit a et b deux nombres réels tels que $a < b$.

- L'ensemble des nombres réels x vérifiant la double inégalité $a \leqslant x \leqslant b$ est l'intervalle fermé $[a ; b]$ d'extrémités a et b, où a et b sont les bornes de l'intervalle.
Il est représenté sur un axe par un segment :

- L'ensemble des nombres réels x vérifiant la double inégalité $a < x < b$ est l'intervalle ouvert $]a\,;b[$ d'extrémités a et b, où a et b sont les bornes de l'intervalle.
Il est représenté sur un axe par un segment :

- L'ensemble des nombres réels x vérifiant l'inégalité $x > a$ est l'intervalle ouvert en a noté $]a\,;+\infty[$.

Il est représenté sur un axe par une demi-droite :

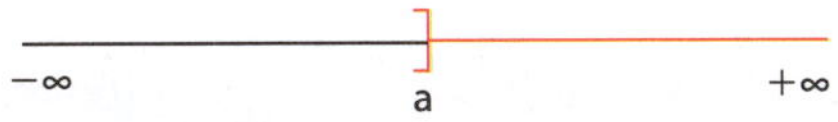

- L'ensemble des nombres réels x vérifiant l'inégalité $x \leqslant b$ est l'intervalle fermé en b noté $]-\infty\,;b]$.

Il est représenté sur un axe par une demi-droite :

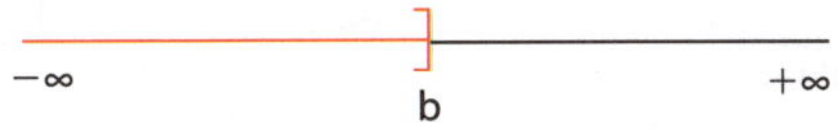

2 Intersection et réunion d'intervalles

Remarque

$\mathbb{R}$ est l'intervalle $]-\infty\,;+\infty[$.

- L'**intersection** de deux intervalles A et B, notée $A \cap B$, est l'ensemble des nombres réels qui appartiennent à la fois aux deux intervalles.
- La **réunion** de deux intervalles A et B, notée $A \cup B$, est l'ensemble des nombres réels qui appartiennent à l'un ou l'autre des deux intervalles.

Exercice résolu

Déterminer des intersections et des réunions d'intervalles

ÉNONCÉ

On donne : $I_1 =]2\,;5]$, $I_2 =]-\infty\,;3]$ et $I_3 =]1\,;+\infty[$.

Déterminer les intervalles : • $I_1 \cap I_2$; • $I_2 \cup I_3$; • $I_2 \cap I_3$; • $I_1 \cup I_2$.

CORRIGÉ

Pour chaque cas, on représente les intervalles sur une même droite ; on hachure dans un sens le premier intervalle, puis dans l'autre sens le deuxième intervalle. Pour une intersection, on choisit les points sur la droite qui sont hachurés deux fois. Pour une réunion, on choisit les points sur la droite qui sont hachurés au moins une fois.

- $I_1 \cap I_2 =]2\,;3]$.

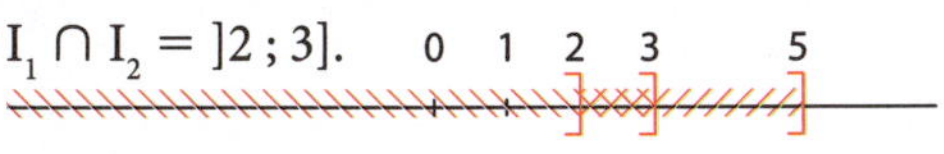

- $I_2 \cup I_3 = \mathbb{R}$.

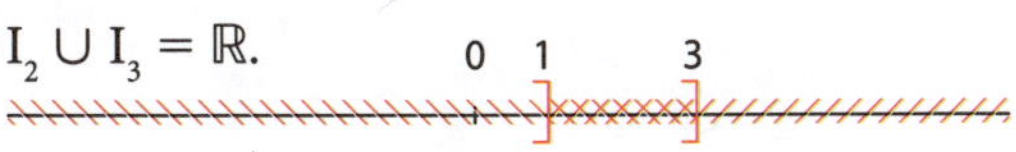

- $I_2 \cap I_3 =]1\,;3]$.

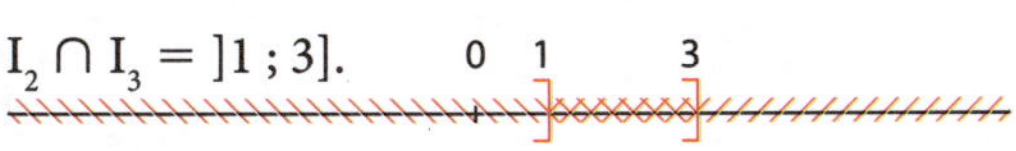

- $I_1 \cup I_2 =]-\infty\,;5]$.

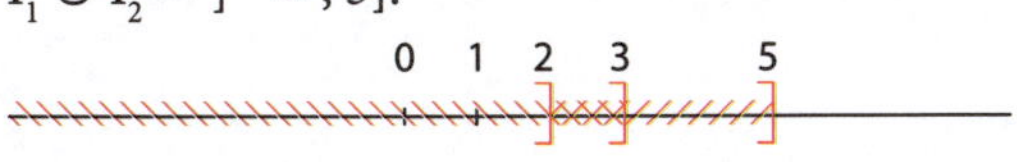

Conseil

Les hachures dans un sens, puis dans l'autre permettent de visualiser l'intersection ou la réunion.

Révision express

Le schéma à retenir

Les ensembles des nombres

Figurent ici les nombres réels
(ex : π ; $\sqrt{5}$; $\frac{\sqrt{2}}{2}$; ...)

Figurent ici les nombres entiers positifs
(ex : 0 ; 4 ; $\sqrt{144}$ car $\sqrt{144} = 12$, 102 ; ...)

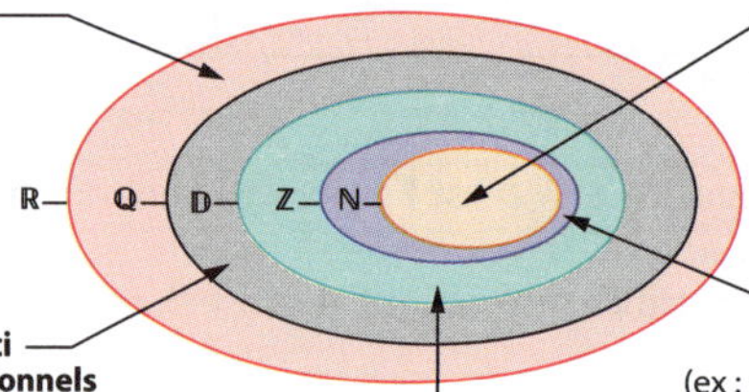

Figurent ici les nombres entiers strictement négatifs
(ex : -20 ; $-\sqrt{100}$ car $-\sqrt{100} = -10$; -10^4 ; ...)

Figurent ici les nombres rationnels
(ex : $\frac{5}{6}$; $\frac{1}{3}$; $\frac{\sqrt{25}}{3}$ car $\frac{\sqrt{25}}{3} = \frac{5}{3}$; ...)

Figurent ici les nombres décimaux
(ex : $-4{,}3$; $\frac{1}{2}$ car $\frac{1}{2} = 0{,}5$; $\frac{\sqrt{4}}{5}$ car $\frac{\sqrt{4}}{5} = \frac{2}{5} = 0{,}4$; ...)

Quiz

Répondre par vrai ou faux :

1. $-3 \in \mathbb{Z}$: ☐ vrai ☐ faux
2. $-40 \in \mathbb{D}$: ☐ vrai ☐ faux
3. $\sqrt{8} \in \mathbb{N}$: ☐ vrai ☐ faux
4. $\mathbb{D} \subset \mathbb{Z}$: ☐ vrai ☐ faux
5. $\frac{\sqrt{25}}{2} \in \mathbb{D}$: ☐ vrai ☐ faux
6. $\pi \subset \mathbb{R}$: ☐ vrai ☐ faux
7. $\frac{1}{4} \in \mathbb{D}$: ☐ vrai ☐ faux
8. $\frac{10}{3} \in \mathbb{Q}$: ☐ vrai ☐ faux

→ Réponses p. 395

EXERCICE 1

Reconnaître les différents ensembles de nombres

Énoncé

Placer chacun des nombres suivants dans l'ensemble auquel il appartient ($\mathbb{N}$, $\mathbb{Z}$, $\mathbb{D}$, $\mathbb{Q}$ ou $\mathbb{R}$) : $\sqrt{2}$; $-\frac{2}{3}$; 17 ; 2,6 ; $-\frac{3}{4}$; -5 ; 3^2 ; $\frac{2}{5}$; 2π ; $\frac{20}{3}$; $\frac{1}{13}$; $-\frac{\sqrt{16}}{2}$.

Méthode

Rechercher le plus petit ensemble auquel le nombre appartient. Pour cela :

1. Repérer les nombres entiers positifs et les placer dans l'ensemble $\mathbb{N}$.
2. Repérer les nombres entiers négatifs et les placer dans l'ensemble $\mathbb{Z}$.
3. Repérer les nombres décimaux et les placer dans l'ensemble $\mathbb{D}$.
4. Repérer les nombres rationnels et les placer dans l'ensemble $\mathbb{Q}$.
5. Repérer les nombres irrationnels et les placer dans l'ensemble $\mathbb{R}$.

Corrigé

1. 17 ; $3^2 = 9$ et $\frac{20}{4} = 5$ sont des nombres entiers positifs.

2. -5 et $-\frac{\sqrt{16}}{2} = -2$ sont des nombres entiers négatifs.

3. 2,6 ; $-\frac{3}{4} = -0{,}75$ et $\frac{2}{5} = 0{,}4$ sont des nombres décimaux.

4. $-\frac{2}{3} = -0{,}666\,666...$ et $\frac{1}{13} = 0{,}076\,923\,0...$ sont des nombres rationnels.

5. $\sqrt{2}$ et 2π sont des nombres irrationnels.

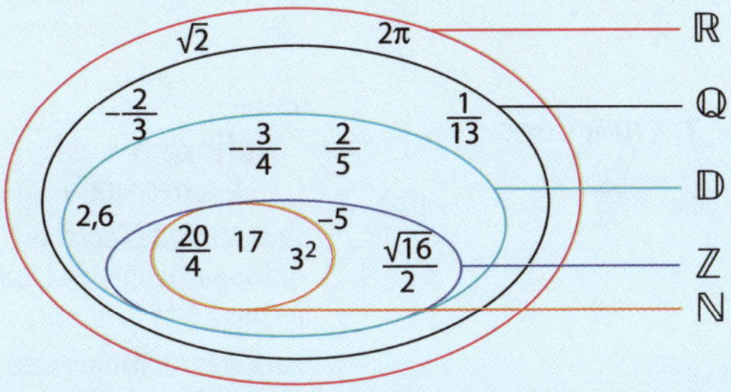

Piège à éviter
Un nombre décimal comporte un nombre fini de chiffres après la virgule.

Piège à éviter
Tout nombre décimal est un nombre rationnel mais tout nombre rationnel n'est pas un nombre décimal.

Réflexe à avoir
Il ne faut pas oublier que :
$\mathbb{N} \subset \mathbb{Z} \subset \mathbb{D} \subset \mathbb{Q} \subset \mathbb{R}$

MATHS

EXERCICE 2

Représenter des intersections et des réunions d'intervalles

Énoncé

On donne : $I_1 =]-3\,;+\infty[$, $I_2 =]-\infty\,;0]$,
$I_3 = I_1 \cap I_2$ et $I_4 = I_1 \cup I_2$.

1. Représenter sur la droite des réels l'intervalle I_3.
En déduire l'ensemble des nombres réels appartenant à I_3.

2. Représenter sur la droite des réels l'intervalle I_4.
En déduire l'ensemble des nombres réels appartenant à I_4.

Piège à éviter
Il ne faut pas confondre les symboles $\cap$ (intersection) et $\cup$ (union).

Méthode

1 Représenter **l'intersection** de deux intervalles en suivant les instructions :
- représenter les deux intervalles sur une même droite graduée ;
- hachurer dans un sens l'ensemble des nombres appartenant au 1er intervalle et hachurer dans l'autre sens l'ensemble des nombres appartenant au 2e intervalle :

→ l'intersection des deux intervalles est l'ensemble des nombres réels qui sont **hachurés deux fois.**

2 Représenter **la réunion** de deux intervalles en suivant les instructions :
- représenter les deux intervalles sur une même droite graduée ;
- hachurer dans un sens l'ensemble des nombres appartenant au 1er intervalle et hachurer dans l'autre sens l'ensemble des nombres appartenant au 2e intervalle :

→ la réunion des deux intervalles est l'ensemble des nombres réels qui sont **hachurés au moins une fois.**

Corrigé

On hache les ensembles I_1 et I_2 :

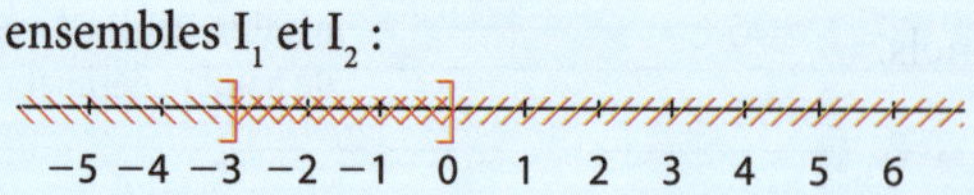

1. On a donc :
$I_3 =]-3\,;0]$.

Réflexe à avoir
$I_1 \cap I_2$ correspond à l'ensemble des nombres qui appartiennent **à la fois** à I_1 et à I_2. Ils sont hachurés deux fois sur la droite.

2. On a donc :
$I_4 = \mathbb{R}$.

Réflexe à avoir
$I_1 \cup I_2$ correspond à l'ensemble des nombres qui appartiennent à I_1 **ou** à I_2 **ou** à I_1 et I_2. Ils sont hachurés **au moins une fois** sur la droite.

Chapitre 2

Comportement global d'une fonction. Lectures graphiques

MATHS

1 Modélisation à l'aide de fonctions

De quoi s'agit-il ? **On utilise des fonctions pour modéliser, analyser, prévoir et interpréter des phénomènes scientifiques, économiques et techniques.**

1 Définition

- Une fonction définie sur un intervalle I est un « dispositif mathématique », qui à chaque valeur x de I associe un unique nombre réel noté $f(x)$.

- **Exemple**

On modélise la vente de tee-shirts par la fonction f définie sur $[5 ; 30]$ par $f(x) = -3x + 100$ où x désigne le prix en euros d'un tee-shirt.
– On a, par exemple, $f(20) = -3 \times 20 + 100 = 40$, ce qui signifie que si le prix du tee-shirt est fixé à 20 €, alors on en vendra 40.
– On peut utiliser cette fonction pour répondre à la question suivante : « Quel doit être le prix du tee-shirt si on veut en vendre au moins 61 ? »
Pour répondre à cette question, on pose l'inéquation $f(x) \geq 61$ équivalente successivement à :
$-3x + 100 \geq 61$; $-3x \geqslant 61 - 100$; $-3x \geqslant -39$; $x \leqslant \frac{-39}{-3}$; $x \leqslant 13$
On en conclut que pour vendre au moins 61 tee-shirts, le prix doit être au plus de 13 €.

Exercice résolu

Modéliser avec une fonction

ÉNONCÉ

Dans une entreprise, trois grilles de rémunération mensuelle sont proposées :

	Fixe	Par produit vendu
Grille A	1 800 €	0,20 €
Grille B	2 000 €	0,15 €
Grille C	2 200 €	0,10 €

1. Déterminer les fonctions associées à chacune des grilles de rémunération.

2. Déterminer le salaire obtenu pour les trois grilles si 1200 produits ont été vendus un mois donné.

3. Combien de produits a vendu un salarié de la grille B qui a gagné 2 420 € ?

CORRIGÉ

1. Soient les fonctions f, g et h associées respectivement aux salaires mensuels des grilles A, B et C. x désigne les nombres de produits vendus chaque mois.
Grille A : fixe 1 800 € et 0,20 € par produit vendu ; on a $f(x) = 0{,}20x + 1\,800$.

Méthode
On définit ce que représentent x et les fonctions modélisant la situation

...

•••

Grille B : fixe 2 000 € et 0,15 € par produit vendu ; on a $g(x) = 0{,}15x + 2\,000$.
Grille C : fixe 2 200 € et 0,10 € par produit vendu ; on a $h(x) = 0{,}10x + 2\,200$.

2. On a $f(1\,200) = 0{,}20 \times 1200 + 1\,800 = 2\,040$
$g(1\,200) = 0{,}15 \times 1200 + 2\,000 = 2\,180$ et $h(1\,200) = 0{,}10 \times 1\,200 + 2\,200 = 2\,320$.
Le salaire mensuel pour 1 200 produits vendus est de 2 040 € avec la grille A, 2 180 € avec la grille B et 2 320 € avec la grille C.

3. La fonction associée à la grille B est la fonction g.
On résout l'équation $g(x) = 2\,420$. Cette équation est successivement équivalente à :
$0{,}15x + 2\,000 = 2\,420$
$0{,}15x = 2\,420 - 2\,000$
$0{,}15x = 420$
$x = 420/0{,}15$
$x = 2\,800$
Un salarié de la grille B qui a gagné 2 420 € a vendu 2 800 produits.

Conseil
Pensez à conclure en reprenant les termes de la question.

2 Représentation graphique d'une fonction

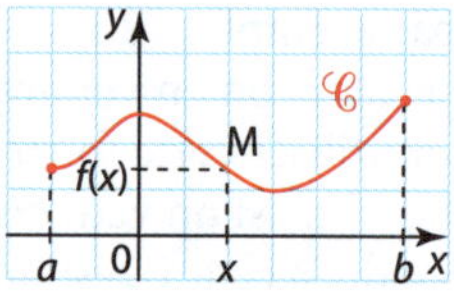

• Soit f une fonction définie sur $I = [a\,;\,b]$.

La courbe représentative $\mathscr{C}$ de la fonction f est l'ensemble des points $M(x\,;\,y)$ tels que : $x \in I$ et $y = f(x)$.

• **Exemple**

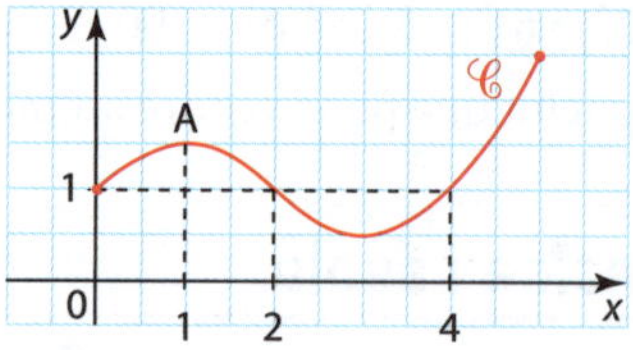

Soit f une fonction définie sur $[0\,;\,5]$ dont on donne la représentation graphique dans le plan rapporté à un repère.

On peut lire sur le graphique :

$A\left(1\,;\,\frac{3}{2}\right)$ appartient à $\mathscr{C}$ ou encore $f(1) = \frac{3}{2}$; l'image de 1 par f est $\frac{3}{2}$.
$f(0) = 1$, $f(2) = 1$ et $f(4) = 1$; 1 a pour antécédent par f : 0, 2 et 4.

Exercice résolu

Lire sur un graphique

ÉNONCÉ

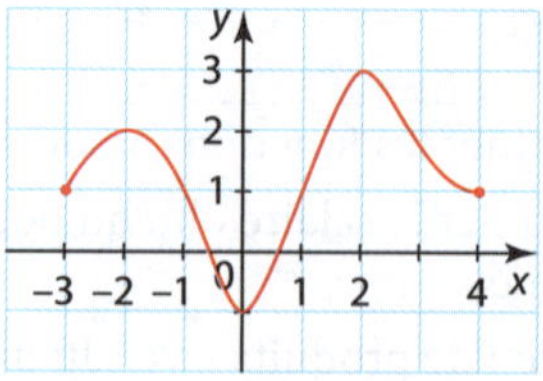

On donne la représentation graphique d'une fonction f définie sur $[-3\,;\,4]$ dans le plan rapporté à un repère.

1. Déterminer graphiquement $f(-2)$ et $f(2)$.

2. Déterminer graphiquement les antécédents de 1 par f.

CORRIGÉ

1. L'ordonnée du point de la courbe d'abscisse −2 est 2.
Donc $f(-2) = 2$.
L'ordonnée du point de la courbe d'abscisse 2 est 3.
Donc $f(2) = 3$.

Conseil
On se positionne en −2 sur l'axe des abscisses et on cherche le point de la courbe d'abscisse −2 ; on lit alors son ordonnée $f(-2)$.

•••

•••

2. Il existe quatre points de la courbe dont l'ordonnée est 1. Leurs abscisses respectives sont -3 ; -1 ; 1 et 4.

Ainsi 1 a quatre antécédents par f : -3 ; -1 ; 1 et 4.

Conseil

On se positionne en 1 sur l'axe des ordonnées et on cherche les points de la courbe d'ordonnée 1. On lit alors leurs abscisses.

Méthode

Pour faire cette lecture graphique, on peut tracer la droite d'équation $y = 1$.

2 Résolution graphique d'équations et d'inéquations

De quoi s'agit-il ? On utilise la courbe représentative d'une fonction pour résoudre des équations et des inéquations.

1 Résolution graphique d'une équation

Soit f une fonction définie sur un intervalle ou une réunion d'intervalles et $\mathscr{C}$ sa courbe représentative dans le plan rapporté à un repère.

Résoudre graphiquement l'équation $f(x) = 0$ revient à déterminer les abscisses des points d'intersection de la courbe $\mathscr{C}$ et de la droite d'équation $y = 0$.

2 Résolution graphique d'une inéquation

Soit f une fonction définie sur un intervalle ou une réunion d'intervalles et $\mathscr{C}$ sa courbe représentative dans le plan rapporté à un repère.

- Résoudre graphiquement l'inéquation $f(x) > 0$ revient à déterminer les abscisses des points de la courbe $\mathscr{C}$ situés au-dessus de la droite d'équation $y = 0$.
- Résoudre graphiquement l'inéquation $f(x) < 0$ revient à déterminer les abscisses des points de la courbe $\mathscr{C}$ situés au-dessous de la droite d'équation $y = 0$.

Exercice résolu

Résoudre graphiquement une équation et des inéquations

ÉNONCÉ

Dans le plan rapporté à un repère, on considère les fonctions f et g définies sur $[-1 ; 6]$ et leurs courbes représentatives $\mathscr{C}_f$ et $\mathscr{C}_g$.
Résoudre graphiquement l'équation $f(x) = g(x)$ et les inéquations $f(x) < g(x)$ et $f(x) > g(x)$.

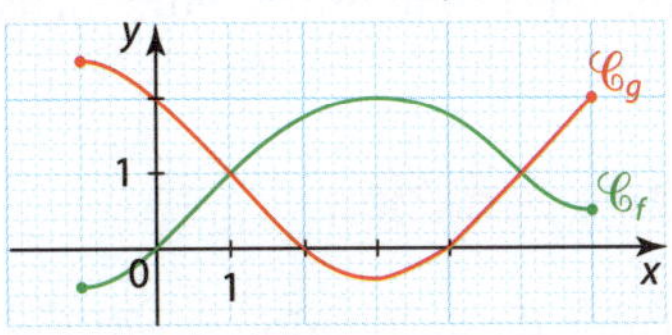

•••

CORRIGÉ

$\mathscr{C}_f$ et $\mathscr{C}_g$ se coupent aux points d'abscisse $x = 1$ et $x = 5$.
Les solutions de l'équation $f(x) = g(x)$ sont 1 et 5.
$\mathscr{C}_f$ est située au-dessous de $\mathscr{C}_g$ pour $x \in [-1 ; 1[\cup]5 ; 6]$.
L'ensemble des solutions de l'inéquation $f(x) < g(x)$ est $[-1 ; 1[\cup]5 ; 6]$.
$\mathscr{C}_f$ est située au-dessus de $\mathscr{C}_g$ pour $x \in]1 ; 5[$.
L'ensemble des solutions de l'inéquation $f(x) > g(x)$ est $]1 ; 5[$.

Méthode

On résout graphiquement sur $[-1 ; 6]$:
- $f(x) = g(x)$ en déterminant les abscisses des points d'intersection de $\mathscr{C}_f$ et $\mathscr{C}_g$;
- $f(x) < g(x)$ en déterminant les abscisses des points de $\mathscr{C}_f$ situés au-dessous de $\mathscr{C}_g$;
- $f(x) > g(x)$ en déterminant les abscisses des points de $\mathscr{C}_f$ situés au-dessus de $\mathscr{C}_g$.

3 Sens de variation d'une fonction

De quoi s'agit-il ? **Le sens de variation de la fonction est résumé dans un tableau de variation.**

1 Définition et propriétés

- Soit f une fonction définie sur un intervalle $I = [a ; b]$.

On dit que f est strictement **croissante** sur I lorsque pour tout nombre réel x_1 et x_2 de I tels que $x_1 < x_2$, on a : $f(x_1) < f(x_2)$.

On dit que f est strictement **décroissante** sur I lorsque pour tout nombre réel x_1 et x_2 de I tels que $x_1 < x_2$, on a : $f(x_1) > f(x_2)$.

On dit que f est **constante** sur I lorsque pour tout nombre réel x de I, on a : $f(x) = k$; $k \in \mathbb{R}$.

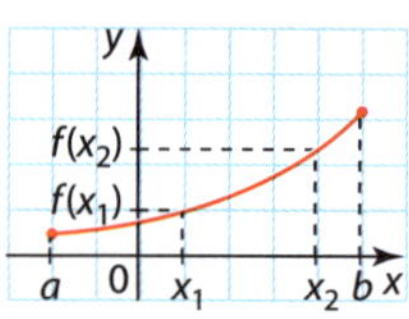

f est strictement croissante sur I. La courbe « monte » sur I.

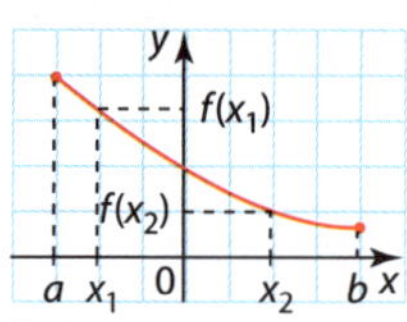

f est strictement décroissante sur I. La courbe « descend » sur I.

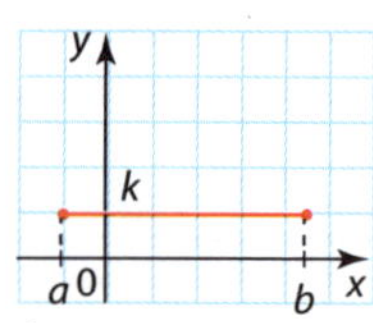

f est constante sur I. La courbe est « horizontale » sur I.

- Une fonction strictement croissante sur I conserve l'ordre : si deux nombres réels de I sont rangés dans un certain ordre, leurs images sont rangées dans le même ordre.

- Une fonction strictement décroissante sur I renverse l'ordre : si deux nombres réels de I sont rangés dans un certain ordre, leurs images sont rangées dans l'ordre contraire.

2 Tableau de variation

Le sens de variation d'une fonction se résume dans un tableau de variation : on détermine les intervalles sur lesquels la fonction est strictement croissante, strictement décroissante ou constante.

Exercice résolu

Tracer une courbe

ÉNONCÉ

Tracer, dans un repère orthonormal du plan, une représentation graphique $\mathscr{C}$ correspondant au tableau de variation et au tableau de valeurs suivants :

x	-1		1		3		5
$f(x)$	-3	↗	0	↘	-2	↗	1

x	0	2	4	4,5
$f(x)$	–1	–0,8	–1	0

CORRIGÉ

Le tableau de variation permet aussi de placer les points de coordonnées : $(-1\ ;-3)$; $(1\ ;0)$; $(3\ ;-2)$ et $(5\ ;1)$.

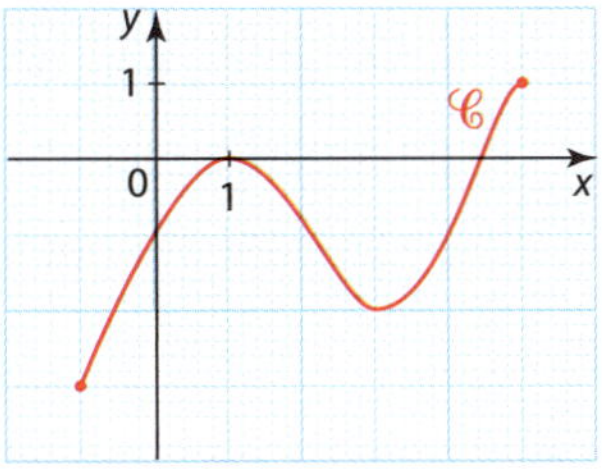

Méthode

On se positionne sur le point de coordonnées (–1 ; –3) et on joint harmonieusement tous les points en respectant le sens de variation indiqué dans le tableau de variation.

3 Minimum, maximum d'une fonction

Remarque

Une fonction peut ne pas avoir de minimum ou de maximum.

Soit f une fonction définie sur un intervalle I et x_0 un nombre réel appartenant à I.

- f admet un **minimum** en x_0 si pour tout nombre réel x de I, on a $f(x) \geqslant f(x_0)$.
- f admet un **maximum** en x_0 si pour tout nombre réel x de I, on a $f(x) \leqslant f(x_0)$.

Exercice résolu

Déterminer des extremums

ÉNONCÉ

Soit f une fonction définie sur $[-5\ ;4]$, dont on donne la courbe représentative $\mathscr{C}$ dans le plan rapporté a un repère.

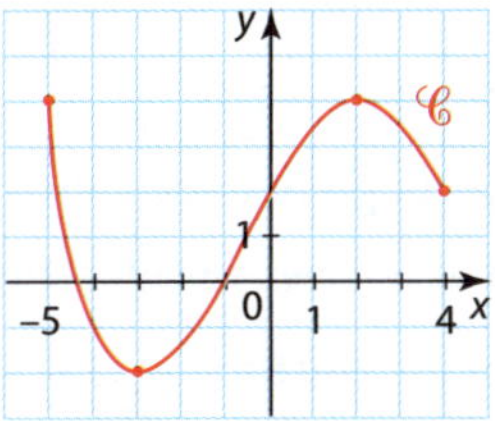

1. Déterminer le maximum et le minimum de f sur $[0\ ;4]$.

2. Déterminer le maximum et le minimum de f sur $[-5\ ;4]$.

CORRIGÉ

1. • Sur l'intervalle $[0\ ;4]$, l'ordonnée du point le plus « haut » de la courbe est $f(2) = 4$. f admet un maximum égal à 4, en $x = 2$.

• Sur l'intervalle $[0\ ;4]$, l'ordonnée du point le plus « bas » de la courbe est $f(0) = f(4) = 2$. f admet un minimum égal à 2, en $x = 0$ et $x = 4$.

2. • Sur l'intervalle $[-5\ ;4]$, l'ordonnée du point le plus « haut » de la courbe est $f(-5) = f(2) = 4$. f admet un maximum égal à 4, en $x = -5$ et $x = 2$.

• Sur l'intervalle $[-5\ ;4]$, l'ordonnée du point le plus « bas » de la courbe est $f(-3) = -2$. f admet un minimum égal à -2, en $x = -3$.

Méthode

Pour déterminer le maximum (ou le minimum), lire l'ordonnée du ou des points les plus « hauts » (ou les plus « bas ») de la courbe, pour les abscisses appartenant à l'intervalle indiqué.

Révision express

Les points importants à retenir

Vocabulaire des fonctions

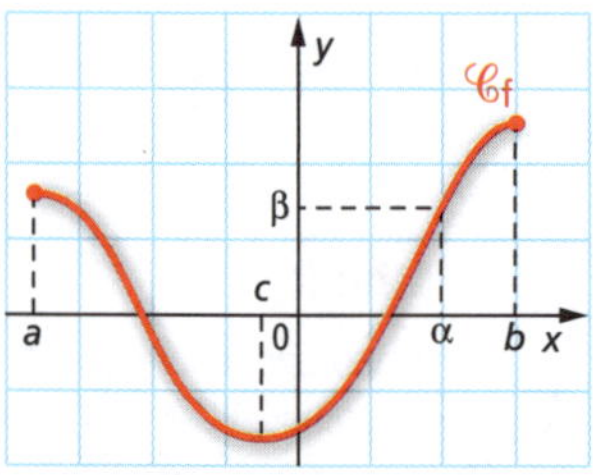

- f est définie sur $[a\ ;b]$
- $f(\alpha) = \beta$ est l'image de α par f.
- α est un antécédent de β par f.
- f est strictement décroissante sur $[a\ ;c]$.
- f est strictement croissante sur $[c\ ;b]$.
- $f(c)$ est le minimum de f sur $[a\ ;b]$, atteint en c.

Quiz

On donne la courbe représentative, dans le plan rapporté à un repère, d'une fonction f définie sur $[-2\ ;5]$.

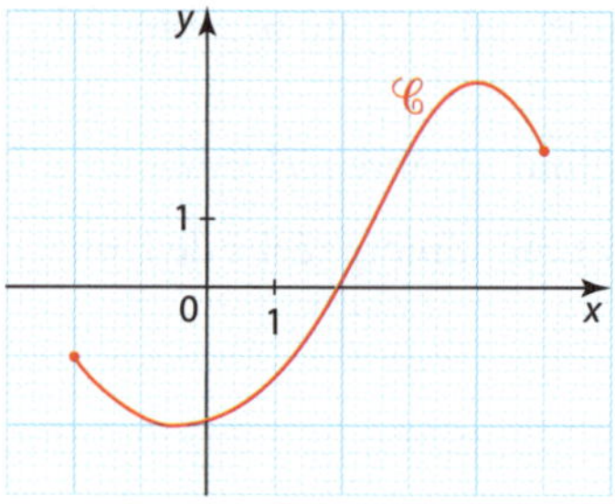

Cochez la ou les bonnes réponses :

1. L'image de -2 par f est : ☐ **0** ☐ **-1** ☐ **-2** ☐ **$(-2\ ;-1)$**

2. L'ordonnée du point de $\mathscr{C}$ d'abscisse 2 est : ☐ **0** ☐ **2** ☐ **-2** ☐ **3**

3. Le nombre d'antécédents de -1 par f est : ☐ **0** ☐ **1** ☐ **2** ☐ **3**

4. La solution de l'équation $f(x) = 0$ est : ☐ **0** ☐ **2** ☐ **-2** ☐ **$-1{,}9$**

5. L'ensemble des solutions de l'inéquation $f(x) < 0$ sont les nombres réels de l'intervalle :
☐ **$]-2\ ;0[$** ☐ **$[-2\ ;2[$** ☐ **$[-2\ ;2]$**

6. L'ensemble des solutions de l'inéquation $f(x) > 2$ sont les nombres réels de l'intervalle :
☐ **$]3\ ;5[$** ☐ **$[3\ ;5[$** ☐ **$[3\ ;5]$**

7. Le maximum de f sur $[-2\ ;5]$ est : ☐ **4** ☐ **2** ☐ **-2** ☐ **3**

8. Le minimum de f sur $[-2\ ;5]$ est : ☐ **0** ☐ **$-0{,}5$** ☐ **-2** ☐ **3**

9. La fonction f est strictement croissante sur : ☐ **$[-2\ ;4]$** ☐ **$[-0{,}5\ ;4]$** ☐ **$[4\ ;5]$**

→ Réponses p. 395

EXERCICE 1

Savoir résoudre graphiquement une équation ou une inéquation

Énoncé

$\mathscr{C}$ et $\mathscr{C}'$ sont les courbes représentatives des fonctions f et g définies sur $[0 ; 3{,}25]$. $\mathscr{D}$ est la droite d'équation $y = -4$.

1. Résoudre graphiquement l'équation $f(x) = -4$.

2. Résoudre graphiquement l'équation $f(x) = g(x)$.

3. Résoudre graphiquement l'inéquation $f(x) < g(x)$.

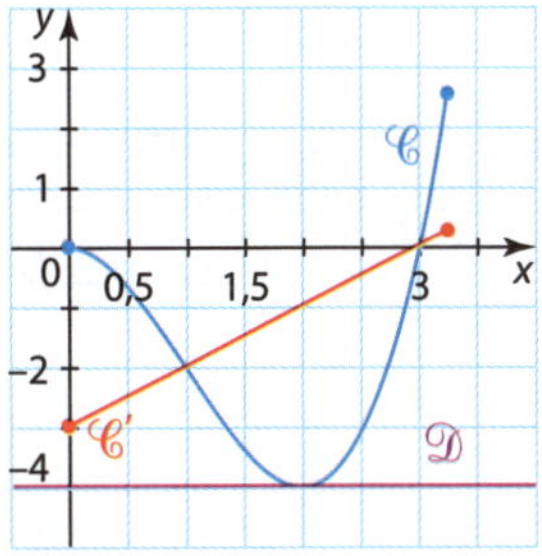

Méthode

1 Pour résoudre l'équation $f(x) = -4$:

- repérer les points d'intersection de $\mathscr{C}$ et de la droite $\mathscr{D}$;
- lire les abscisses de ces points : ce sont les solutions de l'équation.

2 Pour résoudre l'équation $f(x) = g(x)$:

- repérer les points d'intersection de $\mathscr{C}$ et de $\mathscr{C}'$;
- lire les abscisses de ces points : ce sont les solutions de l'équation.

3 Pour résoudre l'inéquation $f(x) < g(x)$:

- repérer les points de $\mathscr{C}$ situés au-dessous de ceux de $\mathscr{C}'$;
- lire les abscisses de ces points : c'est l'ensemble des solutions de l'inéquation.

Corrigé

1. $\mathscr{C}$ et $\mathscr{D}$ ont un point d'intersection qui a pour abscisse 2. La solution de l'équation $f(x) = -4$ est 2.

2. $\mathscr{C}$ et $\mathscr{C}'$ ont deux points d'intersection qui ont pour abscisses 1 et 3. Les solutions de l'équation $f(x) = g(x)$ sont 1 et 3.

3. On repère les points de $\mathscr{C}$ situés au-dessous de $\mathscr{C}'$. L'ensemble des solutions de l'inéquation $f(x) < g(x)$ est l'ensemble des abscisses de ces points, soit $]1 ; 3[$.

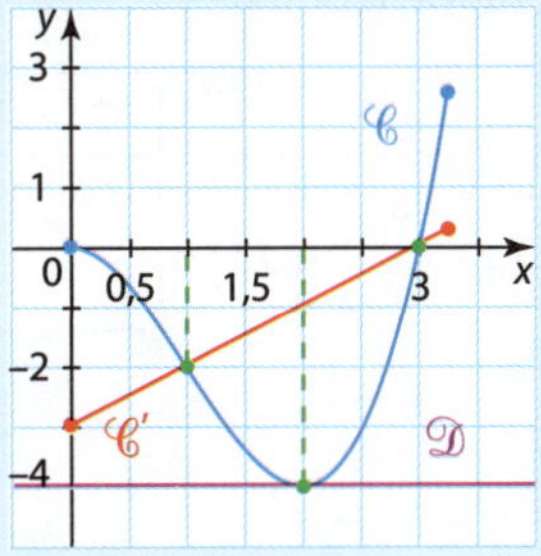

Réflexe à avoir
Faire apparaître les tracés utiles à la lecture sur la figure (ici en vert).

EXERCICE 2

Savoir dresser un tableau de variation à partir d'une courbe représentative

Énoncé

On donne un tracé de la courbe représentative $\mathscr{C}$ d'une fonction f définie sur $[-2 ; 6]$.

Dresser le tableau de variation de f.

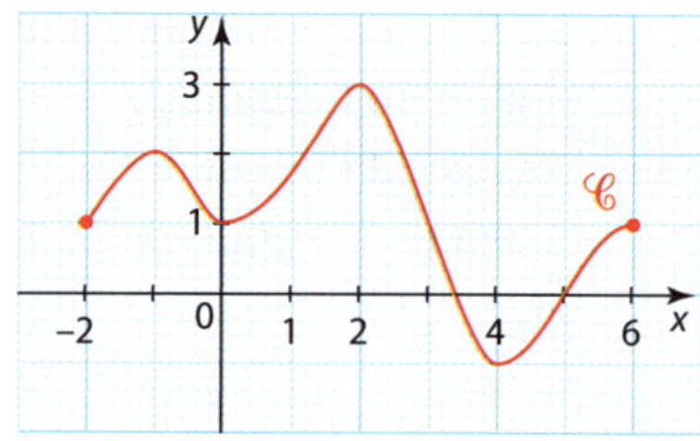

Méthode

1 Chercher :

- les intervalles sur lesquels $\mathscr{C}$ monte : f est strictement croissante sur chacun de ces intervalles ;
- les intervalles sur lesquels $\mathscr{C}$ descend : f est strictement décroissante sur chacun de ces intervalles.

2 Dresser le tableau de variation de f en notant les valeu rs de x pour lesquelles f change de sens de variation.

Corrigé

1. • La courbe monte sur les intervalles $[-2 ; -1]$, $[0 ; 2]$ et $[4 ; 6]$.

Ainsi, f est strictement croissante sur $[-2 ; -1]$, $[0 ; 2]$ et $[4 ; 6]$.

• La courbe descend sur les intervalles $[-1 ; 0]$ et $[2 ; 4]$.

Ainsi, f est strictement décroissante sur $[-1 ; 0]$ et $[2 ; 4]$.

Piège à éviter
On dit qu'une courbe monte ou descend sur un intervalle, mais que la fonction est strictement croissante ou décroissante sur un intervalle.

2. Tableau de variation de f :

x	-2		-1		0		2		4		6
$f(x)$	1	↗	2	↘	1	↗	3	↘	-1	↗	1

Chapitre 3 Utilisation des fonctions de référence. Trigonométrie

1 Fonctions de référence

De quoi s'agit-il ? Ce sont des fonctions « types » très souvent utilisées.

1 Fonction linéaire : $x \longmapsto ax$

Cette fonction est définie sur $\mathbb{R}$.

• $a > 0$

x	$-\infty$	0	$+\infty$
ax	$-\infty$ ↗	0	↗ $+\infty$
signe de ax	$-$	0	$+$

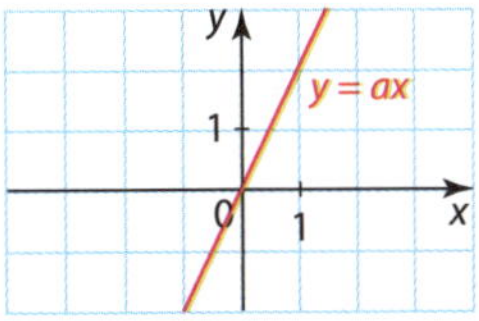

• $a < 0$

x	$-\infty$	0	$+\infty$
ax	$+\infty$ ↘	0	↘ $-\infty$
signe de ax	$+$	0	$-$

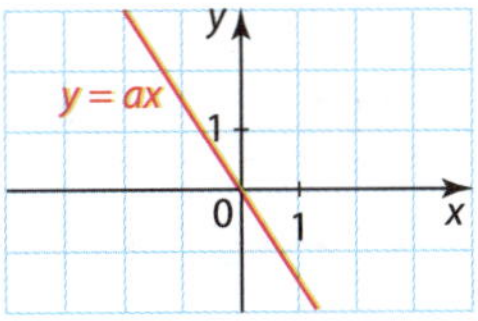

2 Fonction affine : $x \longmapsto ax + b$

Cette fonction est définie sur $\mathbb{R}$.

• $a > 0$

x	$-\infty$	$\frac{-b}{a}$	$+\infty$
$ax + b$	$-\infty$ ↗	0	↗ $+\infty$
signe de $ax + b$	$-$	0	$+$

$a > 0\,;\, b \neq 0$

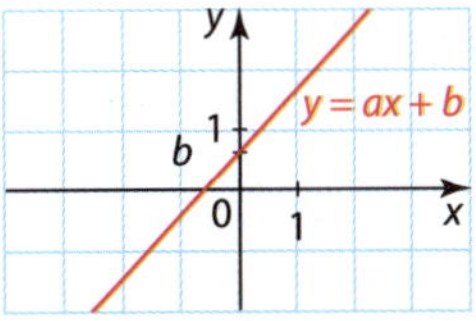

• $a < 0$

x	$-\infty$	$\frac{-b}{a}$	$+\infty$
$ax + b$	$+\infty$ ↘	0	↘ $-\infty$
signe de $ax + b$	$+$	0	$-$

$a < 0\,;\, b \neq 0$

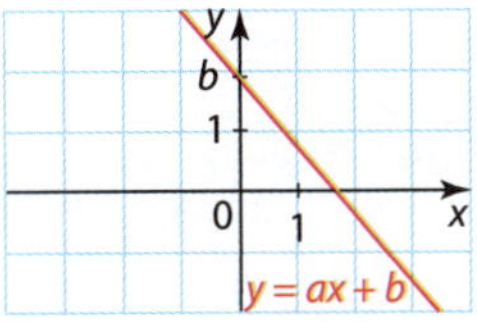

3 Fonction carré : $x \longmapsto x^2$

x	$-\infty$		0		$+\infty$
x^2	$+\infty$	↘	0	↗	$+\infty$
signe de x^2		$+$	0	$+$	

La courbe est une **parabole**.

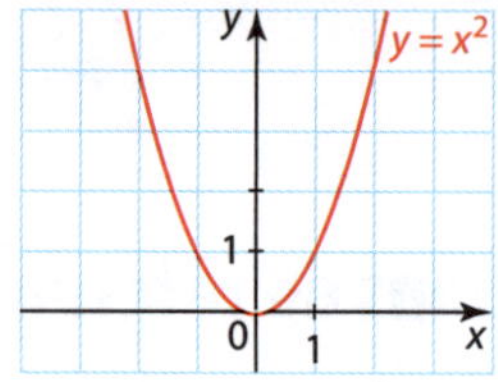

4 Fonction inverse : $x \longmapsto \frac{1}{x}$

Cette fonction est définie sur $]-\infty\,;0[\ \cup\ ]\,0\,;+\infty[$.

x	$-\infty$		0		$+\infty$
$\frac{1}{x}$	0 ↘ $-\infty$		‖	$+\infty$ ↘ 0	
signe de $\frac{1}{x}$		$-$	‖	$+$	

La courbe est une **hyperbole**.

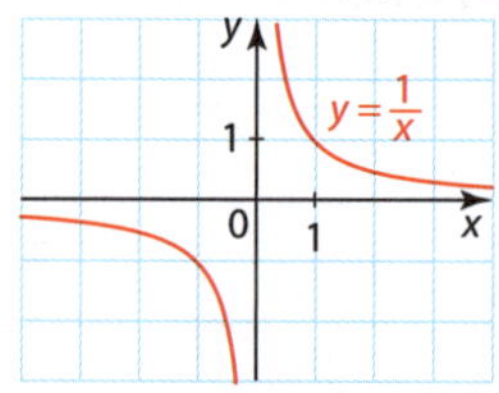

À savoir

On peut retrouver les propriétés des fonctions de **référence** en observant leurs courbes représentatives.

Exercice résolu

Résoudre une équation et une inéquation

ÉNONCÉ

Résoudre graphiquement l'équation $\frac{1}{x} = x$.

Méthode

On trace la courbe d'équation $y = \frac{1}{x}$ et la droite d'équation $y = x$ dans un repère bien choisi, puis on détermine les abscisses des points d'intersection de la courbe et de la droite.

CORRIGÉ

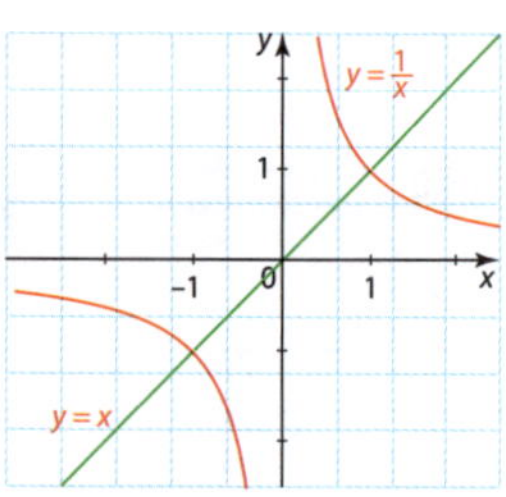

Les solutions de l'équation $\frac{1}{x} = x$ sont les abscisses des points d'intersection de la courbe et de la droite. On lit : -1 et 1.

2 Développement et factorisation

De quoi s'agit-il ? **On peut changer la forme d'une expression algébrique suivant son utilisation.**

On considère quatre nombres réels a, b, c et d.

1 Développer une expression

Pour développer une expression algébrique, on peut :

- appliquer les règles de distributivité :

$a(b + c) = ab + ac$ et $(a + b)(c + d) = ac + ad + bc + bd$.

- utiliser les identités remarquables :

• $(a + b)^2 = a^2 + 2ab + b^2$; • $(a - b)^2 = a^2 - 2ab + b^2$;

• $(a - b)(a + b) = a^2 - b^2$.

2 Règle des parenthèses

• $a + (-b) = a - b$. • $a + (b + c) = a + b + c$.

• $a - (b + c) = a - b - c$. • $a - (b - c) = a - b + c$.

3 Règle des signes

• $a \times (-b) = -ab$. • $(-a) \times b = -ab$. • $(-a) \times (-b) = ab$.

À savoir

Le rôle des parenthèses est important. Exemple : $(-2)^2 = 4$ et $-2^2 = -4$.

Exercice résolu

Développer pour résoudre une équation et une inéquation

ÉNONCÉ

Soit $A(x) = (2x - 1)^2 - (3 - x)(5x - 1) - (3x - 2)(3x + 2)$.
Résoudre dans $\mathbb{R}$ l'équation $A(x) = 6$.

CORRIGÉ

$(2x - 1)^2 = (2x)^2 - 2 \times 2x \times 1 + 1^2 = 4x^2 - 4x + 1$.
$(3x - 2)(3x + 2) = (3x)^2 - 2^2 = 9x^2 - 4$.
$(3 - x)(5x - 1) = 3 \times 5x + 3 \times (-1) - x \times 5x - x \times (-1)$;
$(3 - x)(5x - 1) = 15x - 3 - 5x^2 + x = -5x^2 + 16x - 3$.

On a donc $A(x) = 4x^2 - 4x + 1 - (-5x^2 + 16x - 3) - (9x^2 - 4)$.
Soit $A(x) = 4x^2 - 4x + 1 + 5x^2 - 16x + 3 - 9x^2 + 4$.
$A(x) = -20x + 8$.

Méthode

Développer $(2x - 1)^2$ et $(3x - 2)(3x + 2)$ à l'aide des identités remarquables, puis $(3 - x)(5x - 1)$ en utilisant les règles de la distributivité.

On résout alors l'équation $A(x) = 6$ successivement équivalente à :
$-20x + 8 = 6$; $-20x = 6 - 8$; $-20x = -2$; $x = \frac{-2}{-20}$; $x = \frac{1}{10}$.
La solution de l'équation est $\frac{1}{10}$.

Conseil
Donner l'expression développée, réduite et ordonnée de $A(x)$.

4 Factoriser une expression

1. Pour factoriser une expression algébrique, on peut chercher un facteur commun apparent : $ac + bc = c(a + b)$.

2. La factorisation permet de résoudre des équations et des inéquations.

Exercice résolu

Factoriser pour résoudre une équation ou une inéquation

ÉNONCÉ

Soit $A(x) = 3(x - 1) + (x^2 - 1) + (x + 2)(1 - x)$ et $B(x) = (2 - x)[1 - (2 - x)^2]$.
Factoriser $A(x)$ et $B(x)$ puis résoudre dans $\mathbb{R}$ l'inéquation $A(x) > -2$
et l'équation $B(x) = 0$.

Méthode
Écrire $A(x)$ de façon à faire apparaître un facteur commun, puis factoriser $A(x)$. Résoudre alors dans $\mathbb{R}$ l'inéquation $A(x) > -2$ et représenter l'ensemble des solutions sur une droite graduée.

CORRIGÉ

$(x - 1)$ est un facteur commun car :
$x^2 - 1 = (x - 1)(x + 1)$ et $(x + 2)(1 - x) = -(x + 2)(x - 1)$.

On a alors :
$A(x) = 3(x - 1) + (x - 1)(x + 1) - (x + 2)(x - 1)$.
Soit $A(x) = (x - 1)[(3 + x + 1 - x - 2)] = 2(x - 1)$.
L'inéquation $A(x) > -2$ est successivement équivalente à :
$2(x - 1) > -2$; $x - 1 > \frac{-2}{2}$; $x - 1 > -1$; soit $x > 0$.
L'ensemble des solutions de cette inéquation sont les nombres de l'intervalle $]0\,;+\infty[$.

$1 - (2 - x)^2$ est la différence de deux carrés :
$1 - (2 - x)^2 = [1 - (2 - x)][1 + (2 - x)]$;
$1 - (2 - x)^2 = (1 - 2 + x)(1 + 2 - x)$;
$1 - (2 - x)^2 = (x - 1)(3 - x)$.

Méthode
Montrer que $1 - (2 - x)^2$ peut s'écrire comme la différence de deux carrés, puis factoriser $B(x)$ à l'aide d'une identité remarquable. En déduire les solutions de l'équation $B(x) = 0$.

On a donc : $B(x) = (2 - x)(x - 1)(3 - x)$.

L'équation $B(x) = 0$ est successivement équivalente à :
$(2 - x)(x - 1)(3 - x) = 0$;
$2 - x = 0$ ou $x - 1 = 0$ ou $3 - x = 0$;
$x = 2$ ou $x = 1$ ou $x = 3$.
Les solutions de l'équation $B(x) = 0$ sont 1, 2 et 3.

3 Équations et inéquations

De quoi s'agit-il ? La résolution d'équations et d'inéquations repose sur des techniques de base qu'il faut maîtriser.

1 Équations

Résoudre dans ℝ une équation revient à déterminer tous les nombres réels x qui vérifient l'égalité. Ces nombres réels sont appelés les solutions de l'équation.

- **Équation du premier degré de la forme $ax + b = 0$ ($a \neq 0$)**

L'équation $ax + b = 0$ ($a \neq 0$), d'inconnue x, a pour unique solution $x = \frac{-b}{a}$.

- **Équation du second degré de la forme $x^2 = a$**

- Si $a > 0$, alors l'équation possède deux solutions réelles : $-\sqrt{a}$ et $\sqrt{a}$
- Si $a = 0$, alors l'équation posséde une solution réelle : 0.
- Si $a < 0$, alors l'équation ne posséde aucune solution réelle.

- **Équation du second degré de la forme $ax^2 + bx + c = 0$ ($a \neq 0$, $b \neq 0$)**

On factorise, si possible, l'expression à l'aide d'une identité remarquable pour obtenir un produit de facteurs du premier degré.

- **Autres formes d'équations**

Soit A(x) et B(x) deux expressions algébriques.

- $A(x) \times B(x) = 0$ équivaut à $A(x) = 0$ ou $B(x) = 0$.
- $\frac{A(x)}{B(x)} = 0$ équivaut à $A(x) = 0$ et $B(x) \neq 0$.

2 Inéquations

Résoudre dans ℝ une inéquation revient à déterminer tous les nombres réels x qui vérifient l'inégalité.

- **Signe de $ax + b$ ($a \neq 0$)**

- Si $a > 0$, alors $ax + b > 0$ équivaut à $x > -\frac{b}{a}$.
- Si $a < 0$, alors $ax + b > 0$ équivaut à $x < -\frac{b}{a}$.

x	$-\infty$	$-\frac{b}{a}$	$+\infty$
$ax + b$	signe de $-a$	0	signe de a

- **Détermination algébrique du signe d'un produit ou d'un quotient**

Pour résoudre une inéquation de degré supérieur à 1, il est nécessaire que l'expression soit ramenée à un produit ou quotient de facteurs du premier degré.

Règle des signes : Soit a et b deux nombres réels non nuls.

Si a et b sont de mêmes signes, alors $a \times b$ et $\frac{a}{b}$ sont positifs.

Si a et b sont de signes contraires, alors $a \times b$ et $\frac{a}{b}$ sont négatifs.

À savoir

Pour déterminer le signe d'un produit ou d'un quotient, on est souvent amené à faire un tableau de signe.

Exercice résolu

Étudier le signe d'une expression

ÉNONCÉ

Étudier le signe de $f(x) = (x - 2)^2 - 9 - (x + 1)(2x - 3)$

CORRIGÉ

- $(x - 2)^2 - 9$ est la différence de deux carrés.
$(x - 2)^2 - 3^2 = (x - 2 - 3)(x - 2 + 3) = (x - 5)(x + 1)$.

Conseil
Factoriser $(x - 2)^2 - 9$ à l'aide d'une identité remarquable.

- On a donc $f(x) = (x - 5)(x + 1) - (x + 1)(2x - 3) = (x + 1)[(x - 5) - (2x - 3)]$;
$f(x) = (x + 1)(x - 5 - 2x + 3)$; $f(x) = (x + 1)(-x - 2)$.
- On résout l'équation $f(x) = 0$, successivement équivalente à :
$(x + 1)(-x - 2) = 0$; $x + 1 = 0$ ou $-x - 2 = 0$; $x = -1$ ou $x = -2$.
- On établit le tableau de signe, puis on conclut :

	$x \in]-\infty ; -2[$		$x \in]-2 ; -1[$		$x \in]-1 ; +\infty[$
x	$-\infty$	-2		-1	$+\infty$
$x + 1$	$-$	|	$-$	0	$+$
$-x - 2$	$+$	0	$-$	|	$-$
$f(x) = (x + 1)(-x - 2)$	$-$	0	$+$	0	$-$
	$f(x) < 0$		$f(x) > 0$		$f(x) < 0$

- Pour $x \in]-\infty ; -2[\cup]-1 ; +\infty[$, $f(x) < 0$.
- Pour $x \in]-2 ; -1[$, $f(x) > 0$.
- Pour $x = -2$ et $x = -1$, $f(x) = 0$.

4 Fonction polynôme de degré 2

De quoi s'agit-il ? **On étudie une famille de fonctions dont les propriétés sont connues.**

1 Fonction polynôme de degré 2

Soit a, b et c des nombres réels.

- Une fonction polynôme de degré 2 est une fonction f définie sur $\mathbb{R}$ de la forme $\boldsymbol{f(x) = ax^2 + bx + c}$, avec $\boldsymbol{a \neq 0}$.

La représentation graphique d'une fonction polynôme de degré 2 est une **parabole** d'équation $\boldsymbol{y = ax^2 + bx + c}$.

Cette parabole admet un **axe de symétrie** qui est la droite verticale d'équation $\boldsymbol{x = \frac{-b}{2a}}$.

- Une parabole est tournée vers le haut si $a > 0$ et vers le bas si $a < 0$.
- Le sommet S d'une parabole est le point dont l'ordonnée est le minimum de la fonction polynôme si $a > 0$ ou le maximum de la fonction polynôme si $a < 0$.

L'abscisse du sommet S est $\frac{-b}{2a}$.

- Sens de variation et courbe représentative.

x	$-\infty$	$\frac{-b}{2a}$	$+\infty$
ax^2+bx+c ($a<0$)	$-\infty$ ↗	$f\left(\frac{-b}{2a}\right)$	↘ $-\infty$

x	$-\infty$	$\frac{-b}{2a}$	$+\infty$
ax^2+bx+c ($a>0$)	$+\infty$ ↘	$f\left(\frac{-b}{2a}\right)$	↗ $+\infty$

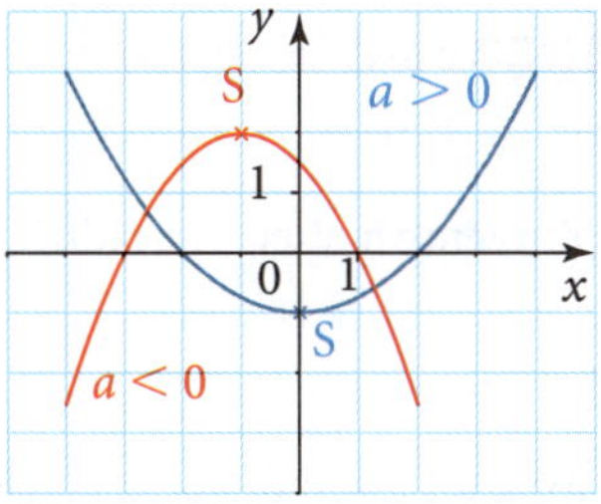

À savoir

Le minimum ou le maximum de la fonction est l'ordonnée du sommet de la parabole.

Exercice résolu

Utiliser des propriétés d'une fonction polynôme de degré 2

ÉNONCÉ

Soit f la fonction définie sur $[-2\,;7]$ par $f(x)=x^2-5x+2$.

1. a) La parabole représentative de f est-elle tournée vers le haut ou vers le bas ?

b) Quelle est l'abscisse du sommet de cette parabole ?

2. Déterminer le sens de variation de f sur $[-2\,;7]$.

3. a) Dresser le tableau de variation de f.

b) Quelles sont les coordonnées du sommet de la parabole ?

c) Quelle est la valeur du minimum de f ?

Rappel
On détermine le signe de a.

Méthode
On détermine les valeurs de a et de b, puis on calcule $\frac{-b}{2a}$.

Méthode
On utilise le signe de a et l'abscisse du sommet de la parabole.

CORRIGÉ

1. a) Comme $a>0$ ($a=1$), la parabole est tournée vers le haut.

b) Comme $a=1$ et $b=-5$, l'abscisse du sommet de cette parabole est $x=\frac{5}{2}=2{,}5$.

2. Comme $a>0$, f est strictement décroissante sur $[-2\,;2{,}5]$ et strictement croissante sur $[2{,}5\,;7]$.

3. a)

x	-2	$2{,}5$	7
$f(x)$	16 ↘	$-4{,}25$	↗ 16

$f(-2)=(-2)^2-5\times(-2)+2$
$=4+10+2=16.$

$f(2{,}5)=2{,}5^2-5\times2{,}5+2$
$=6{,}25-12{,}5+2=-4{,}25.$

$f(7)=7^2-5\times7+2=49-35+2=16.$

b) Les coordonnées du sommet de la parabole sont $(2{,}5\,;-4{,}25)$.

c) f admet un minimum égal à $-4{,}25$.

5 Trigonométrie

De quoi s'agit-il ? **La trigonométrie est un outil mathématique souvent utilisé en géométrie.**

1 Le cercle trigonométrique

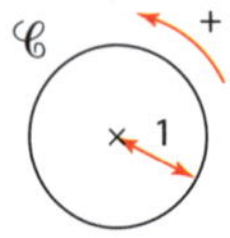

Le **cercle trigonométrique** 𝒞 est un cercle orienté de rayon 1.

2 Enroulement de la droite numérique sur le cercle trigonométrique

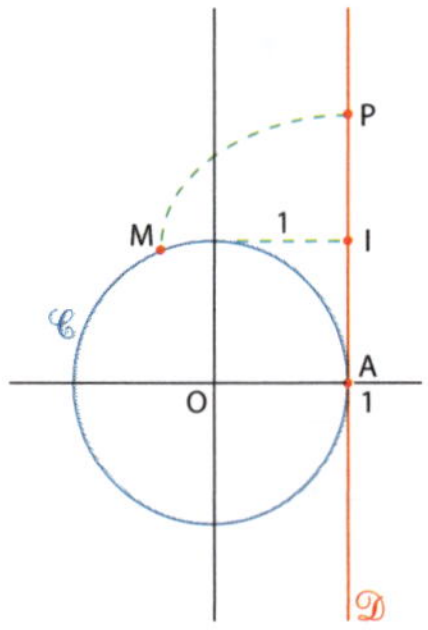

- 𝒞 est le cercle trigonométrique ; 𝒟 est la tangente à 𝒞 en A graduée à l'aide du repère (A ; I).
- Soit x un nombre réel et P le point de 𝒟 d'abscisse x.
- En enroulant 𝒟 sur 𝒞, on fait coïncider P avec un point M sur le cercle.

Cet enroulement permet :
- d'associer à chaque nombre réel un point M sur le cercle ;
- de repérer tout point M du cercle par un nombre réel.

3 Cosinus et sinus d'un nombre réel

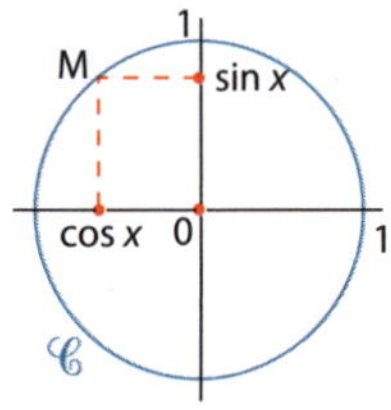

𝒞 est un cercle trigonométrique. Soit M le point de 𝒞 associé au nombre réel x.

- Le **cosinus du nombre réel x**, noté **cos x**, est l'abscisse de M.
- Le **sinus du nombre réel x**, noté **sin x**, est l'ordonnée de M.

À savoir

Pour tout nombre réel x, on a : $-1 \leq \cos x \leq 1$ et $-1 \leq \sin x \leq 1$.

4 Lien entre les cosinus et sinus d'un angle aigu et les cosinus et sinus d'un nombre réel

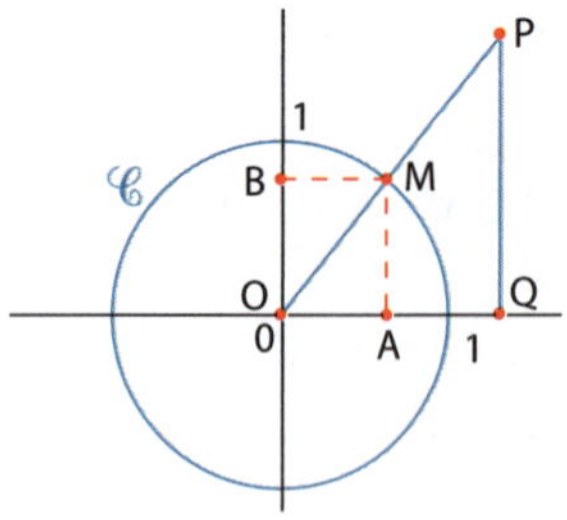

𝒞 est un cercle trigonométrique. Le triangle OPQ est rectangle en Q. Soit M le point de 𝒞 associé au nombre réel x.

- $\cos \widehat{QOP} = \dfrac{OQ}{OP} = \dfrac{OA}{OM} = OA = \cos x$ (car OM = 1).
- $\sin \widehat{QOP} = \dfrac{PQ}{OP} = \dfrac{AM}{OM} = \dfrac{OB}{OM} = OB = \sin x$ (car OM = 1).

Exercice résolu

Déterminer des valeurs remarquables de cosinus et de sinus

ÉNONCÉ

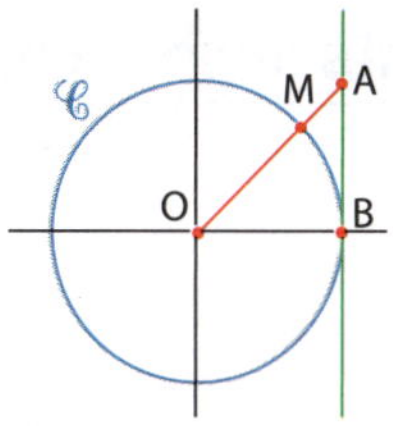

ABO est un triangle rectangle isocèle en B. M est le point d'intersection du cercle trigonométrique 𝒞 et du segment [OA].

1. Quelle est la valeur de l'angle $\widehat{AOB}$?

2. Calculer la longueur OA.

3. Déterminer les valeurs exactes de cos $\widehat{AOB}$ et sin $\widehat{AOB}$ en utilisant les relations trigonométriques dans le triangle rectangle.

4. Déterminer la valeur exacte de l'arc BM.

5. En déduire les valeurs exactes de $\cos \frac{\pi}{4}$ et $\sin \frac{\pi}{4}$.

CORRIGÉ

1. ABO est un triangle isocèle en B, donc les angles $\widehat{BOA}$ et $\widehat{OAB}$ sont égaux.
Ainsi, $\widehat{AOB} = \frac{1}{2}(180° - 90°) = 45°$.

2. En utilisant le théorème de Pythagore dans le triangle rectangle OAB, on a $OA^2 = OB^2 + AB^2 = 1^2 + 1^2 = 2$; soit $OA = \sqrt{2}$.

3. En appliquant les relations trigonométriques dans le triangle rectangle :
$\cos \widehat{AOB} = \frac{OB}{OA} = \frac{1}{\sqrt{2}} = \frac{\sqrt{2}}{2} =$ et $\sin \widehat{AOB} = \frac{1}{\sqrt{2}} = \frac{\sqrt{2}}{2}$.

4. La longueur du cercle est égale à $2\pi R = 2\pi \times 1 = 2\pi$.
On est dans une situation de proportionnalité :

Angle en degrés	360	45
Longueur	2π	$\overset{\frown}{BM}$

La longueur de l'arc $\overset{\frown}{BM}$ est donc égale à : $\frac{2\pi \times 45}{360} = \frac{\pi}{4}$.

5. Le point M est le point du cercle associé au nombre réel $\frac{\pi}{4}$.
On en déduit : $\cos \frac{\pi}{4} = \frac{\sqrt{2}}{2}$ et $\sin \frac{\pi}{4} = \frac{\sqrt{2}}{2}$.

➜ Révision express

Les points importants à retenir

Techniques de résolution d'équations

Résolution d'une équation →

- $ax + b = 0$: la solution est $x = \frac{-b}{a}$
- $A(x) \times B(x) = 0$ équivaut à $A(x) = 0$ ou $B(x) = 0$
- $\frac{A(x)}{B(x)} = 0$ équivaut à $A(x) = 0$
- $x^2 = a$: les solutions sont $-\sqrt{a}$ et $\sqrt{a}$ si $a \geq 0$
- $ax^2 + bx + c = 0$ → on factorise si possible
  → on résout graphiquement l'équation $ax^2 = -bx - c$

Quiz

Cochez la ou les bonnes réponses :

1. La solution de l'équation $-3x + 2 = 0$ est :

☐ $\frac{2}{3}$ ☐ $-\frac{2}{3}$ ☐ $\frac{2}{3}$ ☐ $-\frac{2}{3}$

2. Les solutions de l'équation $x^2 + 4 = 0$ sont :

☐ **0 et 2** ☐ **0 et − 2** ☐ **−2 et 2** ☐ **pas de solution**

3. L'équation $(x - 4)(2 - 4x)$ a deux solutions :

☐ -4 et $\frac{1}{2}$ ☐ 4 et $\frac{1}{2}$ ☐ -4 et $-\frac{1}{2}$ ☐ 4 et $-\frac{1}{2}$

4. La solution de l'équation $\frac{5 - x}{x + 2} = 0$ est :

☐ **− 2** ☐ **2** ☐ **5** ☐ **− 5**

5. Les solutions de l'équation $x^2 = 16$ sont :

☐ **− 8 et 8** ☐ **− 4 et 4** ☐ **0 et 4**

6. La solution de l'équation $x^2 + 2x + 1 = 0$ est :

☐ **0** ☐ **1** ☐ **− 1** ☐ **− 1 et 1**

→ Réponses p. 395

EXERCICE 1

Résoudre une équation du premier degré à une inconnue

Énoncé

Résoudre les équations suivantes :

a) $4x + 1 - x + 2 = 0$;

b) $-3(x + 2) + 3 = 2(2x - 3) - x$.

Méthode

a et b sont deux nombres réels donnés.

Ramener les équations à une équation de la forme $ax = b$.

1 Développer et réduire chaque membre.

2 Regrouper tous les termes en « x » dans le même membre et tous les termes constants dans l'autre membre.

Corrigé

a) Pour résoudre l'équation $4x + 1 - x + 2 = 0$.

1. On réduit le membre de gauche de l'équation :

l'equation $4x - x + 1 + 2 = 0$ est équivalente à $3x + 3 = 0$.

2. On regroupe tous les termes en « x » dans le même membre :

l'équation $3x + 3 = 0$ est successivement équivalente à :

$$3x = -3 \,;\, x = \frac{-3}{3} \,;\, x = -1.$$

La solution de l'équation est -1.

Réflexe à avoir
On divise par 3 les deux membres de l'équation.

b) Pour résoudre l'équation
$-3(x + 2) + 3 = 2(2x - 3) - x$.

1. On développe et on réduit chaque membre de l'équation :

l'équation $-3(x + 2) + 3 = 2(2x - 3) - x$ est successivement équivalente à :

$$-3x - 6 + 3 = 4x - 6 - x \,; \qquad -3x - 3 = 3x - 6.$$

2. On regroupe tous les termes en « x » dans le même membre :

l'équation $-3x - 3 = 3x - 6$ est successivement équivalente à :

$$-3x - 3x = -6 + 3 \,;\, -6x = -3 \,;\, x = \frac{-3}{-6} = \frac{1}{2}.$$

La solution de l'équation est $\frac{1}{2}$.

Réflexe à avoir
Ne pas oublier de conclure par une phrase.

EXERCICE 2

Savoir résoudre une inéquation du premier degré à une inconnue

Énoncé

Résoudre les inéquations suivantes :

a) $3x + 3 < x + 1$;

b) $-5x + 2 \geq x$.

Méthode

a et b sont deux nombres réels donnés.

Ramener l'inéquation à une inéquation de la forme $ax < b$ ou $ax \leqslant b$ ou $ax > b$ ou $ax \geq b$ en regroupant tous les termes en « x » dans le même membre et tous les termes constants dans l'autre membre.

Corrigé

a) Pour résoudre l'inéquation $3x + 3 < x + 1$, **on regroupe tous les termes en « x » dans le même membre**. L'inéquation est successivement équivalente à :

$$3x - x < 1 - 3\,;$$
$$2x < -2\,;$$
$$x < -\frac{2}{2}\,;$$
$$x < -1.$$

L'ensemble des solutions de l'inéquation est l'intervalle $]-\infty\,;\,-1[$.

b) Pour résoudre l'inéquation $-5x + 2 \geqslant x$, **on regroupe tous les termes en « x » dans le même membre.**

L'inéquation est successivement équivalente à :

$$-5x - x \geqslant -2\,;\; -6x \geqslant -2\,;$$
$$x \leqslant \frac{-2}{-6}\,;\, x \leqslant \frac{2}{6}\,;\, x \leqslant \frac{1}{3}.$$

L'ensemble des solutions de l'inéquation est l'intervalle $]-\infty\,;\,\frac{1}{3}[$.

Piège à éviter
Lorsqu'on ajoute ou soustrait un même nombre aux deux membres de l'inégalité, l'inégalité ne change pas de sens.

Piège à éviter
Lorsqu'on multiplie ou divise les deux membres de l'inégalité par un même nombre strictement positif (ici 2), l'inégalité ne change pas de sens.

Piège à éviter
Lorsqu'on multiplie ou divise les deux membres de l'inégalité par un même nombre strictement négatif (ici – 6), l'inégalité change de sens.

Réflexe à avoir
Donner l'ensemble des solutions de l'inéquation sous la forme d'un intervalle.

Chapitre 4

Géométrie. Équations de droites

1 Voir et calculer dans l'espace

De quoi s'agit-il ? **Il faut être capable de « manipuler » dans l'espace.**

1 La perspective cavalière

Dans la représentation en perspective cavalière :

- Les droites parallèles sont représentées par des droites parallèles.
- Les rapports de longueurs des segments à supports parallèles sont conservés.
- Dans le plan frontal, les distances et les angles sont conservés.
- α est appelé angle de fuite.

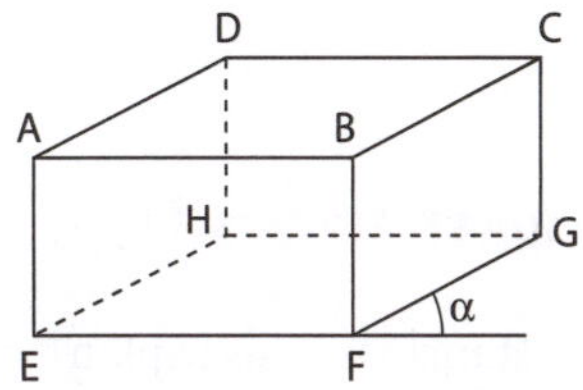

À savoir

Tous les théorèmes de géométrie plane sont applicables à chaque plan de l'espace.

Exercice résolu

Calculer dans l'espace

ÉNONCÉ

ABCDEFGH est un cube d'arête 5 cm. Déterminer la mesure de [DF].

CORRIGÉ

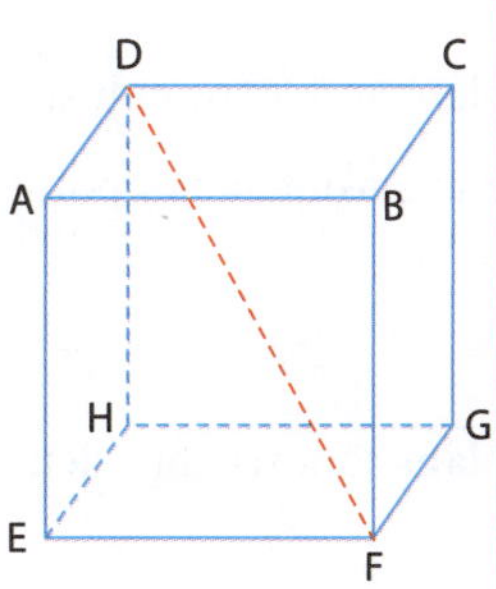

Le quadrilatère DBFH est un rectangle, car les droites (DH) et (BF) sont parallèles, les droites (DB) et (HF) sont parallèles et les droites (HD) et (DB) sont perpendiculaires.

[DF] est une diagonale de ce rectangle.

On calcule d'abord HF en utilisant le théorème de Pythagore dans le triangle HEF rectangle en E :

$HF^2 = EF^2 + EH^2$, donc $HF^2 = 5^2 + 5^2 = 50$.

Ainsi, $HF = \sqrt{50} = 5\sqrt{2}$ cm.

On calcule DF en utilisant le théorème de Pythagore dans le triangle DHF rectangle en H : $DF^2 = HF^2 + HD^2$, soit $DF^2 = (5\sqrt{2})^2 + 5^2$.

Ainsi, $DF^2 = 50 + 25 = 75$. Soit $DF = \sqrt{75} = 5\sqrt{3}$ cm.

2 Positions relatives de deux droites

• Si deux droites sont contenues dans un même plan, alors elles sont coplanaires. Dans ce cas, elles sont soit sécantes soit parallèles.

On peut illustrer ces situations en observant le parallélépipède rectangle :

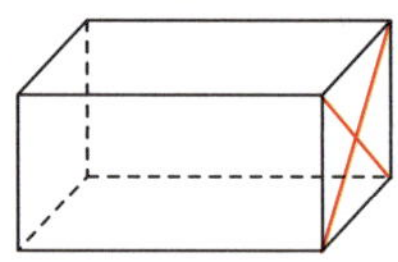

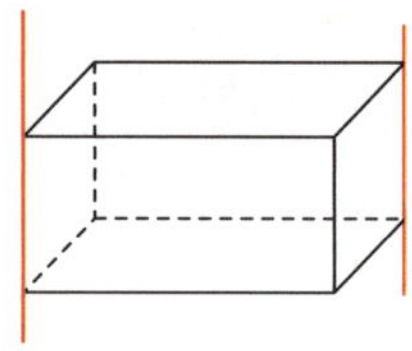

• Elles sont non coplanaires s'il n'existe aucun plan les contenant.

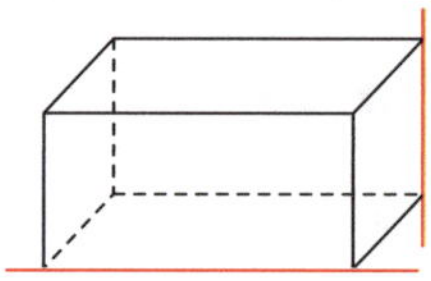

3 Positions relatives d'une droite et d'un plan

• La droite est incluse dans le plan.

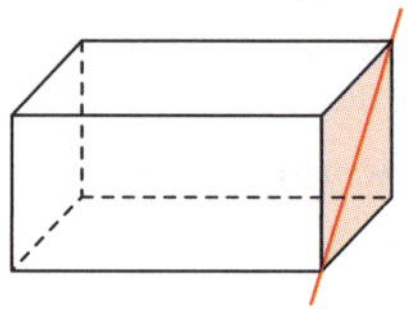

• La droite et le plan n'ont aucun point commun.

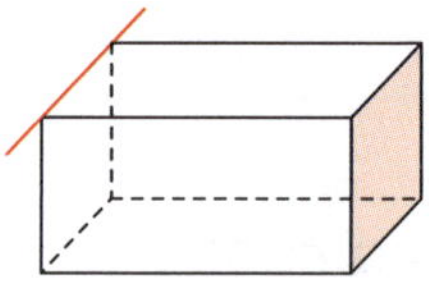

• La droite et le plan ont un seul point commun.

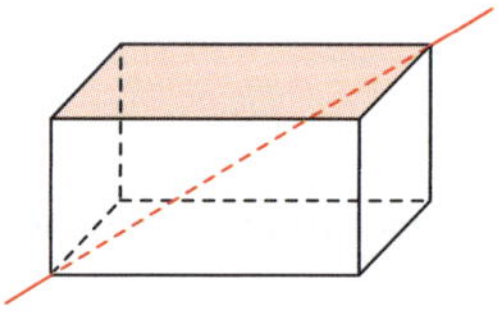

4 Positions relatives de deux plans

• Les deux plans sont confondus.

• Les deux plans n'ont aucun point commun.

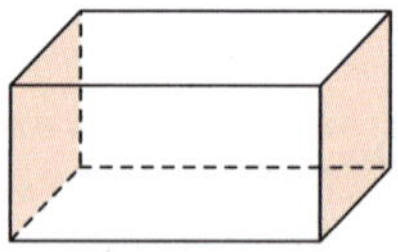

• Les deux plans sont sécants ; leur intersection est une droite.

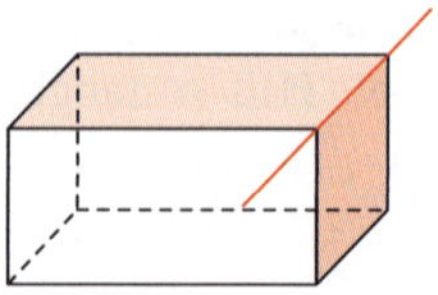

5 Droites orthogonales

• Deux droites sont orthogonales quand leurs parallèles menées par un point quelconque sont perpendiculaires.

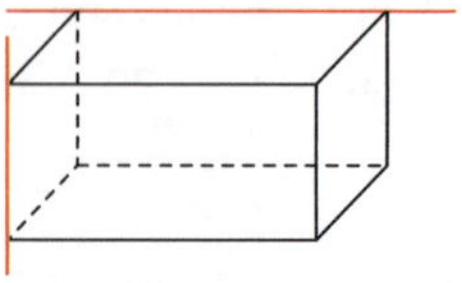

2 Configurations usuelles du plan

De quoi s'agit-il ? On rappelle certains théorèmes essentiels de géométrie plane.

1 Théorème de Pythagore

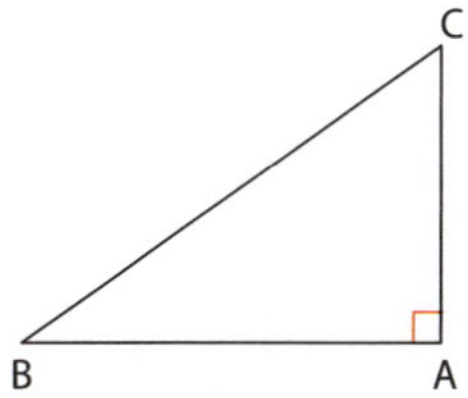

- **Théorème**

Soit ABC un triangle rectangle en A.

On a : $BC^2 = AB^2 + AC^2$.

- **Réciproque**

Si ABC est un triangle tel que $BC^2 = AB^2 + AC^2$, alors le triangle est rectangle en A.

À savoir

Si $BC^2 \neq AB^2 + AC^2$, la contraposée du théorème de Pythagore permet d'affirmer que le triangle ABC n'est pas rectangle (on suppose ici que BC est la plus grande des trois longueurs).

2 Théorème de Thalès appliqué au triangle

- **Théorème**

Les droites sécantes (AB) et (AC) sont coupées par les droites parallèles (ED) et (BC). Sur les droites (AB) et (AC) sécantes en A, les points A, E, B et A, D, C sont alignés dans le même ordre.

$$\frac{AE}{AB} = \frac{AD}{AC} = \frac{ED}{BC}.$$

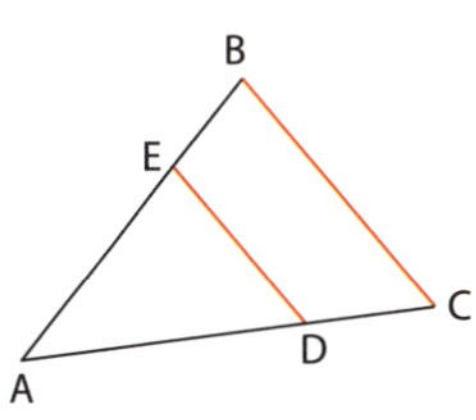

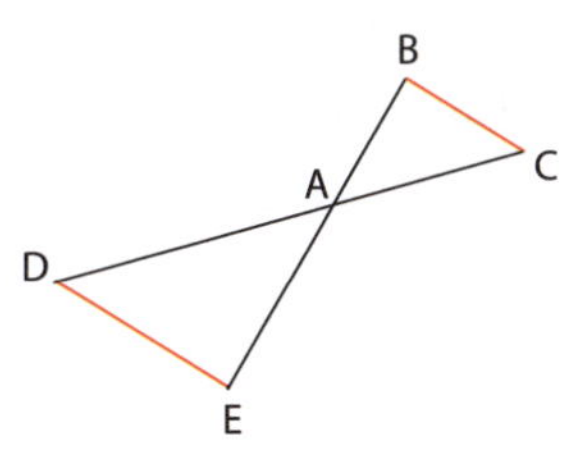

- **Réciproque**

Soit ABC et AED deux triangles tels que A, E, B et A, D, C soient alignés dans le même ordre.

Si $\frac{AE}{AB} = \frac{AD}{AC}$, alors les droites (ED) et (BC) sont parallèles.

3 Théorème des milieux dans le triangle

Soit ABC un triangle.

Si I et J sont les milieux respectifs de [AB] et [AC], alors (IJ) et (BC) sont parallèles et :

$$IJ = \frac{1}{2}BC.$$

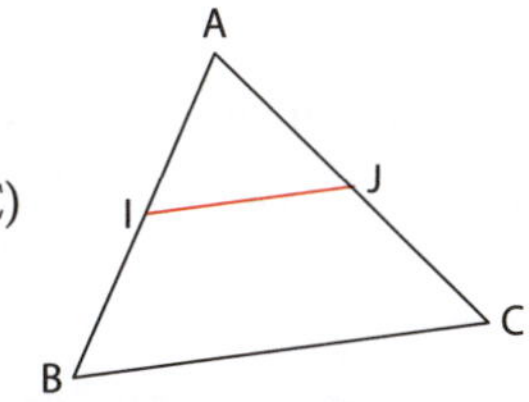

3 Repérage de points dans le plan

De quoi s'agit-il ? On utilise des formules qu'il faut connaître pour repérer les points du plan.

1 Repère orthonormé

Trois points (O ; I, J) formant un triangle rectangle isocèle de sommet O définissent un repère orthonormé du plan.

2 Coordonnées d'un point

Dans le plan rapporté à un repère orthonormé, les coordonnées d'un point M sont l'abscisse x_M et l'ordonnée y_M de M. On note $M(x_M ; y_M)$.

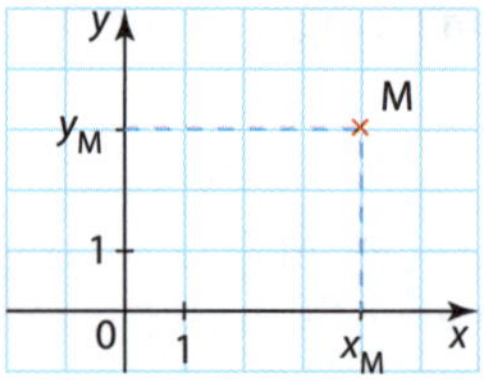

3 Distance de deux points

Dans le plan rapporté à un repère orthonormé, on considère les points $A(x_A ; y_A)$ et $B(x_B ; y_B)$.

La distance de A à B, notée AB, est égale à $AB = \sqrt{(x_B - x_A)^2 + (y_B - y_A)^2}$.

À savoir

Cette relation n'est valable que si le repère est orthonormé.

4 Milieu d'un segment

Soit $A(x_A ; y_A)$ et $B(x_B ; y_B)$ deux points du plan.

Les coordonnées du milieu I de [AB] sont : $I\left(\frac{x_A + x_B}{2} ; \frac{y_A + y_B}{2}\right)$.

Exercice résolu

Déterminer la distance de deux points, le milieu d'un segment

ÉNONCÉ

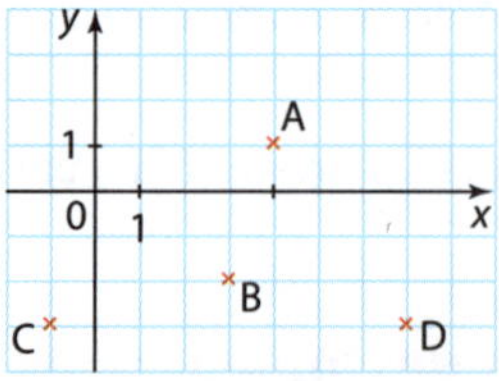

1. Déterminer les coordonnées des points A, B, C et D.

2. Déterminer les coordonnées du milieu I de [BC].

3. Calculer BC, BD et CD. Quelle est la nature du triangle BCD ?

CORRIGÉ

1. On lit les coordonnées des points A, B, C et D.

A(4 ; 1) ; B(3 ; −2) ; C(−1 ; −3) et D(7 ; −3).

Conseil

Utiliser les formules du cours.

...

CORRIGÉ

2. Les coordonnées du point I milieu de [BC] sont :

$\mathrm{I}\left(\dfrac{x_B + x_C}{2} ; \dfrac{y_B + y_C}{2}\right)$; soit $\mathrm{I}\left(\dfrac{3 + (-1)}{2} ; \dfrac{(-2) + (-3)}{2}\right)$; $\mathrm{I}\left(1 ; \dfrac{-5}{2}\right)$.

3. $BC = \sqrt{(x_C - x_B)^2 + (y_C - y_B)^2} = \sqrt{(-1 - 3)^2 + (-3 - (-2))^2}$

$BC = \sqrt{(-4)^2 + (-1)^2} = \sqrt{16 + 1} = \sqrt{17}$.

$BD = \sqrt{(x_D - x_B)^2 + (y_D - y_B)^2} = \sqrt{(7 - 3)^2 + (-3 - (-2))^2}$

$BD = \sqrt{4^2 + (-1)^2} = \sqrt{16 + 1} = \sqrt{17}$

$CD = \sqrt{(x_D - x_C)^2 + (y_D - y_C)^2} = \sqrt{(7 - (-1))^2 + (-3 - (-3))^2}$

$CD = \sqrt{8^2 + 0^2} = \sqrt{64} = 8$.

On a BC = BD, donc le triangle BCD est isocèle en B.

4 Équations de droites

De quoi s'agit-il ? **Les propriétés des droites doivent être connues.**

1 Équation d'une droite non parallèle à l'axe des ordonnées

- **Équation réduite d'une droite $\mathscr{D}$ de la forme $y = mx + p$**

Dans le plan rapporté à un repère orthonormé, une droite $\mathscr{D}$ non parallèle à l'axe des ordonnées a pour équation réduite $y = mx + p$.

Le nombre réel m est appelé coefficient directeur de $\mathscr{D}$. Si $m > 0$, alors la droite « monte » ; si $m < 0$, alors la droite « descend ».

Le nombre réel p est appelé ordonnée a l'origine ; $\mathscr{D}$ passe par le point de coordonnées $(0 ; p)$.

- **Calcul du coefficient directeur**

Soit $A(x_A ; y_A)$ et $B(x_B ; y_B)$ deux points distincts d'une droite $\mathscr{D}$ non verticale.

Le coefficient directeur m de $\mathscr{D}$ est : $m = \dfrac{y_B - y_A}{x_B - x_A}$.

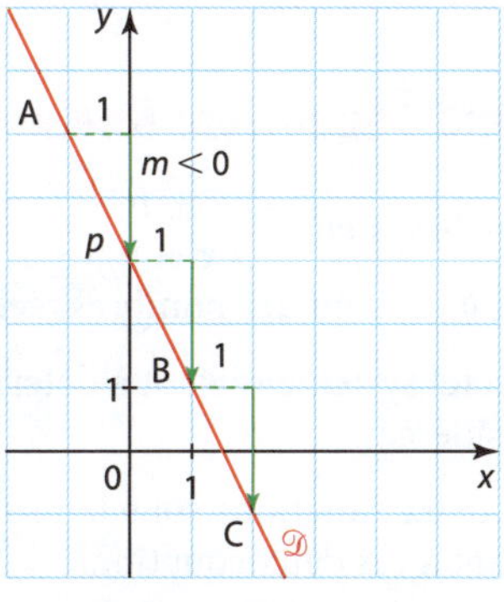

À savoir

Si $m = 0$, alors la droite est parallèle à l'axe des abscisses.

- **Coordonnées d'un point de la droite $\mathscr{D}$ d'équation réduite $y = mx + p$**

Un point $A(x_A ; y_A)$ est un point de $\mathscr{D}$ lorsque ses coordonnées vérifient l'équation de la droite. On peut alors écrire : $y_A = mx_A + p$.

2 Équation d'une droite parallèle à l'axe des ordonnées

Dans le plan rapporté à un repère orthonormé une droite $\mathscr{D}$ parallèle à l'axe des ordonnées a pour équation : $x = c$; $c \in \mathbb{R}$.

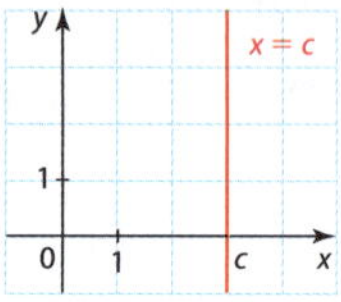

Exercice résolu

Déterminer l'équation réduite d'une droite

ÉNONCÉ

Le plan est rapporté à un repère orthonormé.
Déterminer :
1. les équations réduites des droites $\mathscr{D}_1$, $\mathscr{D}_2$ et $\mathscr{D}_3$;
2. l'équation réduite de la droite passant par les points A(3 ; 1) et B(−1 ; −8).

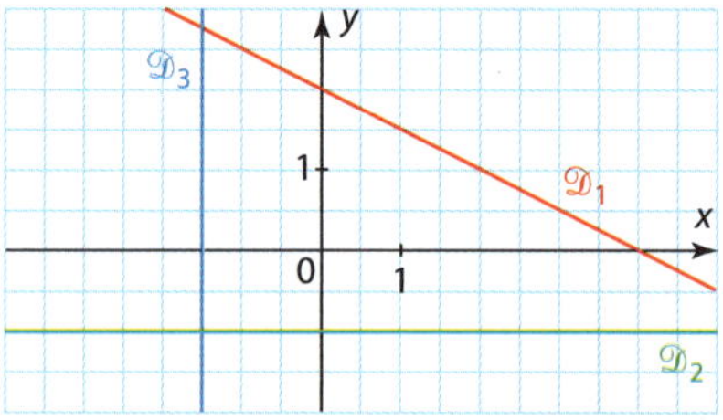

CORRIGÉ

1. • Le coefficient directeur de $\mathscr{D}_1$ est égal à −0,5, son ordonnée à l'origine est égale à 2, donc l'équation réduite de $\mathscr{D}_1$ est $y = -0{,}5x + 2$.

• $\mathscr{D}_2$ est parallèle à l'axe des abscisses et passe par (0 ; − 1), donc son équation réduite est $y = -1$.

• $\mathscr{D}_3$ est parallèle à l'axe des ordonnées et passe par $\left(-\frac{3}{2}\,;0\right)$, donc son équation est $x = -\frac{3}{2}$.

2. Le coefficient directeur de la droite (AB) est :

$$m = \frac{y_B - y_A}{x_B - x_A}, \text{ soit } m = \frac{-8-1}{-1-3} = \frac{-9}{-4} = \frac{9}{4}.$$

Son équation réduite est de la forme $y = \frac{9}{4}x + p$; or A étant un point de (AB), on peut écrire : $1 = \frac{9}{4} \times 3 + p$, soit $1 = \frac{27}{4} + p$.

Ainsi, $p = 1 - \frac{27}{4} = \frac{-23}{4}$ et (AB) : $y = \frac{9}{4}x - \frac{23}{4}$.

Conseil
On lit sur le graphique les valeurs de m et de p.

3 Système d'équations linéaires : résolution graphique

On considère le système $\begin{cases} ax + by + c = 0 \\ a'x + b'y + c' = 0 \end{cases}$
où a, b, c, a', b', c' sont des nombres réels donnés.

Résoudre un tel système revient à déterminer tous les couples $(x\,;y)$ qui vérifient les deux égalités considérées.

On écrit les deux équations sous la forme $y = mx + p$, puis on trace les droites $\mathscr{D}_1$ et $\mathscr{D}_2$ correspondant à ces deux équations.

Résoudre un tel système revient à déterminer les coordonnées du point d'intersection (s'il existe) des droites $\mathscr{D}_1$ et $\mathscr{D}_2$. Lorsque les droites $\mathscr{D}_1$ et $\mathscr{D}_2$ sont :

<table>
<tr><th>a) Sécantes en un point $A(x_A ; y_A)$</th><th>b) Confondues</th></tr>
<tr><td>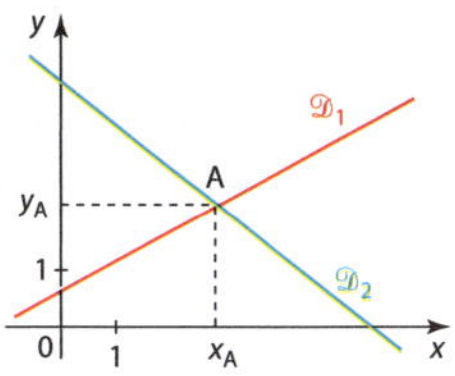

Le système admet un unique couple solution : $(x_A ; y_A)$.</td><td>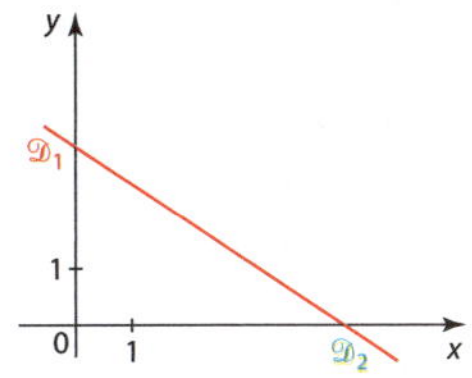

Le système admet une infinité de couples solutions : les couples $(x ; y)$ vérifiant l'une des équations des droites.</td></tr>
<tr><th colspan="2">c) Strictement parallèles</th></tr>
<tr><td>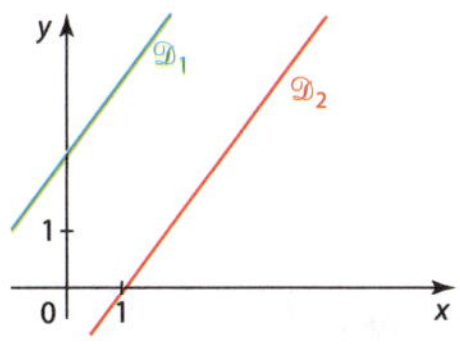
</td><td>Le système n'admet pas de solution.</td></tr>
</table>

Exercice résolu

Résoudre graphiquement un système

ÉNONCÉ

On donne les représentations graphiques des droites d'équations réduites :

$$y = 1 + x \,; y = -\frac{1}{2}x + \frac{5}{2} \text{ et } y = 1 - 2x.$$

À l'aide du graphique, résoudre les systèmes suivants :

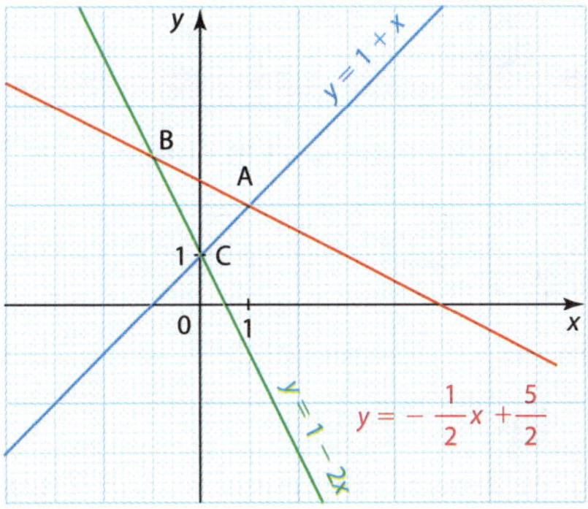

(S_1) : $\begin{cases} -x + y = 1 \\ \frac{1}{2}x + y = \frac{5}{2} \end{cases}$

(S_2) : $\begin{cases} -x + y = 1 \\ 2x + y = 1 \end{cases}$

(S_3) : $\begin{cases} \frac{1}{2}x + y = \frac{5}{2} \\ 2x + y = 1 \end{cases}$

CORRIGÉ

(S_1) est équivalent à : $\begin{cases} y = 1 + x \\ y = \frac{5}{2} - \frac{1}{2}x \end{cases}$. Le point d'intersection de ces deux droites est le point A(1 ; 2), donc (S_1) a pour solution le couple (1 ; 2).

(S_1) est équivalent à : $\begin{cases} y = 1 + x \\ y = 1 - 2x \end{cases}$. Le point d'intersection de ces deux droites est le point C(0 ; 1), donc (S_2) a pour solution le couple (0 ; 1).

(S_3) est équivalent à : $\begin{cases} y = \frac{5}{2} - \frac{1}{2}x \\ y = 1 - 2x \end{cases}$. Le point d'intersection de ces deux droites est le point B(−1 ; 3), donc (S_3), a pour solution le couple (−1 ; 3).

Méthode

On lit sur le graphique les coordonnées des points d'intersection des droites associées à chacune des équations des systèmes.

Révision express

Le schéma à retenir

Configurations géométriques liées au cube

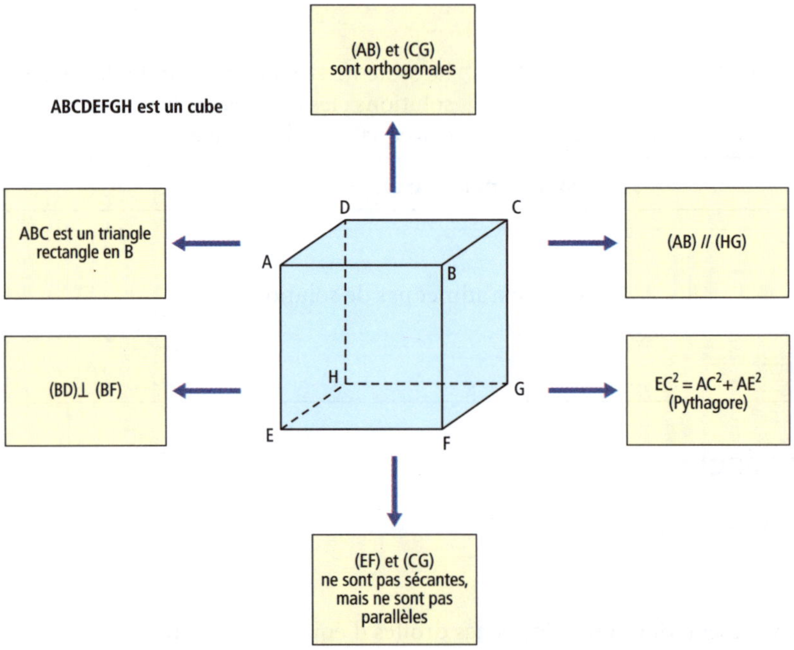

Quiz

On considère le cube ci-dessus. On donne EF = 5 cm.

Cochez la ou les bonnes réponses :

1. Le triangle ACF est :

☐ **quelconque** ☐ **rectangle** ☐ **isocèle** ☐ **équilatéral**

2. Le quadrilatère ACGE est un :

☐ **carré** ☐ **rectangle** ☐ **trapèze**

3. La longueur du segment [EH] est :

☐ **EH = 10 cm** ☐ **EH = 5 cm** ☐ **on ne peut pas savoir**

4. Les droites (AH) et (BG) sont :

☐ **parallèles** ☐ **sécantes** ☐ **perpendiculaires**

5. La longueur du segment [EG] est :

☐ **EG = 10 cm** ☐ **EG = 50 cm** ☐ **EG = $5\sqrt{2}$ cm** ☐ **EG = $5\sqrt{5}$ cm**

→ Réponses p. 395

EXERCICE 1

Utiliser les théorèmes de géométrie plane dans l'espace

Énoncé

ABCDEFGH est un cube d'arête 6 cm. Calculer IJ.

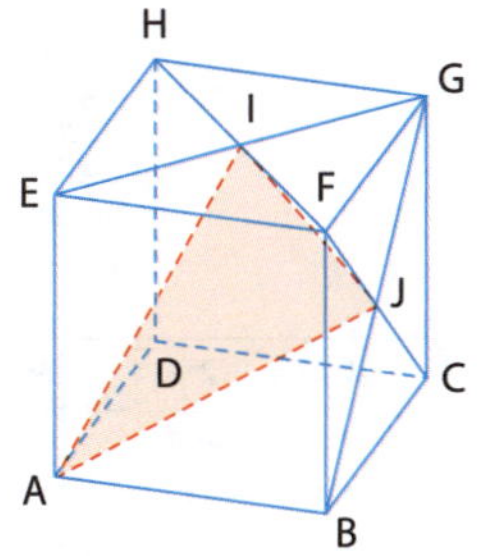

Méthode

1 Repérer une figure du plan qui contient le segment [IJ].

2 Appliquer les théorèmes de géométrie plane.

Corrigé

1. On considère le triangle EGB. I est le milieu de [EG] et J est le milieu de [BG].

On reconnaît la configuration du théorème des milieux du triangle :

$$(IJ) \mathbin{//} (EB) \text{ et } IJ = \frac{1}{2}EB.$$

2. [EB] est l'hypoténuse du triangle rectangle ABE, rectangle en A. En appliquant le théorème de Pythagore, on obtient :

$EB^2 = AE^2 + AB^2$;

$EB^2 = 6^2 + 6^2 = 72$,

soit $EB = \sqrt{72} = 6\sqrt{2}$ cm.

Ainsi,

$IJ = \frac{1}{2}EB = \frac{1}{2} \times 6\sqrt{2}$.

$IJ = 3\sqrt{2}$ cm

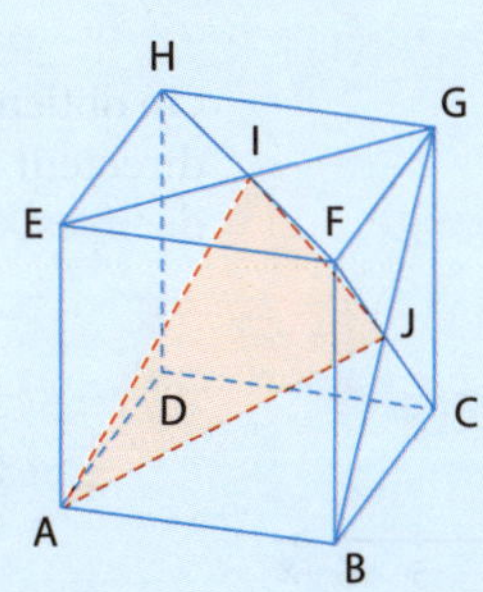

Remarque
Le triangle EGB est équilatéral.

Remarque
ABFE est un carré ;
le triangle EAB est un triangle rectangle en A.

EXERCICE 2

Savoir lire le coefficient directeur d'une droite

Énoncé

Déterminer graphiquement le coefficient directeur de chacune des droites $\mathcal{D}_1$, $\mathcal{D}_2$ et $\mathcal{D}_3$.

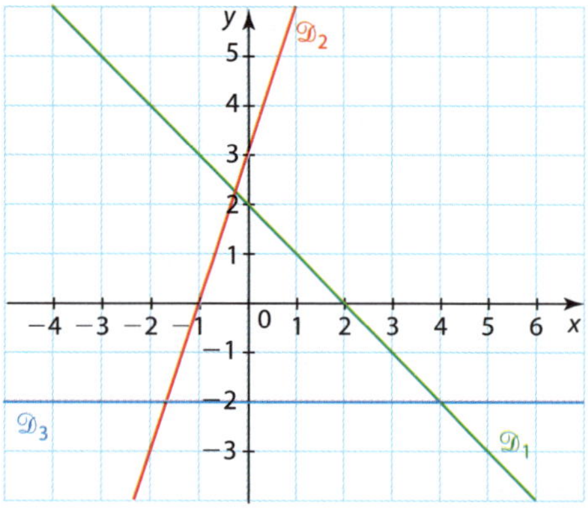

Méthode

1 Se positionner sur un point de la droite (à coordonnées entières si possible).

2 Se déplacer horizontalement d'une unité vers la droite.

3 Lire le coefficient directeur qui est égal au nombre d'unités verticales nécessaires pour atteindre la droite ; le coefficient directeur est positif si on se déplace vers le haut, il est négatif si on se déplace vers le bas.

Corrigé

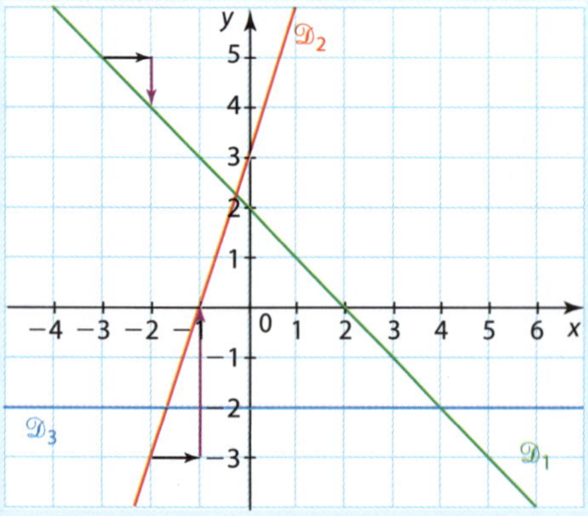

On obtient par lecture graphique : le coefficient directeur de $\mathcal{D}_1$ est −1 ; celui de $\mathcal{D}_2$ est 3 ; celui de $\mathcal{D}_3$ est 0.

Rappel
Le coefficient directeur d'une droite horizontale est égal à 0.

Chapitre 5 Vecteurs

1 Vecteurs du plan

De quoi s'agit-il ? **Le vecteur est un outil utilisé en géométrie.**

1 Définition d'un vecteur

- À deux points A et B, on peut associer le vecteur $\overrightarrow{AB}$ caractérisé par une direction, un sens et une longueur. La **direction** de $\overrightarrow{AB}$ est celle de la droite (AB). Le **sens** de $\overrightarrow{AB}$ est de A vers B. La **longueur** de $\overrightarrow{AB}$ est la distance AB.

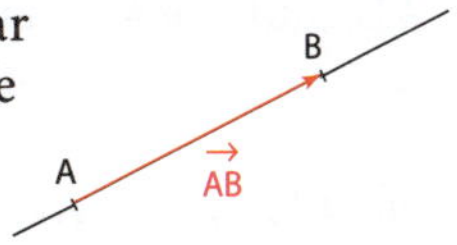

- Lorsque les points A et B sont confondus, le vecteur $\overrightarrow{AB}$ est appelé **vecteur nul**. Si A = B, alors $\overrightarrow{AA} = \overrightarrow{BB} = \vec{0}$.
- Deux **vecteurs opposés** ont la même direction, la même longueur mais des sens contraires. On a $\overrightarrow{AB} = -\overrightarrow{BA}$.

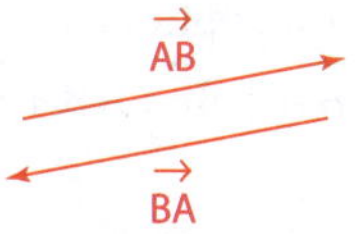

- Le vecteur $\overrightarrow{AB}$ peut être associé à la translation qui transforme A en B.

À savoir

Si $\overrightarrow{AB} = \overrightarrow{AC}$, alors les points B et C sont confondus.

2 Vecteurs égaux

- Deux **vecteurs égaux** ont la même direction, le même sens et la même longueur.
- Le point I est le milieu du segment [AB] lorsque ;
$\overrightarrow{AI} = \overrightarrow{IB}$ ou $\overrightarrow{AI} + \overrightarrow{BI} = \vec{0}$ ou $\overrightarrow{AI} = \frac{1}{2}\overrightarrow{AB}$.

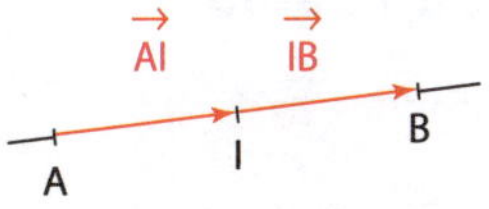

- Lorsque les points A, B, C et D ne sont pas alignés, les trois propositions suivantes sont équivalentes :

(1) $\overrightarrow{AB} = \overrightarrow{CD}$.

(2) ABDC est un parallélogramme.

(3) Les segments [AD] et [BC] ont le même milieu.

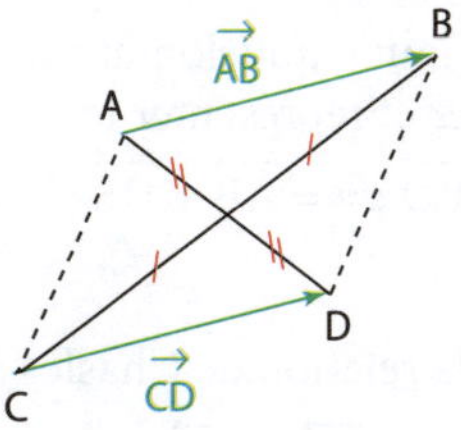

2 Opérations sur les vecteurs

De quoi s'agit-il ? **On peut faire certaines opérations avec les vecteurs, en respectant des règles précises.**

Soit A, B et C trois points distincts et *k* un nombre réel non nul.

1 Somme de deux vecteurs

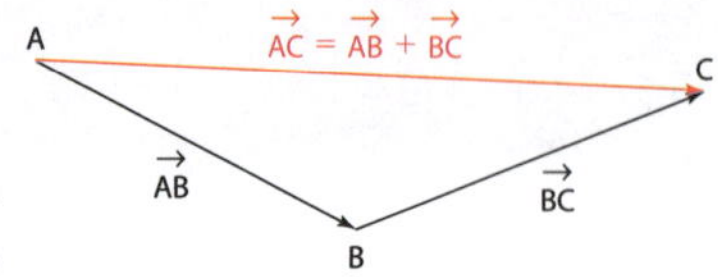

- Lorsque l'extrémité du premier vecteur et l'origine du second vecteur sont identiques, on applique la **relation de Chasles** : $\overrightarrow{AB} + \overrightarrow{BC} = \overrightarrow{AC}$.

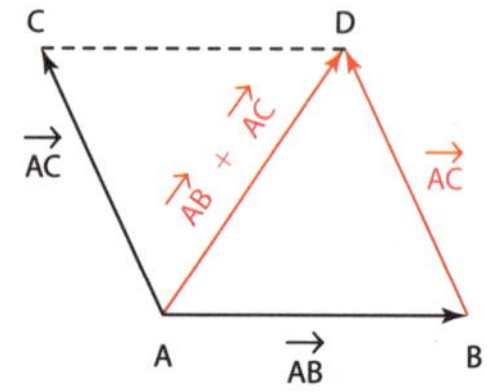

- Lorsque deux vecteurs ont la même origine, on applique la **règle du parallélogramme** :

• Pour représenter la somme $\overrightarrow{AB} + \overrightarrow{AC}$, on place le point D tel que ABDC soit un parallélogramme. On alors $\overrightarrow{AB} + \overrightarrow{AC} = \overrightarrow{AD}$ ou encore $\overrightarrow{AC} + \overrightarrow{AB} = \overrightarrow{AD}$.

À savoir

$\overrightarrow{AB} + \overrightarrow{AC} = \overrightarrow{AD}$ équivaut à ABDC est un parallélogramme.

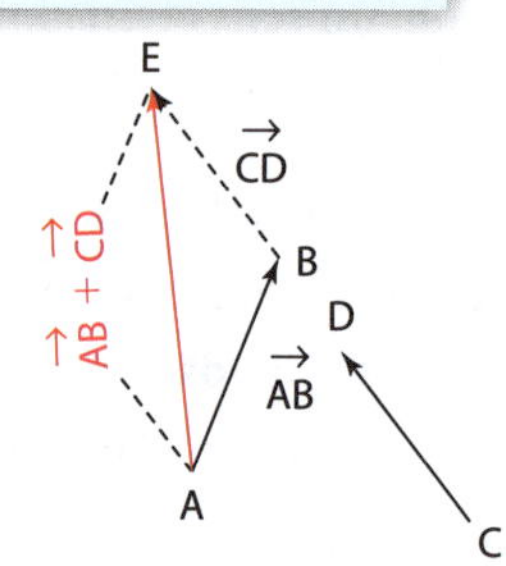

• Pour représenter la somme $\overrightarrow{AB} + \overrightarrow{CD}$, on place le point E tel que $\overrightarrow{CD} = \overrightarrow{BE}$, et on applique la relation de Chasles :
$\overrightarrow{AB} + \overrightarrow{CD} = \overrightarrow{AB} + \overrightarrow{BE}$; $\overrightarrow{AB} + \overrightarrow{CD} = \overrightarrow{AE}$.

2 Produit d'un vecteur par un nombre réel non nul

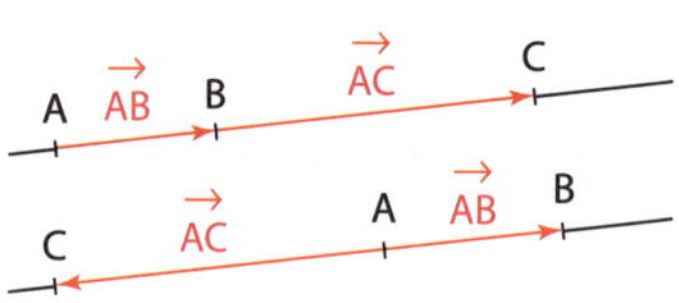

Le produit du vecteur $\overrightarrow{AB}$ par le nombre réel k est le vecteur $\overrightarrow{AC}$ tel que $\overrightarrow{AC} = k\overrightarrow{AB}$.

- Si $k > 0$, alors $\overrightarrow{AC}$ et $\overrightarrow{AB}$ sont de même sens.
- Si $k < 0$ alors $\overrightarrow{AC}$ et $\overrightarrow{AB}$ sont de sens contraires.

Exercice résolu

Représenter des vecteurs

ÉNONCÉ

Soit ABDC un parallélogramme non aplati.
Déterminer et représenter les vecteurs $\vec{u}$, $\vec{v}$ et $\vec{w}$ tels que :
$\vec{u} = \overrightarrow{AB} + \overrightarrow{BD}$; $\vec{v} = \overrightarrow{AB} + \overrightarrow{DB}$; $\vec{w} = \overrightarrow{CA} + \overrightarrow{BA}$.

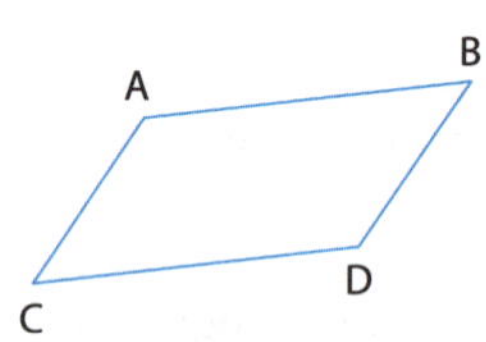

CORRIGÉ

- D'après la relation de Chasles : $\overrightarrow{AB} + \overrightarrow{BD} = \overrightarrow{AD}$, soit $\vec{u} = \overrightarrow{AD}$.
- Les vecteurs $\overrightarrow{AB}$ et $\overrightarrow{DB}$ n'ont pas la même origine.

On place le point E tel que $\overrightarrow{BE} = \overrightarrow{DB}$.

On a alors : $\overrightarrow{AB} + \overrightarrow{DB} = \overrightarrow{AB} + \overrightarrow{BE}$.

Soit en appliquant la relation de Chasles : $\overrightarrow{AB} + \overrightarrow{BE} = \overrightarrow{AE}$, soit $\vec{v} = \overrightarrow{AE}$.

Conseil

On utilise la relation de Chasles et la règle du parallélogramme.

•••

•••

• On a $\overrightarrow{CA} = \overrightarrow{BE}$. Les vecteurs $\overrightarrow{BE}$ et $\overrightarrow{BA}$ ont la même origine.
On applique la règle du parallélogramme : on place le point F de sorte que BEFA soit un parallélogramme.

On a alors : $\overrightarrow{BE} + \overrightarrow{BA} = \overrightarrow{BF}$, soit $\vec{w} = \overrightarrow{BF}$.

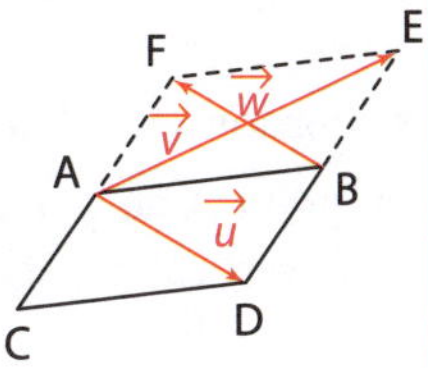

3 Coordonnées d'un vecteur

De quoi s'agit-il ? **Quand le plan est muni d'un repère, on utilise les coordonnées des vecteurs.**

Le plan est rapporté à un repère orthonormé. Soit A $(x_A ; y_A)$ et B $(x_B ; y_B)$.

1 Définitions

Le vecteur $\overrightarrow{AB}$ a pour coordonnées $(x_B - x_A ; y_B - y_A)$.

À savoir

Le vecteur nul $\vec{0}$ a pour coordonnées (0 ; 0).

• **Coordonnées de l'opposé d'un vecteur et de la somme de deux vecteurs**

Si $\overrightarrow{AB}$ a pour coordonnées $(x ; y)$, alors $\overrightarrow{BA}$ a pour coordonnées $(-x ; -y)$.

Si deux vecteurs $\overrightarrow{AB}$ et $\overrightarrow{CD}$ ont pour coordonnées respectives $(x ; y)$ et $(x' ; y')$, alors le vecteur $\overrightarrow{AB} + \overrightarrow{CD}$ a pour coordonnées $(x + x' ; y + y')$.

• **Coordonnées du milieu d'un segment**

Les coordonnées du milieu I de [AB] sont : $I\left(\frac{x_A + x_B}{2} ; \frac{y_A + y_B}{2}\right)$.

• **Coordonnées du produit d'un vecteur par un nombre réel *k***

Si $\overrightarrow{AB}$ a pour coordonnées $(x ; y)$, alors $k\overrightarrow{AB}$ a pour coordonnées $(kx ; ky)$.

2 Égalité de deux vecteurs

$\overrightarrow{AB}(x ; y) = \overrightarrow{CD}(x' ; y')$ équivaut à $x = x'$ et $y = y'$.

Exercice résolu

Lire les coordonnées d'un vecteur

ÉNONCÉ

Dans le plan rapporté à un repère orthonormé, on considère le parallélogramme ABDC.
Déterminer par lecture graphique les coordonnées des vecteurs $\vec{u}$ et $\vec{v}$ tels que : $\vec{u} = \overrightarrow{AB}$; $\vec{v} = \overrightarrow{BC}$.

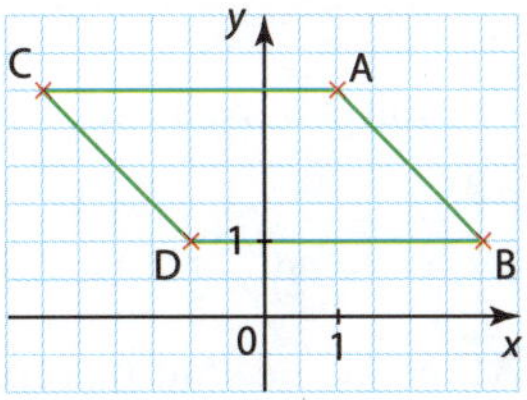

•••

CORRIGÉ

Soit $(x\,;y)$ les coordonnées cherchées.

- Pour aller du point A au point B, on se déplace horizontalement de deux unités vers la droite, donc $x = 2$; verticalement de deux unités vers le bas, donc $y = -2$. On a ainsi : $\vec{u}\,(2\,;-2)$.
- Pour aller du point B au point C, on se déplace horizontalement de six unités vers la gauche, donc $x = -6$; verticalement de deux unités vers le haut, donc $y = 2$. $\vec{v}\,(-6\,;2)$.

4 Colinéarité de deux vecteurs

De quoi s'agit-il ? **Avec les vecteurs, on montre l'alignement de points et le parallélisme de droites.**

Le plan est rapporté à un repère orthonormé.

1 Définition

Deux vecteurs $\vec{u}$ et $\vec{v}$ sont colinéaires lorsqu'ils ont la même direction. Il existe donc un nombre réel k tel que : $\vec{u} = k\vec{v}$.

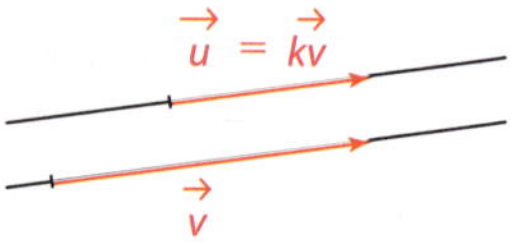

2 Colinéarité et applications de la colinéarité

- Deux vecteurs $\vec{u}\,(x\,;y)$ et $\vec{v}\,(x'\,;y')$ sont colinéaires équivaut à : $xy' - x'y = 0$.
- Soit A, B, C et D quatre points distincts du plan. Les droites (AB)et (CD) sont parallèles lorsque les vecteurs $\overrightarrow{AB}$ et $\overrightarrow{CD}$ sont colinéaires.

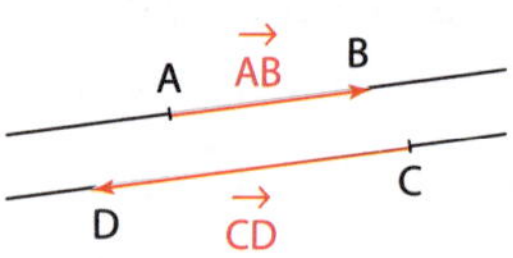

- Soit A, B, et C trois points distincts. Les points A, B et C sont alignés lorsque les vecteurs $\overrightarrow{AB}$ et $\overrightarrow{AC}$ sont colinéaires.

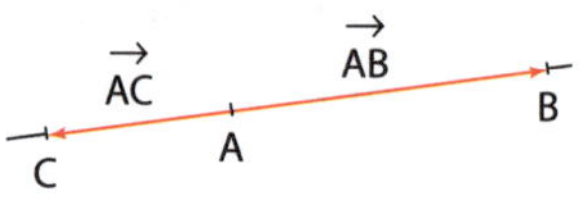

Exercice résolu

Justifier l'alignement de trois points

ÉNONCÉ

Dans le plan rapporté à un repère orthonormé, on considère les points : A(2 ; 1), B(4 ; 3) et C(0 ; –2). Les points A, B et C sont-ils alignés ?

CORRIGÉ

$\overrightarrow{AB}\,(4 - 2\,;3 - 1)$, soit $\overrightarrow{AB}\,(2\,;2)$. $\overrightarrow{AC}\,(0 - 2\,;-2 - 1)$, soit $\overrightarrow{AC}\,(-2;-3)$.

$xy' - x'y = 2 \times (-3) - (-2) \times 2 = -6 + 4 = -2\,;\ xy' - x'y \neq 0$.

Les vecteurs $\overrightarrow{AB}$ et $\overrightarrow{AC}$ ne sont pas colinéaires, donc les points A, B et C ne sont pas alignés.

Méthode

On place les points sur une figure, on calcule les coordonnées des vecteurs $\overrightarrow{AB}$ et $\overrightarrow{AC}$, puis on applique la condition de colinéarité.

Remarque

Sur la figure, les points A, B et C semblaient alignés.

→ Révision express

Les points importants à retenir

L'outil vectoriel

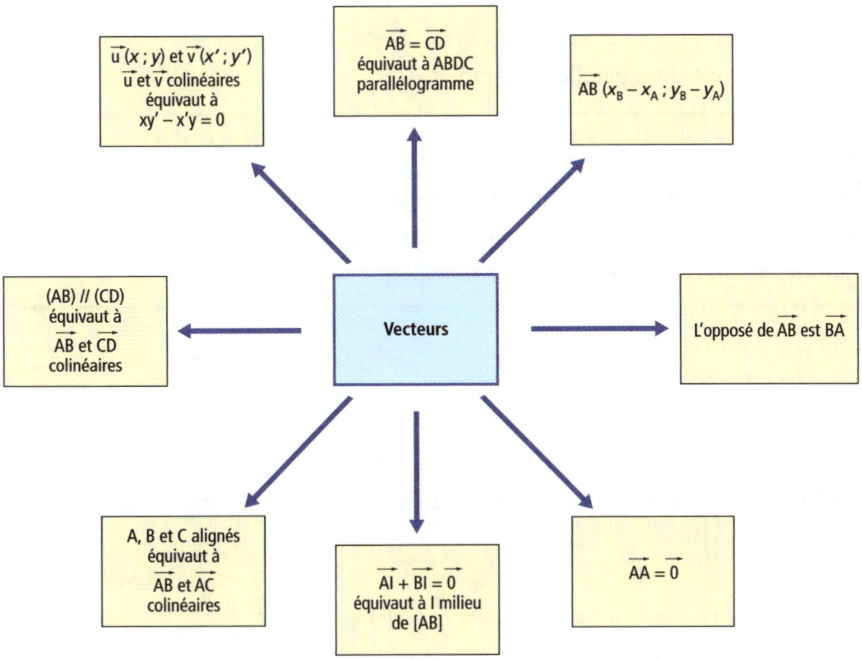

Quiz

Le plan est rapporté à un repère orthonormé. On donne A (2 ; 3), B (–1 ; 1), C (0 ; –1) et D (–1 ; –3).

Cochez la bonne réponse :

1. Les coordonnées de $\overrightarrow{AB}$ sont (–2 ; –3) : ☐ vrai ☐ faux
2. Les points A, C et D sont alignés : ☐ vrai ☐ faux
3. Le milieu de [AC] a pour coordonnées (1 ; 1) : ☐ vrai ☐ faux
4. Les droites (AC) et (BD) sont parallèles : ☐ vrai ☐ faux
5. Les vecteurs $\overrightarrow{AD}$ et $\overrightarrow{CD}$ sont colinéaires : ☐ vrai ☐ faux
6. Le quadrilatère ABCD est un parallélogramme : ☐ vrai ☐ faux

→ Réponses p. 395

EXERCICE 1

Savoir utiliser les vecteurs en géométrie

Énoncé

Le plan est rapporté à un repère orthonormé.
On considère les points A (–2 ; –1) ; B (1 ; 2) ; C (5 ; 1) et D (2 ; –3).
Le quadrilatère ABCD est-il un parallélogramme ?

Méthode

1 Déterminer les coordonnées des vecteurs $\overrightarrow{AB}$ et $\overrightarrow{DC}$ (ou $\overrightarrow{BC}$ et $\overrightarrow{AD}$).

2 Si $\overrightarrow{AB} = \overrightarrow{DC}$ (ou si $\overrightarrow{BC} = \overrightarrow{AD}$), alors conclure que le quadrilatère ABCD est un parallélogramme ; sinon ABCD n'est pas un parallélogramme.

Corrigé

On a : $\overrightarrow{AB}$ (1 – (–2) ; 2 – (–1)), soit $\overrightarrow{AB}$ (3 ; 3) et $\overrightarrow{DC}$ (5 – 2 ; 1 – (–3)), soit $\overrightarrow{DC}$ (3 ; 4).
Comme $\overrightarrow{AB} \neq \overrightarrow{DC}$, on en conclut que le quadrilatère ABCD n'est pas un parallélogramme.

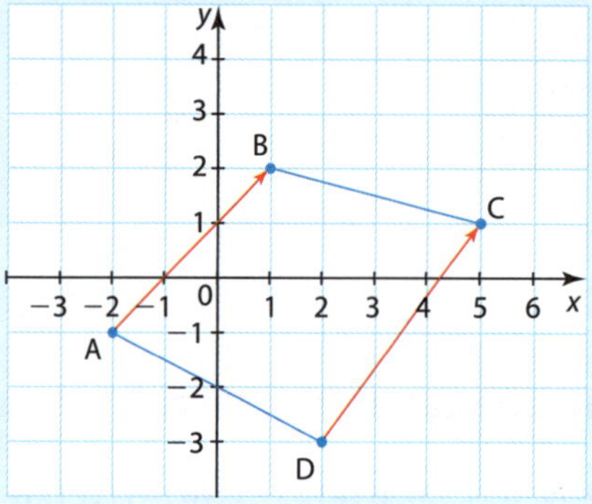

Remarque
On peut constater graphiquement que le quadrilatère n'est pas un parallélogramme...
Montrer que $\overrightarrow{AB} \neq \overrightarrow{DC}$ permet de le démontrer.

EXERCICE 2

Montrer que deux droites sont ou ne sont pas parallèles

Énoncé

Le plan est rapporté à un repère orthonormé.
On considère les points A(2 ; 0) ; B(−2 ; −2) ; C(1 ; −3) et D(3 ; −2).
Le droites (AB) et (CD) sont-elles parallèlles ?

Méthode

1. Calculer les coordonnées des vecteurs $\overrightarrow{AB}$ et $\overrightarrow{CD}$.
2. Si les vecteurs $\overrightarrow{AB}$ et $\overrightarrow{CD}$ sont colinéaires, alors conclure que les droites (AB) et (CD) sont parallèles ; sinon elles ne le sont pas.

Corrigé

1. On a :
$\overrightarrow{AB}$ (−2 −2 ; −2 −0), soit $\overrightarrow{AB}$ (−4 ; −2) et $\overrightarrow{CD}$ (3 − 1 ; −2 − (−3)), soit $\overrightarrow{CD}$ (2 ; 1).

2. On a $\overrightarrow{AB} = -2\overrightarrow{CD}$, les vecteurs $\overrightarrow{AB}$ et $\overrightarrow{CD}$ sont donc colinéaires ; on en conclut que les droites (AB) et (CD) sont parallèles.

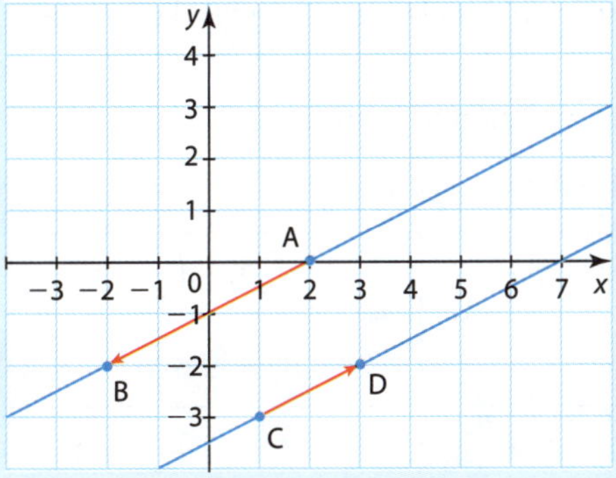

Remarque
La colinéarité des vecteurs $\overrightarrow{AB}$ et $\overrightarrow{CD}$ permet de justifier que les droites (AB) et (CD) sont parallèles.

Chapitre 6 Statistiques

1 Organisation des données d'une série statistique

De quoi s'agit-il ? On met en forme une série statistique pour l'étudier.

1 Vocabulaire

- La **population** est un ensemble faisant l'objet d'une étude statistique.
- Un élément de la population est un **individu** ou une **unité statistique**.
- On observe des **caractères** qui prennent différentes **valeurs**.

Un caractère est **quantitatif** si ses valeurs s'expriment par un nombre sinon il est **qualitatif**.

Un caractère quantitatif est **continu** s'il peut prendre n'importe quelle valeur d'un intervalle (ou d'une classe). L'**amplitude d'une classe** $[a\,;b[$ est $b-a$.

2 Effectif et fréquence

- L'**effectif** n_i est le nombre d'individus de la population dont le caractère prend une valeur donnée.
- L'**effectif total** est le nombre d'individus de la population. Il est noté N.
- La **fréquence** f_i d'une valeur du caractère est le rapport : $\frac{n_i}{N}$.

Valeur x_i	x_1	x_2	...	x_p	Total
Effectif n_i	n_1	n_2	...	n_p	$n_1+n_2+...+n_p=N$
Fréquence f_i	$f_1=\frac{n_1}{N}$	$f_2=\frac{n_2}{N}$	...	$f_p=\frac{n_p}{N}$	$f_1+f_2+...+f_p=1$

3 Effectifs et fréquences cumulés

- On obtient l'**effectif cumulé croissant** de la valeur x_i en ajoutant à l'effectif n_i qui lui correspond l'effectif des valeurs précédentes.

- Le dernier effectif cumulé croissant est toujours égal à l'effectif total N.

Valeur x_i	x_1	x_2	...	x_p
Effectif n_i	n_1	n_2	...	n_p
Effectif cumulé croissant	n_1	$n_1 + n_2$	...	$n_1 + n_2 + ... + n_p = N$

- On obtient de la même façon la **fréquence cumulée croissante**. La dernière fréquence cumulée croissante est toujours égale à 1.

2 Représentations graphiques d'une série statistique quantitative

De quoi s'agit-il ? **Le support visuel d'une série statistique permet de mieux l'étudier.**

1 Nuage de points

Il est utilisé pour représenter les valeurs de deux caractères quantitatifs.

Exemple :

Valeurs du caractère x_i	10	15	20	30
Valeurs du caractère y_i	3	1	4	2

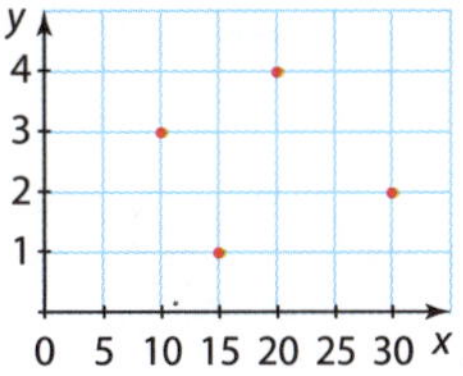

2 Histogramme

- Il est utilisé pour représenter un caractère quantitatif dont les valeurs sont regroupées en classes.
- Les aires des rectangles sont proportionnelles aux effectifs des classes.

Exemple :

Classe	[0 ; 2[	[2 ; 4[	[4 ; 6]
Effectif n_i	3	9	6

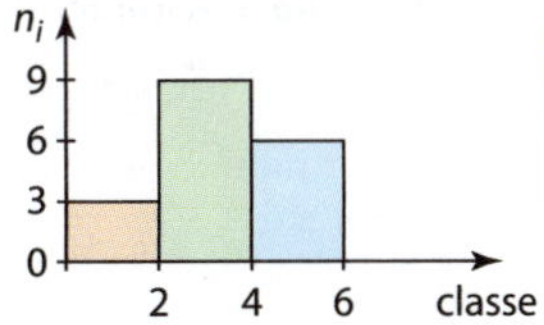

Remarque

Dans cet exemple, les classes ont la même amplitude.

3 Courbe des fréquences cumulées

- Elle est utilisée pour représenter les fréquences cumulées croissantes d'un caractère quantitatif.

Exercice résolu

Représenter la courbe des fréquences cumulées d'une série statistique

ÉNONCÉ

La répartition du poids (en kg) de 70 élèves de seconde est la suivante.

Poids	[40 ; 60[	[60 ; 70[	[70 ; 80[	[80 ; 100]
Fréquence f_i	0,28	0,36	0,21	0,15

Représenter la courbe des fréquences cumulées.

CORRIGÉ

Poids	[40 ; 60[	[60 ; 70[	[70 ; 80[	[80 ; 100]
Fréquence cumulée croissante	0,28	0,64	0,85	1

Bornes de droite des classes

Abscisse	40	60	70	80	100
Ordonnée	0	0,28	0,64	0,85	1

Fréquences cumulées croissantes

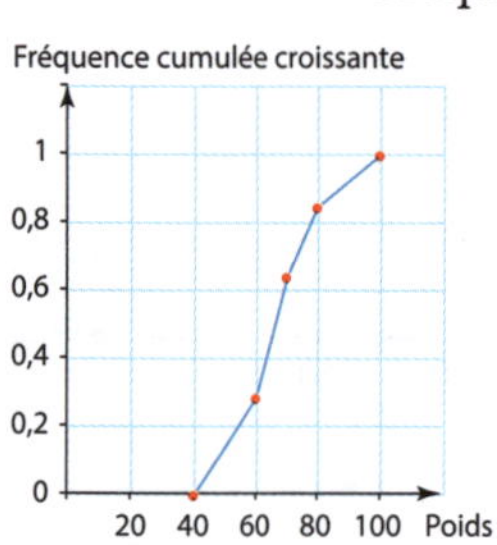

Méthode

On place les points qui ont pour abscisses les bornes de droite des classes et pour ordonnées les fréquences cumulées croissantes. Le 1er point a pour abscisse la borne de gauche de la 1re classe et pour ordonnée 0. On joint ces points par des segments.

3 Médiane, quartiles et moyenne

De quoi s'agit-il ? On étudie certaines caractéristiques d'une série statistique pour rendre compte d'une situation.

1 Médiane

Pour un caractère dont les valeurs sont rangées en ordre croissant, la **médiane** est une valeur qui partage la population en deux groupes d'effectifs à peu près égaux.

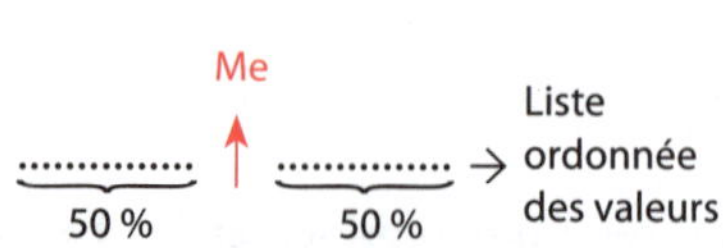

À savoir

La médiane est un indicateur de position qui ne prend en compte que les effectifs, elle est donc peu sensible à quelques extrêmes.

2 Quartiles

- Le premier quartile Q_1 est une valeur qui partage la population, dont les valeurs du caractère sont rangées en ordre croissant, en deux groupes : le 1er groupe représente à peu près 25 % de l'effectif total et le 2nd groupe à peu près 75 %.
- Le troisième quartile Q_3 est une valeur qui partage la population, dont les valeurs du caractère sont rangées en ordre croissant, en deux groupes ; le 1er groupe représente à peu près 75 % de l'effectif total et le 2nd groupe à peu près 25 %.

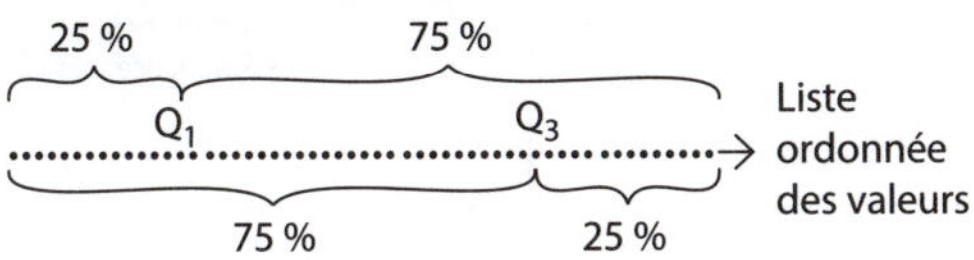

3 Moyenne

- La **moyenne** est un nombre qui caractérise une « **position** » des valeurs du caractère d'une série statistique à caractère quantitatif.
- On note $x_1, x_2, \ldots, x_p$, les différentes valeurs prises par un caractère quantitatif ; $n_1, n_2, \ldots, n_p$, les effectifs respectifs de ces valeurs et N l'effectif total.
- La **moyenne** $\bar{x}$ est définie par $\bar{x} = \dfrac{x_1 \times n_1 + x_2 \times n_2 + \ldots + x_p \times n_p}{N}$.

À savoir

La moyenne est une caractéristique très sensible aux extrêmes qui peuvent perturber son interprétation.

Exercice résolu

Déterminer la moyenne

ÉNONCÉ

Le tableau statisque suivant indique l'âge de 10 salariés d'une entreprise.

Âge	[25 ; 35[	[35 ; 45[	[45 ; 55[	[55 ; 65]
Centre des classes				
Effectif n_i	1	4	3	2

1. Compléter le tableau précédent.

2. Calculer la moyenne.

Conseil

On entre les centres des classes dans la liste 1 de la calculatrice et les effectifs dans la liste 2.

CORRIGÉ

1. Calcul du centre des classes.

Âge	[25 ; 35[	[35 ; 45[	[45 ; 55[	[55 ; 65]
Centre des classes	$\frac{25+35}{2} = 30$	$\frac{35+45}{2} = 40$	$\frac{45+55}{2} = 50$	$\frac{55+65}{2} = 60$
Effectif n_i	1	4	3	2

2. Avec la calculatrice, on obtient : $\bar{x} = 46$. La moyenne des âges des salariés est 46 ans.

Révision express

Les points importants à retenir

Outils statistiques

Série statistique $x_1, x_2, x_3, ..., x_p$ d'effectifs respectifs $n_1, n_2, n_3, ..., n_p$

On peut utiliser la calculatrice ou un tableur pour calculer la moyenne, la médiane et les quartiles

• Effectif total :
$N = n_1 + n_2 + n_3 + ... + n_p$
• Fréquence de x_i :
$f_i = \frac{n_i}{N}$

Paramètre de position : la moyenne

$$\bar{x} = \frac{n_1x_1 + n_2x_2 + n_3x_3 + ... + n_px_p}{N}$$

Paramètres de dispersion : la médiane et les quartiles

Q_1 Me Q_3 — Liste ordonnée des x_i

25 % 25 % 25 % 25 %

Quiz

Le tableau statistique suivant présente la répartition des prix d'une marque de pulls dans différents points de vente.

Prix (en €) x_i	20	30	35	40	45
Nombre de Magasins n_i	1	7	11	8	4

Cochez la ou les bonnes réponses :

1. L'effectif total est : ☐ 170 ☐ 31
2. La fréquence du prix 30 € est environ : ☐ 0,23 ☐ 0,26 ☐ 0,97
3. La moyenne est : ☐ 34 ☐ 35,97
4. La médiane est : ☐ 35 ☐ 30 ☐ 40
5. Le premier quartile Q_1 est : ☐ 20 ☐ 30 ☐ 35
6. Le troisième quartile Q_3 est : ☐ 30 ☐ 35 ☐ 40

→ Réponses p. 395

EXERCICE 1

Savoir calculer une fréquence

Énoncé

Lors d'une course cycliste, on a relevé la vitesse moyenne, en km/h, des 80 participants.

Vitesse (en km/h) x_i	36	37	38	39	40
Nombre de participants n_i	12	24	19	21	4

Déterminer la série statistique des fréquences (résultats arrondis à 0,01 près).

Méthode

Pour calculer les fréquences :

1 Ajouter une ligne ou une colonne supplémentaire au tableau, notée f_i.

2 Compléter la ligne ou la colonne du tableau à l'aide de la formule $f_i = \frac{n_i}{N}$, où N est l'effectif total.

Corrigé

1. On ajoute une colonne supplémentaire au tableau.

2. On calcule la fréquence de chaque valeur du caractère.

Vitesse (en km/h) x_i	Nombre de participants n_i	Fréquence f_i
36	12	$\frac{12}{80} = 0{,}15$
37	24	$\frac{24}{80} = 0{,}30$
38	19	$\frac{19}{80} \approx 0{,}24$
39	21	$\frac{21}{80} \approx 0{,}26$
40	4	$\frac{4}{80} \approx 0{,}05$
Total	**80**	**1**

Piège à éviter
Le calcul ne tombe pas juste ; le résultat est arrondi à 0,01 près.

Réflexe à avoir
On vérifie que la somme des fréquences est égale à 1.

EXERCICE 2

Savoir calculer des fréquences cumulées

Énoncé

Le tableau statistique indique la répartition de l'âge des 30 habitants d'un immeuble.

Âge (en années)	[0 ; 20[	[20 ; 40[	[40 ; 60[	[60 ; 80]
Nombre d'habitants	3	9	12	6

Déterminer la série statistique des fréquences cumulées.

Méthode

Pour calculer la fréquence cumulée croissante d'une valeur x_i, ajouter la fréquence des valeurs précédentes.

Valeur x_i	Fréquence f_i	Fréquence cumulée croissante
x_1	f_1	f_1
x_2	f_2	f_1+f_2
x_3	f_3	$f_1+f_2+f_3$
...	...	$f_1+f_2+f_3+\dots$
Total	$f_1+f_2+f_3+\dots=1$	—

Corrigé

Calcul des fréquences cumulées croissantes.

Âge (en années)	[0 ; 20[	[20 ; 40[	[40 ; 60[	[60 ; 80]
Nombre d'habitants	3	9	12	6
Fréquence	0,1	0,3	0,4	0,2
Fréquence cumulée	0,1	0,1 + 0,3 = 0,4	0,4 + 0,4 = 0,8	0,8 + 0,2 = 1

Réflexe à avoir
On calcule d'abord les fréquences. (Il est possible aussi de calculer les fréquences cumulées croissantes directement à partir des effectifs cumulés.)

Réflexe à avoir
On vérifie que la dernière fréquence cumulée croissante du tableau est bien égale à 1.

Chapitre 7 Probabilités. Échantillonnage

1 Probabilité d'un événement

De quoi s'agit-il ? **En probabilité, on mathématise le hasard : pour cela, on utilise certaines techniques.**

1 Représentations ensemblistes d'événements

Les événements d'un univers peuvent se représenter à l'aide d'ensembles.

Cette représentation permet de visualiser une situation et apporte un support pratique à la comptabilisation du nombre d'issues d'un événement.

Univers Ω

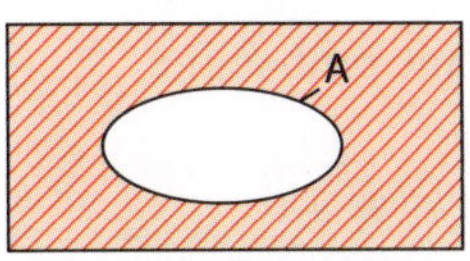

$\overline{A}$
(issues qui ne sont pas dans A).

Univers Ω

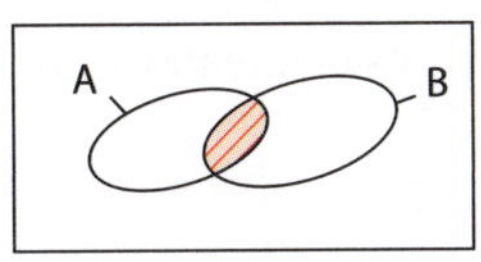

$A \cap B$
(issues qui sont dans A et B).

Univers Ω

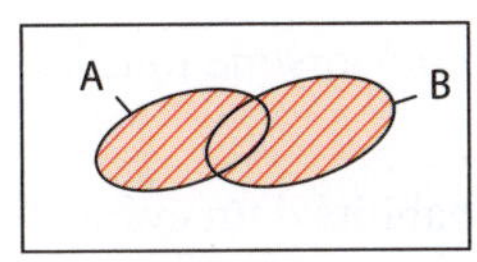

$A \cup B$
(issues qui sont dans A ou B).

Propriétés

$A \cap \overline{A} = \Delta$
et $A \cup \overline{A} = \Omega$.

Exercice résolu

Modéliser une situation par un diagramme

ÉNONCÉ

Un club de vacances propose deux activités nautiques à ses clients : voile et planche à voile.
Parmi les 250 vacanciers du mois de juillet, 75 font de la planche à voile, 120 font de la voile et 40 font les deux sports.

1. Représenter la situation par un diagramme.

2. Déterminer le nombre de vacanciers qui ne pratiquent aucune activité.

CORRIGÉ

1. P : ensemble des vacanciers qui pratiquent la planche à voile.
V : ensemble des vacanciers qui pratiquent la voile.

- On place les 40 vacanciers qui pratiquent les deux activités.
- 75 − 40 = 35 vacanciers ne pratiquent que la planche à voile.

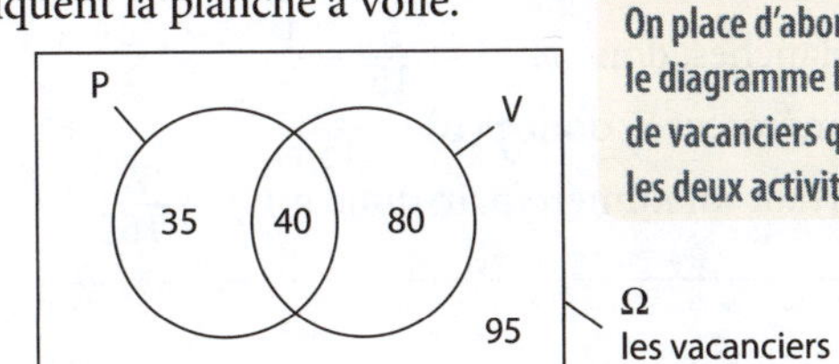

Méthode

On place d'abord dans le diagramme le nombre de vacanciers qui pratiquent les deux activités.

...

•••

- $120 - 40 = 80$ vacanciers ne pratiquent que la voile.
- $250 - (35 + 40 + 80) = 95$ vacanciers ne pratiquent aucune activité.

2. 95 vacanciers ne pratiquent aucune activité.

2 Vocabulaire

- L'univers est l'ensemble des issues d'une expérience aléatoire, il est noté Ω.
- Les résultats possibles d'une expérience aléatoire sont appelés événements élémentaires.
- Un événement est un ensemble d'événements élémentaires.

3 Calcul des probabilités

- La probabilité d'un événement est la somme des probabilités des événements élémentaires qui le constituent.
- Il y a équiprobabilité lorsque tous les événements élémentaires ont la même probabilité d'être obtenus.

Dans ce cas, la probabilité d'un événement A est :

$$p(\text{A}) = \frac{\text{Nombre d'événements élémentaires constituant A}}{\text{Nombre d'événements élémentaires de l'univers}}.$$

Exercice résolu

Déterminer une probabilité sur un tirage de boules d'une urne

ÉNONCÉ

Une urne contient six boules rouges numérotées de 1 à 6, quatre boules vertes numérotées de 1 à 4 et cinq boules blanches numérotées de 1 à 5.
On tire au hasard une boule de l'urne.
Déterminer la probabilité des événements suivants.
A : « La boule tirée est blanche ».
B : « La boule tirée est numérotée 5 ».
C : « La boule tirée à un numéro pair ».

CORRIGÉ

- On tire « au hasard » une boule de l'urne, on est donc dans une situation d'équiprobabilité.
- L'expérience aléatoire est constituée des 15 boules de l'urne.
- Il y a 5 boules blanches, donc $p(\text{A}) = \frac{5}{15} = \frac{1}{3}$.

Il y a 2 boules numérotées 5, donc $p(\text{B}) = \frac{2}{15}$.
Il y a 7 boules portant un numéro pair, donc $p(\text{C}) = \frac{7}{15}$.

Méthode

Déterminer le nombre total d'événements élémentaires, puis le nombre d'événements élémentaires de chaque événement ; appliquer alors la formule d'équiprobabilité.

4 Utilisation d'un tableau

• Pour calculer la probabilité d'un événement, il faut déterminer le nombre d'événements élémentaires de l'expérience aléatoire et le nombre d'événements élémentaires constituant l'événement.

Le tableau à double entrée peut être un outil pratique à ce dénombrement.

Exercice résolu

Utiliser un tableau

ÉNONCÉ

Dans une foire, un forain propose le jeu suivant.
On lance un dé cubique dont les faces sont numérotées de 1 à 6, puis on fait tourner une roue portant les numéros 0, 1, 2, 3. On obtient ainsi un couple $(a\,;b)$ où :

- le nombre a est lu sur la face supérieure du dé ;
- le nombre b est indiqué par la roue.

On suppose que tous les couples $(a\,;b)$ ont la même probabilité d'être obtenus.
Le résultat du jeu est le nombre $a \times b$.

1. Déterminer les événements élémentaires de cette expérience aléatoire à l'aide d'un tableau.

2. Calculer la probabilité de chacun des événements suivants.
A : « Le résultat du jeu est un nombre qui appartient à l'intervalle [5 ; 19] ».
B : « Le résultat du jeu a été obtenu à partir d'un numéro impair sur la roue ».

Conseil
On crée un tableau à double entrée dans lequel on va pouvoir compter les événements élémentaires de l'expérience et les événements élémentaires constituant les événements A et B.

CORRIGÉ

1.

b \ a	1	2	3	4	5	6
0	0	0	0	0	0	0
1	1 ∘	2 ∘	3 ∘	4 ∘	5 ×	∘ 6 ×
2	2	4	6 ×	8 ×	10 ×	12 ×
3	∘ 3	∘ 6 ×	∘ 9 ×	∘ 12 ×	∘ 15 ×	∘ 18 ×

L'expérience aléatoire compte 24 événements élémentaires.

2. On dénombre 11 événements élémentaires constituant A (marqués dans le tableau par une ×).

On a donc $p(\text{A}) = \frac{11}{24}$.

• On dénombre 12 événements élémentaires constituant B (marqués dans le tableau par un °).

On a donc $p(\text{B}) = \frac{12}{24} = \frac{1}{2}$.

À savoir

Un tableau à double entrée ou un arbre permet de dénombrer le nombre de cas favorables à la réalisation d'un événement.

5 Utilisation d'un arbre

• Dans le cas d'une expérience aléatoire mettant en œuvre des choix successifs, le tableau et les diagrammes ne peuvent rendre compte de la situation.

Il faut utiliser un arbre pour dénombrer et déterminer les événements élémentaires de l'expérience aléatoire.

Exercice résolu

Utiliser un arbre

ÉNONCÉ

Une urne contient deux boules indiscernables au toucher, numérotées 1 et 3.
On effectue trois tirages successifs d'une boule avec remise ; on obtient ainsi un nombre à trois chiffres en notant dans l'ordre les trois numéros obtenus.

1. Déterminer les événements élémentaires de cette expérience aléatoire.

2. Calculer la probabilité des événements suivants.
A : « Le nombre obtenu est supérieur à 120 ».
B : « Le nombre obtenu est un multiple de 3 ».
C : « Le nombre obtenu est compris entre 132 et 315 ».

CORRIGÉ

Méthode
Déterminer à l'aide d'un arbre les événements élémentaires de l'expérience aléatoire, puis compter les événements élémentaires constituant A et B.

1.

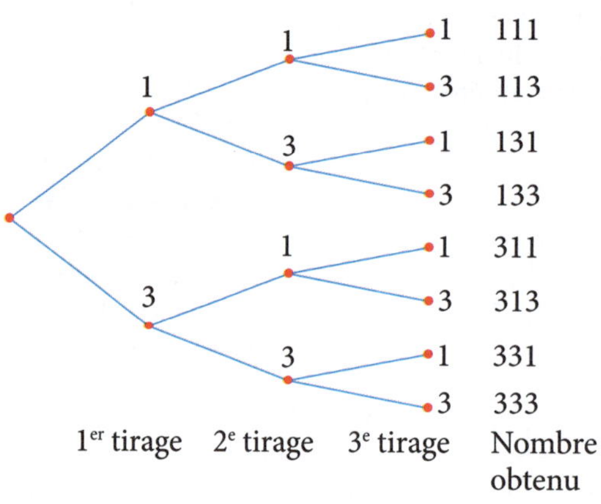

L'expérience aléatoire compte 8 événements élémentaires.

2. Six nombres sont supérieurs à 120 : 131, 133, 311, 313, 331 et 333.

Ainsi, $p(\text{A}) = \frac{6}{8} = \frac{3}{4}$.

Deux nombres sont des multiples de 3 : 111 et 333.

Ainsi, $p(\text{B}) = \frac{2}{8} = \frac{1}{4}$.

Trois nombres sont compris entre 132 et 315 : 133, 311 et 313.

Ainsi, $p(\text{C}) = \frac{3}{8}$.

2 Probabilité des événements $A \cap B$ et $A \cup B$

De quoi s'agit-il ? Les notions d'intersection et d'union d'événements modélisent des situations de référence.

1 Événement $A \cap B$

L'événement $A \cap B$ est constitué des issues qui sont à la fois dans A et dans B.

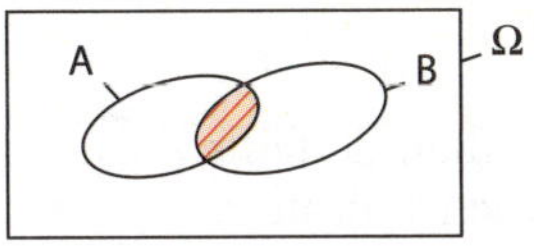

2 Événement $A \cup B$

L'événement $A \cup B$ est constitué de toutes les issues qui sont dans l'un au moins des événements A, B.

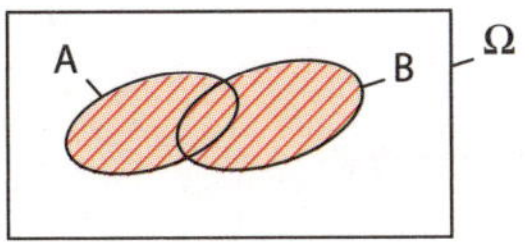

3 Probabilité de $A \cap B$ et $A \cup B$

A et B étant deux événements : $p(A \cup B) + p(A \cap B) = p(A) + p(B)$.

À savoir

Si $A \cap B = \Delta$, c'est-à-dire si A et B sont incompatibles, alors $p(A \cup B) = p(A) + p(B)$.
En effet, si $A \cap B = \Delta$, alors $p(A \cap B) = 0$.

Exercice résolu

Utiliser les formules

ÉNONCÉ

Une entreprise produit des pièces d'un même modèle. Ces pièces peuvent présenter deux types de défaut : le défaut A et le défaut B.

- 6 % des pièces présentent le défaut A (événement A) ;
- 4 % des pièces présentent le défaut B (événement B) ;
- 2,5 % des pièces présentent les deux défauts.

On choisit une pièce au hasard dans la production de l'entreprise.
Déterminer la probabilité de l'événement E : « la pièce choisie présente l'un au moins des deux défauts ».

CORRIGÉ

D'après l'énoncé, on a : $p(A) = \frac{6}{100} = 0{,}06$ et $p(B) = \frac{4}{100} = 0{,}04$.

2,5 % des pièces présentent les deux défauts, donc : $p(A \cap B) = \frac{2{,}5}{100} = 0{,}025$.

L'événement E correspond à $(A \cup B)$, soit $E = A \cup B$.
Or $p(A \cup B) + p(A \cap B) = p(A) + p(B)$, donc :
$p(E) = p(A) + p(B) - p(A \cap B) = 0{,}06 + 0{,}04 - 0{,}025 = 0{,}075$.

Rappel

Exprimez E en fonction de A et de B.

3 Notion d'échantillon. Simulation

De quoi s'agit-il ? **On s'intéresse à des modèles mathématiques souvent utilisés en probabilité.**

1 Échantillon

- Un échantillon de taille n est l'ensemble des résultats obtenus en répétant n fois une même expérience aléatoire.
- Lorsque l'on observe la fréquence d'un résultat possible d'une expérience aléatoire sur plusieurs échantillons de même taille, on s'aperçoit qu'elle fluctue selon les échantillons.

2 Simulations

On effectue des simulations sur calculatrice ou sur tableur afin de produire des données et de créer des échantillons parfaitement aléatoires.

=ALEA() permet d'obtenir un nombre décimal aléatoire dans l'intervalle $[0 ; 1[$.

=n*ALEA() permet d'obtenir un nombre décimal aléatoire dans l'intervalle $[0 ; n[$.

=ENT(n*ALEA()) permet d'obtenir un nombre entier aléatoire dans l'intervalle $[0 ; n[$.

=ENT(ALEA()+p), où p est un nombre réel de l'intervalle $[0 ; 1]$, permet d'obtenir le nombre 1 avec la probabilité p.

Exercice résolu

Créer un échantillon sur tableur

ÉNONCÉ

Pour chacun des cas suivants, déterminer la nature et la taille de l'échantillon créé à l'aide d'un tableur.

1. On entre la formule =ENT(6*ALEA()+1) dans la cellule A1 ; on recopie cette formule jusqu'à la cellule A30.

2. On entre la formule =ENT(ALEA()+0,8) dans la cellule A1 ; on recopie cette formule jusqu'à la cellule A10.

CORRIGÉ

1. La formule =ENT(6*ALEA()+1) permet d'obtenir un nombre entier aléatoire compris entre 1 et 6.
On crée donc un échantillon aléatoire de taille 30 de nombres entiers compris entre 1 et 6.

2. La formule =ENT(ALEA()+0,8) permet d'obtenir les nombres 0 ou 1, 1 étant obtenu avec une probabilité de 0,8 et 0 avec une probabilité de 0,2 ; l'échantillon ainsi créé est de taille 10.

Méthode

Procéder pas à pas en déterminant ce que l'on obtient avec la formule =ALEA(), puis =6*ALEA(), puis =6*ALEA()+1 et enfin =ENT (6*ALEA()+1).

Exercice résolu

Simuler un échantillon aléatoire

ÉNONCÉ
Le taux de réussite au bac est de 82 %.
Quelle formule doit-on entrer sur tableur pour simuler un échantillon de 60 lycéens passant le bac ?

Méthode
Déterminer la formule qui permet d'obtenir 0 ou 1, le 1 étant obtenu avec une probabilité de 0,82.

CORRIGÉ
On entre dans le cellule A1 la formule = ENT(ALEA()+0,82) ; on recopie cette formule jusqu'à la cellule A60.

3 Intervalle de fluctuation – intervalle de confiance

On considère une population dont la fréquence p relative à la valeur d'un caractère est connue. On extrait un échantillon de cette population de taille $n \geqslant 25$; on montre que la fréquence observée f sur l'échantillon appartient à l'intervalle de fluctuation $\left[p - \frac{1}{\sqrt{n}} ; p + \frac{1}{\sqrt{n}}\right]$ dans au moins 95 % des cas.

À savoir

- La probabilité que la fréquence de l'échantillon soit dans l'intervalle $\left[p - \frac{1}{\sqrt{n}} ; p + \frac{1}{\sqrt{n}}\right]$ étant au moins égale à 95 % permet de juger de la pertinence de certaines observations.

Exercice résolu

Observer l'influence de la taille de l'échantillon

ÉNONCÉ
Le directeur estime que 20 % de ses clients ont découvert son magasin grâce à la publicité. Pour vérifier son affirmation, il choisit au hasard dans son fichier n clients.
Déterminer pour chacun des deux cas l'intervalle de fluctuation. Conclure.
1. $n = 100$ et 14 % des personnes déclarent avoir découvert le magasin grâce à la publicité.
2. $n = 400$ et 14 % des personnes déclarent avoir découvert le magasin grâce à la publicité.

CORRIGÉ
1. L'intervalle de fluctuation est $[0,2 - \frac{1}{\sqrt{100}} ; 0,2 + \frac{1}{\sqrt{100}}] = [0,1 ; 0,3]$; la fréquence 14 % appartient à l'intervalle de fluctuation.
2. L'intervalle de fluctuation est $[0,2 - \frac{1}{\sqrt{400}} ; 0,2 + \frac{1}{\sqrt{400}} ;] = [0,15 ; 0,25]$; la fréquence 14 % n'appartient pas à l'intervalle de fluctuation.
Lorsque la taille de l'échantillon augmente, la largeur de l'intervalle diminue.
Dans le premier cas, la fréquence de l'échantillon appartient à l'intervalle de fluctuation et on ne note pas de différence significative entre cette fréquence et la proportion de la population sur laquelle porte l'hypothèse. Dans le deuxième cas, la fréquence de l'échantillon n'appartient pas à l'intervalle de fluctuation et on note une différence significative entre cette fréquence et la proportion de la population sur laquelle porte l'hypothèse.

Révision express

Les schémas à retenir

Représentation ensemblistes d'événements

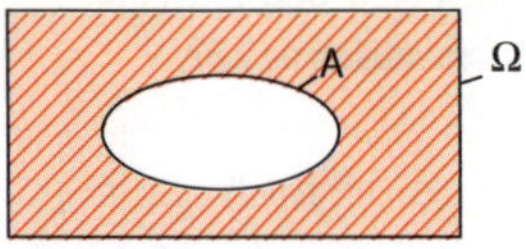

événement $\bar{A}$
$p(A) = 1 - p(A)$

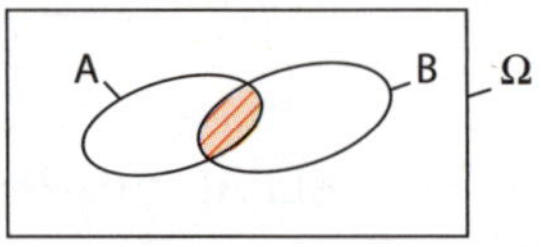

événement $A \cap B$

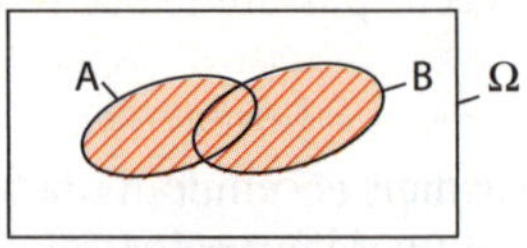

événement $A \cup B$
$p(A \cup B) = p(A) + p(B) - p(A \cap B)$

Quiz

On considère un établissement scolaire dont la situation des élèves est donnée dans le tableau suivant.

	Internes	Demi-pensionnaires	Externes	Total
Filles	120	240	440	800
Garçons	200	240	760	1 200
Total	320	480	1 200	2 000

On choisit un élève au hasard.

Cochez la ou les bonnes réponses :

1. La probabilité que l'élève choisi soit une fille est : ☐ **0,06** ☐ **0,4** ☐ **0,6**

2. La probabilité que l'élève choisit soit externe est : ☐ **0,6** ☐ **0,4** ☐ **1,2**

3. La probabilité que l'élève choisi soit une fille interne est : ☐ **0,375** ☐ **0,06** ☐ **0,15**

4. La probabilité que l'élève choisi soit un garçon ou un interne est : ☐ **0,66** ☐ **0,76** ☐ **0,1**

→ **Réponses p. 395**

EXERCICE 1

Savoir utiliser les symboles ∩ et ∪

Énoncé

Une usine d'horlogerie fabrique des montres. À la sortie de la chaîne de fabrication, elles peuvent présenter un défaut mécanique ou un défaut esthétique.
On choisit au hasard une montre ; on note M l'événement « la montre a un défaut mécanique », et E l'événement « la montre a un défaut esthétique ».

1. Exprimer, en fonction de M et de E, l'événement A : « la montre a un défaut mécanique et un défaut esthétique ».

2. Exprimer, en fonction de M et de E, l'événement B : « la montre a au moins un des deux défauts ».

3. Exprimer, en fonction de M et de E, l'événement C : « la montre n'a aucun défaut ».

Méthode

Il faut repérer dans l'énoncé le vocabulaire associé à l'intersection, à l'union ou à la notion de contraire :

- le symbole ∩ désigne l'intersection, il correspond au « et » ;
- le symbole ∪ désigne l'union, il correspond au « ou inclusif », c'est-à-dire : ou l'un, ou l'autre, ou les deux ;
- le contraire de la réunion de deux événements est l'intersection de leur contraire, c'est-à-dire le contraire de « X ou Y » est « ni X, ni Y ».

Corrigé

1. L'ensemble A est constitué des montres qui ont les deux défauts, mécanique et esthétique.

On a donc : $A = M \cap E$.

2. L'ensemble B est constitué des montres qui ont soit le défaut mécanique, soit le défaut esthétique, soit les deux défauts.

On a donc : $B = M \cup E$.

Rappel
L'expression « au moins » est caractéristique de l'union.

3. L'ensemble C est constitué des montres qui n'ont ni le défaut mécanique, ni le défaut esthétique, c'est l'événement contraire de B.

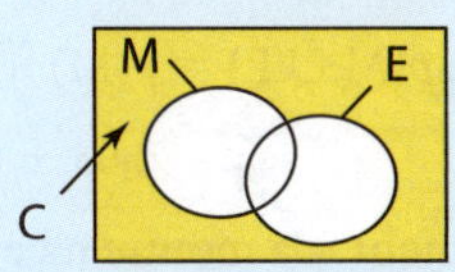

On a donc : $C = \overline{B} = \overline{M \cup E}$, ou encore $C = \overline{M} \cap \overline{E}$.

C est l'évènement : « la montre choisie n'a ni le défaut mécanique, ni le défaut esthétique. »

EXERCICE 2

Savoir utiliser les formules de probabilité

Énoncé

Une usine d'horlogerie fabrique des montres. À la sortie de la chaîne de fabrication, elles peuvent presenter un défaut mécanique ou un défaut esthétique.

On choisit au hasard une montre ; on note M l'événement « la montre a un défaut mécanique », et E l'événement « la montre a un défaut esthétique ».

On admet que $p(\text{M}) = 0{,}03$; $p(\text{E}) = 0{,}06$ et $p(\text{M} \cap \text{E}) = 0{,}02$.

Calculer la probabilité des événements suivants.

1. « La montre n'a pas de défaut esthétique ».
2. « La montre a au moins un des deux défauts ».
3. « La montre n' a aucun défaut ».

Méthode

1 Exprimer les événements cherchés en fonction des événements connus (ici M et E).

2 Calculer les probabilités à l'aide des formules donnant :

- la probabilité de l'événement contraire d'un événement A : $p(\overline{\text{A}}) = 1 - p(\text{A})$;
- la probabilité de la réunion de deux événements A et B :
$p(\text{A} \cup \text{B}) = p(\text{A}) + p(\text{B}) - p(\text{A} \cap \text{B})$.

Corrigé

1. L'événement « la montre n'a pas de défaut esthétique » est l'événement contraire de E, soit l'événement $\overline{\text{E}}$.

On a donc $p(\overline{\text{E}}) = 1 - p(\text{E}) = 1 - 0{,}06 = 0{,}94$.

2. L'événement « la montre a au moins un des deux défauts » est la réunion des événements M et E, soit l'événement $\text{M} \cup \text{E}$.

On a donc $p(\text{M} \cup \text{E}) = p(\text{M}) + p(\text{E}) - p(\text{M} \cap \text{E})$

$= 0{,}03 + 0{,}06 - 0{,}02 = 0{,}07$.

Remarque
La notion d'union au sens inclusif n'est pas facile à manipuler. Il faut identifier les situations qui traduisent « l'union », et appliquer la formule :
$p(\text{A} \cup \text{B}) = p(\text{A}) + p(\text{B}) - p(\text{A} \cap \text{B})$.

3. L'événement « la montre n'a aucun défaut » est l'événement contraire de $\text{M} \cup \text{E}$, soit l'événement $\overline{\text{M} \cup \text{E}}$.

On a donc

$p(\overline{\text{M} \cup \text{E}}) = 1 - p(\text{M} \cup \text{E}) = 1 - 0{,}07 = 0{,}93$.

Piège à éviter
La notion de contraire est assez subtile : le contraire de « avoir au moins un défaut » est « n'avoir aucun défaut ».

Chapitre 8

Algorithmes et programmation

1 Description d'un algorithme

De quoi s'agit-il ? **Il faut comprendre ce qu'est un algorithme et le vocabulaire qui est utilisé.**

1 Définition

Un algorithme décrit une succession **d'instructions.** Il est organisé en plusieurs parties : la déclaration des variables, un début, des instructions (la description d'opérations à exécuter) et une fin.

2 Les instructions élémentaires

- **Affectation d'une instruction** : cela consiste à attribuer une valeur à une variable avec le symbole « ← ».

- **Entrées / sorties** : l'entrée permet à l'utilisateur de rentrer des valeurs au clavier pour être utilisées par le programme, on utilise l'action **Lire** ; la sortie permet de communiquer avec l'utilisateur, on utilise l'action **Écrire**.

- **Exemple**

Écrire un algorithme qui demande un nombre X à l'utilisateur, puis calculer X + 5 et afficher le résultat à l'écran.

Algorithme	Description
Variables X, Y : nombres réels	Déclaration des variables.
Début	Début du programme.
Écrire « entrez le nombre X : »	Le programme reproduit la phrase écrite entre guillemets.
Lire X	Le programme attend la frappe d'une valeur au clavier.
Y ← X + 5	Le programme calcule la valeur de X + 5 et affecte ce résultat à la variable Y.
Écrire Y	La valeur de Y est affichée à l'écran.
Fin	Fin du programme.

2 Boucle et itérateur

De quoi s'agit-il ? **Une boucle permet de répéter plusieurs fois une instruction.**

1 Structure Répéter… Jusqu'à…

- Cette structure décrit une action répétée jusqu'à ce qu'une condition soit respectée.
- **Exemple**

L'algorithme suivant affiche la table de multiplication par 8.

```
Début
  n ⟵ 1
  Répéter
    Écrire « 8 × », n, « = », 8*n
    n ⟵ n + 1
  Jusqu'à n = 11
Fin
```

2 Structure Tant que… Faire…

- Cette structure est exécutée répétitivement tant qu'une condition est vraie.
- **Exemple**

L'algorithme suivant affiche la table de multiplication par 8.

```
Début
  n ⟵ 1
  Tant que n ≤ 10
    Faire
      Écrire « 8 × », n, « = », 8*n
      n ⟵ n + 1
    FinFaire
Fin
```

3 Structure Pour… Faire…

- Cette structure est exécutée répétitivement un certain nombre de fois.
- **Exemple**

L'algorithme suivant affiche la table de multiplication par 8.

```
Début
  Pour n ⟵ 1 Jusqu'à 10
    Faire
      Écrire « 8 × », n, « = », 8*n
    FinFaire
Fin
```

Exercice résolu

Intrepréter un algorithme

ÉNONCÉ

Décrire l'algorithme suivant. Que produit-il pour $x = 10$?

```
Variables x, y : nombres réels
          c : caractère
Début
  Répéter
    Écrire « Entrez la valeur de x »
    Lire x
    y ← x*x+2*x-1
    Écrire y
    Écrire « Un autre calcul ? Non, touche N ; Oui touche O »
    Lire c
  Jusqu'à c = « N »
Fin
```

Méthode

Décrire, pas à pas, chaque étape de la boucle.

CORRIGÉ

Répéter	*début de la boucle*
Écrire « Entrez la valeur de x »	*le programme écrit cette phrase*
Lire x	*l'utilisateur entre une valeur de x au clavier*
y ← x*x+2*x–1	*le programme calcule* $x^2 + 2x - 1$
Écrire y	*le programme affiche le résultat*
Écrire « Un autre calcul ? »	*le programme écrit cette phrase*
Lire c	*l'utilisateur entre sa réponse*
Jusqu'à c = « N »	*si la réponse est N, la boucle s'arrête ; si la réponse est O, la boucle reprend*

Cet algorithme affiche la valeur 119 pour $x = 10$.

3 Instruction conditionnelle

De quoi s'agit-il ? Une instruction conditionnelle permet d'exécuter des instructions seulement sous une certaine condition.

1 Structure Si… Alors…

- On teste une condition pour déterminer si une ou plusieurs actions doivent être exécutées.
- **Exemple**

L'algorithme suivant affiche la racine carrée d'un nombre s'il est positif.

```
Variables x, y : nombres réels
Début
   Écrire « Entrez votre nombre »
   Lire x
   Si x ≥ 0 Alors
         y ⟵ RacineCarrée(x)
         Écrire « Sa racine carrée est : », y
   FinSi
Fin
```

2 Structure Si… Alors… Sinon…

- On teste une condition pour déterminer quelles actions doivent être effectuées.
- **Exemple**

L'algorithme suivant affiche la racine carrée d'un nombre s'il est positif, sinon il affiche un message d'erreur.

```
Variables x, y : nombres réels
Début
   Écrire « Entrez votre nombre »
   Lire x
   Si x < 0 Alors
         Écrire « Ce nombre est négatif »
         Sinon
         y ⟵ racine Carrée (x)
         Écrire « Sa racine carrée est : », y
   FinSi
Fin
```

À savoir

Il faut repérer dans le programme la structure conditionnelle à l'aide des mots-clés.

Révision express

Le schéma à retenir

Instructions et vocabulaire

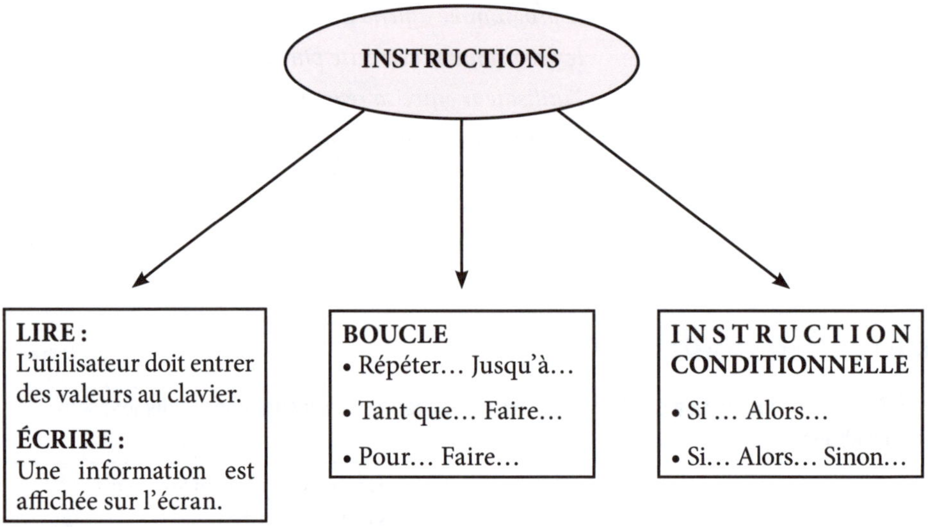

Quiz

On considère les algorithmes suivants.

Algorithme 1	Algorithme 2
Variables X, Y, Z : nombres réels **Début** Y ⟵ 3 Lire X Z ⟵ X^2 − Y + 3 Écrire Z **Fin**	**Variables** X, Y : nombres entiers **Début** X ⟵ 8 Y ⟵ 3 X ⟵ Y Y ⟵ X **Fin**

Cochez la ou les bonnes réponses :

1. Le résultat produit par l'algorithme 1 si X = 6 est :

☐ **36** ☐ **20** ☐ **33** ☐ **3**

2. Les valeurs de X et de Y après l'exécution du programme par l'algorithme 2 sont :

☐ **X = 8 et Y = 3** ☐ **X = 3 et Y = 3** ☐ **X = 8 et Y = 8** ☐ **X = 3 et Y = 8**

→ Réponses p. 395

EXERCICE 1

Interpréter un algorithme comportant une boucle

Énoncé

Décrire l'algorithme suivant. Que produit-il ?

Variables x, y : nombres réels
Début
$x \leftarrow 1$
  Répéter
    y ← x*x
    Écrire y
    x ← x + 1
  Jusqu'à x = 7
Fin

Méthode

1 Repérer l'affection de la variable *x*.
2 Repérer la boucle par ses mots-clés et décrire son action.
3 Conclure.

Corrigé

1. La valeur initiale de *x* est 1.

Répéter	*Début de la boucle.*
y ← x*x	*On affecte à y la valeur* $1 \times 1 = 1$.
Écrire y	*La valeur obtenue de y est écrite à l'écran.*
x ← x + 1	*x est affecté de la valeur* $1 + 1 = 2$.
	<u>*L'action décrite par la boucle se répète*</u> :
	On affecte à y la valeur $x \times x = 2 \times 2 = 4$.
	La valeur obtenue de y est écrite à l'écran.
	x est affecté de la valeur $x + 1 = 2 + 1 = 3$.
	<u>*L'action décrite par la boucle se répète.*</u>
	L'action décrite par la boucle prend fin lorsque x = 7.
Jusqu'à x = 7	

L'algorithme produit l'affichage des nombres :
1 ; 4 ; 9 ; 16 ; 25 et 36.

Piège à éviter
L'action n'est pas exécutée pour $x = 7$.

EXERCICE 2

Interpréter un algorithme comportant une instruction conditionnelle

Énoncé

Décrire l'algorithme suivant.
Que produit-il pour $x = 5$ et $y = 10$? pour $x = 7$ et $y = 6$? pour $x = -5$ et $y = -4$?

```
Variables x, y, z : nombres réels
Début
  Écrire « Entrez la valeur de x : »
  Lire x
  Écrire « Entrez la valeur de y : »
  Lire y
    Si x > y Alors
        z ← x^2
        Écrire z
        Sinon
        z ← y^2
        Écrire z
    FinSi
Fin
```

Méthode

1 Interpréter les instructions de début de programme.

2 Repérer les mots-clés de la structure conditionnelle et interpréter la condition testée.

Corrigé

Le programme demande à l'utilisateur deux nombres x et y.
Si $x > y$, alors le programme affiche x^2, sinon il affiche y^2 ; le programme affiche donc le carré du plus grand des deux nombres.

Remarque
Le contraire de $x > y$ est $x \leqslant y$.

1. Pour $x = 5$ et $y = 10$, le programme calcule 10^2 et affiche 100.

2. Pour $x = 7$ et $y = 6$, le programme calcule 7^2 et affiche 49.

3. Pour $x = -5$ et $y = -4$, le programme calcule $(-4)^2$ et affiche 16.

Physique-chimie

Thème 1 : La santé

Thème 2 : Le sport

Thème 3 : L'Univers

Chapitre 1 Les médicaments

1 Extraction et séparation d'espèces chimiques

De quoi s'agit-il ? **Un médicament est constitué d'espèces chimiques qui sont extraites de produits naturels d'origine animale ou végétale et d'espèces chimiques de synthèse.**

1 Espèces naturelles, espèces synthétiques

- Une **espèce naturelle** est une espèce qui existe dans la nature et qui peut être extraite directement de produits naturels (exemple : l'acide salicylique utilisé, à l'origine, pour calmer la douleur).
- Une **espèce de synthèse** (ou synthétique) est une espèce fabriquée par l'homme par réaction chimique.
- Une **espèce artificielle** est une espèce synthétisée par l'homme qui n'existe pas dans la nature.

2 Caractéristiques physiques d'une espèce chimique

- La **température de fusion** d'une espèce chimique est la température à laquelle elle passe de l'état solide à l'état liquide (ou réciproquement). On la note T_f et on l'exprime en degré Celsius (°C).
- La **température d'ébullition** d'une espèce chimique est la température à laquelle elle passe de l'état liquide à l'état gazeux (ou réciproquement). On la note $T_{éb}$ et on l'exprime en degré Celsius (°C).

Astuce
T_f et $T_{éb}$ permettent de connaître l'état physique (solide, liquide, gazeux) de l'espèce chimique à la température considérée.

- La **masse volumique** d'un corps est égale au quotient de la masse m d'un échantillon par le volume V qu'il occupe.

$$\rho = \frac{m}{V}$$

m en gramme (g) ;
V en centimètre cube (cm^3) ;
ρ en gramme par centimètre cube ($g.cm^{-3}$).

- La **densité** d'un corps par rapport à un corps de référence peut se calculer par deux relations et elle n'a pas d'unité.

À savoir
Pour les solides ou les liquides, le corps de référence est l'eau.

$$d = \frac{m}{m_0}$$

m : masse d'un échantillon de volume V ;
m_0 : masse d'un même volume V d'eau ;
m et m_0 en gramme (g).

$$d = \frac{\rho}{\rho_0}$$

ρ masse volumique de l'espèce chimique ($g.cm^{-3}$) ;
ρ masse volumique de l'eau ($\rho_0 = 1{,}00\ g.cm^{-3}$).

• La **solubilité** d'une espèce dans un solvant donné est la masse maximale de cette espèce que l'on peut dissoudre pour obtenir 1,0 L de solution. Elle s'exprime en gramme par litre ($g.L^{-1}$).

Idée à retenir
Une espèce chimique peut être définie par ses caractéristiques physiques (aspect, températures de changement d'état, solubilité dans un solvant, densité ou masse volumique).

3 Techniques d'extraction

• **L'extraction par un solvant** (Doc. 1) permet d'isoler une espèce très peu soluble dans l'eau qui se trouve dans une substance (des feuilles d'un arbre, par exemple). Pour cela, on choisit un solvant non miscible avec l'eau dans lequel l'espèce chimique est plus soluble que dans l'eau.

Doc. 1 Extraction par un solvant

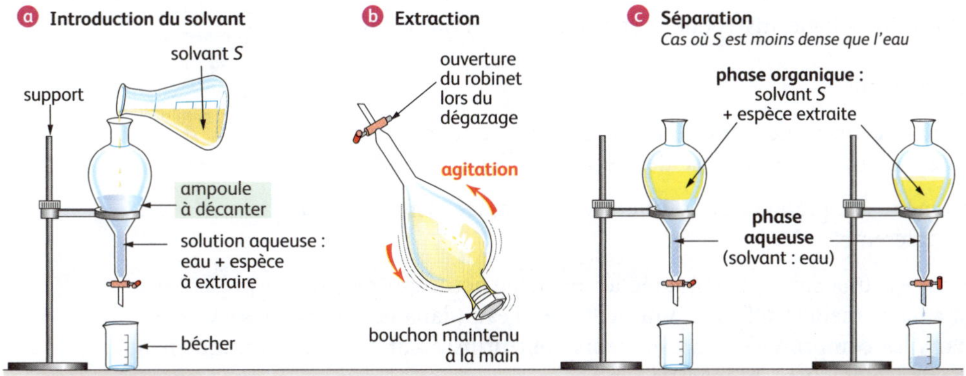

• **L'extraction par hydrodistillation** (Doc. 2) permet d'extraire les huiles essentielles contenues dans les feuilles, les fleurs ou les écorces d'un végétal.
– On introduit dans un ballon le végétal broyé et de l'eau.
– On chauffe le mélange à l'aide du chauffe-ballon et on recueille le distillat dans un récipient. Le distillat contient de l'eau et des huiles essentielles.
– Relargage : on ajoute du sel dans le mélange.
– Extraction par solvant de l'espèce se trouvant dans le distillat.

Vocabulaire
- **ampoule à décanter :** élément de verrerie qui permet de séparer les phases d'un mélange.
- **relargage :** ajout de chlorure de sodium de formule NaCl au distillat pour faciliter l'extraction.

Doc. 2 Extraction par hydrodistillation

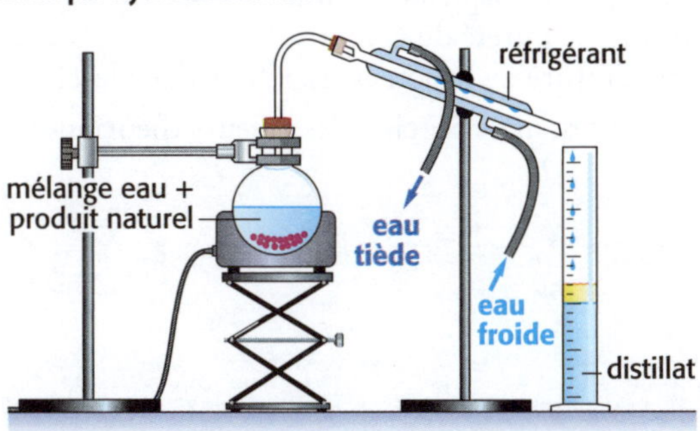

• **Autres techniques d'extraction** : il existe d'autres techniques pour extraire les composés naturels (l'expression, la macération, l'infusion, la décoction).

Idée à retenir
Il existe plusieurs techniques pour extraire les espèces chimiques naturelles ou synthétisées.

2 Principe actif, formulation, identification

De quoi s'agit-il ? Un médicament contient un principe actif et d'autres espèces chimiques. Chaque médicament a une formulation : il peut se présenter sous plusieurs formes.

1 L'analyse d'un médicament

- Sur la **notice d'un médicament**, on trouve plusieurs informations :
– le nom du médicament (souvent une marque déposée) ;
– le nom de la (ou des) molécule(s) active(s) (principe actif) ;
– le dosage (masse par comprimé, gélule, ampoule ou sachet, etc.) ;
– la voie d'administration (orale, intraveineuse, pulvérisation, etc.) ;
– les instructions (posologie, instructions spéciales, conservation, mises en garde...) ;
– la liste des excipients.

- Le **principe actif** (ou princeps) est la molécule active. Par exemple, dans l'aspirine le principe actif est l'acide acétylsalicylique.

Vocabulaire

- **formulation :** forme sous laquelle se présente le médicament (sachet, sirop, cachet, gélule...).

- Un médicament est présenté sous une forme adaptée. Chaque médicament a une **formulation** différente.

- Un **excipient** est une substance ajoutée au principe actif, qui permet de présenter le médicament sous la meilleure forme. On peut citer l'eau (dans les sirops), le saccharose, l'amidon (dans les comprimés). Les excipients sont utilisés car ils sont chimiquement inertes et pharmacologiquement inactifs.

2 Identification d'espèces chimiques

- Il existe différentes techniques expérimentales d'analyse pour identifier les espèces chimiques contenues dans les médicaments.

- On peut vérifier la pureté de l'espèce chimique synthétisée en utilisant ses **caractéristiques physiques** (température de fusion, température d'ébullition, solubilité...). En effet, si l'espèce chimique est pure, les températures de fusion et d'ébullition sont égales à celles données dans les tables. Par exemple, l'acide acétylsalicylique (aspirine) a une température de fusion de 140 °C. On peut vérifier la pureté du composé extrait en vérifiant sur banc Köfler que la température de fusion est exactement celle-ci.

Si l'espèce n'est pas pure, les valeurs sont différentes, mais proches des valeurs théoriques.

Vocabulaire

- **banc Köfler :** matériel utilisé pour mesurer une température de fusion.

3 Synthèse d'espèces chimiques

De quoi s'agit-il ? La chimie de synthèse permet de fabriquer des espèces en grande quantité, à moindre coût, et plus adaptées aux besoins de l'homme, à partir de matières premières simples.

1 Nécessité de la chimie de synthèse

• La **chimie de synthèse** est la chimie qui permet de fabriquer des espèces chimiques par réaction chimique :
– la **chimie lourde** permet de fabriquer de grandes quantités de produits chimiques de base (acide sulfurique, soude…) ;
– la **chimie fine** permet de fabriquer des espèces plus complexes, plus élaborées et en plus petites quantités (médicaments, arômes, colorants…) ;
– la **chimie des spécialités** permet de fabriquer des produits courants (arômes, médicaments courants, colorants, lessives…).

• Certaines espèces chimiques naturelles sont très difficiles à extraire, peu efficaces, ou très coûteuses (exemple des molécules utilisées dans les parfums). Certaines espèces chimiques n'existent pas dans la nature, et ont des propriétés intéressantes dans certains domaines (médicaments, textiles, parfums, transports…). Il est alors nécessaire de les synthétiser au laboratoire.

• Pour fabriquer des médicaments, il faut généralement synthétiser le principe actif, qui est une molécule qui n'existe généralement pas dans la nature. Exemple de l'aspirine : il y a 4000 ans, les Sumériens utilisaient des feuilles de saule qui contiennent de l'acide salicylique, molécule aux vertus antipyrétiques et antiseptiques. L'acide salicylique a été remplacé par l'acide acétylsalicylique, un de ses dérivés plus efficace, qui est le principe actif de l'aspirine.

Vocabulaire
- **principe actif :** molécule qui possède un effet thérapeutique.
- **antipyrétique :** qui a une action contre la fièvre.

2 Synthèse d'une espèce chimique

• La synthèse est la préparation d'une espèce chimique à partir d'autres espèces chimiques. Un **réactif** est une espèce chimique qui disparaît au cours de la réaction, un **produit** est une espèce chimique formée par la réaction.

• Lorsque la réaction entre les réactifs est lente, il faut l'accélérer soit en chauffant le mélange réactionnel, soit en ajoutant un **catalyseur**.

• Pour synthétiser une espèce chimique, on réalise un montage à reflux (Doc. 4). Le chauffage à reflux permet :
– de travailler à une température élevée ;
– d'accélérer la synthèse de l'espèce chimique ;
– d'éviter les pertes de réactifs et de produits.

• Après la synthèse, il faut éliminer les espèces chimiques qui ne sont pas l'espèce chimique souhaitée (réactifs n'ayant pas réagi, produits indésirables, catalyseur…). On procède donc à une **extraction** suivie d'un lavage. Dans l'industrie, on purifie un très grand nombre de fois afin d'obtenir une espèce chimique de très grande pureté.

Vocabulaire
- **lavage :** on introduit de l'eau dans le mélange pour en extraire les impuretés.

• On peut aussi vérifier la pureté de l'espèce chimique synthétisée par ses caractéristiques physiques (température de fusion, indice de réfraction…).

Idée à retenir

Une espèce chimique synthétique a les mêmes caractéristiques que l'espèce chimique naturelle correspondante.

Doc. 4 Montage à reflux

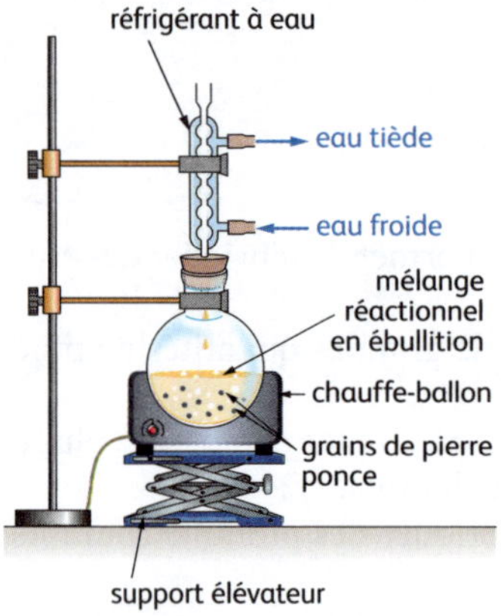

Révision express

Les points importants à retenir

- Une espèce chimique est définie par ses caractéristiques physiques (aspect, températures de changement d'état, solubilité dans un solvant, densité ou masse volumique) et par sa formule chimique.
- On extrait les espèces chimiques par plusieurs méthodes : extraction par solvant, hydrodistillation, mais aussi la décoction, l'infusion, etc. Une espèce chimique naturelle est extraite d'une substance naturelle. Une espèce chimique synthétique est synthétisée au laboratoire, et peut être identique à une espèce chimique naturelle.
- On identifie une espèce chimique en comparant ses propriétés physiques à celle de l'espèce chimique naturelle connue (température de fusion, d'ébullition, solubilité dans un solvant, masse volumique, densité).
- Un médicament contient un principe actif et d'autres espèces chimiques, les excipients.
- La synthèse d'une espèce chimique se fait à l'aide d'un montage à reflux. Elle se fait à chaud pour accélérer la réaction.
- On synthétise des espèces chimiques au laboratoire pour des raisons de coût, ou lorsque la molécule n'existe pas dans la nature.

Quiz

Cochez la bonne réponse.

1. L'hydrodistillation est une technique qui utilise la vapeur d'eau pour extraire une espèce chimique.
   ☐ **vrai** ☐ **faux**
2. Pour réaliser une extraction par un solvant, on choisit un solvant miscible à l'eau et dans lequel l'espèce chimique est très peu soluble.
   ☐ **vrai** ☐ **faux**
3. Le passage de l'éthanol pur de l'état liquide à l'état gazeux se fait à la température de fusion de l'éthanol.
   ☐ **vrai** ☐ **faux**
4. Une espèce chimique naturelle est extraite d'une substance artificielle.
   ☐ **vrai** ☐ **faux**
5. Les excipients sont des espèces chimiques qui ont un effet thérapeutique.
   ☐ **vrai** ☐ **faux**
6. Pour synthétiser une espèce chimique, on réalise un montage à reflux.
   ☐ **vrai** ☐ **faux**

→ Réponses p. 395

EXERCICE 1

Mesurer la densité d'un sirop pour la toux

Énoncé

On souhaite mesurer la densité d'un sirop pour la toux.

Pour cela, on dispose d'une éprouvette graduée et d'une balance. Après avoir pesé l'éprouvette vide ($m_1 = 51{,}7$ g), on verse très précisément $V = 10{,}0$ mL de sirop dans l'éprouvette et on pèse l'ensemble : $m_2 = 64{,}3$ g.

1. Calculer la masse volumique du sirop.

2. En déduire sa densité par rapport à l'eau.

3. Calculer la masse m' de sirop contenu dans un flacon de volume $V' = 250$ mL.

Calculer le rapport frontal de la molécule A.

Méthode

1 Pensez à calculer la masse de sirop contenu dans l'éprouvette.

2 Utilisez la définition de la densité $d = \frac{\rho}{\rho_{eau}}$.

Conseil
Retenez la masse volumique de l'eau :
$\rho_{eau} = 1{,}00$ g.cm^{-3}.

Corrigé

1. La masse du sirop est $m = m_2 - m_1$.
Le volume de sirop est $V = 10{,}0$ mL.
D'où la masse volumique $\rho = \frac{m}{V}$, soit $\rho = \frac{12{,}6}{10{,}0} = 1{,}26$ g.cm^{-3}.

Conseil
Écrivez une expression littérale.

2. La masse volumique du sirop est $\rho = 1{,}26$ g.cm^{-3}.
On peut en déduire sa densité $d = \frac{\rho}{\rho_{eau}}$.
$\rho_{eau} = 1{,}00$ g.cm^{-3} et $\rho = 1{,}26$ g.cm^{-3}, soit $d = 1{,}26$.

Rappel
1,00 g.cm^{-3} = 1,00 g.mL^{-1} car 1mL = 1cm^{-3}.

3. La masse m' de sirop contenu dans le volume V' s'exprime par :

$m' = \rho.V'$

D'où $m' = 1{,}26 \times 250 = 315$ g.

Rappel
Attention aux unités :
ρ en g.cm^{-3} ou g.mL^{-1}
V' en mL ou cm^3
m' en g.

EXERCICE 2

Représenter le contenu d'une ampoule à décanter

Énoncé

On verse dans une ampoule à décanter de l'eau et du cyclohexane. On ajoute de l'éthanol (désinfectant) et on agite.

1. Représentez l'ampoule à décanter avant l'ajout d'éthanol. Justifiez.

2. Représentez-la après d'ajout d'éthanol.

Informations : l'éthanol est soluble dans l'eau, mais insoluble dans le cyclohexane.

L'eau et le cyclohexane ne sont pas miscibles.

Densités : *d*(eau) = 1 ; *d*(éthanol) = 0,79 ; *d*(cyclohexane) = 0,78.

Méthode

1 Trouvez le nombre de phases en regardant si les liquides sont miscibles. Déterminez leurs compositions en regardant les solubilités des espèces entre elles.

2 Placez les phases par ordre de densité, la plus dense se trouvant en dessous.

Corrigé

1. L'eau et le cyclohexane ne sont pas miscibles. Il se forme donc deux phases.

La densité du cyclohexane est inférieure à celle de l'eau : la phase aqueuse est en-dessous et la phase organique est au-dessus.

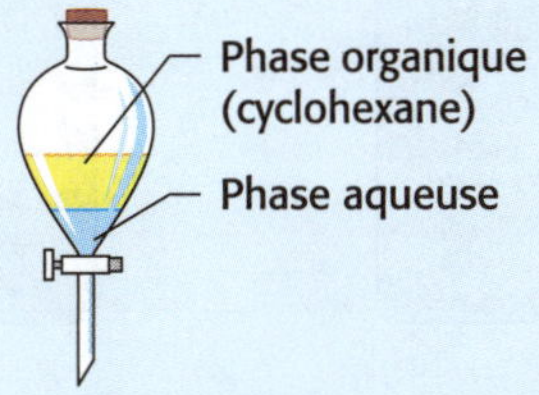

2. L'alcool est soluble dans l'eau, mais pas dans le cyclohexane : il se dissout dans l'eau. La densité de la phase aqueuse (eau + éthanol) est supérieure à celle de la phase organique. La phase aqueuse est en-dessous, la phase organique au-dessus.

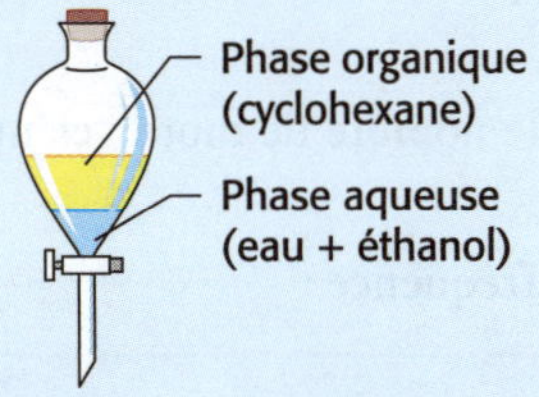

Chapitre 2 Le diagnostic médical

1 Signaux périodiques

De quoi s'agit-il ? **Un signal est une tension transportant une information. L'analyse de signaux périodiques (battements cardiaques, activité cérébrale...) permet d'établir un diagnostic médical.**

1 Tension, tension continue, variable, alternative, périodique, sinusoïdale

• Les battements cardiaques sont enregistrés lors d'un examen médical appelé électrocardiogramme : lors de cet examen, on enregistre l'activité électrique du cœur en fonction du temps. On observe que l'activité électrique du cœur est périodique car on peut identifier un motif qui se répète régulièrement (Doc. 1).

• Un oscilloscope permet également de visualiser la courbe de la tension en fonction du temps. La courbe obtenue est un oscillogramme.

Doc. 1 Extrait d'un électrocardiogramme

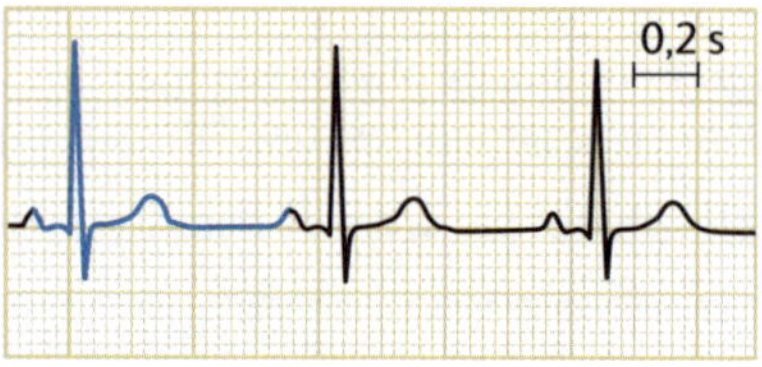

• Une tension **continue** est une tension dont la valeur est constante (Doc. 2). Une tension **variable** est une tension dont la valeur varie au cours du temps (Doc. 3). Si elle prend des valeurs alternativement positives et négatives, elle est **alternative** (Doc. 4).

Doc. 2 Tension continue

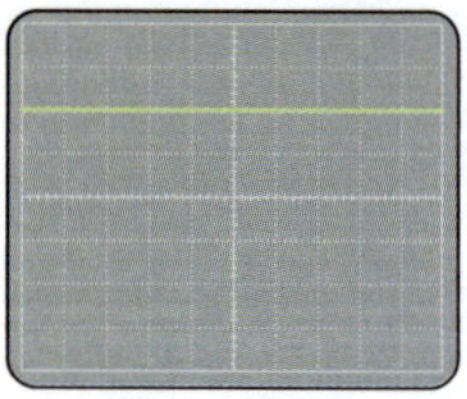

Doc. 3 Tension variable positive

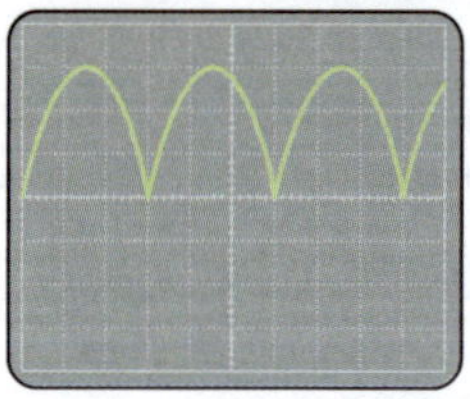

Doc. 4 Tension variable alternative

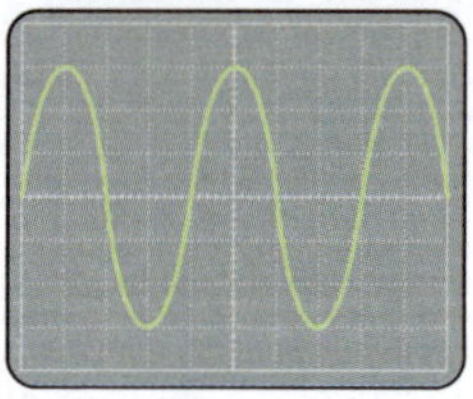

2 Période et fréquence d'un signal périodique

• La **période** T d'un signal périodique est la plus petite durée au bout de laquelle il se répète identique à lui-même.

• La **fréquence** f d'un signal périodique est le nombre de motifs élémentaires en une seconde.

• Il existe une relation entre la période et la fréquence :

$$f = \frac{1}{T} \text{ ou } T = \frac{1}{f} \text{ avec } f \text{ en hertz (Hz) ; } T \text{ en seconde (s).}$$

Piège à éviter

On ne peut définir une période et une fréquence que si les signaux sont périodiques.

3 Valeur maximale, valeur minimale

• Une tension variable prend des valeurs comprises entre la valeur maximale U_{max} et la valeur minimale U_{min}. Si $U_{min} = -U_{max}$, la tension est dite symétrique.

Exercice résolu

Étudier un oscillogramme

ÉNONCÉ

À l'aide de l'oscillogramme ci-contre, déterminer la période, la fréquence et les valeurs maximale et minimale de la tension. Les calibres utilisés sont 1 V/div et 0,5 ms/div.

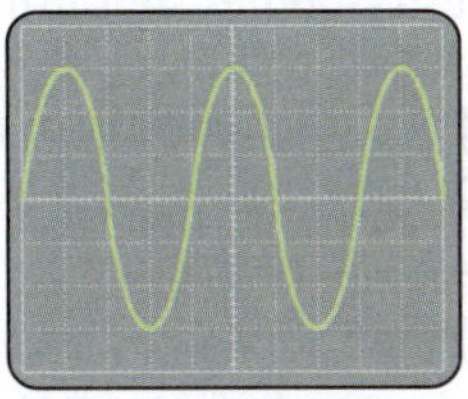

CORRIGÉ

L'oscillogramme représente les variations de la tension au cours du temps. En ordonnées, c'est la tension et en abscisses le temps.

• Un motif occupe 4 carreaux. La durée de balayage est de 0,5 ms/div, donc $T = 4 \times 0{,}5 = 2$ ms.

• On applique la formule $f = \frac{1}{T} = \frac{1}{2 \times 10^{-3}} = 5 \times 10^{2}$ Hz.

$U_{max} = 3 \times 1 = 3$ V et $U_{min} = -3 \times 1 = -3$ V : on remarque que la tension est symétrique.

Méthode

Pensez à convertir T en seconde pour calculer la fréquence en hertz.
$1 \text{ ms} = 1 \times 10^{-3}$ s.

PHYSIQUE-CHIMIE

2 Ondes et imagerie médicale

De quoi s'agit-il ? Les ondes sonores et électromagnétiques sont utilisées dans de nombreuses techniques d'imagerie médicale.

1 Les ondes

• Une onde est une perturbation qui se propage dans un milieu (l'eau, l'air…) sans emporter avec elle de matière.

• Une onde sonore est la propagation d'une variation de pression de l'air à son passage.

• Une onde électromagnétique est la propagation d'un champ électrique associé à un champ magnétique. Par exemple : les ondes lumineuses sont des ondes électromagnétiques.

2 Fréquence

• Une onde périodique se répète à intervalle de temps constant, appelé période T en secondes (s). Elle est caractérisée par une fréquence f telle que $f = \frac{1}{T}$ avec f en hertz (Hz).

• Les sons audibles par l'oreille humaine normale ont une fréquence comprise entre environ 20 Hz et 20 000 Hz (**Doc. 5**). Pour des fréquences plus basses, ce sont des infrasons, pour des fréquences plus élevées ce sont des ultrasons. Plus la fréquence d'un son est élevée, plus le son est aigu ; plus elle est basse, plus le son est grave.

Doc. 5 Sons audibles par l'homme

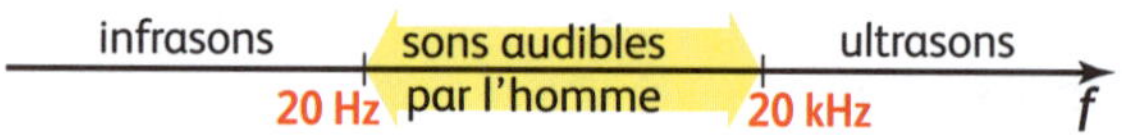

• Les ondes ultrasonores sont utilisées pour obtenir l'image d'un organe ou d'un fœtus, par exemple dans la technique de l'échographie : les ondes sont réfléchies et déviées (on dit réfractées) par les différents tissus rencontrés.

• En fonction de leur fréquence, les ondes électromagnétiques ont des applications dans différents domaines (**Doc. 6**).

Doc. 6 Fréquences et applications des ondes électromagnétiques

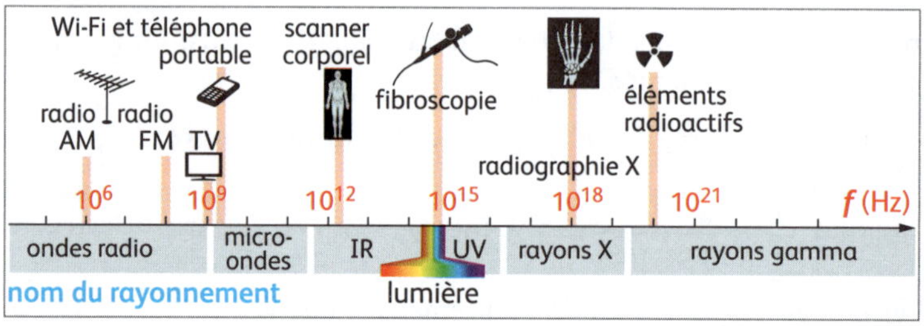

3 Milieu de propagation

• Certaines ondes nécessitent un milieu matériel pour se propager, d'autres peuvent se propager dans le vide.

• Une onde sonore se propage dans l'air, dans un milieu matériel solide, liquide ou gazeux mais pas dans le vide. Une onde électromagnétique se propage dans l'air, mais aussi dans le vide. Dans un milieu homogène et transparent, la lumière se propage en ligne droite : c'est la propagation rectiligne de la lumière.

Vocabulaire

■ **milieu homogène :** milieu dans lequel les propriétés sont les mêmes partout.

4 Vitesse de propagation

• La vitesse de propagation d'une onde est déterminée par la relation :

$$v = \frac{d}{\Delta t}$$

v, vitesse de propagation, en mètre par seconde ($m.s^{-1}$) ;
d, distance parcourue par l'onde, en mètre (m) ;
Δt, durée de la propagation, en seconde (s).

• La vitesse de propagation d'une onde dépend du milieu de propagation (eau, air…). La vitesse de propagation d'une onde sonore dans l'air à 20 °C est v = **344 $m.s^{-1}$**. La vitesse de propagation d'une onde électromagnétique dans le vide (la lumière) est $\boldsymbol{v = 3{,}0 \times 10^8}$ **$m.s^{-1}$**.

Conseil

Apprenez une valeur approchée de la valeur de la vitesse du son dans l'air et de la lumière dans le vide.

3 Solutions et concentration massique

De quoi s'agit-il ? Le sang est une solution aqueuse, certains médicaments présents sous forme liquide sont des solutions aqueuses constituées d'eau et d'espèces chimiques actives.

1 Solutions aqueuses

- Une solution est obtenue par dissolution d'un soluté dans un solvant. Si le solvant est de l'eau, la solution est dite aqueuse. Le soluté est en très petite quantité par rapport au solvant.
- Une solution dans laquelle, après agitation, tout le solide introduit n'est pas dissous est une solution **saturée.**
- Le sang est une solution aqueuse constitué d'un liquide, le plasma, dans lequel sont dissoutes des cellules (globules rouges, blancs, plaquettes) et des substances chimiques (protéines, hormones, vitamines, sels minéraux…).
- Certains médicaments se présentent sous forme liquide (sirops, ampoules, liquides injectables…). Ce sont des solutions aqueuses constituées d'eau et d'espèces chimiques actives (molécules exerçant un effet sur le corps).

Vocabulaire

- **soluté** : espèce chimique dissoute dans le solvant.
- **solvant** : constituant majoritaire de la solution.

Remarque

Le soluté peut être un solide, un liquide, un gaz.

Conseil

Dans les équations, écrire entre parenthèses l'état de chaque espèce : (s) pour solide, (l) pour liquide, (g) pour gazeux et (aq) pour une espèce en solution aqueuse.

PHYSIQUE-CHIMIE

2 Solutés moléculaires et ioniques

- Si le soluté est ionique, comme par exemple le chlorure de sodium NaCl (**Doc. 7**), sa dissolution sépare et disperse ses ions sodium Na^+ et ses ions chlorures Cl^-. L'équation de dissolution s'écrit :

$$NaCl(s) \longrightarrow Na^+(aq) + Cl^-(aq)$$

Doc. 7 Dissolution du sel

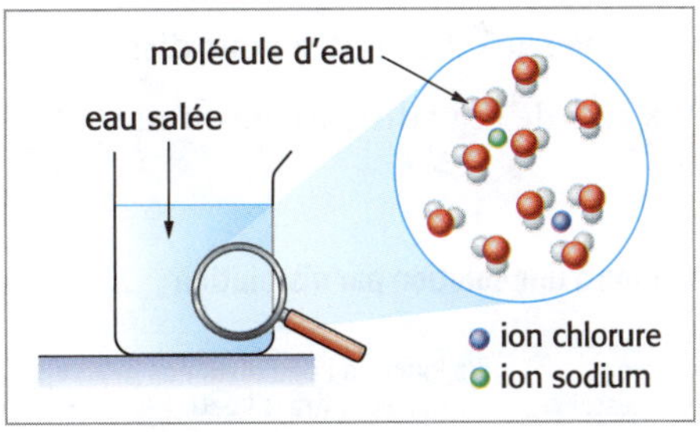

- Si le soluté est moléculaire, par exemple le sucre $C_{12}H_{22}O_{11}$ (**Doc. 8**), sa dissolution dans l'eau disperse ses molécules dans le solvant (les molécules d'eau). L'équation de dissolution s'écrit :

$$C_{12}H_{22}O_{11}(s) \longrightarrow C_{12}H_{22}O_{11}(aq)$$

Doc. 8 Dissolution du sucre

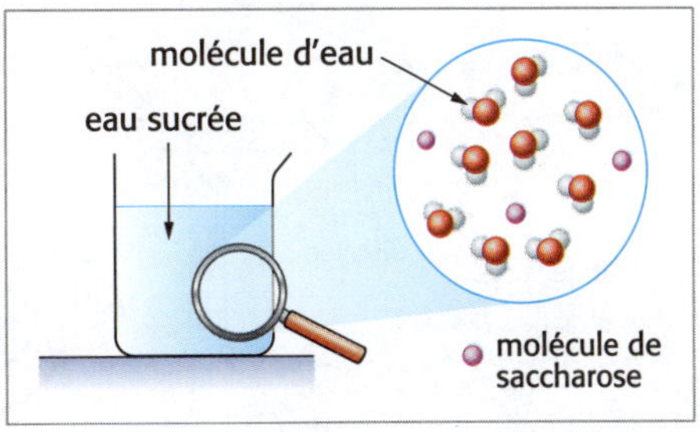

3 Concentration massique

• La **concentration massique** d'une espèce chimique A dans une solution est égale au quotient de la masse m_A de A par le volume V de la solution.

$$c_m = \frac{m_A}{V}$$

m_A en gramme (g)
V en litre (L)
c_m en gramme par litre ($g.L^{-1}$)

• Sur les emballages de certains médicaments, on peut lire une composition en pourcentage massique plutôt qu'en concentration massique. Exemple : solution de glucose à 5 %, cela signifie qu'une masse de 100 g de solution (soit environ 100 mL) contient 5 g de glucose : sa concentration massique est donc de 5 $g.L^{-1}$.

• Dans une analyse de sang, on détermine des concentrations massiques. Par exemple, la concentration massique en cholestérol : 2,49 $g.L^{-1}$.

4 Préparation d'une solution par dissolution d'une espèce

• On souhaite préparer un volume V de solution de concentration massique c_m par dissolution d'une espèce.

• Calculez la masse de soluté à dissoudre grâce à la relation : $m_A = c_m.V$ V, puis suivre le mode opératoire suivant (**Doc. 9**) :

Astuce
Pensez à faire la tare avant de peser le soluté.

1. Pesez la masse nécessaire et l'introduire dans une fiole jaugée du volume souhaité.

2. Rincez à l'eau distillée en récupérant l'eau de rinçage dans la fiole.

3. Remplissez d'eau aux 2/3, agitez pour dissoudre le soluté.

4. Complétez avec de l'eau distillée jusqu'au trait de jauge, puis agitez pour homogénéiser la solution.

Doc. 9 Préparation d'une solution par dissolution

Révision express

Les points importants à retenir

- Un signal périodique est une tension qui prend des valeurs qui se répètent à intervalles de temps réguliers. La durée d'un motif s'appelle la **période**, et la **fréquence** correspond au nombre de périodes par unité de temps :

$$f = \frac{1}{T}$$

f en hertz (Hz) ; T en seconde (s).

- Une solution est obtenue par dissolution d'un soluté dans un solvant. Le solvant est le constituant majoritaire de la solution. Si le solvant est de l'eau, la solution est dite aqueuse. La concentration massique d'une espèce chimique A dans une solution est égale au quotient de la masse m_A de A par le volume V de la solution.

$$c_m = \frac{m_A}{V}$$

m_A en gramme (g)

V en litre (L)

c_m en gramme par litre ($g.L^{-1}$)

Quiz

Cochez la bonne réponse.

La tension dont l'oscillogramme est le suivant :

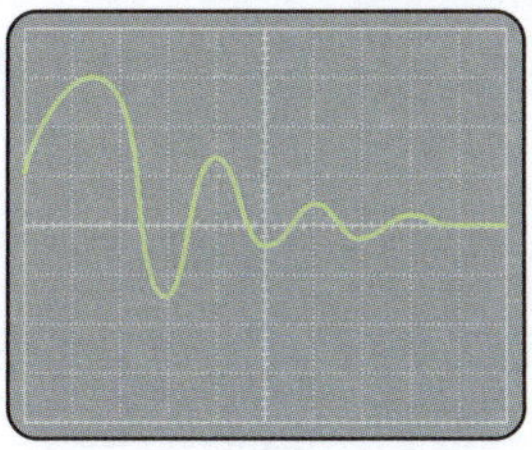

1. est une tension variable.

☐ **vrai** ☐ **faux**

2. est une tension périodique.

☐ **vrai** ☐ **faux**

3. est une tension sinusoïdale.

☐ **vrai** ☐ **faux**

4. Aucune onde ne peut se propager dans le vide.

☐ **vrai** ☐ **faux**

5. La vitesse de propagation d'une onde dépend du milieu de propagation.

☐ **vrai** ☐ **faux**

6. Le solvant est l'espèce qui est introduite en plus grande quantité.

☐ **vrai** ☐ **faux**

7. Dans une solution, le solvant est toujours de l'eau.

☐ **vrai** ☐ **faux**

→ Réponses p. 395

EXERCICE 1

Étudier un électrocardiogramme

Énoncé

Grâce à l'électrocardiogramme d'un patient, on détermine une durée $T = 0{,}70$ s entre deux pulsations consécutives.

1. En déduire la fréquence des pulsations en hertz (Hz).

2. Combien de pulsations cela représente-t-il par seconde ?

3. En déduire la valeur de la fréquence cardiaque en pulsations par minute.

Méthode

1 Il faut appliquer la relation $f = \frac{1}{T}$ avec T en secondes pour que f soit exprimée en hertz.

2 Une fréquence de 1 Hz correspond à un battement par seconde.

3 Convertissez le résultat en pulsations par minute (1 min = 60 s).

Corrigé

1. La fréquence cardiaque est $f = \frac{1}{0{,}70} = 1{,}4$ Hz.

2. Cela représente 1,4 pulsations par seconde.

3. $f = 1{,}4 \times 60 = 86$ pulsations par minute.

Réflexe à avoir
N'arrondissez pas les résultats intermédiaires.

EXERCICE 2

Préparer un sérum physiologique

Énoncé

On souhaite préparer $V = 200$ mL de sérum physiologique, solution de chlorure de sodium de concentration $c_m = 5{,}5$ g.L^{-1}.

1. Quel est le soluté ? Quel est le solvant ? Qualifier la solution.

2. Calculer la masse de chlorure de sodium à peser.

3. Décrire le mode opératoire précisant le matériel utilisé.

4. Écrire l'équation de dissolution du chlorure de sodium dans l'eau.

5. Est-ce une solution ionique ou moléculaire ?

Méthode

1 Pour identifier le soluté, il faut connaître quelques formules de solutés courants. Lorsque le solvant n'est pas précisé, il s'agit de l'eau.

2 Pour calculer la masse de soluté, identifiez les données V et c_m, puis la grandeur recherchée m, ensuite écrivez une expression littérale donnant m en fonction de V et c_m.

3 Pour décrire le mode opératoire, n'oubliez aucune étape.

4 Pour pouvoir écrire des équations de dissolution, apprenez les formules de quelques ions courants.

5 Si le soluté est composé d'ions, c'est une solution ionique ; s'il est composé de molécules, c'est une solution moléculaire.

Corrigé

1. Le soluté est le chlorure de sodium, le solvant est l'eau ; donc la solution est dite aqueuse.

2. Par définition, la concentration massique vaut $c_m = \frac{m}{V}$.

D'où $\boxed{m = c_m \times V}$

A.N. : $c_m = 5{,}5$ g.L^{-1} ; $V = 200$ mL $= 0{,}200$ L ; $m = 5{,}5 \times 0{,}200 = 1{,}1$ g.

> **Méthode**
> Convertissez le volume en L : 200 mL = 0,200 L.

3. À l'aide d'une spatule, on place dans une coupelle de pesée posée sur une balance 1,1 g de chlorure de sodium NaCl. Avec un entonnoir, on verse ce solide dans une fiole jaugée de 200 mL, on rince l'entonnoir avec de l'eau distillée que l'on récupère dans la fiole jaugée. On remplit la fiole jaugée aux 2/3 avec de l'eau distillée. On agite jusqu'à dissolution complète du soluté. On complète la fiole jaugée avec de l'eau distillée jusqu'au trait de jauge. On agite pour homogénéiser la solution.

> **Méthode**
> Il est important de recueillir tout le soluté, sinon la concentration de la solution préparée est inférieure à la concentration souhaitée.

4. $NaCl(s) \longrightarrow Na^+(aq) + Cl^-(aq)$

5. C'est une solution ionique de formule $(Na^+(aq) + Cl^-(aq))$.

> **Remarque**
> Une solution est toujours électriquement neutre.

Chapitre 3 Étude du mouvement

1 Mouvement d'un objet

De quoi s'agit-il ? **Pour étudier le mouvement d'un objet, il faut préciser le système étudié et le référentiel dans lequel on l'étudie. Ensuite, on étudie sa trajectoire et l'évolution de sa vitesse au cours du mouvement.**

1 Système et référentiel

- Le mouvement d'un système est la description, dans un référentiel donné, de la trajectoire d'un point et de l'évolution de sa vitesse au cours du mouvement.
- **Système :** C'est l'objet dont on étudie le mouvement.
- **Référentiel :** C'est un objet de référence par rapport auquel on étudie le mouvement du système. Le **référentiel terrestre** est utilisé pour étudier le mouvement d'un objet à la surface de la Terre.

Idée à retenir
Exemples de référentiels : terrestre, géocentrique, héliocentrique.

2 Trajectoire

- La **trajectoire** d'un point est l'ensemble des positions successives occupées par ce point.
- Si la trajectoire d'un point est une droite, on dit que le mouvement est **rectiligne**.
Si la trajectoire d'un point est un cercle, on dit que le mouvement est **circulaire**
Si la trajectoire d'un point est une courbe, on dit que le mouvement est **curviligne**
- La trajectoire d'un point **dépend du référentiel**.

Idée à retenir
Dans le référentiel terrestre ⓐ, la trajectoire de la balle est curviligne ; dans le référentiel du vélo ⓑ, c'est une droite.

Doc. 1 Trajectoire d'une balle lâchée d'un vélo en mouvement

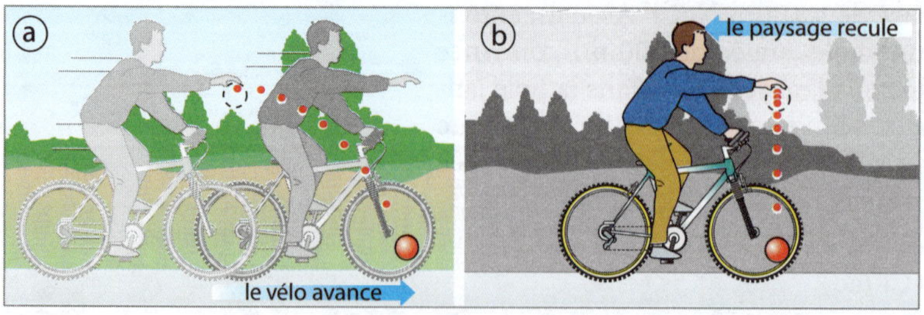

- Pour étudier le mouvement d'un corps, il faut préciser le solide choisi comme référence et appelé le référentiel (**Doc. 1**).

3 Vitesse moyenne d'un point

- La **vitesse moyenne** d'un point est le rapport entre la distance parcourue, notée d (ou l) et la durée Δt du parcours :

$$v = \frac{d}{\Delta t}$$

d distance en mètre (m)
Δt durée en seconde (s)
v vitesse en m/s ou $m.s^{-1}$

Conversion
$1\ km.h^{-1} = 3,6\ m.s^{-1}$

- Si la vitesse du point est constante, on dit que son mouvement est **uniforme.**
Si la vitesse du point augmente, on dit que son mouvement est **accéléré**.
Si la vitesse du point diminue, on dit que son mouvement est **ralenti**.

- Le mouvement et la vitesse d'un point dépendent du référentiel : c'est la **relativité du mouvement.**

4 Mouvement d'un objet

- Pour décrire le mouvement d'un point d'un objet, on étudie la **trajectoire** de ce point et on analyse **l'évolution de sa vitesse.**

- L'enregistrement d'un golfeur tapant dans une balle de golf est représenté ci-dessous (**Doc. 2**).

Astuce
La distance parcourue entre deux images nous renseigne sur la vitesse.

Doc. 2 Chronophotographie d'un golfeur

Vocabulaire
- **chronophotographie :** technique utilisée pour analyser des mouvements en photographiant à intervalle de temps régulier un corps.

- La balle décrit une **trajectoire curviligne** (parabolique) et la **vitesse diminue** sur la montée : la balle est donc animée d'un **mouvement curviligne ralenti.**
La tête du club de golf décrit une **trajectoire circulaire**, et la **vitesse diminue** : la tête est donc animée d'un **mouvement circulaire ralenti**.

Idée à retenir
Pour décrire le mouvement d'un objet, on définit le référentiel dans lequel on travaille, on étudie la nature de sa trajectoire et on analyse l'évolution de sa vitesse au cours du mouvement.

2 Forces et principe d'inertie

De quoi s'agit-il ? Lorsqu'un corps est soumis à des forces, cela peut modifier sa vitesse, sa trajectoire, ou le déformer. Dans certains cas, cela peut aussi n'avoir aucun effet sur le mouvement.

1 Représentation d'une force

• Une force est représentée par un segment fléché appelé **vecteur force**, noté $\vec{F}_{\text{acteur/receveur}}$ dont les caractéristiques sont :
- l'origine du vecteur est le point d'application de la force ;
- la direction du vecteur est la direction de la force ;
- le sens du vecteur est le sens de la force ;
- la norme (ou longueur) est proportionnelle à la valeur de la force, exprimée en newton (N).

Remarque
La valeur d'une force se mesure avec un dynamomètre.

• **Exemple** : représentation de la force exercée par la main du patineur (A) sur la main de la patineuse (B).

Doc. 3 Les patineurs A. Savchenko et R. Szolkowy aux J.O. de 2010

Remarque
La main de la patineuse exerce une force de même valeur, de même direction, de même point d'application, mais de sens opposé sur la main du patineur.

2 Mouvement et force

• Une force qui s'exerce sur un corps peut :
- **mettre ce corps en mouvement** (exemple : action du pied du footballeur sur le ballon lors du tir au but) ;
- **modifier sa trajectoire** (exemple : action de la tête d'un footballeur qui dévie un ballon) ;
- **modifier sa vitesse** (exemple : la vitesse d'une balle en chute libre augmente sous l'effet de son poids).

3 Influence de la masse

• L'effet d'une force sur le mouvement d'un corps est d'autant plus important que sa masse est petite. Ainsi : si deux corps de masses différentes sont soumis à une force identique (en direction, en valeur et en sens) pendant la même durée, les modifications du mouvement sont plus importantes pour le corps qui a la masse la plus faible.

• **Exemple** : il est plus facile de mettre en mouvement une balle en mousse qu'une boule de bowling.

4 Force et énergie cinétique

- L'énergie cinétique *Ec* d'un corps est l'énergie qu'il possède du fait de son mouvement.

Elle s'exprime par la relation $Ec = \frac{1}{2}mv^2$ avec *Ec* en joule (J), m en kilogramme (kg) et *v* la vitesse de ce corps en mètre par seconde ($m.s^{-1}$).

- Une force appliquée sur un corps peut faire varier son énergie cinétique.

– Si sous l'action d'une force, l'énergie cinétique augmente, cette force est dite **motrice**.
– Si l'énergie cinétique d'un corps diminue sous l'effet d'une force, cette force est dite **résistante**.
– Dans certains cas, une force ne fait pas varier l'énergie du corps sur lequel elle s'applique.

5 Principe d'inertie

- Le **principe d'inertie** a été énoncé par Newton en 1687. Il établit la relation entre le mouvement rectiligne et uniforme d'un corps et les forces auxquelles il est soumis.

– Si un corps est soumis à des forces qui se compensent, son mouvement est rectiligne uniforme (ou il est immobile).
– Si un corps est animé d'un mouvement rectiligne uniforme (ou s'il est immobile), il est soumis à des forces qui se compensent.
– L'immobilité est un cas particulier de mouvement rectiligne uniforme (vitesse nulle).
– Un corps soumis à des forces qui se compensent et un corps soumis à aucune force ont un comportement équivalent.
– Un corps peut être en mouvement sans force s'appliquant sur lui.

- **Exemple :** un patineur glissant sur la glace est soumis à des forces qui se compensent : son poids et la réaction de la glace. Son mouvement est rectiligne et uniforme.

Remarque

Aristote pensait qu'une force était nécessaire à tout mouvement. Il avait oublié l'existence des forces de frottement.

Remarque

Sur la glace, les forces de frottement sont négligeables.

À savoir

Dans un référentiel terrestre, un système persévère dans son état de repos ou de mouvement rectiligne uniforme si les forces qui s'exercent sur lui se compensent et réciproquement.

3 Précision d'une mesure

De quoi s'agit-il ? **Lorsqu'on étudie le mouvement d'un objet, on utilise un repère de temps et un étalon de durée. La précision du résultat dépend de l'instrument utilisé.**

1 Dispositifs de mesure

- Pour mesurer le temps, l'homme a construit des dispositifs du plus rudimentaire au plus perfectionné. Les premiers dispositifs sont souvent utilisés depuis plusieurs milliers d'années : ces dispositifs ont l'avantage d'être simples à mettre en œuvre mais peu précis.

Exemples : La clepsydre ou horloge à eau, le sablier, le cadran solaire.

- Les **horloges** ont d'abord été des instruments coûteux et réservés à l'élite de la population. Démocratisées par l'apparition du quartz et

Info

Les clepsydres ont été inventées il y a plusieurs milliers d'années ; elles étaient déjà utilisées en –1500 av. J.-C. Le sablier a été inventé au XIIIe siècle.

de la miniaturisation dans les années 1980, les horloges sont de plus en plus perfectionnées et permettent de mesurer des durées de plus en plus précises.

• Le **pendule simple** est un dispositif constitué d'un solide S de petite masse m accroché à un fil de longueur L. Écarté de sa position d'équilibre et lâché sans vitesse initiale, le pendule oscille régulièrement.
La période se mesure en **seconde (s)** dans le Système International (SI).

– La **fréquence** f des oscillations correspond au nombre d'oscillations qui se produisent en une seconde et s'exprime en **hertz (Hz).**

– Par définition, $f = \frac{1}{T}$ T en seconde (s) et f en hertz (Hz).

2 Mesure et précision d'une durée

• Pour chronométrer un exploit sportif (course à pied, course de natation, course automobile…), le juge-arbitre utilise généralement un chronomètre (Doc. 4) dont la précision est de 1/100e de seconde.

Doc. 4 Extrait de la notice donnant les principales caractéristiques d'une montre à quartz

Chronomètre
(1/100e de s. - 24 heures)
Affichage :
• la durée mesurée en continu est limitée à 24 heures ;
• la plus petite graduation est le centième de seconde.
Précision :
± 15 secondes par mois.

Remarque
La notice d'un chronomètre nous informe sur la précision de la mesure (1/100e de s) et la précision de la date (15 s par mois).

La durée mesurée Δt par le juge-arbitre est la somme de deux durées :
– le « temps de réaction » Δt_r qui correspond à la durée qui s'écoule entre le stimulus-signal (visuel, auditif) et la réaction (appui sur le bouton de démarrage du chronomètre). Δt_r est généralement de l'ordre de 0,2 s à 0,4 s pour une personne.
– la durée Δt_e entre les deux dates événements (appui sur « start » pour déclencher le départ et l'arrivée).

La durée mesurée est donc $\Delta t = 2\Delta t_r + \Delta t_e$. Il faut la différencier de la durée au-dessus.

Remarque
Le temps de réaction peut être ajouté au départ (« top chrono ») et à l'arrivée (analyse de la fin de l'épreuve).

• Il existe diverses sources d'erreurs lors de la mesure d'une durée.
Par exemple, lorsqu'on est placé loin du starter, il s'écoule une durée non négligeable entre le top départ et la réception du son (le son se propage à 340 m/s dans l'air).

• La précision de la mesure dépend de l'instrument utilisé mais on ne peut pas mesurer des temps précisément avec un chronomètre manuel au 1/100e de seconde.

• Dans les stades, on utilise d'autres techniques (vidéo) pour mesurer les exploits avec une plus grande précision.

Idée à retenir
La durée d'un exploit sportif se mesure avec un chronomètre. La précision du résultat dépend de la précision de l'instrument et des erreurs de mesures.

Révision express

Les points importants à retenir

- Pour décrire le mouvement d'un objet (le système), on définit l'objet par rapport auquel on l'étudie (généralement, le référentiel terrestre). On étudie la nature de sa trajectoire (rectiligne, curviligne, circulaire, quelconque) et on analyse l'évolution de sa vitesse au cours du mouvement (mouvement uniforme, ralenti ou accéléré).
- Le mouvement d'un objet dépend du référentiel dans lequel on l'étudie.
- Lorsqu'un objet est soumis à des forces, cela provoque des effets sur son mouvement ou sa forme (déformation, mise en mouvement, modification de la vitesse, de la trajectoire...).
- Lorsqu'on applique une même force à deux objets de masses différentes, l'effet est plus important sur celui qui a la masse la plus petite.
- Une force modifie éventuellement la valeur de l'énergie cinétique d'un corps.
- Le principe d'inertie indique que dans un référentiel terrestre, un système persévère dans son état de repos ou de mouvement rectiligne uniforme si les forces qui s'exercent sur lui se compensent et réciproquement.
- On mesure la durée d'un exploit sportif avec un chronomètre gradué au $1/100^e$ de seconde. La précision de la mesure dépend de nombreux facteurs (précision de l'instrument, temps de réaction, distance au starter...).

Quiz

Cochez la bonne réponse.

1. Le référentiel pratique pour étudier le mouvement d'un ballon de football est le référentiel terrestre.
 ☐ **vrai** ☐ **faux**

2. Pour qu'un objet soit en mouvement, il faut nécessairement qu'il soit soumis au moins à une force.
 ☐ **vrai** ☐ **faux**

3. Une bille posée sur une table est immobile ; elle n'est soumise à aucune force.
 ☐ **vrai** ☐ **faux**

4. Les traces laissées par un skieur qui descend une piste permettent d'analyser son mouvement.
 ☐ **vrai** ☐ **faux**

5. Un coureur cycliste parcourt 20 km en 30 minutes. Sa vitesse moyenne est de 10 km/h.
 ☐ **vrai** ☐ **faux**

6. Le record du monde du 100 mètres est de 9 s 58. La précision est de $1/100^e$ de seconde.
 ☐ **vrai** ☐ **faux**

7. Lorsqu'un patineur glisse sur la glace, il est soumis à des forces qui se compensent car les forces de frottement sont négligeables.
 ☐ **vrai** ☐ **faux**

→ Réponses p. 395-396

EXERCICE 1

Étudier le mouvement d'un skieur

Énoncé

On a enregistré les positions d'un skieur à intervalles de temps égaux $\Delta t = 1{,}0$ s. La distance parcourue entre deux positions est de 2,0 m.

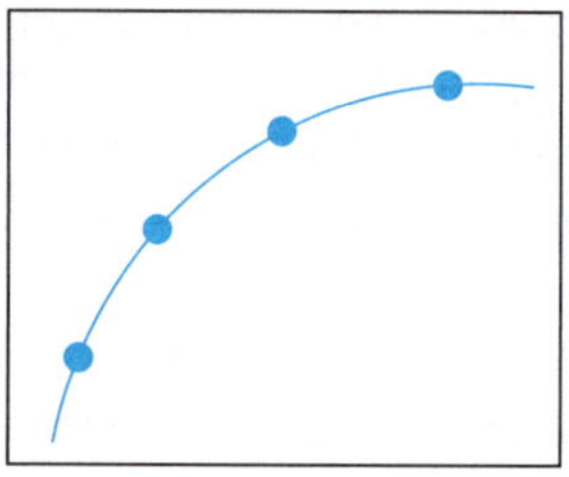

1. Quel est le système étudié ? Dans quel référentiel étudie-t-on son mouvement ?

2. Quelle est la nature du mouvement du skieur ?

3. Le skieur est-il soumis à des forces qui se compensent ? Justifier.

4. Quelle est la vitesse moyenne du skieur ?

5. Avec quelle précision son « temps » est-il donné ?

Méthode

1 Identifiez le système et le référentiel.

2 Utilisez deux adjectifs : un qualifiant la trajectoire (rectiligne, curviligne, circulaire…) et un autre caractérisant l'évolution de la vitesse (accéléré, ralenti, uniforme…).

3 Analysez le mouvement pour dire si le principe d'inertie est vérifié.

4 Utilisez la formule $v = \dfrac{d}{\Delta t}$.

5 Identifiez le dernier chiffre donné sur la valeur de la durée du parcours.

Piège à éviter
Ne confondez pas mouvement et trajectoire.

Corrigé

1. Le système étudié est le skieur. Le référentiel d'étude est le référentiel terrestre.

2. La trajectoire du skieur est une courbe ; les distances parcourues sont identiques pendant des durées égales : le skieur est donc animé d'un mouvement curviligne et uniforme.

3. Le mouvement du skieur n'est pas rectiligne et uniforme : le principe d'inertie n'est pas vérifié. Le skieur est soumis à des forces qui ne se compensent pas.

4. La vitesse moyenne du skieur est $v = \dfrac{d}{\Delta t}$, soit $v = \dfrac{2{,}0}{1{,}0} = 2{,}0\ \text{m.s}^{-1}$.

5. La précision de la mesure est au 1/10e de seconde puisque la durée est donnée avec un chiffre après la virgule, en seconde.

EXERCICE 2

Analyser les forces qui s'exercent sur un ballon de basket

Énoncé

Un joueur de basket s'apprête à lancer le ballon vers le panier.

Le ballon a une masse $m = 650$ g.

Donnée : intensité de la pesanteur g = 10 $N.kg^{-1}$.

1. Le ballon est immobile dans les mains du joueur pendant 2,0 secondes. Faire le bilan des forces qui s'exercent sur le ballon avant le lancer.

2. Le joueur lance le ballon vers le panier. Faire le bilan des forces qui s'exercent sur le ballon et la(les) représenter.

Piège à éviter
Confondre vitesse et force : une force s'exprime en N, une vitesse en $m.s^{-1}$.

Méthode

1 Analysez les actions de contact et les actions à distance, puis utilisez le principe d'inertie.

2 Faites le bilan des forces, donnez leurs caractéristiques, puis représentez-les en tenant compte de ces caractéristiques et en choisissant une échelle adaptée.

Corrigé

1. Système étudié : le ballon. Référentiel : terrestre.

- Forces à distance : son poids $\vec{P}$.

Il n'y a pas d'autre force à distance (pas de force électrostatique, pas de force magnétique…).

- Forces de contact : le ballon touche la main, il exerce sur elle une force appelée réaction $\vec{R}$

Le ballon à l'état immobile, d'après le principe d'inertie, les forces se compensent, c'est-à-dire $\vec{P} + \vec{R} = \vec{0}$

2. Le ballon n'est soumis qu'à son poids dont les caractéristiques sont :
- point d'application : le centre de gravité G du ballon ;
- direction : verticale – sens : vers le bas ;
- valeur : $P = mg$.

A.N. : $P = 0{,}650 \times 10 = 6{,}5$ N.
On peut choisir 1 cm représente 2 N.
La longueur du vecteur est alors 3,3 cm.

Piège à éviter
Écrivez une expression littérale, puis faites l'application numérique en utilisant les unités du Système international (SI).

EXERCICE 3

Étudier les variations de l'énergie cinétique

Énoncé

Un jongleur lance une balle de masse $m = 130$ g vers le haut, verticalement, puis il la rattrape dans sa main.

1. Pendant la phase de montée, quelles sont les forces qui s'appliquent sur la balle ?

2. Quelle est l'évolution de son énergie cinétique ?

3. Quelle est la force qui fait varier son énergie cinétique ?

Méthode

1 Analysez les actions de contact et les actions à distance.

2 Pour savoir comment évolue l'énergie cinétique, cherchez comment évolue la vitesse de la balle. Comme la masse est constante, si la vitesse augmente, l'énergie cinétique aussi ; si la vitesse diminue, l'énergie cinétique aussi.

3 Une force qui fait varier l'énergie cinétique n'est pas perpendiculaire au mouvement.

Corrigé

1. Pendant la montée, il y a une force à distance, son poids et il n'y a pas de force de contact, la balle ayant quitté la main du jongleur.

2. Pendant la phase de montée, la vitesse de la balle diminue, son énergie cinétique aussi.

3. Le poids fait varier l'énergie cinétique, sa direction est celle du mouvement, mais son sens est vers l'arrière.

Chapitre 4 Besoins et réponses de l'organisme lors d'une pratique sportive

1 La mole et la concentration molaire

De quoi s'agit-il ? **Les masses d'un atome, d'une molécule ou d'un ion sont très petites par rapport aux masses des objets qui sont à notre échelle. Pour exprimer de très grandes quantités d'entités chimiques (atomes, ions, molécules...), les chimistes ont introduit une nouvelle grandeur physique *la quantité de matière* dont l'unité est *la mole*.**

1 La mole : unité de quantité de matière

- **Définition de la mole**

La mole est la quantité de matière d'un système contenant autant d'entités élémentaires qu'il y a d'atomes dans 12,00 g de carbone 12.

Remarque

Par définition, la masse d'une mole d'atomes de carbone 12 est donc de 12,0 g.

- **Constante d'Avogadro**

La constante indiquant le nombre d'entités par mole est une constante fondamentale qui a été nommée constante d'Avogadro. Elle est notée N_A.

$$N_A = 6{,}02 \times 10^{23}\ \text{mol}^{-1}$$

En chimie, les entités sont regroupées en « paquets », chaque paquet contient $6{,}02 \times 10^{23}$ entités.

- La **quantité de matière *n*** d'un échantillon contenant *N* entités chimiques est :

$$N = N_A\, n \quad N \text{ est sans unité, } N_A \text{ en mol}^{-1} \text{ et } n \text{ en mol.}$$

2 Masse d'une mole d'entités ou masse molaire

- On appelle **masse molaire atomique** d'un élément chimique la masse d'une mole d'atomes de cet élément. On la note *M* avec en indice le symbole de l'élément ; elle s'exprime en gramme par mole (g .mol^{-1}).

- Par définition, une mole d'atomes de carbone a pour masse 12,00 g, donc la masse molaire du carbone est $M_C = 12{,}00$ g.mol^{-1}.

Vocabulaire

- **noyaux isotopes :** contiennent le même nombre de protons, mais un nombre de neutrons différent.

- La plupart des éléments possèdent plusieurs isotopes. La masse molaire atomique indiquée dans une case de la classification périodique correspond à celle de l'élément naturel qui est un mélange de plusieurs isotopes.

- La **masse molaire moléculaire** est la masse d'une mole de molécules de l'espèce considérée. On la note *M* avec en indice la formule chimique de la molécule. Elle s'obtient en faisant la somme des masses molaires atomiques de chacun des atomes qui composent la molécule et s'exprime en gramme par mole (g.mol^{-1}).

La masse d'une mole d'ions polyatomiques se calcule comme la masse molaire moléculaire sans tenir compte de la charge.

Exemple : $M(H_2O) = 2 \times M_H + M_O = 2 \times 1{,}0 + 1 \times 16{,}0 = 18{,}0\ g.mol^{-1}$.

- **Masse molaire et quantité de matière**

La quantité de matière *n* d'une masse *m* d'un échantillon de masse molaire *M* est donnée par la relation :

$n = \frac{m}{M}$ ou $m = n \times M$ avec *n* quantité de matière en mol, *m* masse de l'échantillon en $g.mol^{-1}$, *M* masse molaire en $g.mol^{-1}$.

3 Solutions aqueuses et concentration molaire

- **Préparation de solutions aqueuses**

Une solution est obtenue par dissolution d'un soluté dans un solvant. Le solvant est le constituant majoritaire de la solution. Si le solvant est de l'eau, la solution est dite aqueuse.

- La **concentration molaire** d'une espèce chimique A dans une solution est égale au quotient de la quantité de matière n_A de A par le volume *V* de la solution.

$C(A) = [A] = \frac{n_A}{V}$ avec n_A en mol, *V* en L et [A] en $mol.L^{-1}$.

- **Préparation d'une solution**

– Par dissolution d'espèce : on introduit dans une fiole jaugée de volume *V* une quantité *n* d'une espèce. On ajoute de l'eau distillée jusqu'aux 2/3 environ, on agite. On complète alors avec de l'eau distillée jusqu'au trait de jauge, puis on homogénéise la solution. La concentration de la solution est alors $c = \frac{n}{V}$.
– Par dilution d'une solution de concentration connue : diluer une solution, c'est, en ajoutant du solvant, préparer une nouvelle solution moins concentrée que la solution initiale (**Doc. 1**).

Piège à éviter
Ne pas confondre cette relation avec celle de la concentration massique $C_m = \frac{m_A}{V}$ avec m_A en g, *V* en L et C_m en $g.L^{-1}$.

Doc. 1 Préparation d'une solution par dilution

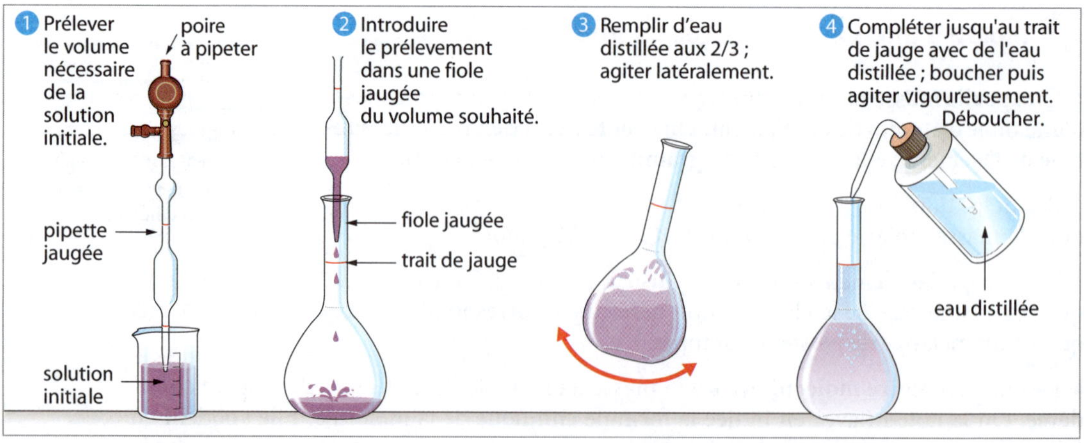

On prélève V_0 de solution mère de concentration C_0 à l'aide d'une pipette jaugée. On veut obtenir une nouvelle solution appelée solution fille, de volume V_1 et de concentration C_1.
La quantité de matière contenue dans le prélèvement V_0 de la solution mère est conservée lors de la dilution (**Doc. 2**) : $n_0 = n_1$ donc $C_0 \times V_0 = C_1 \times V_1$.
Le facteur de dilution F est égal au quotient de la concentration C_0 de la solution mère par la concentration C_1 de la solution fille $F = \frac{C_0}{C_1} = \frac{V_1}{V_0}$. F est un nombre sans unité supérieur à 1.

Doc. 2 Aspect microscopique de la dilution

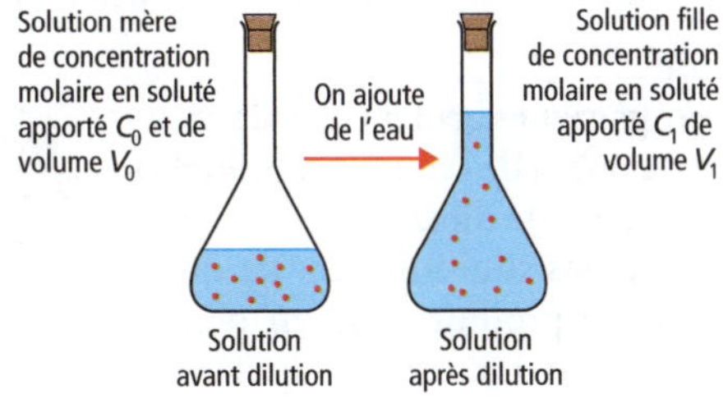

2 La réaction chimique

De quoi s'agit-il ? L'énergie nécessaire au sportif est produite par des réactions chimiques lors de la transformation des aliments.

1 Transformation chimique

- Un **système chimique** est un ensemble d'espèces chimiques qui se caractérisent par :
– leur nature chimique (ions, molécules…) ;
– leur état physique (solide, liquide, gazeux, aqueux) ;
– leur quantité de matière (en mol).

- Une **transformation chimique** a lieu quand un système chimique passe d'un **état initial** à un autre état, appelé **état final**, les deux états diffèrent par la nature ou la quantité des espèces chimiques qui les constituent.

- **Réactifs et produits**

Au cours d'une transformation chimique, il se produit une réaction entre certaines espèces chimiques présentes dans l'état initial : ces espèces sont appelées les **réactifs**. Il se forme d'autres espèces chimiques, appelées les **produits**. Certaines espèces chimiques n'interviennent pas au cours de la réaction. On dit que ce sont des **espèces spectatrices**.

- **Équation d'une réaction**

On symbolise la réaction par une écriture appelée **équation** :

$$\text{Réactifs} \xrightarrow{\text{Réaction chimique}} \text{Produits}$$

On remplace le nom de ces espèces (réactifs et produits) par leur formule.
Au cours d'une transformation chimique, il y a conservation des éléments et des charges.
On traduit cette conservation des éléments et des charges en ajustant les **nombres stœchiométriques** dans l'équation.
Exemple : $Fe^{2+} + 2\,OH^- \longrightarrow Fe(OH)_2$.

Remarque
Cela signifie qu'un ion Fe^{2+} réagit avec 2 ions OH^-.

2 Combustions

- Une **combustion est une réaction chimique exothermique**.

Une combustion ne peut se produire que s'il y a un comburant qui fait brûler (par exemple, le dioxygène) et un combustible (qui brûle).

Vocabulaire
- **exothermique** : qui produit de l'énergie.

- Le **combustible** peut être :

– un gaz : butane, propane, gaz de ville, dihydrogène… ;
– un liquide : essence, gasoil, huile, kérosène… ;
– un solide : poudre de fer, poudre d'aluminium, bois, papier, carton, tissu, matière plastique…

- **Combustion des matériaux organiques**

– Combustion complète : les matériaux organiques brûlent dans le dioxygène de l'air en formant du dioxyde de carbone et de l'eau. La **combustion complète** se produit lorsqu'il y a suffisamment de dioxygène.
– Combustion incomplète : lorsqu'il n'y a pas suffisamment de dioxygène, la combustion est **incomplète** ; il se produit alors en plus du monoxyde de carbone (gaz toxique, inodore et incolore) et du carbone (noir de carbone).

Vocabulaire
- **matériau organique** : matériau constitué essentiellement d'atomes de carbone et d'hydrogène.

- **Identification des réactifs et des produits d'une combustion**

– Test de reconnaissance du dioxygène : le dioxygène est un gaz qui entretient les combustions : pour savoir si un récipient contient du dioxygène, il suffit d'approcher une allumette portée au rouge : si celle-ci s'enflamme, c'est que le gaz est bien du dioxygène.
– Test de reconnaissance du dioxyde de carbone : lorsque du dioxyde de carbone est en contact avec de l'eau de chaux, celle-ci se trouble.
– Test de reconnaissance de l'eau : au-dessus de la flamme, on approche une coupelle froide ; il se forme alors de la buée (eau liquide) qui peut être mise en évidence en saupoudrant de sulfate de cuivre anhydre (poudre blanche). Celui-ci devient bleu (il s'hydrate).

3 Équation de réaction

- **Combustion des métaux**

– Combustion du fer : le fer brûle dans le dioxygène pour former l'oxyde de fer Fe_3O_4 :

$$3Fe(s) + 2O_2(g) \rightarrow Fe_3O_4(s)$$

Ceci signifie que 3 atomes de fer réagissent avec 2 molécules de dioxygène (qui contiennent 2 atomes d'oxygène) pour former l'oxyde de fer contenant les 3 atomes de fer et les 4 atomes d'oxygène.

– Combustion de l'aluminium, du zinc et du cuivre :

$$4\,Al(s) + 3O_2(g) \rightarrow 2\,Al_2O_3(s)$$
$$2\,Zn(s) + O_2(g) \rightarrow 2ZnO(s)$$
$$2Cu(s) + O_2(g) \rightarrow 2CuO(s)$$

– Combustion complète des matériaux organiques :

Méthane : $CH_4(g) + 2O_2(g) \rightarrow CO_2(g) + 2H_2O(l)$

Éthanol : $2\,C_2H_6(l) + 7O_2(g) \rightarrow 4CO_2(g) + 6H_2O(l)$

➜ Révision express

Les points importants à retenir

- La quantité de matière n d'un échantillon contenant N entités chimiques est :

$$N = N_A \times n \qquad \text{avec } N \text{ sans unité, } N_A \text{ en mol}^{-1} \text{ et } n \text{ en mol.}$$

- La quantité de matière n d'une masse m d'un échantillon de masse molaire M est donnée par la relation :

$$n = \frac{m}{M} \text{ ou } m = n \times M$$

avec n quantité de matière en mol, m masse de l'échantillon en g, M masse molaire en $g.mol^{-1}$.

- La concentration molaire d'une espèce chimique A dans une solution est égale au quotient de la quantité de matière n_A de A par le volume V de la solution :

$$C(A) = [A] = \frac{n_A}{V}$$

avec n_A en mol, V en L et [A] en $mol.L^{-1}$.

- Une transformation chimique a lieu quand un système chimique passe d'un **état initial** à un autre état, appelé **état final** ; les deux états diffèrent par la nature ou la quantité des espèces chimiques qui les constituent.

Quiz

Cochez la bonne réponse.

1. La masse molaire atomique est la masse d'une mole d'atomes.

☐ **vrai** ☐ **faux**

2. La masse d'un échantillon m est reliée à sa quantité de matière par $m = n \times M$, où M est la masse molaire de l'échantillon.

☐ **vrai** ☐ **faux**

3. La quantité de matière n_A d'une espèce A dans un échantillon est donnée par $n_A = c_A \times V$, où c_A est la concentration de l'espèce A et V le volume de la solution.

☐ **vrai** ☐ **faux**

4. Il est possible de préparer une solution fille plus concentrée que la solution mère par dilution.

☐ **vrai** ☐ **faux**

5. Les espèces qui disparaissent sont appelées les réactifs.

☐ **vrai** ☐ **faux**

6. Dans l'équation de la réaction, on écrit les produits à gauche de la flèche.

☐ **vrai** ☐ **faux**

7. Les nombres stœchiométriques traduisent la conservation de la quantité de matière au cours de la transformation.

☐ **vrai** ☐ **faux**

→ Réponses p. 396

EXERCICE 1

Préparer une boisson hydratante

Énoncé

Un sportif prépare une boisson pour se réhydrater pendant l'effort. Pour cela, il dissout 30 g de glucose $C_6H_{12}O_6$ dans 500 mL d'eau.

Données : $M_H = 1{,}0$ g.mol^{-1} ; $M_C = 12{,}0$ g .mol^{-1} ; $M_O = 16{,}0$ g.mol^{-1} ; $N_A = 6{,}02 \times 10^{23}$mol^{-1}.

1. Calculer la masse molaire du glucose.

2. Calculer la quantité de glucose contenue dans 30 g.

3. Quel nombre de molécules de glucose contient cet échantillon de glucose ?

4. Calculer la concentration molaire en glucose de la boisson.

Méthode

1 Pour calculer la masse molaire moléculaire, faites la somme des masses molaires atomiques.

2 Pour calculer la quantité de matière n, identifiez les grandeurs connues : m et M, puis exprimez n en fonction de m et M.

3 Connaissant la quantité n, calculez N à l'aide de la relation $N = n\,N_A$.

4 Pour calculer la concentration molaire, appliquez la relation $c = \dfrac{n}{V}$.

Corrigé

1. D'après la formule du glucose $C_6H_{12}O_6$, une molécule de glucose contient 6 atomes de carbone C, 12 atomes d'hydrogène H et 6 atomes d'oxygène O.

La masse molaire moléculaire s'obtient en faisant la somme des masses molaires atomiques des atomes qui constituent la molécule.

$M = 6 \times M_C + 12 \times M_H + 12 \times M_O$.

A.N. : $M = 6 \times 12{,}0 + 12 \times 1{,}0 + 6 \times 16{,}0 = 180{,}0$ g.mol^{-1}.

La masse molaire du glucose est 180,0 g.mol^{-1}.

2. D'après la relation $n = \dfrac{m}{M}$.

A.N. : $n = \dfrac{30}{180{,}0} = 0{,}17$ mol.

La quantité de matière de l'échantillon est 0,17 mol.

3. D'après la relation $N = n\,N_A$.

A.N. : $N = 0{,}17 \times 6{,}02 \times 10^{23} = 1{,}0 \times 10^{23}$ (sans unité).

L'échantillon de glucose contient $1{,}0 \times 10^{23}$ molécules.

4. $n = 0{,}17$ mol et $V = 500$ mL $= 0{,}500$ L.

$c = \dfrac{n}{V}$

A.N. : $c = \dfrac{0{,}17}{0{,}500} = 0{,}33$ mol L^{-1}.

La concentration molaire de cette boisson est 0,33 mol.L^{-1}.

Conseil
N'oubliez pas l'unité : une quantité de matière s'exprime en mole (mol).

Astuce
Attention aux unités : convertissez le volume en L.

EXERCICE 2

Écrire une équation de réaction

Énoncé

On introduit dans un flacon contenant de l'air un morceau de charbon enflammé. Le charbon contient uniquement des atomes de carbone. Après la transformation, il reste du charbon. Tout le dioxygène de l'air a réagi. On ajoute de l'eau de chaux et on observe qu'après agitation, elle se trouble.

1. Identifier les réactifs de la réaction chimique.

2. Identifier les produits de la réaction chimique.

3. Traduire cette transformation par une équation de réaction.

Bien comprendre le sujet

1 Pour identifier les réactifs, cherchez les espèces chimiques présentes au début dans le système et qui disparaissent en réagissant.

2 Pour identifier les produits, cherchez les espèces qui sont formées lors de la réaction.

3 Pour écrire l'équation de la réaction, écrire à gauche de la flèche les formules chimiques des réactifs, à droite celles des produits, puis ajustez avec des nombres stœchiométriques pour traduire la conservation des éléments.

Corrigé

1. Le carbone (contenu dans le charbon) et le dioxygène (contenu dans l'air) sont les réactifs.

2. Le gaz qui trouble l'eau de chaux est du dioxyde de carbone : le dioxyde de carbone est le produit de la réaction.

3. On symbolise cette transformation par :

carbone + dioxygène → dioxyde de carbone.

Soit, en utilisant les formules : $C (s) + O_2 (g) \rightarrow CO_2 (g)$.

Cette équation traduit bien la conservation des éléments carbone et oxygène ainsi que la conservation de la charge.

Chapitre 5 Les matériaux et les molécules du sport

1 Formules et modèles moléculaires

De quoi s'agit-il ? Pour obtenir une stabilité, certains atomes forment des liaisons covalentes pour former des molécules.

1 Formation des molécules

- Une molécule est un édifice neutre constitué d'atomes liés entre eux par des liaisons de covalence.
- Suivant sa nature, un atome ne peut donner qu'un nombre particulier de liaisons de covalence (Doc. 1).

Doc. 1 Nombre de liaisons par atome

Atome	Nombre de liaisons
Hydrogène	1
Halogènes (F, Cl, I, Br)	1
Oxygène	2
Azote	3
Carbone	4

Conseil
Faites bien attention à respecter ce nombre de liaisons par atome.

- Certains atomes peuvent former une double liaison ou une triple liaison : elles comptent respectivement comme 2, 3 liaisons de covalence.

2 Modèle moléculaires

- Le modèle moléculaire d'une molécule permet de représenter la molécule dans l'espace afin de voir sa géométrie.
- Il existe le modèle éclaté où les liaisons sont représentées par des bâtonnets, et le modèle compact où les liaisons entre atomes ne sont pas représentées et qui est plus proche de la géométrie réelle de la molécule.
- Chaque atome est représenté par une boule de couleur (Doc. 2).

Doc. 2 Couleur par atome dans les modèles moléculaires

Atome	Couleur de la boule
Hydrogène	blanche
Chlore	verte
Oxygène	rouge
Azote	bleue
Carbone	Noire ou grise

3 Formule développée, formule semi-développée

- La **formule développée** (Doc. 3) d'une molécule est obtenue en représentant toutes les liaisons entre atomes par des tirets.
- La **formule semi-développée** est obtenue à partir de la formule développée en ne notant pas les liaisons avec les atomes d'hydrogène.
- La **formule brute** ne fait apparaître que les symboles des atomes qui la constituent et leur nombre en indice.

Doc. 3 Représentations de molécules

Molécule	Modèle éclaté	Modèle compact	Molécule	Formule développée
Méthane CH_4	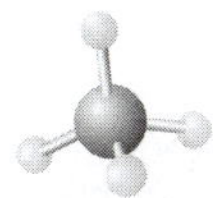	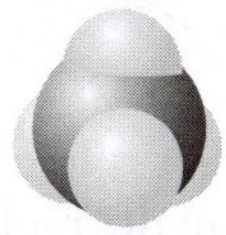	Méthane CH_4	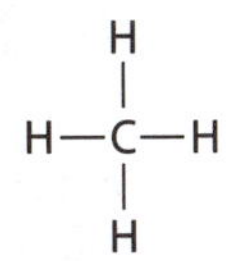
Ammoniac NH_3	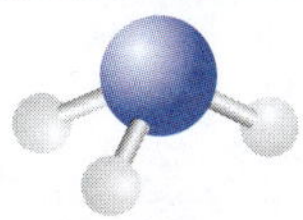		Ammoniac NH_3	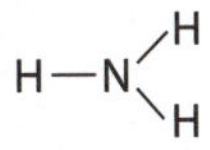
Eau H_2O			Eau H_2O	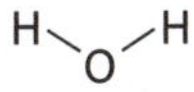

Conseil
Apprenez les formules de ces trois molécules.

PHYSIQUE-CHIMIE

2 Groupes caractéristiques

De quoi s'agit-il ? Ces groupes permettent de déterminer à quelle famille chimique appartiennent certaines molécules.

- Des molécules possèdent des groupes caractéristiques qui leur donnent des propriétés particulières : un groupe caractéristique est un ensemble d'atomes liés entre eux dont l'un au moins n'est pas un atome de carbone (Doc. 4).

Doc. 4 Groupes caractéristiques et famille

Famille chimique	amine	dérivés halogénés	alcool	aldéhyde	cétone	acide carboxylique
Groupe caractéristique	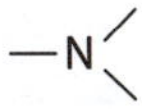	–X : F, Cl, Br, I	–OH	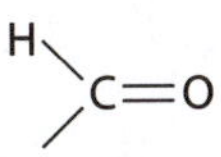	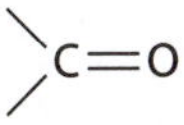	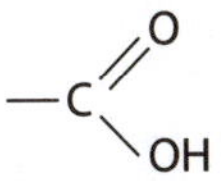

3 Isomérie

De quoi s'agit-il ? **Les isomères ont des formules brutes identiques mais des propriétés différentes.**

- Deux molécules sont isomères si elles ont même formule mais des enchaînements d'atomes différents.
- Des isomères sont des molécules différentes avec des propriétés physiques et chimiques différentes.
- **Exemple**

butane 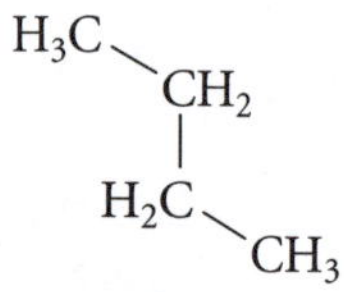

2-méthylpropane 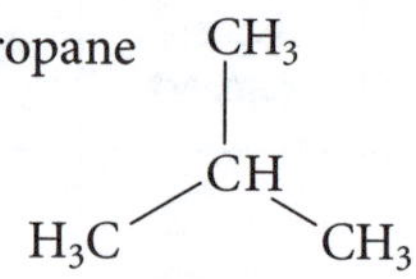

Ces deux molécules ont même formule brute, mais le butane est une molécule linéaire alors que le 2-méthylpropane est une molécule ramifiée : ce sont des molécules différentes.

Exercice résolu

Trouver les isomères de l'éthanol

ÉNONCÉ

On donne la formule développée de la molécule d'éthanol.

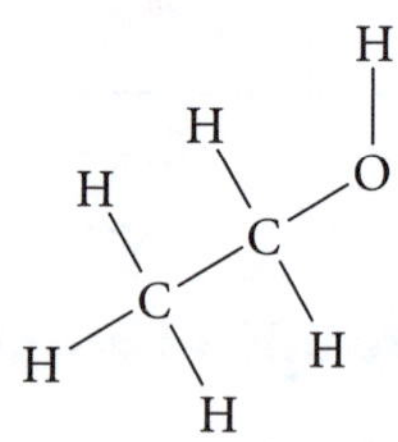

1. Donner sa formule brute et sa formule semi-développée.

2. Encadrer dans sa formule développée le groupe caractéristique de cette molécule et nommer sa fonction.

3. Existe-t-il des isomères de même formule brute ? Donner leur formule semi-développée.

CORRIGÉ

1. La formule brute est C_2H_6O.

La formule semi-développée est obtenue en ne représentant pas les liaisons avec les atomes d'hydrogène CH_3-CH_2-OH.

2. Cette molécule possède le groupe caractéristique –OH : c'est un alcool.

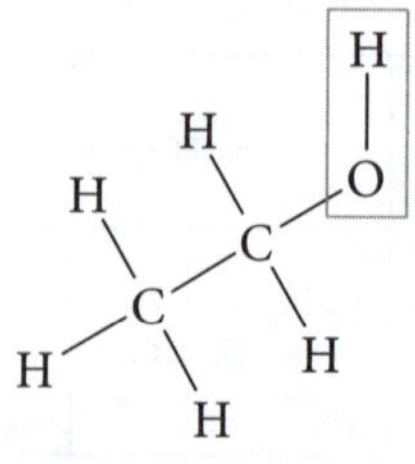

3. Il existe l'isomère de formule semi-développée CH_3-O-CH_3 : c'est une autre molécule, de même formule brute que l'éthanol, qui a des propriétés différentes et un nom différent : c'est le méthoxyméthane.

> **Rappel**
> Deux isomères ont même formule brute mais des formules semi-développées différentes.

Révision express

Les points importants à retenir

• Une molécule est un édifice neutre constitué d'atomes liés entre eux par des liaisons de covalence. Suivant sa nature, un atome ne peut donner qu'un nombre particulier de liaisons de covalence.

Atome	Nombre de liaisons
Hydrogène	1
Halogènes (F, Cl, I, Br)	1
Oxygène	2
Azote	3
Carbone	4

Conseil
Pour éviter d'écrire des formules de molécules qui n'existent pas, respectez ce nombre de liaisons par atome.

• La formule développée d'une molécule est obtenue en représentant toutes les liaisons entre atomes par des tirets. La formule semi-développée est obtenue à partir de la formule développée en ne notant pas les liaisons avec les atomes d'hydrogène. La formule brute ne fait apparaître que les symboles des atomes qui la constituent et leur nombre en indice.

• Un groupe caractéristique est un ensemble d'atomes liés entre eux dont l'un au moins n'est pas un atome de carbone.

• Deux molécules sont isomères si elles ont même formule mais des enchaînements d'atomes différents.

PHYSIQUE-CHIMIE

Quiz

Complétez.

La formule ………….. de la molécule de butan-1-ol est $C_4H_{10}O$. Sa formule développée est la suivante.

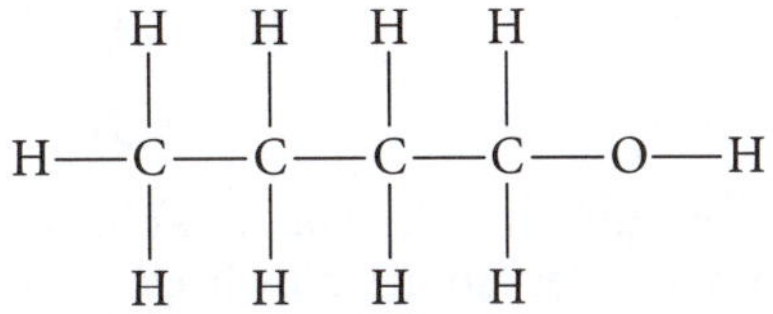

La covalence de chaque atome d'hydrogène est de …………., celle de l'atome d'oxygène est de ……………. et celle de l'atome de carbone est de………

La formule semi-développée du butan-1-ol est ……………………….. Il existe d'autres molécules ayant même formule brute mais une formule semi-développée différente, par exemple ………………….. On dit que ce sont des molécules …………………..

→ Réponses p. 396

EXERCICE 1

Trouver un isomère du pentane

Énoncé

Le pentane est une molécule linéaire de formule brute C_5H_{12}.

1. Écrire sa formule développée.

2. Écrire sa formule semi-développée.

3. Écrire la formule semi-développée d'un isomère du pentane.

Méthode

1 Pour écrire la formule développée à partir de la formule brute, écrivez toutes les liaisons entre atomes en respectant le nombre d'atomes et le nombre de liaisons de covalence par atome.

2 Pour écrire la formule semi-développée à partir de la formule développée, n'écrivez plus les liaisons avec les atomes d'hydrogène.

3 Pour savoir s'il existe des isomères, essayez d'écrire une autre formule développée ou semi-développée en modifiant l'enchaînement des atomes.

Corrigé

1. La molécule de pentane est constituée de 5 atomes de carbone. Chaque atome de carbone donne 4 liaisons de covalence. Elle contient 12 atomes d'hydrogène de covalence 1. Ces atomes d'hydrogène sont tous liés à un atome de carbone car à cause de leur covalence, ils sont en bout de chaîne. De plus, cette molécule est linéaire, elle n'a pas de ramification.

> **Rappel**
> Les atomes d'hydrogène sont toujours en bout de chaîne.

On obtient donc la formule développée suivante :

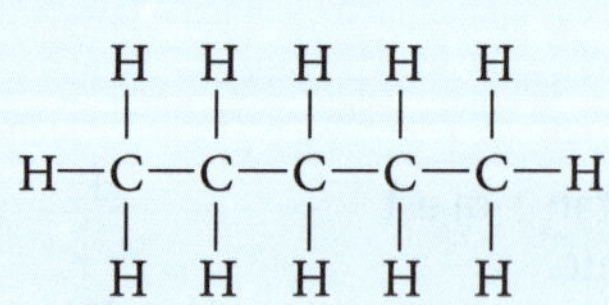

2. La formule semi-développée s'obtient à partir de la formule développée sans écrire les liaisons avec les atomes d'hydrogène : il faut alors regrouper ces atomes en mettant leur nombre en indice.

On obtient ainsi CH_3-CH_2-CH_2-CH_2-CH_3.

3. La molécule de pentane est linéaire : il existe une molécule de même formule brute mais ramifiée dont la formule semi-développée est la suivante :

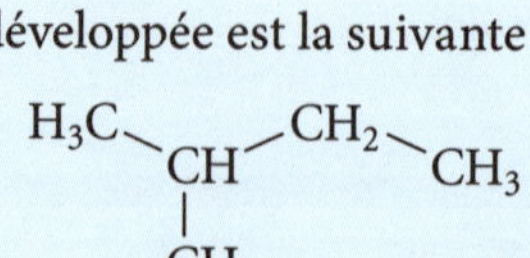

Cette molécule a bien pour formule brute C_5H_{12}, mais les atomes sont enchaînés différemment.

> **Astuce**
> Pensez à vérifier la formule brute de la molécule.

EXERCICE 2

Trouver la famille d'une molécule

Énoncé

1. Dans les molécules suivantes, entourer le groupe caractéristique.

2. À quelle famille appartient chaque molécule ?

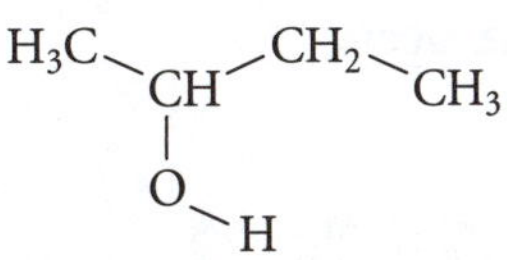

a)

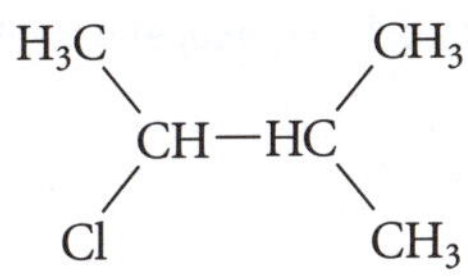

b)

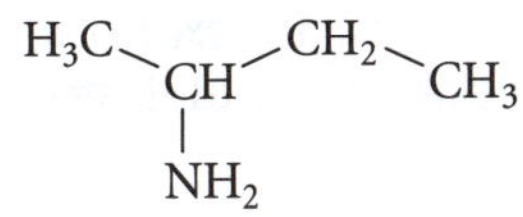

c)

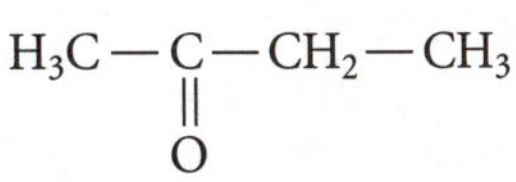

d)

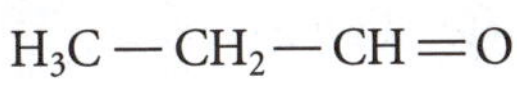

e)

Méthode

1 Pour reconnaître un groupe caractéristique, il faut repérer l'atome qui n'est pas un atome de carbone ou d'hydrogène. Les atomes d'hydrogène liés à cet atome font partie de ce groupe. Un atome de carbone lié à un atome d'oxygène par une double liaison fait partie de ce groupe caractéristique.

2 Pour savoir à quelle famille appartient une molécule, il faut connaître quelques familles et leur groupe caractéristique.

Corrigé

1.

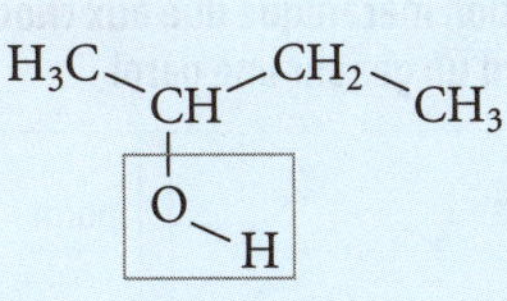

a)

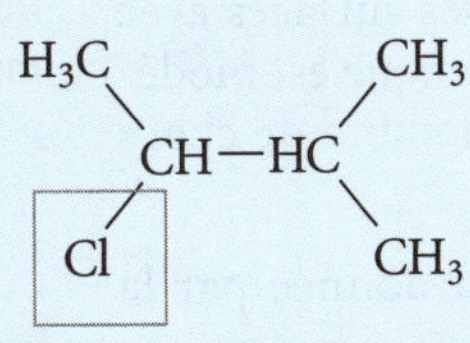

b)

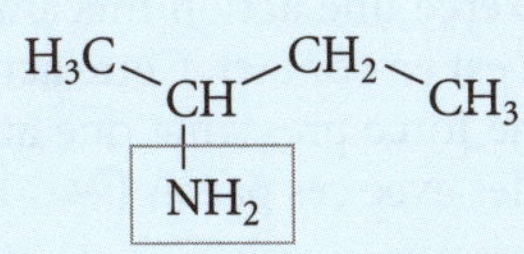

c)

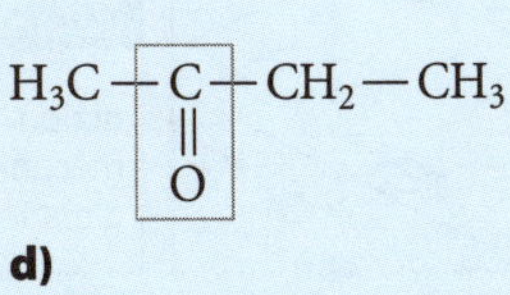

d)

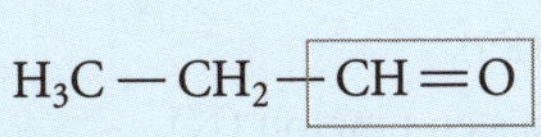

e)

a) Cette molécule est un alcool.

b) Cette molécule est un dérivé halogéné.

c) Cette molécule est une amine.

d) Cette molécule est une cétone.

e) Cette molécule est un aldéhyde.

Astuce

Attention à ne pas confondre un aldéhyde et une cétone : dans un aldéhyde, le carbone fonctionnel est relié à un atome d'hydrogène, dans une cétone, il est relié à 2 atomes de carbone.

Chapitre 6 La pression

1 Propriétés des gaz

De quoi s'agit-il ? La matière existe sous trois états : solide, liquide, et gazeux. Les gaz ont des propriétés particulières que nous allons étudier.

1 Comportement des gaz

- Différentes expériences montrent les propriétés d'un gaz :
– un gaz occupe tout l'espace qui lui est offert ;
– un gaz est compressible et expansible.

Vocabulaire
- **compressible : qui peut diminuer de volume par action d'une force.**
- **expansible : qui peut augmenter de volume.**

2 Description d'un gaz à l'échelle microscopique

- Les propriétés précédentes peuvent s'interpréter grâce à la description du gaz à l'échelle microscopique :
– les gaz sont constitués de molécules très petites et très éloignées les unes des autres : entre ces molécules, il y a du vide ;
– elles se déplacent à grande vitesse, environ 500 $m.s^{-1}$; en l'absence d'obstacle, leur mouvement est rectiligne ;
– des chocs se produisent entre les molécules du gaz et avec les parois : leur mouvement est désordonné ; c'est le chaos moléculaire.

3 Notion de pression d'un gaz

- Un gaz exerce une action mécanique sur les surfaces avec lesquelles il est en contact. Cette action mécanique est modélisée par une force pressante due au grand nombre de chocs des molécules avec ces parois (**Doc. 1**).

- Par définition, la **pression *p* d'un gaz** est donnée par la relation :

$$p = \frac{F}{S}$$

avec p est la pression en pascal (Pa),
F la force pressante des molécules en newton (N),
S est la surface de la paroi en mètres carrés (m^2).

Doc. 1 Action mécanique due aux chocs des molécules d'un gaz sur une paroi

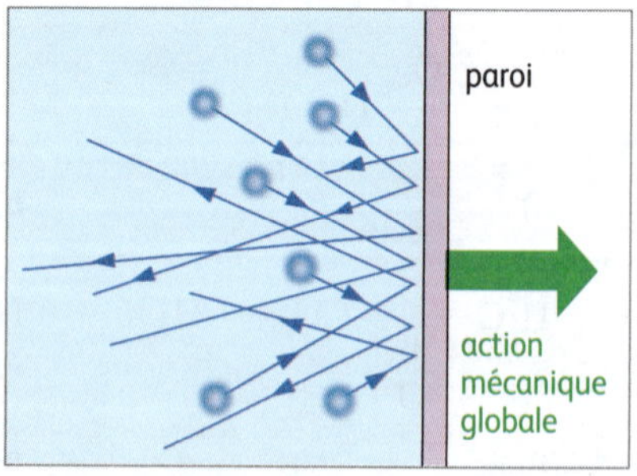

- L'unité du système international de pression est le pascal (Pa).
On utilise aussi le bar : 1 bar = 10^5 Pa.
En météorologie, on utilise aussi l'hectopascal : 1 hPa = 10^2 Pa.
La pression atmosphérique est voisine de 1 bar.

- L'appareil qui permet de mesurer une pression s'appelle un manomètre. Un baromètre mesure la pression atmosphérique.

4 Comportement des gaz aux faibles pressions

- L'état d'un gaz dépend de sa température T, de son volume V, de sa pression p et de sa quantité de matière n : ce sont des **variables d'état.**

- Influence des divers paramètres :
– à pression constante, le volume d'un gaz augmente lorsque sa température augmente ;
– à volume constant, la pression augmente lorsque la température augmente ;
– à température constante, la pression d'un gaz augmente lorsque son volume diminue.

- **Loi de Boyle-Mariotte**
On étudie expérimentalement les variations de pression p d'un gaz, lorsqu'on fait varier son volume V, à température constante T et pour une même quantité de matière n. On vérifie ainsi la loi de Boyle-Mariotte.

À température constante, pour une quantité de gaz n donnée, le produit $p\,V$ de la pression p du gaz par son volume V est constant.

$$p\,V = \text{constante.}$$

On montre expérimentalement que cette constante dépend de la température T et de la quantité de matière n, mais ne dépend pas de la nature du gaz.

Conseil
Retenez que le volume occupé par une quantité n de gaz ne dépend pas de la nature du gaz, dans les mêmes conditions de température et de pression.

- **Loi d'Avogadro-Ampère**
Pour de faibles pressions, des volumes égaux de gaz différents, pris dans les mêmes conditions de température et de pression, contiennent la même quantité de matière n.

2 Plongée et sport en altitude

De quoi s'agit-il ? La pression de l'air diminue lorsque l'altitude augmente, la pression de l'eau augmente en profondeur. Cela a des conséquences sur les sportifs en altitude et sur les plongeurs.

1 Propriétés des liquides

- Un liquide n'a pas de forme propre : il prend la forme du récipient qui le contient.
- Les liquides ne sont pas expansibles et compressibles.
- Comme pour les gaz, la pression et la force pressante sont dues aux chocs des molécules avec les parois.

• Ces propriétés macroscopiques peuvent s'interpréter grâce au modèle microscopique des liquides : dans les liquides, les molécules sont animées d'un mouvement désordonné, mais elles sont très proches les unes des autres : c'est un arrangement compact.

2 Pression et forces pressantes

• La **pression p** dans un liquide dépend de la position du point et de la masse volumique du liquide.

– Théorème fondamental de l'hydrostatique : la différence de pression entre un point du liquide et un point à la surface du liquide est proportionnelle à la profondeur h (**Doc. 2**).

$$p_B - p_A = \rho g h$$

avec p_A pression en A, en pascal (Pa), p_B pression en B en pascal (Pa) , ρ masse volumique du liquide en kilogramme par mètre cube ($kg.m^{-3}$), g intensité de la pesanteur en newton par kilogramme ($N.kg^{-1}$) et h profondeur en mètre (m).

Doc. 2 Pression et profondeur dans un liquide

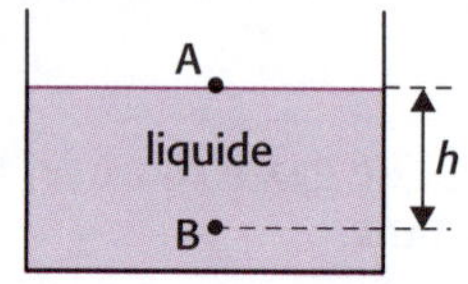

– Conséquences : dans un liquide au repos, la pression augmente avec la profondeur. En effet, $p_B = \rho g h + p_A$: si la profondeur h augmente, la pression au point B augmente.
– Dans un liquide au repos, la pression est la même en tout point d'un plan horizontal. En effet, pour deux points A et B d'un plan horizontal, donc à la même altitude, $h = 0$ et $p_A = p_B$ (**Doc. 3**).

Doc. 3 Pression à la surface libre d'un liquide

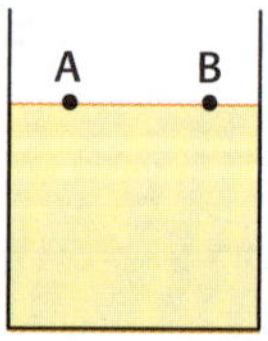

La surface libre des liquides au repos est plane et horizontale.
En effet, pour deux points A et B appartenant à la surface libre $p_A = p_B = p_{atm}$ donc $h = 0$.

• La **force pressante F** exercée par un liquide au repos sur un fond plan et horizontal (de surface S) est égale au poids d'une colonne de ce liquide ayant pour base l'aire de la surface S du fond, et pour hauteur h la distance entre le fond et la surface libre du liquide (**Doc. 4**).

$$F = S \rho g h$$

avec S surface de la paroi plane sur laquelle le fluide exerce une force pressante en mètre carré (m^2), h hauteur de la colonne de liquide en mètre (m) et ρ masse volumique du liquide en kilogramme par mètre cube ($kg.m^{-3}$).

Doc. 4 Force pressante exercée sur un fond plat

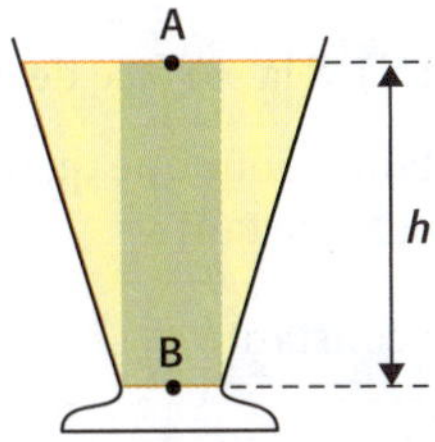

3 Dissolution d'un gaz dans un liquide

- Il est possible de dissoudre un gaz dans un liquide : c'est le cas du dioxygène dissous dans l'eau et qui permet la vie aquatique.
- Tous les gaz ne se dissolvent pas de la même manière dans un liquide, mais **pour un même gaz et un même liquide, la quantité maximale de gaz dissous dans un volume donné de liquide augmente avec la pression, à température constante.**

4 Conséquences sur les sportifs

- Un accident de surpression pulmonaire peut se produire lorsqu'un plongeur avec bouteille, bloque sa respiration. En effet, lors de la remontée à la surface, la pression de l'air enfermé dans les poumons diminue, le volume augmente, ce qui peut dégrader les tissus des poumons.
- Lorsqu'un plongeur avec bouteille descend en profondeur, la pression augmente et la quantité d'air dissous dans le sang augmente. Quand la remontée se fait lentement, par paliers, l'air en supplément est éliminé par les poumons. Si la remontée se fait trop rapidement, l'air n'est pas éliminé. Comme la pression diminue, il est moins soluble dans le sang et il se forme des bulles qui peuvent provoquer des accidents graves.
- La pression atmosphérique diminue quand on s'élève en altitude. La quantité de dioxygène disponible diminue. Les sportifs de haut niveau effectuent des stages en altitude avant les compétitions. En effet, en altitude, leur organisme réagit en fabriquant des globules rouges. À leur retour à faible altitude, leurs performances sont améliorées.

Révision express

Les points importants à retenir

- La pression p d'un gaz se calcule par la relation $p = \frac{F}{S}$ où p est la pression en pascal (Pa), F la force pressante des molécules en newton (N), S la surface de la paroi en mètres carrés (m^2).
- Loi de Boyle-Mariotte : À température constante, pour une quantité de gaz n donnée, le produit $p\ V$ de la pression p du gaz par son volume V est constant :

$$p\ V = \text{constante}$$

- La différence de pression entre un point du liquide et un point à la surface du liquide est proportionnelle à la profondeur h :

$$p_B - p_A = \rho\, g\, h$$

avec p_A la pression en A en pascal (Pa), p_B la pression en B en pascal (Pa), ρ la masse volumique du liquide en kilogramme par mètre cube ($kg.m^{-3}$), g l'intensité de la pesanteur en newton par kilogramme ($N.kg^{-1}$) et h la profondeur en mètre (m).

- Pour un même gaz et un même liquide, la quantité maximale de gaz dissous dans un volume donné de liquide augmente avec la pression, à température constante.

Quiz

Cochez la bonne réponse.

1. L'unité du Système International de pression est :

☐ le pascal ☐ le bar ☐ l'atmosphère

2. À température constante :

☐ si on augmente le volume d'un gaz, sa pression augmente ;
☐ si on diminue la pression, le volume diminue ;
☐ si la pression augmente, le volume diminue.

3. À une force de 1,0 N exercée sur une surface de 1,0 cm^2 correspond une pression de :

☐ 0,10 bar ☐ 10 bar ☐ 10 Pa

4. Dans un liquide, la pression :

☐ augmente avec la profondeur ;
☐ ne dépend pas de la profondeur ;
☐ diminue lorsque la profondeur augmente.

5. La loi de Boyle-Mariotte peut s'écrire :

☐ $\frac{p}{v} = \text{cte}$ ☐ $p = \frac{\text{cte}}{V}$ ☐ $p = \text{cte}\ V$

→ Réponses p. 396

EXERCICE 1

Calculer la pression au fond d'une piscine

Énoncé

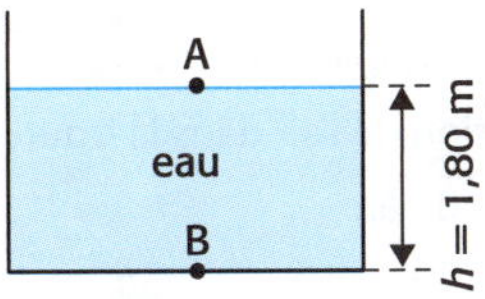

La profondeur d'une piscine est de 1,8 m.

Donnée : intensité de la pesanteur g = 10 $N.kg^{-1}$;

pression atmosphérique p_{atm} = 1 013 hPa ;

ρ masse volumique de l'eau ρ = 1 000 $kg.m^{-3}$.

1. Comment appelle-t-on la pression exercée au point A ? Quelle est sa valeur ?

2. Exprimer la différence de pression $p_B - p_A$, puis la calculer.

3. Calculer la pression au fond de la piscine.

Méthode

1 Pour connaître la pression au point A, repérez la position de ce point sur le schéma : il est placé à l'interface de l'eau et de l'air.

2 Pour calculer la différence de pression $p_B - p_A$, appliquez le théorème fondamental de l'hydrostatique, $p_B - p_A = \rho\, g\, h$, B étant le point le plus profond.

3 Connaissant $p_B - p_A$ et p_A, calculez p_B.

Corrigé

1. Le point A est à la surface de l'eau, à l'interface entre l'eau et l'air :

$$p_A = p_{atm} = 1\ 013 \text{ hPa}.$$

Astuce
Attention aux unités : convertissez les données en unités SI.

2. D'après le théorème fondamental de l'hydrostatique, $p_B - p_A = \rho\, g\, h$.

A.N. : $p_B - p_A = 1\ 000 \times 10 \times 1{,}8 = 1{,}8 \times 10^4$ Pa.

3. $p_B - p_A = \Delta p = 1{,}8 \times 10^4$ Pa

$p_B = p_A + \Delta p$

$$p_B = p_{atm} + \Delta p$$

A.N. : $P_B = 1\ 013 \times 10^2 + 1{,}8 \times 10^4 = 1{,}2 \times 10^5$ Pa.

EXERCICE 2

Comprimer un gaz

Énoncé

On introduit 50 L d'air à la pression atmosphérique dans une bouteille de plongée de 12 L.
Calculer la pression de l'air dans la bouteille.
Donnée : p_{atm} = 1,0 bar.

Méthode

Vérifiez que l'on peut appliquer la loi de Boyle-Mariotte, puis calculez la pression de l'air dans la bouteille.

Corrigé

L'air introduit dans la bouteille est initialement à la pression atmosphérique p_{atm} et occupe un volume V_1.
Dans la bouteille, il occupe un volume V_2 et est à la pression p_2.
D'après la loi de Boyle-Mariotte : $p_{atm}\ V_1 = p_2\ V_2$ ou :

$$p_2 = \frac{p_{atm}\ V_1}{V_2}$$

Remarque
On peut laisser les volumes en litre (L) puisqu'on calcule un rapport, et on peut laisser la pression en bar, le résultat est alors exprimé en bar.

A.N. : $p_2 = \frac{1,0 \times 50}{12} = 4,2$ bar.

Chapitre 7 La lumière pour étudier l'Univers

1 Les longueurs dans l'Univers

De quoi s'agit-il ? **Comment mesure-t-on les distances dans l'Univers ? Le mètre est-il une unité adaptée pour mesurer et exprimer des distances ?**

1 Les outils pour décrire l'Univers

Pour décrire et comparer les distances dans l'Univers, on utilise des outils mathématiques.

- **Les puissances de 10**

$10^0 = 1$ $10^1 = 10$ $10^2 = 100$ $10^3 = 1\ 000$

$10^{-1} = 0,1$ $10^{-2} = 0,01$ $10^{-3} = 0,001$

Opérations sur les puissances de 10 : $10^n \times 10^p = 10^{n+p}$ $\frac{10^n}{10^p} = 10^{n-p}$

- **L'utilisation de préfixes**

Facteur	10^{12}	10^9	10^6	10^3	10^{-3}	10^{-6}	10^{-9}	10^{-12}	10^{-15}
Préfixe	téra (T)	giga (G)	méga (M)	kilo (k)	milli (m)	micro (μ)	nano (n)	pico (p)	femto (f)

Les préfixes permettent d'écrire la grandeur dans une écriture adaptée.
Par exemple, on donne le rayon de la Terre : $R_T = 6\ 370$ km.

- **L'écriture scientifique**

C'est l'écriture d'un nombre décimal sous la forme $a \times 10^p$ avec $1 \leqslant a < 10$ et $p \to \mathbb{N}$. Par exemple, on écrit la distance Terre-Lune : $D_{TL} = 3,8 \times 10^8$ m.

- **Ordre de grandeur**

L'ordre de grandeur d'un nombre très grand ou très petit est la puissance de 10 la plus proche de ce nombre. Par exemple, le diamètre d'un cheveu est de 40 μm. En convertissant en mètre et en utilisant l'écriture scientifique : 40 μm = 40×10^{-6} m = $4,0 \times 10^{-5}$ m. Son ordre de grandeur est og : 10^{-5} m.

Remarque
On peut mettre sa calculatrice en mode scientifique. Elle donne alors directement les nombres en écriture scientifique.

Conseil
Il est préférable de convertir les longueurs dans l'unité du Système International : le mètre.

À savoir
De l'infiniment petit (particules élémentaires) à l'infiniment grand (Galaxies), la matière est essentiellement constituée de vide.

PHYSIQUE-CHIMIE

2 Techniques de mesures

- Pour mesurer une distance ou une longueur à l'échelle humaine, on dispose de **plusieurs instruments** : la règle, le pied à coulisse, le mètre-ruban, le palmer, le mètre-laser…, tous gradués en mètre ou en sous-multiple du mètre.

- Il existe plusieurs **techniques de mesures** de longueurs : la méthode de visée, la mesure directe, l'utilisation du diamètre apparent. On peut aussi utiliser d'autres méthodes (diffraction, expérience historique de Franklin…).

3 Précision d'une mesure

- Les instruments de mesure n'ont pas tous la même **précision** : la précision dépend de la plus petite graduation. Par exemple, une règle de tableau est graduée en centimètre ; elle a une précision de 0,5 cm (une demi-graduation).

- La **précision de la mesure** dépend de l'instrument de mesure et de la méthode utilisée.
– Plus une mesure est précise, plus elle a de chiffres significatifs.
Par exemple, une distance écrite $d = 1{,}00$ mètre est plus précise que $d = 1$ m.
– Le nombre de chiffres significatifs d'une valeur numérique indique la précision avec laquelle la valeur est connue : l'incertitude porte sur le dernier chiffre écrit.
Par exemple, si une distance vaut $d = 1{,}23$ cm, on a une incertitude sur le 3. La valeur réelle est comprise entre 1,22 cm et 1,24 cm.

4 L'année-lumière

- Le mètre est une unité mal adaptée à grande échelle. En effet, les distances qui séparent les étoiles, les planètes, les Galaxies, sont très élevées. On utilise des unités plus adaptées :
– l'unité astronomique (ua) : 1 ua = $1{,}50 \times 10^{11}$ m ;
– l'année de lumière (a.l.) : 1 a.l. = $9{,}5 \times 10^{15}$ m.

- **L'année-lumière (a.l.)** est la distance parcourue par la lumière en une période $T = 1$ année dans le vide. On a **1 a.l.** = **c** $\boldsymbol{T}$ = $299\,792\,458 \times 365{,}25 \times 24 \times 3\,600 = 9{,}47 \times 10^{15}$ m.
Cette définition découle de la définition de la vitesse $v = d/\Delta t$.
En effet, dans un milieu homogène et transparent, la lumière se propage en ligne droite.
La vitesse de propagation de la lumière dans le vide est :

$$c = 299\,792\,458 \text{ m.s}^{-1} \text{ soit environ } 3{,}0 \times 10^{8} \text{ m.s}^{-1}.$$

Aucun objet ne peut se déplacer plus vite que la lumière.
Dans l'air, la lumière se propage à une vitesse très proche de sa vitesse dans le vide, soit $v = 2{,}99\,7931 \times 10^{8}$ m.s^{-1}.

5 Mesurer des longueurs dans l'Univers

- Les astronomes observent le ciel à la recherche de nouvelles Galaxies, étoiles, planètes. Pour cela, ils utilisent des instruments de plus en plus perfectionnés, reliés à des ordinateurs puissants qui calculent et traitent les signaux.
Les corps célestes émettent de la lumière qui est analysée.

- La lumière apporte des **renseignements** sur le corps (température, composition, âge) tel qu'il était lorsque la lumière a été émise.

Remarque
Certaines étoiles se trouvent à plusieurs milliards d'années-lumière.

- La lumière arrive sur la Terre après une durée qui dépend de la distance qu'elle a parcourue. Par exemple, la lumière du Soleil arrive avec un retard d'environ 8 minutes sur la Terre. La lumière provenant de l'étoile la plus proche du Soleil, Proxima du Centaure, arrive avec un retard de 4,3 années.
- La lumière voyage pendant des années, voire des milliers ou des milliards d'années ; lorsqu'on regarde le ciel, on reçoit la lumière qui a été émise il y a très longtemps ; voir loin, c'est regarder le passé.

Idée à retenir

Les distances dans l'Univers se mesurent en années-lumière ou en unité astronomique.
En regardant un corps céleste, on le voit tel qu'il était lorsqu'il a émis sa lumière.

2 Dispersion et réfraction de la lumière

De quoi s'agit-il ? La lumière se propage en ligne droite dans un milieu homogène et transparent mais elle peut être déviée et dispersée lorsqu'elle change de milieu.

1 Propriétés de la lumière

- La lumière se propage en ligne droite dans un milieu homogène et transparent.
- Le trajet suivi par la lumière du point source S jusqu'à l'œil O est modélisé par une droite orientée SO appelée **rayon lumineux (Doc. 1).**

Vocabulaire

- **homogène** : ce milieu a les mêmes propriétés en tout point.

Doc. 1 Représentation d'un rayon lumineux

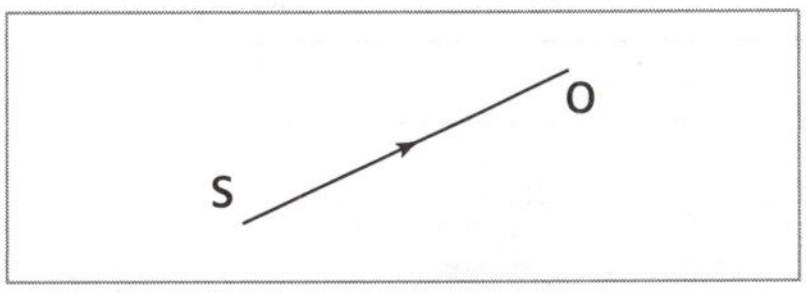

- La lumière se propage dans le vide à la vitesse c ;

c est une constante universelle avec $c \approx 3{,}00 \times 10^8$ m.s^{-1}.

- Une radiation monochromatique est caractérisée par sa longueur d'onde λ_0 dans le vide (et dans l'air), exprimée en mètre et sous-multiples. La lumière blanche est une lumière polychromatique, constituée d'une infinité de radiations, chacune caractérisée par sa couleur.
- Les longueurs d'onde des radiations perceptibles par l'œil humain sont comprises entre 400 nm (violet extrême) et 800 nm (rouge) (**Doc. 2**)

Remarque

Le laser hélium-néon émet une radiation de longueur d'onde dans le vide $\lambda_0 = 632{,}8$ nm.

Rappel

Il existe des radiations non visibles, mais de même nature que la lumière : les ultraviolets (UV), les infrarouges (IR), etc.

Doc. 2 Radiations visibles et invisibles

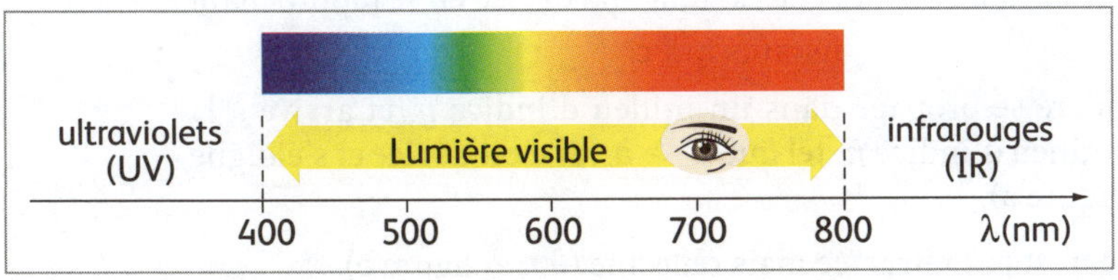

2 Lois de Snell-Descartes

- Lorsque la lumière passe d'un milieu transparent à un autre, elle change de direction ; c'est la **réfraction** de la lumière.
- Les rayons lumineux se propagent dans un même plan, appelé **plan d'incidence.**
- La surface qui sépare deux milieux transparents est appelée **dioptre.**
- L'angle d'incidence i_1 et l'angle réfracté i_2 (**Doc. 3**) sont liés par la relation :

$$\boxed{n_1 \sin i_1 = n_2 \sin i_2}.$$

Doc. 3 Illustration des lois de Snell-Descartes

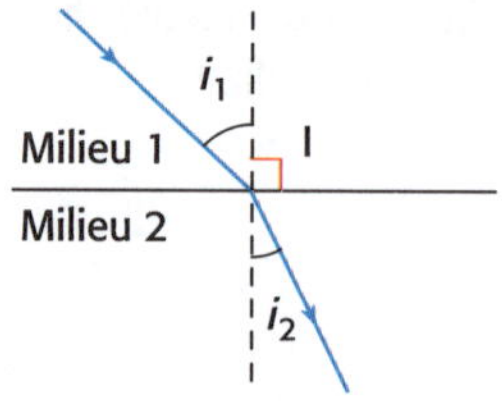

- n_1 et n_2 sont des nombres sans unité, appelés indices des milieux 1 et 2 (**Doc. 4**).

Doc. 4 Indices de quelques milieux transparents

Milieu	Indice
Air	1,00
Plexiglas	1,50
Eau	1,33

On définit l'indice n par la relation :

$\boxed{n = \frac{c}{v}}$ avec c et v en $m.s^{-1}$; n est toujours supérieur à 1.

c est la vitesse de la lumière dans le vide et v la vitesse de la lumière dans le milieu transparent.

À savoir

Les angles sont mesurés par rapport à la normale (droite perpendiculaire au dioptre, limite entre les deux milieux) au point d'incidence I.

- Lorsque la lumière se propage dans un milieu d'indice n_1 et arrive à la surface de séparation avec un milieu d'indice n_2 tel que $n_1 < n_2$, elle est toujours déviée en se rapprochant de la normale ($i_1 > i_2$).
- En revanche, lorsque la lumière se propage dans un milieu d'indice n_1 et arrive à la surface de séparation avec un milieu d'indice n_2 tel que $n_1 > n_2$, elle est déviée et s'éloigne de la normale ($i_1 < i_2$) (**Doc. 5** figure a).
- Dans certains cas, la lumière n'est pas réfractée mais réfléchie (**Doc. 5** figure b).

Doc. 5 Illustration de la réfraction et de la réflexion totale

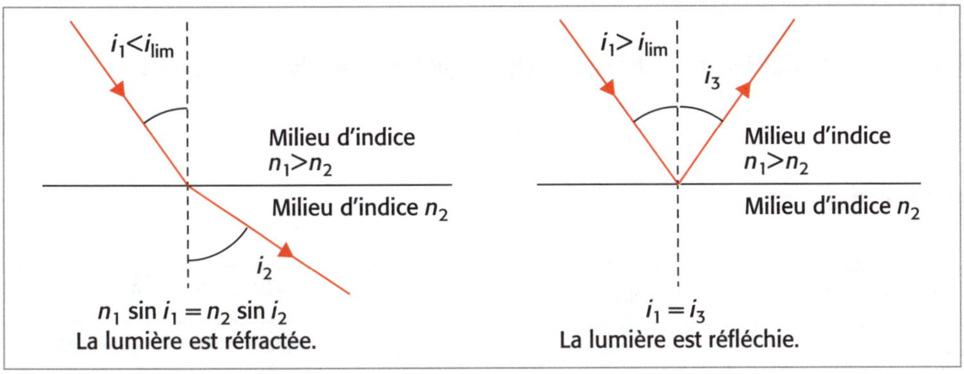

Ce phénomène est appelé la **réflexion totale.**

L'angle limite se calcule en appliquant la relation $\sin i_{lim} = \frac{n_2}{n_1}$.

Le rayon réfléchi appartient au plan d'incidence.

3 Dispersion de la lumière blanche par un prisme

- Lorsqu'une source de lumière blanche éclaire un prisme, la lumière blanche est « étalée » et déviée. Ce phénomène est appelé dispersion de la lumière (**Doc. 6**).

Doc. 6 Dispersion de la lumière blanche par un prisme

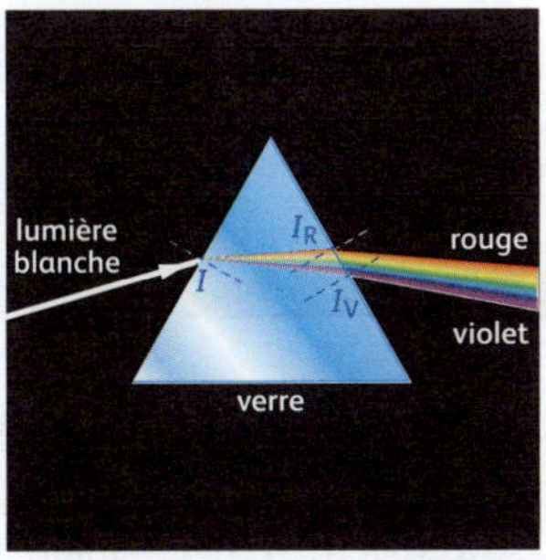

On appelle **spectre** la figure colorée observée sur un écran. Le prisme disperse la lumière car son indice de réfraction dépend de la longueur d'onde de la radiation.

- La lumière blanche est **décomposée et réfractée** par le prisme.

La lumière est réfractée deux fois : à l'entrée et à la sortie du prisme.

- L'indice n d'un milieu varie en fonction de la radiation qui le traverse.
- On remarque que le rouge est moins dévié que le violet.

Remarque

En remplaçant la lumière blanche par un laser, on n'observe qu'une déviation mais pas de dispersion.

À savoir

La lumière peut être déviée lorsqu'elle passe d'un milieu transparent à un autre. Elle est déviée et dispersée par un prisme.

3 Les spectres lumineux

De quoi s'agit-il ? **Les spectres lumineux sont des figures colorées que l'on observe lorsque la lumière est dispersée.**

1 Spectres d'émission

• Un **spectre d'émission** est un spectre produit par la lumière directement émise par une source. On l'obtient en utilisant un **prisme** ou un réseau. Selon la lumière utilisée, les spectres obtenus sont différents :
– lumière blanche : on obtient un spectre continu (**Doc. 7**) avec toutes les radiations du visible. La lumière blanche est une lumière **polychromatique.**

Vocabulaire
■ **réseau : film transparent gravé de traits fins parallèles.**

Doc. 7 Spectre de la lumière blanche

– lampe à vapeur de mercure (de sodium, d'hélium) : on obtient un spectre discontinu constitué de quelques raies colorées sur un fond noir (**Doc. 8**), appelé spectre de raies. C'est une lumière **polychromatique**.

Doc. 8 Spectre de la lampe à vapeur de mercure

– le laser (lumière **monochromatique**) : il ne donne qu'une seule raie (**Doc. 9**).

Doc. 9 Spectre du laser hélium néon

• Les spectres de la lumière émise par un corps chauffé est continu, il porte le nom de spectre d'origine thermique.
• Lorsque la température augmente, le spectre s'enrichit vers le violet, c'est-à-dire vers les radiations de courte longueur d'onde (**Doc. 10**).

Doc. 10 Spectre d'une lumière blanche à différentes températures

Un corps « froid » est rouge ; un corps plus chaud devient blanc (mélange de toutes les radiations du visible).

2 Spectres d'absorption

- Le spectre d'une lumière blanche ayant traversé une substance est un spectre **d'absorption** (**Doc. 11**).

Doc. 11 Schéma d'une expérience permettant de réaliser le spectre d'absorption du sodium

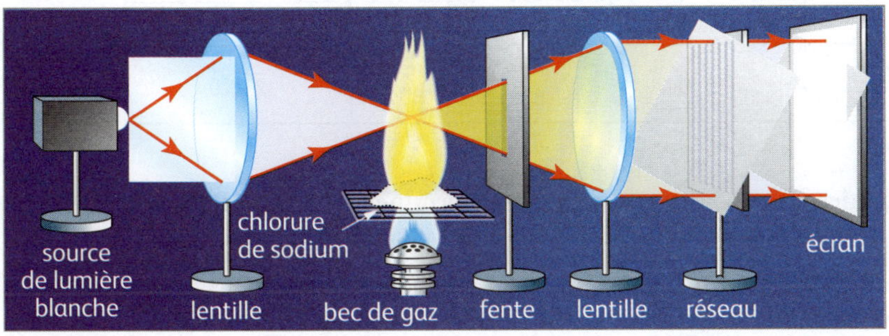

Le spectre d'absorption peut être un spectre de bandes ou de raies.

- Des raies ou des bandes noires se superposent au spectre d'origine thermique.
- Les raies d'émission et d'absorption d'un élément déterminé sont complémentaires (**Doc. 12**).

Doc. 12 a. Spectre d'absorption du mercure ; b. Spectre de bande ; c. Spectre d'émission du mercure : absorption d'une bande de radiations par la solution de permanganate de potassium

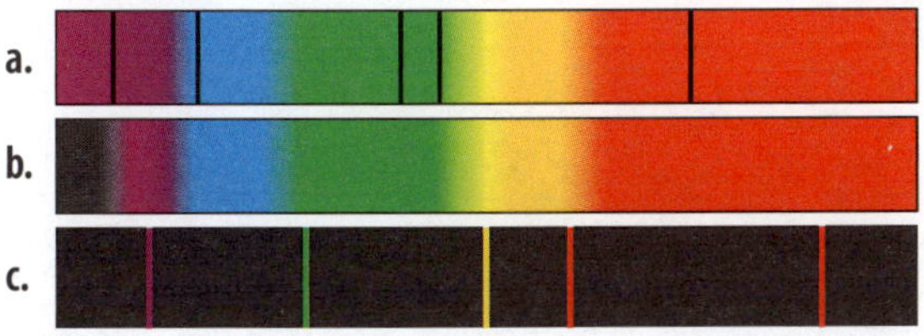

3 Application à l'astrophysique

- L'analyse du spectre d'une étoile permet d'en déterminer la température et la composition de la chromosphère. Le spectre d'une étoile est constitué de la combinaison (**Doc. 13**) :
- d'un spectre d'origine thermique ;
- de raies d'absorption.

Vocabulaire
- **chromosphère :** « atmosphère » d'une étoile.

Remarque
Les raies d'absorption sont appelées « raies de Fraunhofer » du nom du physicien qui les a découvertes.

Doc. 13 Spectre du soleil

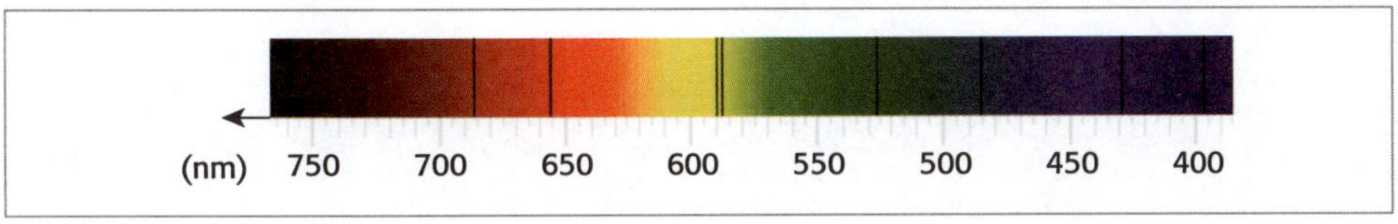

- En fonction de l'étendue du spectre de l'étoile, et de l'intensité lumineuse de certaines raies, on peut déterminer la température de la couche superficielle de l'étoile (**Doc. 14**).

Rappel

L'étude du spectre ne permet pas de connaître la température du cœur de l'étoile.

Doc. 14 Température et couleur de quelques étoiles

	Bételgeuse	**Soleil**	**Sirius**	**Rigel**
Couleur	Rouge	Jaune	Blanche	Bleue
Température de surface (C°)	3 000	5 500	11 000	20 000

- Les longueurs d'onde des raies absorbées permettent de déterminer les **espèces chimiques** contenues dans la chromosphère (couche superficielle de l'étoile).

- En comparant des spectres d'éléments chimiques simples (argon, hélium, hydrogène…), on détermine la liste des espèces chimiques présentes dans l'étoile. Une étoile est généralement constituée d'hydrogène, d'hélium ; on peut aussi y trouver de l'oxygène, du carbone, de l'azote, du calcium, de l'aluminium et du fer.

À savoir

Un spectre est caractéristique d'un corps. Les spectres lumineux permettent de connaître la composition et la température des étoiles.

Révision express

Les points importants à retenir

- Pour mesurer des longueurs, on dispose d'instruments dont la précision est différente. On donne le résultat d'une mesure avec une unité adaptée, à l'aide de multiples ou sous-multiples, ou en utilisant l'écriture scientifique.
- Regarder loin, c'est observer le passé, car la lumière met un certain temps pour arriver jusqu'à nous.
- La lumière se propage en ligne droite dans un milieu homogène et transparent, à la vitesse $c = 3{,}00 \times 10^8$ m.s^{-1} dans le vide et à une vitesse v inférieure dans le milieu.
- La lumière est constituée de radiations monochromatiques, chacune caractérisée par sa longueur d'onde λ_0 (m) dans le vide.
- Les lois de Snell-Descartes donnent la relation entre les angles incidents i_1, réfléchis i_3 et réfractés i_2 :

$$n_1 \sin i_1 = n_2 \sin i_2$$

- Lorsque $i_1 > i_{\text{lim}}$, la lumière n'est pas réfractée, mais réfléchie, avec $\sin i_{\text{lim}} = \frac{n_2}{n_1}$. On a alors $i_1 = i_3$.
- Un prisme dévie et disperse la lumière. On appelle spectre la figure colorée observée sur l'écran.
- Un spectre d'émission est un spectre produit par une source de lumière directe. Il peut être continu ou de raies.
- Un spectre d'origine thermique est le spectre d'un corps chauffé ; sa richesse dépend de la température du corps.
- Un spectre d'absorption est un spectre obtenu lorsqu'une lumière traverse une substance. Il peut être de bandes ou de raies.
- L'analyse de spectres d'étoiles permet d'en connaître la composition et la température.

PHYSIQUE-CHIMIE

Quiz

Cochez la bonne réponse.

1. La lumière est toujours déviée lorsqu'elle passe d'un milieu homogène à un autre.

☐ **vrai** ☐ **faux**

2. La lumière se propage dans tous les milieux homogènes.

☐ **vrai** ☐ **faux**

3. L'indice d'un milieu dépend de la longueur d'onde de la radiation.

☐ **vrai** ☐ **faux**

4. Le spectre d'une lampe à vapeur de mercure est un spectre de raies.

☐ **vrai** ☐ **faux**

5. À la traversée d'un dioptre, la lumière se rapproche toujours de la normale.

☐ **vrai** ☐ **faux**

6. L'indice d'un milieu est un nombre toujours positif et supérieur à 1.

☐ **vrai** ☐ **faux**

→ **Réponses p. 397**

EXERCICE 1

Comparer la Terre et Saturne

Énoncé

La Terre et Saturne sont deux planètes du système solaire dont quelques caractéristiques sont données ci-dessous.

	Terre	Saturne
Distance au Soleil	$149\,570 \times 10^3$ km	$1\,427\,000 \times 10^3$ km
Masse	$5{,}98 \times 10^{24}$ kg	$5{,}68 \times 10^{26}$ kg
Diamètre	$1{,}28 \times 10^7$ m	$1{,}15 \times 10^5$ km

1. Écrire la distance au Soleil des deux planètes en écriture scientifique et exprimées en mètre.

2. Quel est l'ordre de grandeur de la masse de la Terre et de la masse de Saturne ?

3. Comparer le diamètre de la Terre au diamètre de Saturne.

Méthode

1 Utilisez les opérations sur les puissances de 10.

2 Utilisez la définition de l'ordre de grandeur après avoir écrit les deux nombres sous la forme $a \times 10^n$.

3 Pensez à mettre les deux nombres dans la même unité, c'est-à-dire le mètre.

Corrigé

1. La distance au Soleil vaut :

– pour la Terre : $149\,570 \times 10^3$ km $= 1{,}495\,70 \times 10^5 \times 10^3$ km $= 1{,}495\,70 \times 10^8$ km $= 1{,}495\,70 \times 10^{11}$ m ;

– pour Saturne : $1\,427\,000 \times 10^3$ km $= 1{,}427\,000 \times 10^6 \times 10^3$ km $= 1{,}427\,000 \times 10^9$ km $= 1{,}427\,000 \times 10^{12}$ m.

2. L'ordre de grandeur de la masse de la Terre est 10^{25} kg, car $5{,}98 > 5$ et donc l'ordre de grandeur de $5{,}98 \times 10^{24}$ kg est 10×10^{24} kg $= 10^{25}$ kg.

L'ordre de grandeur de la masse de Saturne est 10^{27} kg, car $5{,}68 > 5$ et donc l'ordre de grandeur de $5{,}68 \times 10^{26}$ kg est 10×10^{26} kg $= 10^{27}$ kg.

3. Le diamètre de Saturne est converti en mètre, soit :

$1{,}15 \times 10^5$ km $= 1{,}15 \times 10^5 \times 10^3$ m $= 1{,}15 \times 10^8$ m.

Pour comparer les deux diamètres, on fait le rapport entre le plus grand et le plus petit, exprimés dans la même unité, soit :

$$\frac{1{,}15 \times 10^8}{1{,}28 \times 10^7} = 8{,}98.$$

Le diamètre de Saturne est 8,98 fois plus élevé que celui de la Terre.

EXERCICE 2

Classer des longueurs

Énoncé

Le tableau ci-dessous donne des grandeurs et des longueurs.

Grandeur	Longueur
Diamètre de la Terre	50 pm
Diamètre d'un atome	12 742 km
Diamètre de l'orbite de la Terre autour du Soleil	100 000 années de lumière
Diamètre du noyau d'un atome	22 cm
Diamètre du Soleil	5 µm
Diamètre de la Galaxie	300 millions de km
Diamètre d'une cellule	10^{-15} m
Diamètre d'un ballon de football	1 391 000 km

1. Convertir les longueurs en mètre et indiquer le nombre de chiffres significatifs avec lesquelles elles sont données.

2. Attribuer à chaque grandeur sa valeur.

Méthode

1 Utilisez les opérations sur les puissances de 10 et les définitions des multiples et sous-multiples. Utilisez le fait que les chiffres significatifs sont les chiffres à droite après le premier chiffre non nul.

2 Utilisez la question « qui est dans quoi ? » pour classer.

Corrigé

Rappel
1 a.l. = $9{,}47 \times 10^{15}$ m.

1. 50 pm = $5{,}0 \times 10^{1} \times 10^{-12}$ m = $5{,}0 \times 10^{-11}$ m (2 chiffres significatifs).

12 742 km = $1{,}274\,2 \times 10^{4} \times 10^{3}$ m = $1{,}274\,2 \times 10^{7}$ m (5 cs).

100 000 années de lumière = $1{,}000\,00 \times 10^{5} \times 9{,}47 \times 10^{15}$ m = $9{,}47 \times 10^{20}$ m (3 cs).

22 cm = $2{,}2 \times 10^{1} \times 10^{-2}$ m = $2{,}2 \times 10^{-1}$ m (2 cs).

5 µm = 5×10^{-6} m (1 cs).

300 millions de km = $3{,}00 \times 10^{2} \times 10^{6} \times 10^{3}$ m = $3{,}00 \times 10^{11}$ m (3 cs).

10^{-15} m (0 cs).

1 391 000 km = $1{,}391\,000 \times 10^{6} \times 10^{3}$ = $1{,}391\,000 \times 10^{9}$ m (7 cs).

2. On peut ainsi attribuer, en classant les longueurs de la plus petite à la plus grande :
– diamètre du noyau d'un atome : 10^{-15} m ;
– diamètre d'un atome : $5{,}0 \times 10^{-11}$ m, soit 50 pm ;
– diamètre d'une cellule : 5×10^{-6} m, soit 5µm ;
– diamètre d'un ballon de football : $2{,}2 \times 10^{-1}$ m, soit 22 cm ;
– diamètre de la Terre : $1{,}274\,2 \times 10^{7}$ m, soit 12 742 km ;
– diamètre du Soleil : $1{,}391\,000 \times 10^{9}$ m, soit 1 391 000 km ;
– diamètre de l'orbite de la Terre autour du Soleil : $3{,}00 \times 10^{11}$ m, soit 300 millions de km ;
– diamètre de la Galaxie : $9{,}47 \times 10^{20}$ m, soit 100 000 années de lumière.

128

EXERCICE 3

Le rayon va-t-il subir une réfraction ou une réflexion ?

Énoncé

Un rayon lumineux se propage dans le verre (indice 1,52) et arrive à la surface de l'air (indice 1,00). Il fait un angle de 25° avec la normale au dioptre.

1. Faire un schéma.

2. Calculer l'angle réfracté i_2 dans l'air.

3. Calculer l'angle limite et expliquer ce qui se passe si le rayon incident fait un angle $i_3 = 45°$ avec la normale.

Méthode

1 Utilisez les notations de l'énoncé et faites un schéma clair.

2 Identifiez l'angle d'incidence et les indices des milieux, puis appliquez la relation $n_1 \sin i_1$ 5 $= n_2 \sin i_2$ en remplaçant par les données.

3 Appliquez la relation $\sin i_{\text{lim}} = \frac{n_2}{n_1}$.

Un rayon lumineux arrivant avec un angle d'incidence inférieur à l'angle limite est réfracté ; un rayon lumineux arrivant avec un angle d'incidence supérieur à l'angle limite est réfléchi.

Corrigé

1. Le schéma est représenté ci-dessous.

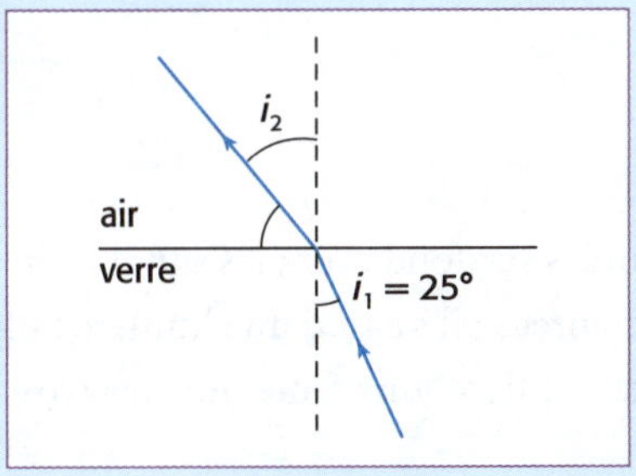

2. En utilisant la loi de Snell-Descartes pour la réfraction, on écrit :

$n_1 \sin i_1 = n_2 \sin i_2$, soit :

$$\sin i_2 = \frac{n_1 \sin i_1}{n_2} \text{ et donc } \sin i_2 = \frac{1{,}52 \times \sin 25°}{1{,}00} = 0{,}64.$$

Soit $i_2 = 40{,}0°$.

3. L'angle limite pour ce dioptre est tel que $\sin i_{\text{lim}} = \frac{n_2}{n_1}$.

On a donc $\sin i_{\text{lim}} = \frac{1{,}00}{1{,}52} = 0{,}66$, soit $i_{\text{lim}} = 41°$.

Pour $i = 45° > i_{\text{lim}}$, le rayon est réfléchi en faisant un angle égal à i avec la normale.

EXERCICE 4

Étudier le spectre du mercure

Énoncé

On étudie le spectre du mercure.

1. Décrire ce spectre.

2. La lumière est-elle monochromatique ou polychromatique ?

3. Décrire l'expérience qui permet d'obtenir ce spectre.

4. Le spectre d'un mélange de gaz est donné ci-dessous. Ce gaz contient-il du mercure ? Justifier la réponse.

Méthode

1 Donnez les caractéristiques du spectre : raies colorées sur fond noir ou raies (bandes) noires sur fond continu, puis indiquez s'il s'agit d'un spectre d'émission ou absorption.

2 Identifiez le nombre de raies : s'il n'y en a qu'une, c'est une lumière monochromatique ; dans le cas contraire, c'est une lumière polychromatique.

3 Faites un schéma de l'expérience qui permet d'obtenir ce type de spectres.

4 Identifiez les raies présentes dans le spectre du mélange. Si les raies du premier spectre sont présentes, c'est que l'espèce chimique est présente dans ce mélange.

Corrigé

1. Le spectre est constitué de raies colorées sur fond noir ; il s'agit d'un spectre d'émission.

2. Le spectre contient plusieurs raies colorées ; il s'agit d'une lumière polychromatique.

3. Le montage comprend : la source de lumière, une fente, un spectroscope (à prisme ou un réseau) et un écran.

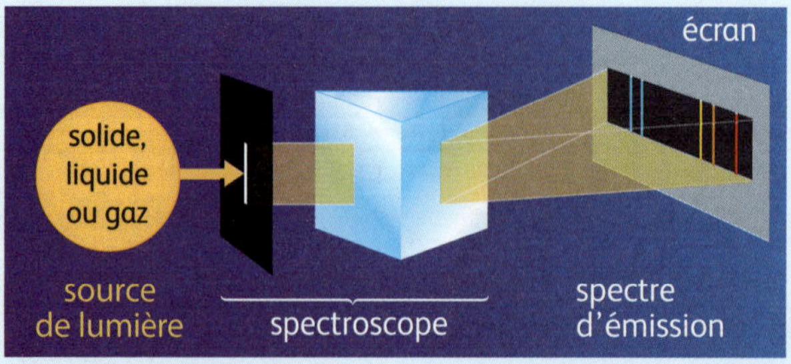

4. Le spectre du mélange de gaz contient les mêmes raies que le spectre du mercure. Le mélange contient donc du mercure. En revanche, ce mélange contient d'autres gaz dont on ne peut pas donner la nature.

Chapitre 8

Les éléments chimiques présents dans l'Univers

1 Un modèle de l'atome

De quoi s'agit-il ? La matière est constituée d'atomes. Du point de vue chimique, un atome est la plus petite partie d'un corps simple qui peut se combiner avec une autre.

1 Constitution d'un atome

• Dans le modèle le plus simple, on assimile un atome à une sphère dure dont le diamètre est de l'ordre de 10^{-10} m.

• L'atome est constitué de deux parties : le **noyau** et le **nuage électronique**. Le rayon d'un noyau est environ 10^5 fois plus petit que celui de l'atome, soit de l'ordre de 10^{-15} m.
– Le noyau contient deux sortes de particules : les **protons** et les **neutrons**. Les particules du noyau (protons et neutrons) sont appelées des nucléons (**Doc. 1**).
– Le nuage électronique est constitué d'électrons chargés négativement.
– Entre le noyau et les électrons, il y a du vide.
– e représente la charge élémentaire, exprimée en coulomb (C).

Doc. 1 Caractéristiques des particules élémentaires d'un atome

Particule	Electron e^-	Proton p	Neutron n
Masse (en kg)	$9,109 \times 10^{-31}$	$1,673 \times 10^{-27}$	$1,675 \times 10^{-27}$
Charge (en C)	$-1,6 \times 10^{-19} = -e$	$1,6 \times 10^{-19} = e$	0

2 Représentation symbolique d'un atome

• Chaque atome est représenté par un **symbole**, constitué d'une ou deux lettres (**Doc. 2**). On trouve ce symbole dans la classification périodique.

Remarque
La première lettre du symbole est toujours une majuscule.

Doc. 2 Exemples de symboles d'atomes

Carbone	Cuivre	Sodium	Hydrogène
C	Cu	Na	H

• **Représentation du noyau**

On appelle **numéro atomique** ou nombre de charges, noté Z, le nombre de protons contenus dans le noyau.
On appelle **nombre de masse**, noté A, le nombre de nucléons (protons et neutrons) contenus dans le noyau.
Le noyau d'un atome X contenant Z protons et A nucléons est représenté par ${}^{A}_{Z}X$.

Remarque
Le noyau contient $N = A - Z$ neutrons.

PHYSIQUE-CHIMIE

3 Caractéristiques de l'atome

Attention

Le nombre d'électrons est égal au nombre de protons dans un atome mais dans un ion, il est différent.

• **Charges électriques**

Un atome est électriquement neutre.
L'atome contient donc autant de protons que d'électrons.

• **Masse d'un atome**

La masse m_p d'un proton est très proche de la masse m_n d'un neutron. En revanche, la masse m_e d'un électron est beaucoup plus faible (environ 1 800 fois).
La masse d'un atome est donc concentrée dans son noyau.
On a $m_{atome} = Z\,m_p + (A - Z)\,m_n + Z\,m_e \approx Z\,m_p + (A - Z)\,m_n \approx A\,m_{nucléon}$,
soit $m_{atome} \approx m_{noyau}$.

4 Répartition des électrons en couches

Conseil

Retenez le nombre d'électrons par couche électronique.

• Dans un modèle simplifié, et pour les éléments dont le numéro atomique ne dépasse pas $Z = 18$, il existe trois couches d'électrons :
– la couche K (la plus « proche » du noyau). Les électrons qui se trouvent dans cette couche sont très liés au noyau. Elle peut contenir 2 électrons au maximum ;
– la couche L qui peut contenir 8 électrons au maximum ;
– la couche M qui peut contenir 18 électrons au maximum.

• Dans le nuage électronique, les électrons se répartissent d'abord dans les couches les plus « proches » du noyau. Une fois qu'une couche est pleine, le remplissage de la couche suivante commence.
Exemple : l'atome de sodium
L'atome de sodium, dont le numéro atomique est $Z = 11$ a 11 électrons.
La structure électronique de l'atome de sodium est $(K)^2\,(L)^8\,(M)^1$.

• Dans les **ions monoatomiques**, le nombre d'électrons n'est pas égal au nombre de protons contenus dans le noyau. En revanche, les électrons se répartissent de la même façon dans les différentes couches électroniques.
Exemple : l'ion sodium Na^+
L'ion sodium a 10 électrons dont la répartition est la suivante : $(K)^2\,(L)^8$.

2 L'élément chimique

De quoi s'agit-il ? **Un élément chimique peut exister sous différentes formes : atome, molécule, ion. Qu'est-ce qui le caractérise ?**

1 Conservation des éléments au cours d'une transformation chimique

• **Exemple du cuivre**

Le cuivre est un métal rouge orangé, malléable, ductile, bon conducteur de la chaleur et de l'électricité. Sur Terre, on le trouve rarement à l'état natif (c'est-à-dire sous forme de métal « pur »), mais plutôt sous forme de chalcopyrite ($CuFeS_2$), la covelline (CuS), la chalcosine (Cu_2S) ou la cuprite (Cu_2O).

Le symbole « Cu » est commun à tous ces composés.
On peut passer du cuivre métallique à l'oxyde de cuivre II CuO en le chauffant dans la flamme d'un bec bunsen.
On peut passer des ions cuivre Cu^{2+} à l'hydroxyde de cuivre $Cu(OH)_2$ en ajoutant de la soude (solution aqueuse d'hydroxyde de sodium).
On réalise d'autres transformations au cours desquelles on passe d'une espèce chimique contenant du cuivre à une autre.
Au cours de ces transformations chimiques, l'élément cuivre est conservé.

- **Définition de l'élément**

Toutes les entités chimiques (atomes, ions) qui ont le même numéro atomique *Z* appartiennent au même élément.

On connaît 118 éléments chimiques, dont 92 stables.
Au cours des réactions chimiques, les éléments sont conservés.

Rappel
Un élément chimique est caractérisé par son nombre de protons Z.

- **Quelques éléments**

Doc. 3 Symbole et numéro atomique Z de quelques éléments chimiques

Nom	Hydrogène	Carbone	Azote	Oxygène	Sodium	Cuivre
Symbole	H	C	N	O	Na	Cu
Numéro atomique	1	6	7	8	11	29

2 Isotopes

- **Définition**

Deux isotopes d'un même élément ont le même numéro atomique *Z* mais un nombre de masse *A* (nombre de nucléons) différents.

Le numéro atomique *Z* caractérise l'élément.

- **Propriétés des isotopes d'un élément**

Les isotopes ont les mêmes propriétés chimiques, mais des masses différentes. En effet, on rappelle que la masse d'un atome est définie par la relation $m_{atome} \approx A\, m_{nucléon}$.
Chaque isotope de l'élément *X* a une masse qui dépend de *A*, le nombre de masse.

- **Exemple d'isotopes :** le « cuivre 63 » et le « cuivre 65 » sont des isotopes de l'élément cuivre. La représentation symbolique de leur noyau est respectivement $^{63}_{29}Cu$ et $^{65}_{29}Cu$. Ces deux noyaux contiennent 29 protons, mais contiennent un nombre de nucléons différents (respectivement 63 et 65).

3 Les ions monoatomiques

- L'atome peut gagner ou perdre un ou plusieurs électrons. Il devient alors un ion monoatomique (constitué d'un seul atome).

- **Formation d'un anion et d'un cation**

Un atome qui gagne un ou plusieurs électrons devient un **anion** et porte une charge négative : $X + e^- \rightarrow X^-$.
Un atome qui perd un ou plusieurs électrons devient un **cation** et porte une charge positive : $X \rightarrow X^+ + e^-$.

Remarque
Seul le nombre d'électrons dans le nuage électronique peut varier. Le noyau reste toujours inchangé.

4 Les règles du duet et de l'octet

- **Stabilité des gaz nobles**

L'hélium (He), le néon (Ne), l'argon (Ar), le krypton (Kr), le xénon(Xe) et le radon (Rn) sont des éléments qui font partie d'une même famille : ce sont des **gaz nobles**. En effet, ils existent dans la nature à l'état d'atome, et ne s'associent ni entre eux ni avec d'autres éléments pour former des édifices (molécules, cristaux...). Ils présentent donc une grande inertie chimique.
Pour comprendre cette grande stabilité, on peut examiner la structure électronique de leurs atomes (**Doc. 4**).

Vocabulaire
- **inertie chimique** : propriété de ne pas réagir, de ne pas participer aux réactions chimiques.

Doc. 4 Structure électronique des gaz nobles

Hélium	$Z = 2$	$(K)^2$	2 électrons externes
Néon	$Z = 10$	$(K)^2(L)^8$	8 électrons externes
Argon	$Z = 18$	$(K)^2(L)^8(M)^8$	8 électrons externes
Krypton	$Z = 36$	$(K)^2(L)^8(M)^{18}(N)^8$	8 électrons externes

La stabilité de ces atomes est liée à leur structure : tous ces atomes ont 8 électrons externes, sauf l'hélium qui en a 2.

- **Énoncé des règles du duet et de l'octet**

Les atomes des autres éléments n'ont pas cette structure stable en duet (2 électrons externes sur la couche *K*) ou en octet (8 électrons externes). Ils vont former des molécules ou des ions pour obtenir cette structure stable.

– La règle du duet

> Au cours de transformations chimiques, les atomes dont le numéro atomique *Z* est inférieur ou égal à 4 ont tendance à acquérir la structure électronique stable en duet.

– La règle de l'octet

> Au cours de transformations chimiques, les atomes dont le numéro atomique est supérieur à 4 ont tendance à acquérir la structure stable en octet.

Les ions monoatomiques stables qui existent dans la nature ont une structure électronique en duet ou en octet, 2 électrons sur la couche externe K ou 8 électrons externes (**Doc. 5**).

Doc. 5 Structure électronique de quelques ions monoatomiques stables

Formule de l'ion	Numéro atomique Z	Nombre d'électrons de l'atome	Nombre d'électrons de l'ion	Structure électronique de l'ion
Li^+	3	3	2	$(K)^2$
Na^+	11	11	10	$(K)^2 (L)^8$
Al^{3+}	13	13	10	$(K)^2 (L)^8$
Cl^-	17	17	18	$(K)^2(L)^8(M)^8$

3 La classification périodique des éléments

De quoi s'agit-il ? **Actuellement, 118 éléments chimiques ont été découverts, il s'agit de les classer en tenant compte de leurs propriétés chimiques.**

1 La démarche de Mendeleïev

- Mendeleïev (1834 – 1907) était un chimiste russe qui entreprit de créer la première classification des éléments chimiques.

À son époque, les hommes connaissaient une centaine d'éléments dont l'uranium, le strontium, le chrome, le titane, le potassium, le calcium, l'aluminium…

On connaît actuellement 118 éléments chimiques, dont 94 se rencontrent dans leur milieu naturel.

- **Analogie des propriétés chimiques**

Remarquant que plusieurs éléments chimiques avaient des propriétés chimiques similaires, Mendeleïev les groupa en familles.

Ce classement s'explique par un nombre identique d'électrons sur la dernière couche électronique.

- **Périodicité des propriétés chimiques**

En classant les éléments par masse atomique croissante, il observe une certaine périodicité dans les propriétés chimiques. Il propose alors une classification sous forme d'un tableau contenant cinq lignes de dix-huit éléments.

- **Éléments inconnus**

Bien que la classification qu'il propose soit incomplète, il prévoit la découverte de certains éléments en donnant leur masse atomique et leur valence. Au cours des années suivantes, les cases vides ont été complétées en accord avec ses prévisions.

2 Les critères actuels de la classification périodique

- Le tableau périodique (**Doc. 6**) est constitué de sept périodes ou lignes et dix-huit colonnes ou familles. On utilise souvent le tableau simplifié (avec huit colonnes).

- Sur chaque ligne, les éléments sont classés par numéro atomique Z croissant ce qui correspond au remplissage de la couche électronique externe (K pour la première période, L pour la deuxième, etc.).

Remarque

Une **ligne** de la classification est appelée période, une **colonne** est appelée famille.

● Dans chaque colonne, on trouve les éléments qui ont le même nombre d'électrons externes. Ils appartiennent à la même famille et ont des propriétés chimiques similaires. Les éléments de la première colonne font partie de la famille des alcalins, ceux de la XVIIe colonne font partie de la famille des halogènes.

Remarque

Pour les 3 premières lignes de la classification, on passe de la colonne 2 à la colonne 13.

Doc. 6 Classification périodique simplifiée

ligne ou période								
1	H Hydrogène $Z=1$ $(K)^1$							He Hélium $Z=2$ $(K)^2$
2	Li Lithium $Z=3$ $(K)^2(L)^1$	Be Beryllium $Z=4$ $(K)^2(L)^2$	B Bore $Z=5$ $(K)^2(L)^3$	C Carbone $Z=6$ $(K)^2(L)^4$	N Azote $Z=7$ $(K)^2(L)^5$	O Oxygène $Z=8$ $(K)^2(L)^6$	F fluor $Z=9$ $(K)^2(L)^7$	Ne Néon $Z=10$ $(K)^2(L)^8$
3	Na sodium $Z=3$ $(K)^2(L)^8(M)^1$	Mg Magnésium $Z=12$ $(K)^2(L)^8(M)^2$	Al Aluminium $Z=13$ $(K)^2(L)^8(M)^3$	Si Silicium $Z=14$ $(K)^2(L)^8(M)^4$	P Phosphore $Z=15$ $(K)^2(L)^8(M)^5$	S Soufre $Z=16$ $(K)^2(L)^8(M)^6$	Cl Chlore $Z=17$ $(K)^2(L)^8(M)^7$	Ar Argon $Z=18$ $(K)^2(L)^8(M)^8$
numéro de colonne	1	2	3 (13e)	4 (14e)	5 (15e)	6 (16e)	7 (17e)	8 (18e)

3 Utilisation de la classification périodique : charge des ions monoatomiques

● La position d'un élément dans le tableau périodique permet de connaître l'ion qu'il peut former pour acquérir la configuration stable d'un gaz noble.

● Un élément placé dans la première colonne a un électron externe et peut perdre cet électron pour former un cation portant une charge positive.
Exemple : le sodium Na, élément de la première colonne, perd facilement un électron externe pour former l'ion sodium Na^+.

● Un élément placé dans la 17e colonne a 7 électrons externes : il peut facilement gagner un électron pour former un anion portant une charge négative.
Exemple : le fluor F forme l'ion fluorure F^- en gagnant un électron sur sa couche externe.

Révision express

Les points importants à retenir

- L'atome est constitué d'un noyau et d'un nuage électronique. Le noyau contient deux sortes de particules : les protons et les neutrons. L'atome est électriquement neutre.
- Pour les éléments dont le numéro atomique est inférieur à $Z = 18$, il existe trois couches électroniques K, L, M : une couche K contient au maximum 2 électrons, une couche L 8 électrons et une couche M 18 électrons. Dans le nuage électronique, les électrons se répartissent d'abord dans les couches les plus « proches » du noyau. Une fois qu'une couche est pleine, le remplissage de la couche suivante commence.
- Toutes les entités chimiques (atomes, ions) qui ont le même numéro atomique Z appartiennent au même élément.
- La règle du duet et de l'octet : au cours de transformations chimiques, les atomes dont le numéro atomique Z est inférieur ou égal à 4 ont tendance à acquérir la structure électronique stable en duet, les autres ont tendance à acquérir la structure stable en octet.
- Le tableau périodique est constitué de sept périodes ou lignes et dix-huit colonnes ou familles. Sur chaque ligne (ou période), les éléments sont classés par numéro atomique Z croissant. Dans chaque colonne, on trouve les éléments qui ont le même nombre d'électrons externes.

PHYSIQUE-CHIMIE

Quiz

Cochez la bonne réponse.

Le numéro atomique du magnésium est $Z = 12$.

1. L'atome de magnésium contient 12 nucléons.

☐ **vrai** ☐ **faux**

2. La structure électronique de l'atome de magnésium est $(K)^2(L)^8(M)^2$.

☐ **vrai** ☐ **faux**

3. Cet atome a une structure électronique stable car il a 2 électrons sur sa couche externe, comme l'hélium.

☐ **vrai** ☐ **faux**

4. Il forme un cation Mg^{2+}.

☐ **vrai** ☐ **faux**

5. Il appartient à la 3e colonne, deuxième ligne de la classification périodique.

☐ **vrai** ☐ **faux**

→ Réponses p. 397

EXERCICE 1

Définir la composition d'ions

Énoncé

Compléter le tableau suivant.

Symbole de l'ion	Nom de l'élément	Nombre de protons	Nombre de nucléons	Nombre de neutrons	Nombre d'électrons
${}^{39}_{19}K^+$					
${}^{1}_{1}H^+$					
${}^{32}_{16}S^{2-}$					
${}^{127}_{53}I^-$					
${}^{56}_{26}Fe^{2+}$					

Méthode

1 Pour trouver le nom de l'élément, utilisez la classification périodique, et lisez le nom de l'élément correspondant au symbole.

2 Le nombre de protons est donné par le numéro atomique Z, noté en bas à gauche.

3 Le nombre de nucléons A est noté en haut à gauche.

4 Le nombre de neutrons N se calcule par $N = A - Z$.

5 Pour trouver le nombre de protons, calculez le nombre d'électrons de l'atome : il est égal au nombre d'électrons de l'atome, car il est électriquement neutre. Une charge positive correspond à un électron en moins, une charge négative à un électron en plus.

Conseil
Retenez la notation ${}^{A}_{Z}X$.

Corrigé

Symbole de l'ion	Nom de l'élément	Nombre de protons	Nombre de nucléons	Nombre de neutrons	Nombre d'électrons
${}^{39}_{19}K^+$	potassium	19	39	20	18
${}^{1}_{1}H^+$	hydrogène	1	1	0	0
${}^{32}_{16}S^{2-}$	soufre	16	32	16	18
${}^{127}_{53}I^-$	iode	53	127	74	54
${}^{56}_{26}Fe^{2+}$	fer	26	56	30	24

EXERCICE 2

Trouver la formule de l'alumine

Énoncé

L'alumine est un composé ionique contenant l'élément aluminium et l'élément oxygène.

1. Donner la structure électronique de l'atome d'aluminium et de l'atome d'oxygène.

2. Quels ions forment-ils ?

3. En déduire la formule de l'alumine.

Données : Al : $Z = 13$; O : $Z = 8$.

Méthode

1 Pour écrire la structure électronique d'un atome ou d'un ion, commencez par calculer le nombre d'électrons, puis répartissez-les en couches en respectant les règles de remplissage des couches électroniques.

Conseil
Apprenez les règles de remplissage des couches électronique.

2 Pour savoir quel ion peut former un atome, appliquez la règle de l'octet ou du duet.

3 Pour écrire la formule de l'alumine, cherchez les proportions de cations et d'anions pour que le composé ionique soit électriquement neutre. Les charges positives apportées par les cations doivent être compensées par les charges négatives apportées par les anions.

Corrigé

1. Al : $Z = 13$: l'atome d'aluminium a 13 électrons ; sa structure électronique est $(K)^2(L)^8(M)^3$.
O : $Z = 8$: l'atome d'oxygène a 8 électrons ; sa structure électronique est $(K)^2(L)^6$.

2. L'atome d'aluminium perd les 3 électrons de sa couche externe pour avoir la structure électronique stable en octet du néon $(K)^2(L)^8$: il forme donc l'ion Al^{3+}.
L'atome d'oxygène gagne 2 électrons pour obtenir la structure électronique stable en octet du néon $(K)^2(L)^8$: il forme donc l'ion O^{2-}.

3. L'alumine est un composé électriquement neutre : les charges positives apportées par les ions Al^{3+} sont compensées par les charges négatives apportées par les ions O^{2-} : sa formule est Al_2O_3.

Chapitre 9 Mouvements et forces

1 Mouvements et forces

De quoi s'agit-il ? **Les planètes, les satellites sont en mouvement dans le système solaire. Comment étudier leur mouvement ?**

1 Système et référentiel

- Le mouvement d'un système est la description, dans un référentiel donné, de la trajectoire d'un point et de l'évolution de sa vitesse au cours du mouvement.
- **Système :** c'est l'objet dont on étudie le mouvement.
- **Référentiel :** c'est un objet de référence par rapport auquel on étudie le mouvement du système.
- Le **référentiel géocentrique** est utilisé pour étudier le mouvement d'un satellite de la Terre ; c'est un solide imaginaire centré sur la Terre et fixant trois étoiles « fixes » dans le ciel.

Rappel
Le référentiel terrestre est utilisé pour étudier le mouvement d'un objet à la surface de la Terre.

- Le **référentiel héliocentrique** est utilisé pour étudier le mouvement d'une planète autour du Soleil ; c'est un solide imaginaire centré sur le Soleil et fixant trois étoiles « fixes » dans le ciel.

2 Trajectoire et vitesse

- La **trajectoire** d'un point est l'ensemble des positions successives occupées par ce point.
- La trajectoire d'une planète, étudiée dans le référentiel géocentrique, est un cercle de centre S, le Soleil. Vue de la Terre (référentiel terrestre) la trajectoire de cette même planète est beaucoup plus complexe (portion de courbe).
- De même, dans le référentiel géocentrique, la trajectoire de la Lune est un cercle de centre T, le centre de la Terre, alors que dans le référentiel terrestre c'est une portion de courbe (**Doc. 1**).

Doc. 1 **Trajectoire de la Lune dans le référentiel géocentrique et terrestre**

Chronophotographie de la Lune vue de la Terre

- La trajectoire d'un point **dépend du référentiel**.
- La **vitesse moyenne** d'un point est le rapport entre la distance parcourue, notée d (ou l) et la durée Δt du parcours :

Rappel
$1\ km.h^{-1} = 3{,}6\ m \cdot s^{-1}$.

$v = \frac{d}{\Delta t}$ où d est une distance en mètre (m), Δt une durée en seconde (s) et v la vitesse en m/s ou $m \cdot s^{-1}$

- Le mouvement et la vitesse d'un point dépendent du référentiel : c'est la **relativité du mouvement**.
- Pour décrire le mouvement d'un point d'un objet, on donne étudie la **trajectoire** de ce point et on analyse **l'évolution de sa vitesse**.

3 Mouvement et force

- Une force est représentée par un segment fléché appelé **vecteur force**, noté $\vec{F}_{acteur/receveur}$ dont les caractéristiques sont :
- l'origine du vecteur est le point d'application de la force ;
- la direction du vecteur est la direction de la force ;
- le sens du vecteur est le sens de la force ;
- la norme (ou longueur) est proportionnelle à la valeur de la force, exprimée en newton (N).

Remarque
Les météorites qui passent très près de la Terre sont attirées et tombent sur la Terre.

- Une force qui s'exerce sur un corps peut :
- **mettre ce corps en mouvement** (exemple : décollage d'une fusée par éjection de gaz) ;
- **modifier sa trajectoire** (exemple : la trajectoire d'un satellite est modifiée lorsqu'il passe près d'une planète (**Doc. 2**)) ;
- **modifier sa vitesse** (exemple : la vitesse d'une balle en chute libre augmente sous l'effet de son poids).

Doc. 2 **Modification de la trajectoire de la sonde Voyager par l'assistance gravitationnelle de Jupiter dans son voyage vers Saturne**

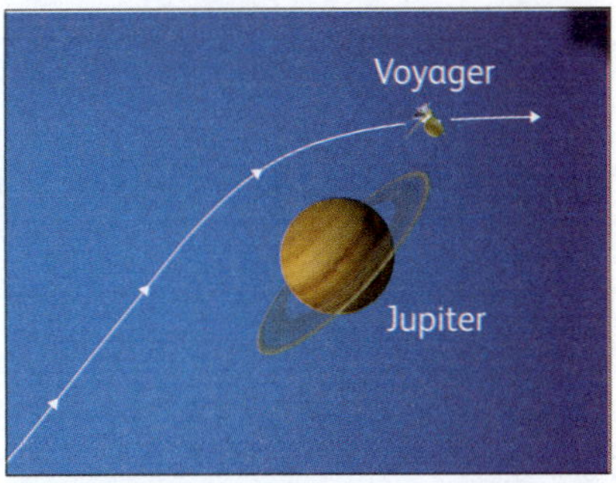

- L'effet d'une force sur le mouvement d'un corps est d'autant plus important que sa masse est petite.

À savoir

Pour décrire le mouvement des corps dans le système solaire, on définit le référentiel d'étude, et on étudie la trajectoire et l'évolution de la vitesse.
Les forces qui s'exercent sur ces corps peuvent modifier leur trajectoire, les mettre en mouvement ou les déformer.

2 La gravitation universelle

De quoi s'agit-il ? Le mouvement de chute d'une balle à la surface de la Terre et le mouvement de la Lune autour de la Terre sont dus à la force de gravitation universelle.

1 Interaction gravitationnelle

- **Mise en évidence**

– Le mouvement d'une balle en chute verticale étudié dans le référentiel terrestre est rectiligne et accéléré.
– Le mouvement de la Lune étudié dans le référentiel géocentrique est circulaire et uniforme.

Dans les deux cas, d'après le principe d'inertie, on peut en conclure que la balle et la Lune sont soumises à une **force** ou à **des forces qui ne se compensent pas**.

Vocabulaire

principe d'inertie : il indique qu'un corps soumis à des forces qui se compensent est animé d'un mouvement rectiligne et uniforme.

- Isaac Newton émet l'hypothèse, en 1687, que la force s'exerçant sur un corps en chute verticale et la force s'exerçant sur la Lune sont de même nature : c'est la **force d'interaction gravitationnelle** exercée par la Terre.

Il affirme plus généralement que deux corps s'attirent mutuellement.

2 Loi de l'attraction gravitationnelle

Astuce

N'oubliez pas d'exprimer les masses en kilogramme et de mettre la distance au carré dans les applications numériques.

- Deux corps de masses m_A et m_B, situés à une distance d, exercent l'un sur l'autre des forces attractives. Ces forces sont :

– appliquées aux centres A et B des deux corps ;
– de direction : la droite (AB) ;
– de même valeur $F_{A/B}$ avec :
– de sens opposés $\overrightarrow{F_{A/B}} = -\overrightarrow{F_{B/A}}$

$$F_{A/B} = F_{B/A} = G\frac{m_A m_B}{d^2}$$

m_A et m_B en kilogramme (kg)
d en mètre (m)
$F_{A/B}$ et $F_{B/A}$ en newton (N)
G : constante de gravitation universelle, $G = 6{,}67 \times 10^{-11}$ SI.

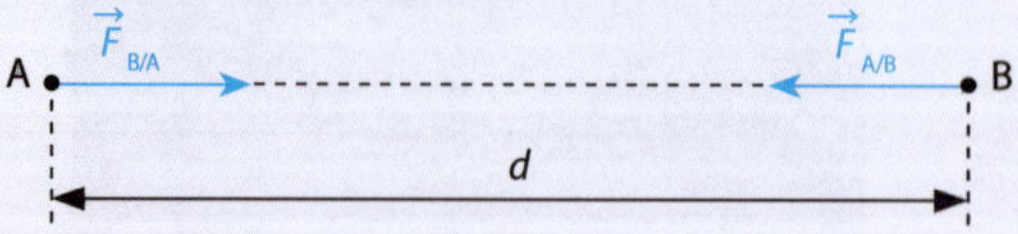

$\vec{F}_{A/B}$ représente la force d'attraction gravitationnelle exercée par le corps A sur le corps B.

$\vec{F}_{B/A}$ représente la force d'attraction gravitationnelle exercée par le corps B sur le corps A.

Important

Même si les masses sont différentes, les corps exercent la même force l'un sur l'autre.

- L'attraction gravitationnelle s'exerce entre les astres, mais aussi entre la Terre et les objets placés à son voisinage.

3 Poids d'un corps et force d'attraction gravitationnelle

• À la surface de la Terre, un corps de masse m est soumis à son poids $\vec{P}$ dont les caractéristiques sont (**Doc. 3**) :
- point d'application : centre de gravité du corps ;
- direction : verticale ;
- sens : de haut en bas ;
- valeur : $P = m\,g$ où g est l'intensité de la pesanteur en $N.kg^{-1}$.

Doc. 3 Caractéristiques du poids d'un objet

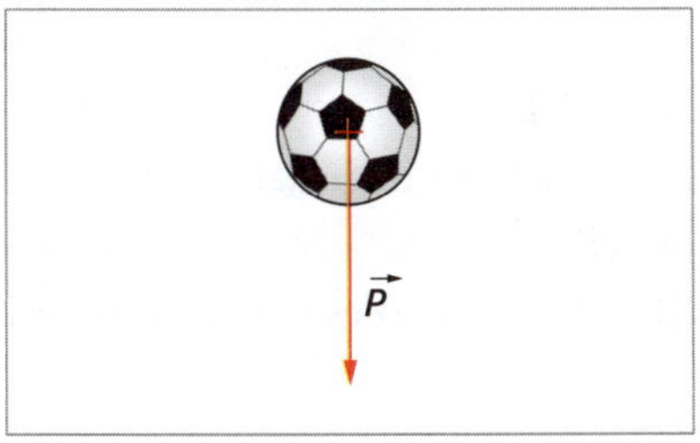

L'intensité de la pesanteur (et donc le poids) dépend du lieu où l'on se trouve (**Doc. 4**). Sur Terre, g varie entre 9,79 et 9,83 $N.kg^{-1}$.

Doc. 4 Valeur de l'intensité de la pesanteur sur quelques planètes

	Mercure	Vénus	Terre	Mars	Jupiter	Saturne
g ($N.kg^{-1}$)	3,78	8,60	9,81	3,72	22,9	9,05

• La **force gravitationnelle** exercée par la Terre et le **poids** ont même valeur, même direction et même sens : le poids d'un corps peut s'identifier à la force gravitationnelle exercée par la Terre sur ce corps.

Rappel

La masse d'un corps est indépendante du lieu où se trouve le corps. Elle s'exprime en kilogramme (kg) dans le SI.

À savoir

Deux corps s'attirent mutuellement. La valeur de la force est proportionnelle à leur masse et inversement proportionnelle au carré de la distance qui les sépare. C'est la loi de gravitation universelle.

PHYSIQUE-CHIMIE

Révision express

Les points importants à retenir

- Pour étudier le mouvement d'un astre, on choisit un référentiel adapté.
Le mouvement d'une planète est étudié dans le référentiel héliocentrique.
Le mouvement d'un satellite de la Terre est étudié dans le référentiel géocentrique.
Le mouvement d'un astre peut aussi être étudié dans le référentiel terrestre, mais le mouvement y est plus complexe.
- Le mouvement (trajectoire et vitesse) d'un corps dépend du référentiel.
- Une force qui s'exerce sur un objet peut modifier sa trajectoire ou sa vitesse, ou le déformer.
- Les corps s'attirent mutuellement : c'est l'interaction gravitationnelle.
- Deux corps de masse m_A et m_B, situés à une distance d, exercent l'un sur l'autre des forces attractives de valeur : $F_{A/B} = F_{B/A} = G\frac{m_A m_B}{d^2}$.
- Le poids d'un corps de masse m peut être assimilé à la force gravitationnelle qu'exerce la Terre sur ce corps.
- La valeur du poids $\vec{P}$ se calcule par la relation $P = m\,g$, avec g intensité de la pesanteur.

Quiz

Cochez la bonne réponse.

1. Le référentiel géocentrique est un solide centré sur la Terre.

☐ **vrai** ☐ **faux**

2. La trajectoire de la Lune est un cercle dans le référentiel héliocentrique.

☐ **vrai** ☐ **faux**

3. Le poids d'un corps dépend du lieu où il est placé.

☐ **vrai** ☐ **faux**

4. Le poids d'un corps s'exprime en kilogramme.

☐ **vrai** ☐ **faux**

5. La valeur de la force gravitationnelle est d'autant plus élevée que les corps sont éloignés.

☐ **vrai** ☐ **faux**

6. Si un corps A exerce une force sur un corps B, alors le corps B exerce une force sur le corps A.

☐ **vrai** ☐ **faux**

7. Le poids est une force verticale, dirigée vers le bas, qui s'exerce au centre de l'objet.

☐ **vrai** ☐ **faux**

→ **Réponses p. 397**

EXERCICE 1

Étudier la force qui s'exerce sur Jupiter

Énoncé

Jupiter est une des planètes du système solaire. Elle gravite à une distance $d = 778\,140 \times 10^3$ km du centre du Soleil en mouvement circulaire et uniforme.

1. Dans quel référentiel étudie-t-on le mouvement de Jupiter ?

2. Exprimer la force gravitationnelle exercée par le Soleil sur Jupiter et la représenter sur un schéma.

3. Représenter sur le même schéma la force exercée par Jupiter sur le Soleil.

4. En déduire la valeur de la force gravitationnelle.

Données : masse du Soleil $M_S = 1{,}99 \times 10^{30}$ kg ; masse de Jupiter $M_J = 1{,}90 \times 10^{27}$ kg.

Méthode

1 Identifiez le référentiel dans lequel le mouvement est circulaire.

2 Utilisez la définition de la loi de gravitation universelle.

3 Pensez que deux corps exercent deux forces égales mais opposées l'une sur l'autre.

4 Faites l'application numérique en n'oubliant pas de mettre les masses en kilogramme et la distance en mètre.

Corrigé

1. L'étude du mouvement de Jupiter se fait dans le référentiel héliocentrique.

2. La loi de gravitation universelle donne $F_{S/J} = F_{J/S} = G\,\dfrac{M_S\,M_J}{d^2}$.

3. La force qu'exerce le Soleil sur Jupiter (en rouge) a la même direction, la même valeur, mais un sens opposé à la force qu'exerce Jupiter sur le Soleil (en bleu).

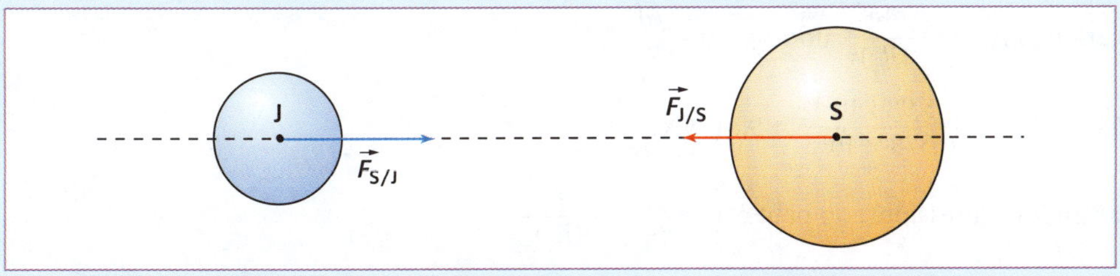

4. La valeur de la force gravitationnelle est :

$$F_{S/J} = 6{,}67 \times 10^{-11} \times \frac{1{,}99 \times 10^{30} \times 1{,}90 \times 10^{27}}{(778\,140 \times 10^6)^2} = 4{,}17 \times 10^{23}\ \text{N}.$$

Astuce
Faites l'application numérique en utilisant les unités du Système international (SI).

EXERCICE 2

Comparer le poids sur la Lune et sur la Terre

Énoncé

En 1969, des hommes ont marché sur la Lune.

1. Exprimer le poids d'un astronaute de masse *m* sur la Terre.

2. Exprimer la valeur de la force gravitationnelle qu'exerce la Terre sur un astronaute de masse *m*. En déduire une expression de la valeur de l'intensité de la pesanteur sur la Terre g_T et la calculer.

3. En déduire une expression de la valeur de l'intensité de la pesanteur sur la Lune et calculer sa valeur.

4. En déduire que l'intensité de la pesanteur sur la Lune est six fois moindre que sur la Terre.

Données : masse de la Lune $M_L = 7{,}35 \times 10^{22}$ kg ; rayon de la Lune $R_L = 1\,740$ km ;
masse de la Terre $M_T = 5{,}98 \times 10^{24}$ kg ; rayon de la Terre $R_T = 6\,378$ km.

Méthode

1 Utilisez la définition du poids d'un corps.

2 Utilisez la définition de la valeur de la force gravitationnelle à la surface de la Terre. Identifiez le poids et la force gravitationnelle.

3 Utilisez la relation trouvée à la question précédente en remplaçant par les données sur la Lune.

4 Faites le rapport entre les deux intensités de pesanteur.

Corrigé

1. Par définition, $P = m\,g_T$.

2. Par définition, $F_{T/A} = G\dfrac{m\,M_T}{(R_T)^2}$.

Astuce
L'astronaute se trouve à une distance R_T du centre de la Terre.

Par identification : $mg_T = G\dfrac{mM_T}{(R_T)^2}$, donc $g_T = G\dfrac{M_T}{(R_T)^2}$.

A.N. : $g_T = 6{,}67 \times 10^{-11} \times \dfrac{5{,}98 \times 10^{24}}{(6378 \times 10^3)^2} = 9{,}81\ \text{N·kg}^{-1}$.

3. En comparant les expressions, on peut écrire $g_L = G\dfrac{M_L}{(R_L)^2}$.

A.N. : $g_L = 6{,}67 \times 10^{-11} \times \dfrac{7{,}35 \times 10^{22}}{(1740 \times 10^3)^2} = 1{,}62\ \text{N·kg}^{-1}$.

4. Le rapport entre les deux intensités de pesanteur est $\dfrac{g_T}{g_L} = \dfrac{9{,}81}{1{,}62} = 6{,}06$.

SVT

Partie I : La Terre dans l'Univers, une planète habitée

Partie II : Les enjeux planétaires contemporains : énergie, sols et eau

Partie III : L'exercice physique

SVT

Chapitre 1 La Terre est-elle la seule planète à abriter de la vie ?

1 La Terre est une planète rocheuse du système solaire

De quoi s'agit-il ? La Terre décrit une orbite presque circulaire autour du Soleil. C'est une des quatre planètes rocheuses du système solaire. Elle possède une atmosphère.

1 Le système solaire

- Le système solaire est composé d'une étoile, le Soleil, et des planètes, des astéroïdes et des comètes en orbite autour de lui.
- Les 8 planètes du système solaire, de la plus proche à la plus éloignée, sont Mercure, Vénus, Terre, Mars, Jupiter, Saturne, Uranus et Neptune (Doc. 1). Elles décrivent des orbites elliptiques, le plus souvent presque circulaires, autour du Soleil. Certaines possèdent des satellites naturels.
- On réserve le terme de planètes à des objets en orbite autour du Soleil, suffisamment massifs et suffisamment éloignés d'autres corps en orbite autour du soleil. En 2006, Pluton a été exclue des planètes et placée dans la catégorie des planètes naines.

Vocabulaire

- **astéroïdes :** petits corps rocheux en orbite autour du Soleil.
- **comètes :** corps formés de poussières et de glaces. Elles ont des orbites très elliptiques autour du Soleil.
- **orbite elliptique :** trajectoire ovale que parcourt un corps autour d'un autre.

Doc. 1 Une représentation du système solaire qui respecte les tailles relatives

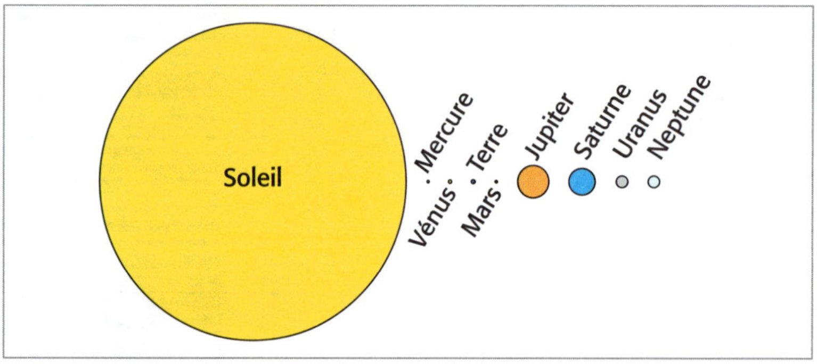

2 La Terre est une planète rocheuse

- Les planètes rocheuses (ou planètes telluriques), comme Mercure, Vénus, la Terre et Mars, sont essentiellement rocheuses et possèdent une surface solide. Elles sont de petites tailles et proches du Soleil (Doc. 1). Elles possèdent une atmosphère, sauf Mercure.
- Les planètes gazeuses (Jupiter, Saturne, Uranus et Neptune) sont essentiellement gazeuses. Leur structure interne est encore mal connue. Elles sont de grandes tailles et éloignées du Soleil (Doc. 1). Neptune est par exemple 31 fois plus éloignée du soleil que la Terre.

2 Les conditions atmosphériques terrestres sont favorables à la vie

De quoi s'agit-il ? La pression atmosphérique et un effet de serre modéré dû à la composition chimique atmosphérique permettent la présence massive d'eau liquide sur la Terre.

1 La température moyenne terrestre permet l'existence d'eau liquide

- L'eau (H_2O) peut exister sous trois états : solide, liquide et gazeux. La température et la pression atmosphériques conditionnent ces états.

- Les conditions de pression et de températures terrestres font que 97 % de l'eau y est liquide et 3 % seulement est sous forme de glace. Cet état de l'eau, majoritairement liquide, a permis l'apparition de la vie sur Terre et son maintien. Sur Mars et Vénus, des pressions et des températures différentes rendent impossible la présence d'eau liquide actuellement. On pense que l'eau est solide ou gazeuse sur Mars, mais qu'elle a totalement disparu sur Vénus.

2 L'atmosphère est favorable à la vie

- Certains gaz atmosphériques, comme la vapeur d'eau, l'ozone, le dioxyde de carbone, sont responsables d'un effet de serre modéré. Ils laissent passer le rayonnement solaire et freinent les rayons infrarouges réémis par la Terre (**Doc. 2**).

Vocabulaire
- **ozone :** gaz atmosphérique de formule chimique O_3.
- **effet de serre :** rétention d'énergie rayonnée dans une enceinte transparente.

Doc. 2 L'origine de l'effet de serre pour une serre et pour une planète

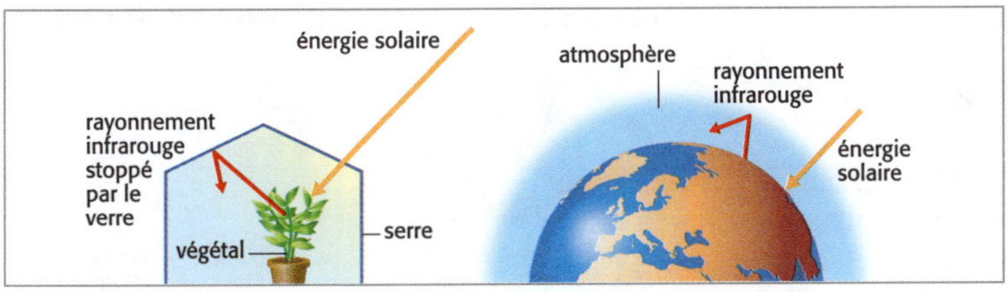

- Sans cet effet de serre, la température moyenne à la surface de la Terre serait inférieure à 0 °C. Elle serait de – 18 °C alors qu'elle est actuellement de + 13 °C. L'effet de serre vaut donc une trentaine de degrés.

3 Les conditions régnant sur Terre sont liées à sa taille et à sa distance au Soleil

De quoi s'agit-il ? Sur Terre, la distance au Soleil permet la réception d'une énergie solaire qui, avec l'effet de serre, rend possible la présence d'eau liquide.

1 L'énergie solaire reçue par une planète dépend de sa distance au Soleil

- Plus une planète est éloignée du Soleil, moins sa température de surface est élevée (**Doc. 3**). Vénus fait exception en raison de l'énorme effet de serre qui y règne (+ 450 °C), à cause de son atmosphère épaisse.

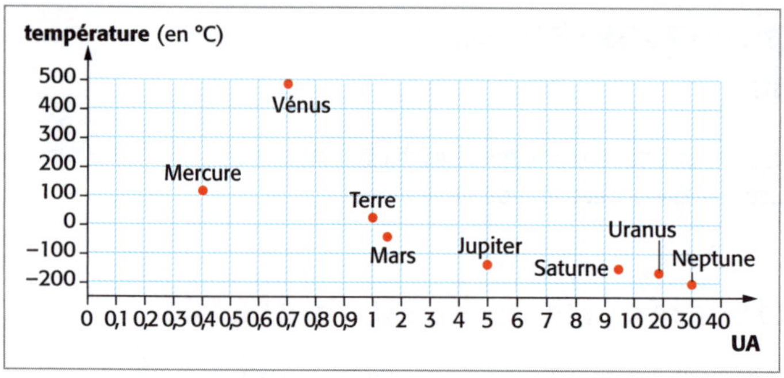

Doc. 3 Température externe moyenne des planètes en fonction de la distance au Soleil

UA = unité astronomique

2 L'épaisseur de l'atmosphère d'une planète dépend de sa taille

• La pression atmosphérique sur une planète est due en partie aux gaz retenus par gravité. Or la gravité dépend de la masse d'une planète, donc de sa taille. La faible gravité de Mars, plus petite que la Terre, ne lui a pas permis de retenir beaucoup de gaz. Il en résulte que Mars possède un effet de serre négligeable (+ 3 °C). La Terre a mieux retenu son atmosphère grâce à une gravité plus élevée.

4 Les conditions de la vie ailleurs que sur Terre

De quoi s'agit-il ? Dans le système solaire, la Terre est la seule planète qui possède de l'eau liquide sur sa surface, mais certains satellites rochaux en possèdent probablement.

1 De l'eau liquide ailleurs que sur Terre dans le système solaire

• Certains satellites des planètes gazeuses ont de l'eau en surface, mais comme ils sont éloignés du Soleil, cette eau est gelée. L'eau pourrait y être liquide en profondeur car les frottements produisent de la chaleur. Ainsi, on pense que sur Europe, un gros satellite de Jupiter, il pourrait y avoir de l'eau liquide sous sa surface glacée (**Doc. 4**).

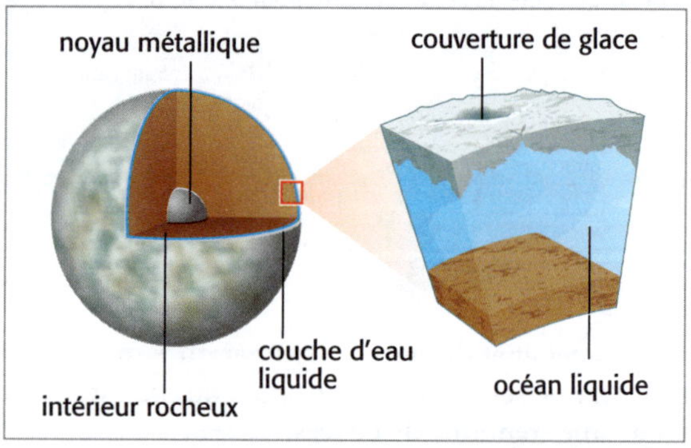

Doc. 4 La structure interne de Europe, satellite de Jupiter

2 De l'eau liquide sur des planètes extrasolaires

• La première planète extrasolaire a été découverte en 1995 et début 2010, on en comptait déjà plus de 400. Il est fort probable que sur de nombreuses planètes règnent des conditions voisines de celles de la Terre et favorables à la vie.

• Les études actuelles visent à établir si les exoplanètes découvertes sont dans la zone d'habitabilité de leur étoile. On cherche donc à mettre en évidence la présence d'eau et de vie sur ce type de planète.

Vocabulaire

- **planète extrasolaire (ou exoplanète) :** planète appartenant à un système planétaire autre que le système solaire.
- **zone d'habitabilité :** la zone d'habitabilité d'une étoile correspond aux distances à l'étoile qui permettent la présence d'eau liquide, favorable à la vie.

Révision express

Le schéma à retenir

Les facteurs de la présence de vie sur une planète

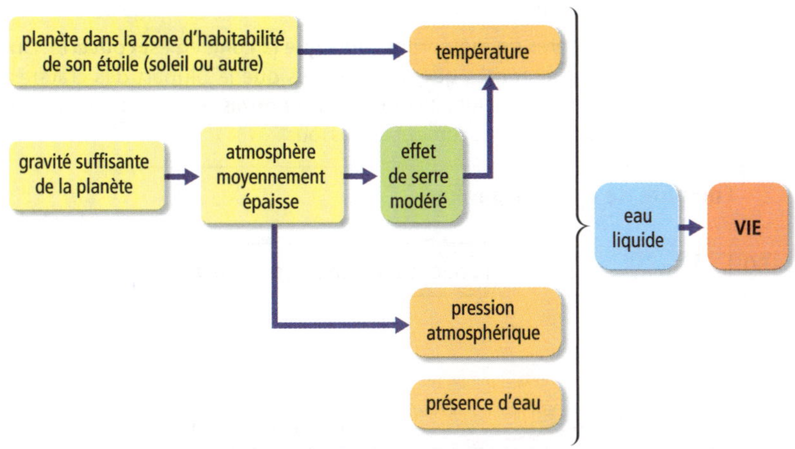

Quiz

1. Les satellites naturels sont :
- **a.** ☐ aussi nombreux autour de chaque planète tellurique ;
- **b.** ☐ absents autour de certaines planètes ;
- **c.** ☐ parfois qualifiés de comètes.

2. Les planètes telluriques sont :
- **a.** ☐ constituées uniquement de gaz ;
- **b.** ☐ constituées uniquement de roches ;
- **c.** ☐ les plus éloignées du Soleil.

3. Jupiter est :
- **a.** ☐ environ cinq fois plus éloignée que la Terre du Soleil ;
- **b.** ☐ la plus grosse des planètes telluriques ;
- **c.** ☐ la planète gazeuse la plus proche de la Terre.

4. L'effet de serre sur la Terre :
- **a.** ☐ ajoute environ 30 °C à la température moyenne de surface ;
- **b.** ☐ permet une température moyenne de surface supérieure à 0 °C ;
- **c.** ☐ contribue à l'activité volcanique terrestre.

5. Une planète est extrasolaire si :
- **a.** ☐ elle est située plus loin que la Terre du Soleil ;
- **b.** ☐ elle est une planète située plus loin que Neptune du Soleil ;
- **c.** ☐ elle peut posséder de l'eau liquide.

→ Réponses p. 397

EXERCICE 1

Analyser un graphique d'évolution

Énoncé

On pense que certaines météorites ont pu apporter une partie de l'eau présente actuellement sur notre planète. Leur étude est donc importante.

Sur Terre n'existent que quelques cratères de météorites, alors que la Lune en est couverte. On pense que la Terre a reçu autant de météorites que la Lune mais que la plupart des cratères ont disparu à cause de l'érosion. Les missions lunaires Apollo ont permis de faire un relevé du nombre et de l'âge des cratères lunaires (voir document ci-dessous).

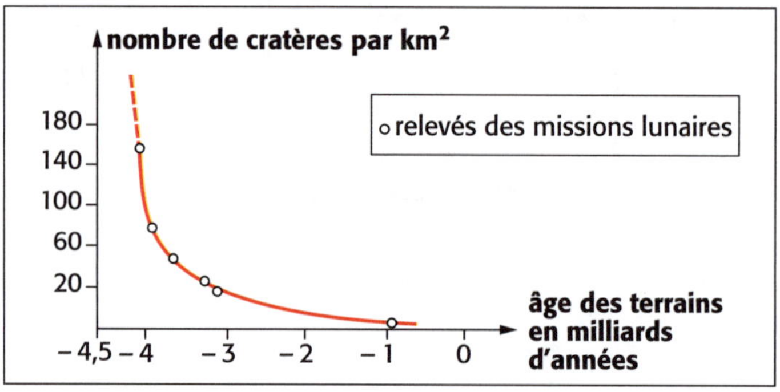

Question

Décrivez l'évolution de la pluie météoritique reçue par la Lune et probablement aussi par la Terre.

Méthode

1 Utilisez les données du graphique, phrase de présentation, titre, paramètres, unités… pour essayer de comprendre comment les mesures ont été faites et comment le graphique a été construit.

2 Identifiez les points importants de la courbe (minimum, maximum, points de variation de la pente), puis découpez la courbe en secteurs, situés entre les points importants. Cela permettra de présenter ensuite les variations du paramètre mesuré secteur par secteur.

Corrigé

La pluie météoritique lunaire était très intense, il y a 4 milliards d'années. On dénombre plus de 100 cratères de météorites par km² à cette époque de l'histoire de la Lune et de la Terre. L'intensité de la pluie météoritique a diminué rapidement entre –4 et –3 milliards d'années avant l'époque actuelle.

La pluie météoritique se poursuit depuis –3 milliards d'années, mais avec une faible intensité et en baissant lentement.

Réflexe à avoir
Pensez à citer des valeurs.

Piège à éviter
Les valeurs en années sont négatives car on repère les années avant l'époque actuelle.

EXERCICE 2

Rédiger une restitution de connaissances

Question

Exposez en une vingtaine de lignes les facteurs qui déterminent la température externe d'une planète du système solaire.

Votre exposé comprendra un plan apparent. Aucun schéma n'est attendu.

Méthode

1 **Analysez la question.** Il faut dans un premier temps repérer les mots et les verbes clés de la question et les consignes de présentation.

2 **Recensez les idées.** Il est fortement conseillé d'écrire au brouillon les idées qui vous viennent à l'esprit pour traiter le sujet.

3 **Regroupez ces idées dans un plan.** Les idées jetées sur le papier, dans l'ordre de leur arrivée, doivent être regroupées dans un plan logique et équilibré. Le plan idéal a des parties de même longueur mais ce n'est pas toujours réalisable.

4 **Rédigez la réponse.** La courte introduction sera l'occasion de présenter le sujet et le plan traité. Les titres de parties seront bien séparés du texte et soulignés. Une conclusion n'est pas indispensable pour un travail aussi court.

Corrigé

La température externe d'une planète est celle qui règne à sa surface. Elle est déterminée par trois facteurs.

L'astuce du prof
Comme il y a 3 facteurs, faites 3 parties.

1. La distance au Soleil

L'énergie solaire reçue par les planètes décroît en fonction de la distance au Soleil.

Par exemple, Jupiter, plus éloignée du Soleil que la Terre, reçoit ainsi moins d'énergie solaire par unité de surface.

2. La taille de la planète

La pression atmosphérique sur une planète est due aux gaz retenus par gravité. Or la gravité dépend de la masse d'une planète, donc de sa taille.

Mars a une pression atmosphérique faible parce qu'elle est plus petite que la Terre et que sa faible gravité ne lui a pas permis de retenir beaucoup de gaz. La Terre, de plus grande dimension et donc avec une gravité plus élevée, a mieux retenu ses gaz et l'atmosphère est restée épaisse, mais pas trop. Cette atmosphère a permis l'établissement d'un effet de serre modéré, mais suffisant pour atteindre une température moyenne positive.

3. La composition chimique de l'atmosphère

L'énergie solaire, qui entre dans l'atmosphère, réchauffe la surface de la Terre, qui réémet ensuite des rayons infrarouges traversant mal l'atmosphère à cause de certains gaz dits à effet de serre, comme la vapeur d'eau, l'ozone, le dioxyde de carbone. L'énergie lumineuse est ainsi piégée par effet de serre. L'effet de serre sur Vénus augmente la température de plus de 400 °C. Sur Terre, l'effet est beaucoup plus faible (une trentaine de degrés).

Conseil
Pensez à citer le nom des gaz.

SVT

Chapitre 2 Molécules et cellules dans le monde vivant

1 Les molécules des êtres vivants

De quoi s'agit-il ? La matière des êtres vivants est essentiellement constituée de trois grandes familles de molécules organiques : les glucides, les lipides et les protides. Les vitamines et les sels minéraux sont présents en très petites quantités.

- **Les glucides et les lipides** sont des molécules formées de carbone, d'hydrogène et d'oxygène. Le glucide le plus courant est le glucose. Il a pour formule chimique compacte $C_6H_{12}O_6$. Le lactose est un glucide présent dans le lait.

- **Les protides** forment la troisième grande famille de molécules du monde vivant. Ils contiennent de l'azote (N), en plus du carbone, de l'hydrogène et de l'oxygène. Ils constituent une très grande variété de molécules aux fonctions très variées : hormones, anticorps, enzymes…

Vocabulaire

- **vitamines :** famille de molécules organiques qui ont en commun d'être nécessaires à l'organisme à très faible concentration.
- **sels minéraux :** molécules composées d'un ion positif et d'un ion négatif. Le chlorure de sodium est un sel minéral, composé des ions Na^+ et Cl^-.

- La matière vivante est riche en eau et les proportions de glucides, de lipides, de protides sont très variables. La matière animale est pauvre en glucides (viandes, œuf). Les végétaux sont pauvres en lipides et en protides, mais plus riches en glucides.

2 Les éléments chimiques des mondes inerte et vivant

De quoi s'agit-il ? Les êtres vivants se sont constitués à partir d'éléments chimiques qu'ils ont prélevés sur notre planète. La matière vivante est une matière carbonée et riche en eau.

1 Le monde inerte et le monde vivant

- Le monde vivant est l'ensemble des organismes qui peuplent notre planète. La matière organique correspond aux molécules que seuls les êtres vivants sont capables de synthétiser (glucides, lipides, protides…). On la trouve dans les êtres vivants et dans leurs restes après leur mort.

- La matière minérale (monde inerte ou minéral) correspond à tout ce qui n'est pas de la matière organique. Par exemple, les roches, l'eau, les ions en solution dans cette eau, mais aussi les gaz de l'air, sont de la matière minérale.

2 La matière minérale et la matière des êtres vivants

• Le *document 1* fournit les compositions chimiques en pourcentages massiques de la Terre globale, du granite, une roche abondante en surface, et de la matière sèche d'un végétal et de l'Homme. Le granite est essentiellement composé de silicium et d'oxygène. Il est nettement moins riche en fer que la planète entière.

Vocabulaire
- **pourcentage massique :** pourcentage en termes de masse.
- **matière sèche :** matière fraîche débarrassée de son eau.

Doc. 1 **Composition chimique (% massiques) de quelques unités présentes dans les mondes minéral et vivant (les 4 éléments les plus représentés ont été mis en gras. Les cases vides correspondent à des valeurs faibles)**

	O	Fe	Si	Mg	Ca	Al	Na	K	C	H	N	P
Planète Terre (estimation)	**32,4**	**28,2**	**17,2**	**15,9**	1,6	1,5	0,25	0,02				
Granite	**46,9**	2,9	**32,2**	0,7	1,9	7,7	2,9	**3,2**				
Blé (matière sèche)	**44,4**	0,1	1,2	0,2	0,2			0,9	**43,5**	6,2	**1,4**	0,2
Homme (matière sèche)	**62,8**				1,5				**19,4**	**9,3**	**5,2**	1

• Dans la matière sèche des deux êtres vivants, les deux éléments les plus représentés sont le carbone et l'oxygène. Ensuite viennent l'hydrogène et azote. Ces 4 éléments représentent 95,5 % de la masse de matière sèche pour le blé et 96,7 % pour l'Homme.

• Les êtres vivants édifient leur propre matière à partir d'éléments prélevés dans le monde inerte, mais les proportions en éléments chimiques des matières minérale et organique sont très différentes.

3 La cellule fonde l'unité du monde vivant

De quoi s'agit-il ? **La cellule est un espace limité par une membrane, qui contient des organites. Il existe des cellules eucaryotes et des cellules procaryotes.**

1 L'organisation de la cellule

• Les cellules sont limitées par une membrane plasmique. Chez les végétaux, la membrane plasmique est doublée d'une paroi cellulosique rigide (paroi squelettique) qui sert de squelette à la plante (Doc. 2). À l'intérieur de la membrane plasmique se trouve le cytoplasme, contenant de nombreux organites, aux fonctions variées.

• Les cellules bactériennes sont des êtres vivants unicellulaires très simples. Elles n'ont ni organites ni noyau. On les appelle cellules procaryotes. Les cellules à noyau et à organites sont appelées cellules eucaryotes. Les êtres vivants pluricellulaires possèdent de nombreuses cellules. La cellule est une unité structurale et fonctionnelle commune à tous les êtres vivants. C'est un indice de leur parenté.

Vocabulaire
- **organite :** structure située dans la cellule.
- **unicellulaire :** organisme constitué d'une seule cellule.
- **pluricellulaire :** organisme constitué de plusieurs cellules.
- **parenté :** ressemblance due à une origine commune.

2 Les dimensions des cellules et des organites

- Le *document* 2 fournit une échelle de tailles donnant les ordres de grandeur des principales structures présentes chez les êtres vivants. L'ovule humain est une grosse cellule, puisque la plupart des cellules végétales et animales eucaryotes mesurent entre 10 et 100 µm.

- Les organites sont plus petits que les cellules. Les unicellulaires procaryotes comme les bactéries sont de très petites cellules, avec un ordre de grandeur comparable à celui des organites des cellules eucaryotes. On pense d'ailleurs que certains organites seraient d'anciennes bactéries qui auraient colonisé définitivement les cellules eucaryotes.

Doc. 2 La place des cellules eucaryotes dans une échelle de tailles des structures du monde vivant

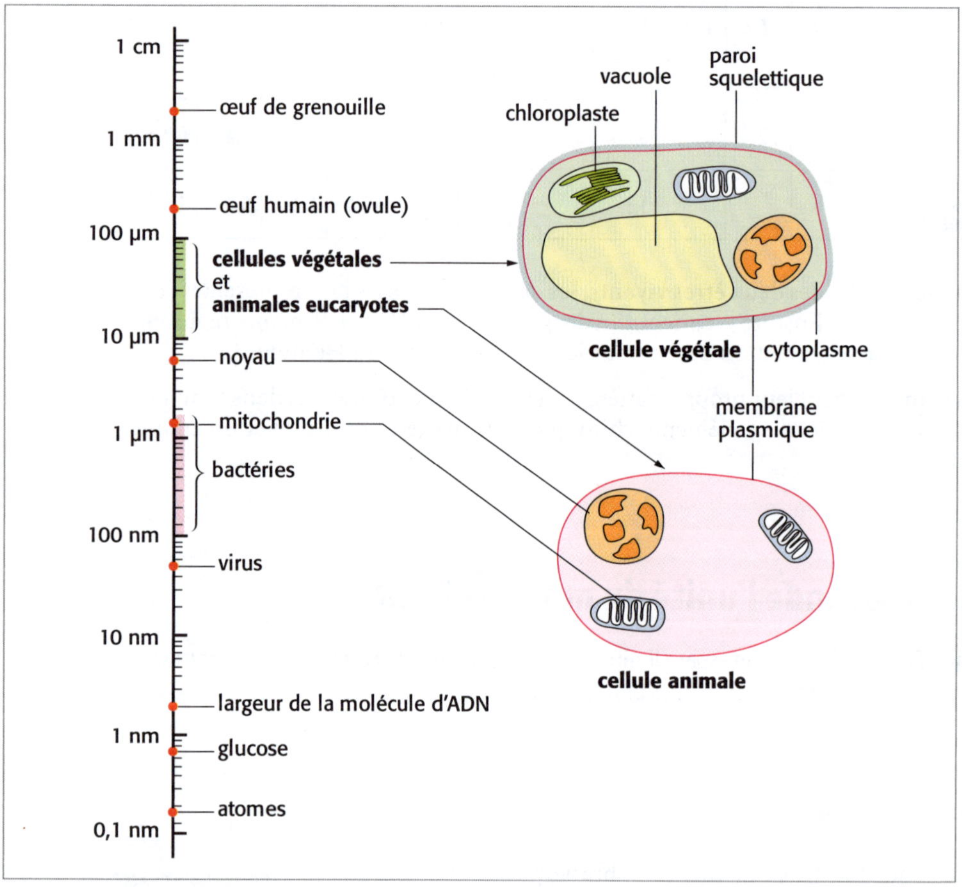

4 Le contrôle du métabolisme cellulaire

De quoi s'agit-il ? De nombreuses transformations chimiques se déroulent à l'intérieur de la cellule. Elles constituent le métabolisme, contrôlé par les conditions du milieu et par le patrimoine génétique.

1 Les transformations chimiques dans la cellule

- Dans une cellule se produisent de nombreuses transformations chimiques (réactions chimiques). La respiration, la fermentation, la photosynthèse, mais aussi la contraction musculaire, etc. sont des ensembles complexes de transformations chimiques qui font partie du métabolisme. Certaines réactions du métabolisme nécessitent des organites particuliers. Par exemple, les chloroplastes permettent la photosynthèse et les mitochondries la respiration.

Vocabulaire

- **fermentation alcoolique :** dégradation du glucose en l'absence d'oxygène, d'où une production d'énergie, de CO_2 et d'éthanol.
- **photosynthèse :** production de glucides et de dioxygène, à partir de CO_2, d'eau et d'énergie lumineuse.
- **patrimoine génétique :** ensemble des gènes que possède un individu.

2 Le métabolisme est contrôlé par les conditions du milieu

- La levure est un être vivant unicellulaire non chlorophyllien. Dans une expérience célèbre, Pasteur a montré que dans un milieu oxygéné, les levures absorbent de l'oxygène et dégagent du dioxyde de carbone. On reconnaît la respiration. Dans un milieu non oxygéné, les levures dégagent du dioxyde de carbone et de l'éthanol (alcool). Elles pratiquent alors la fermentation alcoolique.

- En conclusion, la levure est capable de respirer ou fermenter, c'est-à-dire de modifier son métabolisme, en fonction de la richesse en oxygène du milieu.

3 Le métabolisme est contrôlé par le patrimoine génétique

- Les levures sont généralement beiges, mais certaines souches (variétés) de levures sont rouges car elles ont subi une mutation qui a modifié le métabolisme, ce qui empêche la transformation de certaines molécules rouges en molécules beiges.

Révision express

Les schémas à retenir

Les molécules des êtres vivants

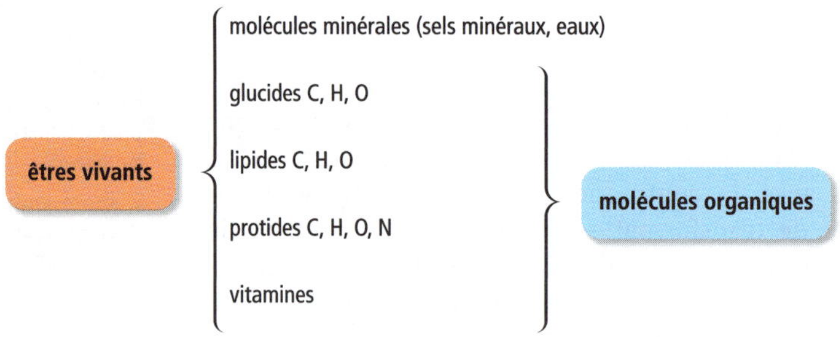

Les mouvements de substance lors du métabolisme respiratoire

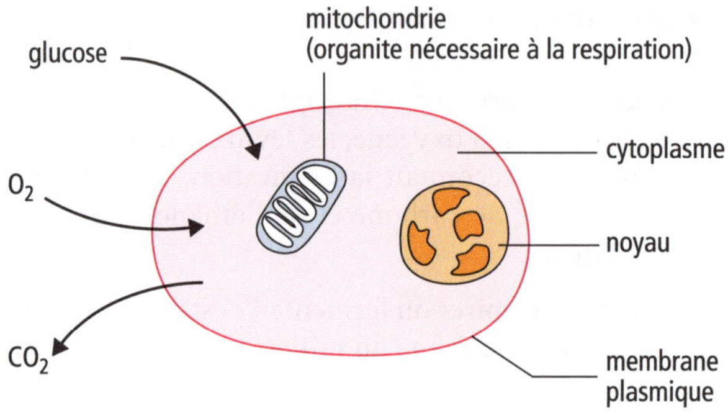

Quiz

1. Tous les êtres vivants sont formés de cellules, sauf :
- a. ☐ les bactéries ;
- b. ☐ les eucaryotes ;
- c. ☐ les procaryotes.

2. Les cellules animales :
- a. ☐ ont une paroi plasmique ;
- b. ☐ n'ont pas de paroi squelettique ;
- c. ☐ ont une membrane plasmique.

3. Les organites :
- a. ☐ sont de petits organes ;
- b. ☐ peuvent servir à la réalisation du métabolisme ;
- c. ☐ sont constitués de cellules eucaryotes.

4. Une cellule eucaryote :
- a. ☐ est une cellule procaryote âgée ;
- b. ☐ n'a pas de chloroplastes ;
- c. ☐ n'a pas de mitochondries.

5. Le métabolisme :
- a. ☐ est contrôlé par le patrimoine génétique uniquement ;
- b. ☐ ne peut pas subir l'influence du milieu ;
- c. ☐ ne peut pas subir l'influence des mutations.

→ Réponses p. 397

EXERCICE 1

Interpréter une expérience

Énoncé

Les levures sont des êtres vivants unicellulaires de couleur beige, apparentés aux champignons. Dans la nature, on les trouve par exemple sur le raisin.

Pour étudier le métabolisme des levures, on les place dans les trois milieux suivants. Milieu 1 : eau. Milieu 2 : eau et sels minéraux. Milieu 3 : eau, sels minéraux et glucose. Les densités de départ et au bout de 5 jours sont indiquées dans le tableau suivant, en individus par mm^3.

	Levures (départ)	Levures après 5 jours
Milieu 1	50	50
Milieu 2	50	50
Milieu 3	50	25 000

Question

Analyser l'expérience pour déterminer un aspect du métabolisme des levures.

Méthode

1 On étudie le nombre d'individus par mm^3 pour les levures. Ce paramètre est représentatif de la croissance de la population.

2 Le milieu témoin est le milieu constitué uniquement d'eau. L'eau n'est en général pas suffisante pour permettre une croissance.

3 En plus de citer des valeurs, on pourra évaluer des facteurs d'augmentation du nombre d'individus. Il faudra aussi mettre en relation les résultats de l'expérience avec les données de l'énoncé sur les levures, et éventuellement avec vos connaissances.

Corrigé

On place des levures dans différents milieux pour étudier leur métabolisme. Les milieux 1 et 2 sont des milieux minéraux, alors que le milieu 3 est minéral et organique, puisqu'il contient du glucose. On mesure le nombre d'individus par mm^3 en 5 jours. Ce paramètre est représentatif de la croissance de la population.

On constate que les levures sont incapables de se multiplier dans un milieu minéral comme les milieux 1 et 2. Dans le milieu 3, l'ajout de glucose permet une croissance importante de la population (multiplication par 500 en 5 jours).

Réflexe à avoir
Pensez à citer des valeurs et à faire de petits calculs.

En conclusion, les levures ont besoin de substances organiques pour vivre et se multiplier. C'est sans doute la raison pour laquelle elles sont situées sur des grains de raisin.

EXERCICE 2

Analyser un tableau de valeurs

Énoncé

Les portions d'êtres vivants présentés dans le tableau suivant sont des aliments que l'Homme consomme régulièrement. Ils lui permettent de construire sa propre matière organique.

Aliment	Eau	Glucides	Protides	Lipides
Muscle frais de bœuf	62	0	19	19
Muscle frais de mouton	64	0	18	18
Muscle de cabillaud (poisson)	81	0	18,5	0,5
Œuf de poule	74	0,7	13	12,3
Lait de vache	88,5	4,5	3,5	3,5
Carotte	89	9,8	1	0,2
Tomate	93,5	5,3	1	0,2
Pomme	84	15	0,6	0,4

Question

Faire une comparaison ordonnée des compositions en eau, glucides, lipides et protides de ces aliments.

Méthode

Il ne faut pas faire un commentaire qui soit aussi complet que le tableau, en citant par exemple toutes les valeurs. Le tableau a justement été construit pour fournir toutes les valeurs. Il faut au contraire classer les aliments de manière différente de celle du tableau. Essayez de trouver des points communs entre les aliments, puis de les relier à des groupements que vous connaissez (viandes, fruits, produits animaux…).

Corrigé

La plupart des aliments sont riches, voire très riches en eau. Celle-ci représente entre 62 % et plus de 90 % de leur masse.

Les viandes, les poissons et les œufs sont pauvres en glucides (ceux-ci peuvent même être absents) et ont des quantités souvent équivalentes en lipides et protides (sauf le cabillaud).

Les fruits et légumes sont surtout riches en eau et en glucides. Ils contiennent peu de protides et très peu de lipides.

Le lait a pour particularité d'avoir des quantités quasiment identiques en glucides, lipides et protides. Cet aliment est tout destiné au jeune de la vache, qui ne consomme que cet aliment lorsqu'il tête encore sa mère. On peut faire l'hypothèse que la composition particulière du lait est due au fait que ce doit être un aliment complet à lui tout seul.

Gagnez des points !
Formulez une explication pour l'aliment le plus particulier.

Chapitre 3 L'information génétique et sa transmission

1 La transgenèse montre l'universalité de l'ADN

De quoi s'agit-il ? L'introduction et l'expression d'un fragment d'ADN contenant un gène d'une espèce dans un individu d'une autre espèce, ou transgenèse, montre l'universalité de l'ADN.

1 Le principe de la transgenèse

• Les gènes d'un individu constituent son génotype. Ils produisent l'ensemble des caractères de cet individu, appelé phénotype. Si l'on souhaite transférer un caractère d'un individu à un autre, il faut transférer le gène qui produit ce caractère. Le gène que l'on souhaite transférer est appelé le gène d'intérêt. Ce gène d'intérêt peut provenir d'une espèce animale, végétale ou d'une bactérie (**Doc. 1**).

Doc. 1 Le principe simplifié de la transgenèse

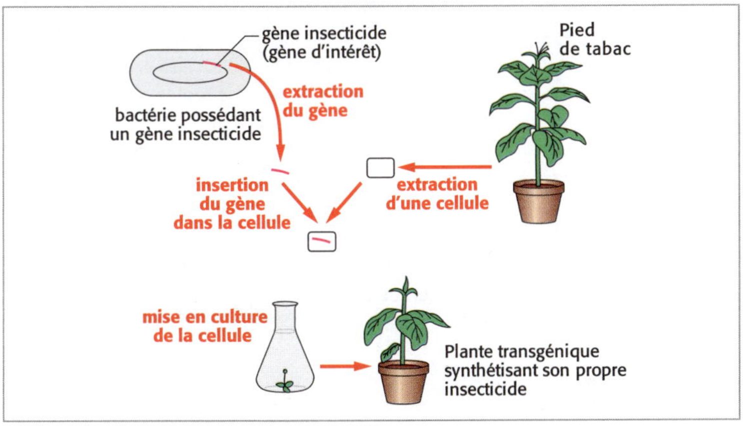

Vocabulaire

- **génotype** : l'ensemble des gènes d'un individu.
- **phénotype** : l'ensemble des caractères d'un individu. Il est sous la dépendance directe des gènes, donc du génotype.

SVT

2 Les objectifs de la transgenèse

• Les objectifs de la transgenèse sont variés. On peut, par exemple, introduire dans un végétal un gène de résistance à un insecte, afin de mettre moins d'insecticides dans les champs.

• L'organisme transgénique obtenu, ou organisme génétiquement modifié (OGM), possède des propriétés nouvelles. La transgenèse conduit ainsi à une modification du génotype qui s'exprime par une variation du phénotype de l'individu receveur.

3 L'universalité de l'ADN

• Le fait que la transgenèse puisse être réalisée par transfert d'ADN montre que cette molécule contient l'information génétique. Cette information génétique peut être comprise et exprimée par les cellules de n'importe quelle espèce. On dit que l'information génétique est écrite dans un langage universel. La transgenèse repose sur l'universalité de la molécule d'ADN en tant que support de l'information génétique. L'universalité de l'ADN argumente l'idée d'unité du monde vivant. C'est un indice de la parenté des êtres vivants.

2 La variabilité de l'ADN est due aux mutations

De quoi s'agit-il ? L'ADN est une molécule très longue, caractérisée par sa séquence de nucléotides. La variabilité de l'ADN est due aux mutations qu'il a subies.

1 La molécule d'ADN

- L'ADN (Acide DésoxyriboNucléique) est une molécule très longue que l'on peut comparer à une échelle dont les montants (appelés brins) sont composés d'acide phosphorique et de désoxyribose et les barreaux de bases azotées (**doc. 2a**). L'ADN se trouve dans le noyau. Les bases azotées présentent les associations obligatoires A-T et C-G. Le nucléotide est l'unité de base de la molécule d'ADN. La molécule d'ADN a en fait une forme plus complexe, représentée sur le *document 2c*. L'échelle est torsadée et on appelle cette structure une double hélice. Dans les livres et les logiciels, on ne représente en général qu'un seul côté de la molécule, puisqu'on peut déduire l'autre par la complémentarité entre nucléotides.

Doc. 2 La molécule d'ADN

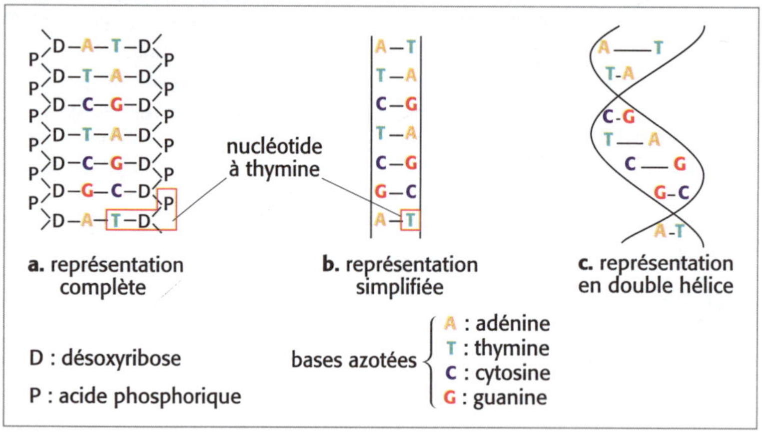

Vocabulaire

- **base azotée :** portion de nucléotide, pouvant être de l'adénine, de la thymine, de la cytosine et de la guanine.
- **nucléotide :** motif moléculaire qui se répète et constitue l'ADN. Il y a 4 sortes de nucléotides, selon la base azotée qu'ils contiennent.

2 Les mutations produisent une variabilité de l'ADN

- Un gène est une séquence de nucléotides permettant la synthèse d'une molécule protéique (protéine), ou d'une portion de protéine. Par exemple, le gène de la chaîne Beta de la molécule d'hémoglobine contient 444 nucléotides.
- Les mutations sont des modifications de la séquence des nucléotides d'un gène. Lorsqu'elles se produisent, on aboutit à une nouvelle version du gène appelée allèle. Les mutations peuvent être des substitutions de nucléotides, mais aussi des pertes ou des ajouts de nucléotides. Il suffit, par exemple, d'une seule substitution (A en T) dans le gène de la chaîne Beta, pour produire une grave maladie : la drépanocytose.
- Les mutations introduisent une variabilité de l'information génétique. Elles se produisent chez tous les individus, mais à une fréquence très basse. Le taux de mutation peut être augmenté par certains agents de l'environnement (produits chimiques, rayonnements).

3 Fréquence allélique et taille de la population

De quoi s'agit-il ? La fréquence des allèles dans une population est d'autant plus variable que la population est petite.

1 La fréquence allélique

- Pour chaque gène, chaque individu possède deux allèles parmi tous les allèles existants pour ce gène. Dans le cas du système de groupes sanguins, il existe trois allèles (A, B et O). Chaque être humain est porteur d'une combinaison unique parmi les six possibles (AA, AB, BB, AO, BO et OO).
- Supposons que l'on s'intéresse à une population de 10 personnes dont 3 sont AO et 7 sont BO. Il y a 20 allèles en tout (3 A, 7 B et 10 O). La fréquence de l'allèle O est 0,5, celle de A est 0,15 et celle de B 0,35.

Vocabulaire

- **fréquence :** effectif de la donnée étudiée sur le nombre total de données.
- **population :** en biologie, ensemble d'individus d'une même espèce, qui vivent au même endroit et qui se reproduisent entre eux.

2 Fréquence allélique et taille de la population

- Dans une population de grande dimension (plusieurs milliers d'individus), les fréquences des allèles sont stables. Lors d'épidémies ou des famines, ou encore lors de migrations, les populations peuvent devenir plus petites. Dans ce cas, les fréquences alléliques varient de manière aléatoire, et cela d'autant plus que la population est petite. C'est ce qu'on appelle la dérive génétique. Le fait que l'on trouve chez les indiens d'Amérique de très fortes fréquences de l'allèle O du système ABO est expliqué par une dérive génétique lors de migrations de l'Asie vers l'Amérique sous forme de petites populations.

4 Fréquence allélique et sélection naturelle

De quoi s'agit-il ? La sélection naturelle est une modification de la fréquence des allèles par les conditions du milieu dans lequel vit une population.

1 La sélection naturelle modifie les fréquences alléliques

- Les allèles sont responsables des caractères des êtres vivants. Si un allèle produit un caractère favorable à la survie des individus qui le possèdent, ceux-ci se reproduiront plus abondamment que les autres, transmettront cet allèle à leurs descendant, et ainsi la fréquence de l'allèle augmentera par sélection naturelle positive. Inversement, un allèle produisant un caractère défavorable subira une sélection naturelle négative et sa fréquence diminuera.

Vocabulaire

- **sélection naturelle :** modification de la composition génotypique d'une population sous l'effet de facteurs de l'environnement.

2 L'apparition de nouvelles espèces

- Lorsque des mutations s'accumulent au sein d'une même espèce, les populations de cette espèce possèdent plus d'allèles. La sélection naturelle et la dérive génétique, en accélérant l'augmentation de fréquence des nouveaux allèles, peuvent accélérer ces changements et on peut aboutir à de nouvelles espèces.

Révision express

Le schéma à retenir

Gènes, allèles et transgénèse

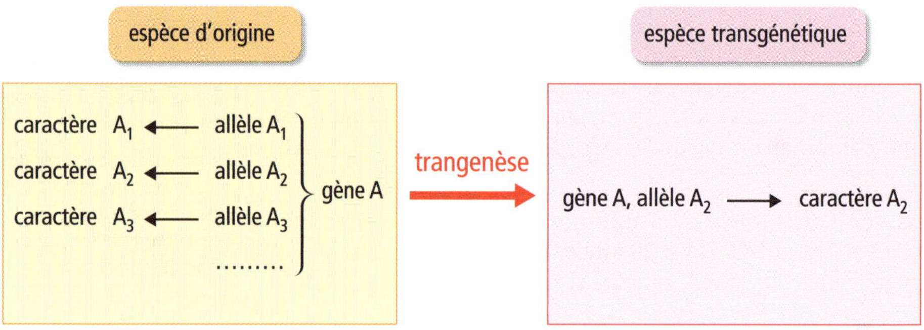

- Les gènes existent sous plusieurs formes alléliques. Les allèles produisent souvent des caractères légèrement différents. Les gènes contiennent un message universel, qui peut être compris par les cellules d'une autre espèce.

Quiz

1. Lors de la transgenèse, on transfère :
- **a.** ☐ un gène d'intérêt ;
- **b.** ☐ un gène d'une espèce à une autre ;
- **c.** ☐ une séquence de nucléotides.

2. La molécule d'ADN :
- **a.** ☐ a une structure en hélice ;
- **b.** ☐ contient 4 sortes de nucléotides ;
- **c.** ☐ contient 4 sortes de bases azotées.

3. Un allèle est :
- **a.** ☐ une nouvelle version d'une séquence de nucléotides ;
- **b.** ☐ une mutation ;
- **c.** ☐ une nouvelle version d'un gène.

4. La sélection naturelle :
- **a.** ☐ modifie les fréquences alléliques ;
- **b.** ☐ dépend de la taille de la population ;
- **c.** ☐ se produit lors d'un changement de milieu.

5. Lorsqu'un allèle est avantageux :
- **a.** ☐ sa fréquence augmente dans l'individu qui la porte ;
- **b.** ☐ sa fréquence augmente dans la population ;
- **c.** ☐ la fréquence des autres allèles de ce gène diminue.

→ Réponses p. 397

EXERCICE 1

Rédiger une restitution de connaissances

Énoncé

Exposez la structure de la molécule d'ADN et les raisons pour lesquelles on dit que cette molécule a un rôle universel.

Votre exposé comportera une courte introduction, un plan apparent, une conclusion. Aucun schéma n'est attendu.

Méthode

1 **Analyser la question.** Les mots-clés sont *structure de l'ADN* et *rôle universel.*

2 **Recenser les idées :** nucléotides, base azotée, double hélice, A-T, C-G, transgenèse, information génétique, espèce…

3 **Regrouper ces idées dans un plan.** Ici, le plan est donné dans la question.

4 **Rédiger la réponse.** La courte introduction sera l'occasion de présenter le sujet et le plan traité. La conclusion peut résumer le devoir ou évoquer un prolongement.

Corrigé

Réflexe à avoir
Pensez à donner le nom de l'ADN et des bases azotées en toutes lettres.

L'ADN (Acide DésoxyriboNucléique) est une molécule qui contient l'information génétique. Nous présenterons sa structure et son rôle universel dans le monde vivant.

I. La structure de l'ADN

Réflexe à avoir
Comme il n'y a pas de schéma, pensez à comparer l'ADN à un objet usuel (échelle).

L'ADN est une molécule très longue que l'on peut comparer à une « échelle » dont les montants (appelés brins) sont composés d'acide phosphorique et de désoxyribose et les barreaux de bases azotées A, T, C et G. Ces quatre lettres représentent respectivement l'adénine, la thymine, la cytosine et la guanine.

Les bases azotées (barreaux de l'« échelle ») présentent les associations obligatoires A-T et C-G.

La molécule d'ADN a en fait une forme plus complexe qu'une simple « échelle ». L'échelle est torsadée et on appelle cette structure une double hélice.

II. Le rôle universel de l'ADN

L'introduction d'un fragment d'ADN, contenant un gène d'une espèce dans un individu d'une autre espèce, est appelée transgénèse. Le fait que la transgenèse puisse être réalisée par transfert d'ADN montre que cette molécule contient l'information génétique et que cette information est écrite dans un langage universel. La transgenèse repose ainsi sur le rôle universel de la molécule d'ADN en tant que support de l'information génétique.

Conclusion

L'universalité de l'ADN argumente l'idée d'unité du monde vivant. La présence de cette molécule chez tous les êtres vivants est un indice de leur parenté.

EXERCICE 2

Analyser un texte scientifique

Énoncé

Chaque année, les cultures de maïs sont victimes de la chenille d'un papillon, la pyrale du maïs, qui dévore l'intérieur des tiges.

Depuis une vingtaine d'années, on cherche à diminuer l'utilisation d'insecticides en agriculture, car ces molécules, toxiques pour les insectes, se retrouvent finalement dans les nappes souterraines et les rivières, et peuvent devenir un danger pour l'Homme. Une des voies de recherche est l'obtention d'un maïs transgénique produisant lui-même une molécule insecticide. Pour fabriquer ce maïs, on a utilisé une bactérie du sol, Bacillus thuringiensis (Bt) qui produit naturellement une protéine insecticide. Le gène codant cette protéine a été isolé de cette bactérie et introduit dans le patrimoine génétique du maïs. On a ainsi obtenu des plants de maïs appelés Bt 176, dont toutes les cellules sont résistantes à la pyrale et pour lesquels l'utilisation d'insecticide n'est plus nécessaire.

Questions

1. Rappelez ce qu'est un organisme transgénique et indiquez ce qui dans le document permet d'affirmer que le maïs Bt est transgénique.

2. Quelle propriété des êtres vivants permet la transgénèse ?

Méthode

1 Remémorez-vous ce qu'est un organisme transgénique et essayez d'appliquer cette définition au maïs Bt.

2 Remémorez-vous ce qu'est l'information génétique et ce qui lui permet d'être comprise par toutes les espèces.

Corrigé

1. Un organisme transgénique est un être vivant à qui on a introduit un gène d'une autre espèce. Le maïs Bt est transgénique car le gène introduit est celui d'une bactérie, donc d'une espèce différente du maïs.

L'astuce du prof
Donnez la définition, puis son application.

2. La transgenèse consiste en l'introduction d'un gène étranger, qui va ensuite produire une protéine, en utilisant l'équipement moléculaire de la cellule hôte. Il faut donc que l'information génétique portée par l'ADN introduit soit comprise par la cellule hôte. Cela est possible car l'ADN est universel. La signification d'une séquence de nucléotides est la même pour tous les êtres vivants. Quelle que soit la cellule dans laquelle il est introduit, un gène produira toujours la même protéine.

Gagnez des points !
Donnez le support de l'information génétique, puis indiquez sa caractéristique.

Chapitre 4

Biodiversité et parenté

1 Les différentes formes de la biodiversité

De quoi s'agit-il ? La biodiversité est la diversité des êtres vivants. Elle peut se définir aux niveaux des espèces, des allèles (diversité génétique) et des écosystèmes.

1 La biodiversité des espèces

• Une espèce est un ensemble d'individus qui peuvent se reproduire entre eux sur plusieurs générations. La diversité des espèces correspond à la variété des espèces présentes sur notre planète. On connaît actuellement environ 2 millions d'espèces, mais le nombre des espèces existantes sur Terre est évalué à 5 à 10 millions.

2 La biodiversité génétique au sein d'une espèce

• Les drosophiles aux yeux rouges ou aux yeux blancs sont différentes car elles possèdent des allèles différents pour le gène de la couleur des yeux. La diversité des allèles pour un gène donné est appelée biodiversité génétique. Si certains allèles produisent des maladies, la plupart des allèles permettent une vie normale.

Vocabulaire

- **allèle :** variante d'un gène.
- **gène :** séquence de nucléotides qui permet la synthèse d'une molécule protéique.

SVT

3 La biodiversité des écosystèmes

• Un écosystème est l'ensemble d'un milieu de vie avec ses caractéristiques d'humidité, de température, etc. et des êtres vivants qui y vivent. La forêt est un écosystème. L'étang, le pré, la rivière sont trois autres écosystèmes. La diversité des écosystèmes permet à la fois la colonisation de la planète par les êtres vivants et la biodiversité des espèces.

2 La biodiversité actuelle est un état

De quoi s'agit-il ? La biodiversité actuelle est un état particulier du monde vivant. Au cours de l'histoire de la vie sur Terre, des espèces sont apparues et ont disparu en permanence.

1 La biodiversité est en perpétuelle variation

• Les espèces actuelles représentent une infime partie du total des espèces ayant existé depuis les débuts de la vie. De nombreuses espèces ont disparu au cours de l'histoire de la Terre. Parmi les groupes diparus les plus célèbres, on trouve les grands Dinosaures, les Ammonites, et plus près de nous les Mammouths. Certaines espèces sont apparues très récemment. L'Homme par exemple est apparu il y a un peu plus de 4 millions d'années.

• La biodiversité actuelle n'est donc qu'un état particulier de l'histoire du monde vivant. Elle a subi de nombreuses modifications dans le passé et en subira d'autres dans le futur, de manière naturelle ou sous l'influence de l'Homme.

2 Un exemple de modification naturelle de la biodiversité

• Une glaciation est un épisode climatique froid, qui déplace les espèces vers le sud (**Doc. 1**). Mais toutes les espèces ne se déplacent pas aussi facilement et certaines disparaissent. Lors du réchauffement, les espèces qui avaient pu migrer remontent vers le nord. Entre temps, de nouvelles espèces ont pu se former sous l'influence des mutations, si une espèce a été séparée en deux populations. Plusieurs espèces d'oiseaux vivant actuellement en France ont été formées lors de la dernière glaciation.

Vocabulaire

■ **glaciation** : période froide de l'histoire de la Terre.

Doc. 1 Un mécanisme d'augmentation de la biodiversité

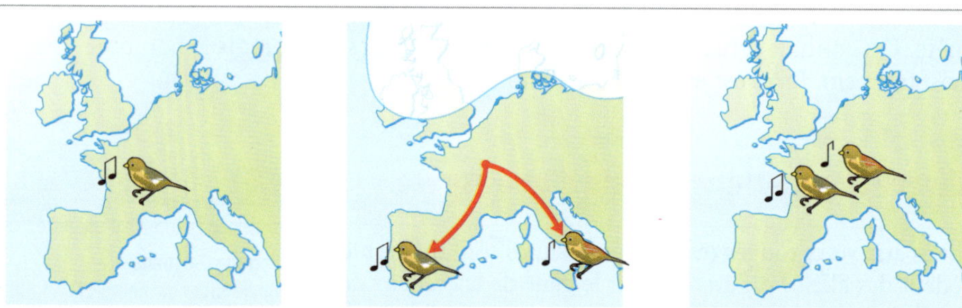

Il y a 30 000 ans
Une espèce d'oiseau vit sur le territoire de la France. Elle possède des caractéristiques qui lui sont propres (forme, couleur, chant du mâle…).

Il y a 15 000 ans
Une glaciation provoque un refroidissement et une migration vers le sud dans deux péninsules (ibérique et italienne). Les deux populations séparées subissent des mutations et deviennent très différentes (couleur, chant).

Il y a 5 000 ans
Le réchauffement provoque une migration vers le nord, mais les deux populations sont trop différentes pour se reconnaître et se reproduire entre elles. Elles forment donc deux espèces différentes.

3 L'Homme et la biodiversité

De quoi s'agit-il ? Par son action de transformation de l'espace naturel, l'Homme a une grande influence sur la biodiversité.

1 L'Homme réduit les espaces naturels

• Par ses activités agricoles et industrielles et la croissance de sa population, l'Homme aménage l'environnement aux dépens des espaces naturels, ce qui est défavorable à la biodiversité.

• Dans les campagnes, les haies de séparation des parcelles agricoles, autrefois nombreuses dans certaines régions, ont été fortement supprimées au cours du XXe siècle. On sait maintenant que c'était une erreur car ces haies sont des réservoirs d'auxiliaires de cultures comme les oiseaux, qui détruisent de nombreux insectes et permettent de mettre moins de pesticides dans les champs.

Vocabulaire

■ **espaces naturels** : surfaces non construites et non polluées, qui présentent une flore et une faune diversifiée.

■ **auxiliaires de cultures** : espèces qui contribuent à favoriser les cultures agricoles. Par exemple, les lombrics aèrent le sol.

2 L'Homme pollue l'environnement

• En plus de réduire les surfaces naturelles, l'Homme les dégrade par la pollution chimique issue de ses activités. Les pesticides et les engrais épandus dans les champs, les rejets industriels polluent les rivières et les nappes souterraines. Il en résulte la disparition des espèces les plus sensibles et parfois la prolifération d'autres, favorisées par certaines substances.

3 La prise de conscience récente de l'Homme

• L'Homme s'est progressivement rendu compte des dégâts qu'il occasionne à l'environnement et de nombreuses actions ont été entreprises. Malheureusement, comme les activités humaines et la population augmentent toujours, ces actions ne sont pas encore suffisantes.

4 L'organisation commune des Vertébrés

De quoi s'agit-il ? Au sein de la biodiversité, des similitudes existent entre certaines espèces. Cela permet de constituer les groupes zoologiques, comme celui des Vertébrés.

• Les Vertébrés sont des animaux qui présentent un axe osseux constitué de vertèbres, qui va de la tête à l'extrémité de la queue. Malgré leurs différences, les Vertébrés présentent des similitudes au niveau de leur organisation.

• La polarité antéro-postérieure se traduit par la disposition de la tête, du tronc et de la queue le long d'un axe qui va de l'avant à l'arrière de l'animal (**Doc. 2**). La tête est constituée d'un squelette crânien, qui contient l'encéphale. Elle porte les organes sensoriels et la bouche, extrémité antérieure du tube digestif.

Vocabulaire

- **polarité** : pour une structure, le fait de posséder deux extrémités différentes (deux pôles), chaude ou froide, nord ou sud, etc.
- **encéphale** : partie du système nerveux qui se trouve dans la tête, et qui comprend le cerveau, le cervelet et le bulbe.

Doc. 2 Le plan d'organisation d'un Vertébré, la Souris

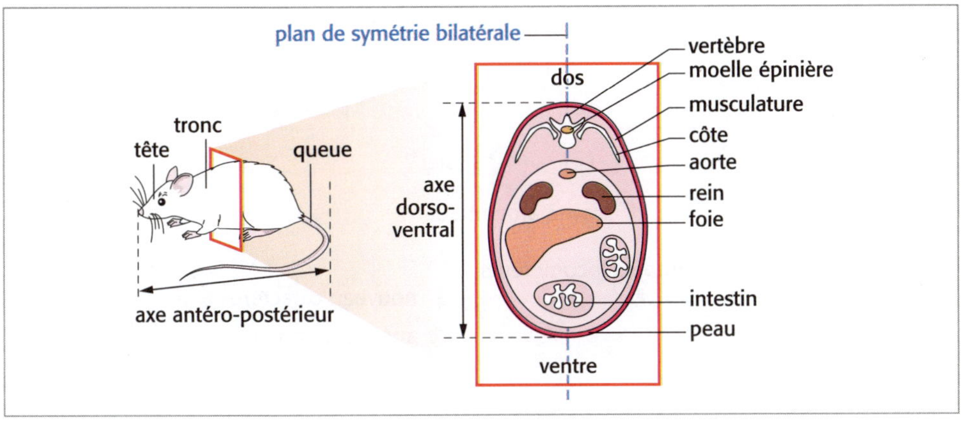

- Le tronc est armé par la colonne vertébrale et les côtes. La colonne vertébrale contient la moelle épinière. Les côtes forment la cage thoracique où se situent les poumons et le cœur. Dans l'abdomen se trouvent les organes digestifs, excréteurs et sexuels. Sur le tronc s'insèrent 4 membres locomoteurs.

- La polarité dorso-ventrale est définie par la position du système nerveux. Chez les Vertébrés, le système nerveux est en position dorsale. Chez les Non-Vertébrés, il est en position ventrale.

- La symétrie bilatérale est observée chez les Vertébrés comme chez la plupart des animaux. Elle se traduit extérieurement par le fait que la plupart des organes sont pairs, comme les organes sensoriels, les membres. À l'intérieur de l'organisme, on retrouve cette organisation. Les poumons, les nerfs, les reins, etc. sont des organes pairs.

Vocabulaire

- **Non-Vertébré :** être vivant qui n'appartient pas au groupe des Vertébrés. Le terme d'Invertébrés n'est plus utilisé.

5 Parenté et ancêtre commun

De quoi s'agit-il ? Les similitudes d'organisation des espèces au sein d'un groupe sont interprétées comme une parenté. Les espèces parentes dérivent d'un ancêtre commun.

1 La parenté est expliquée par l'évolution

- On peut représenter les relations entre espèces avec un arbre de parenté ou arbre phylogénétique (Doc. 3). Au sein de chaque groupe, les espèces possèdent toutes le caractère qu'elles ont hérité de leur ancêtre commun. Ainsi, tous les descendants de l'ancêtre commun n° 2 possèdent 4 membres locomoteurs, caractère acquis juste avant la séparation des rameaux de l'arbre qui mènent à la Grenouille, au Crocodile, à la Poule et au Renard.

- L'arbre phylogénétique représente les relations de parenté entre les êtres vivants de cet arbre. On voit par exemple que la Poule a plus de parenté avec le Crocodile qu'avec le Renard.

Vocabulaire

- **arbre phylogénétique :** représentation des relations de parenté entre espèces sous forme d'un arbre.
- **ancêtre commun :** espèce hypothétique dont sont dérivées un certain nombre d'espèces parentes.

Doc. 3 **La représentation des parentés par un arbre phylogénétique**

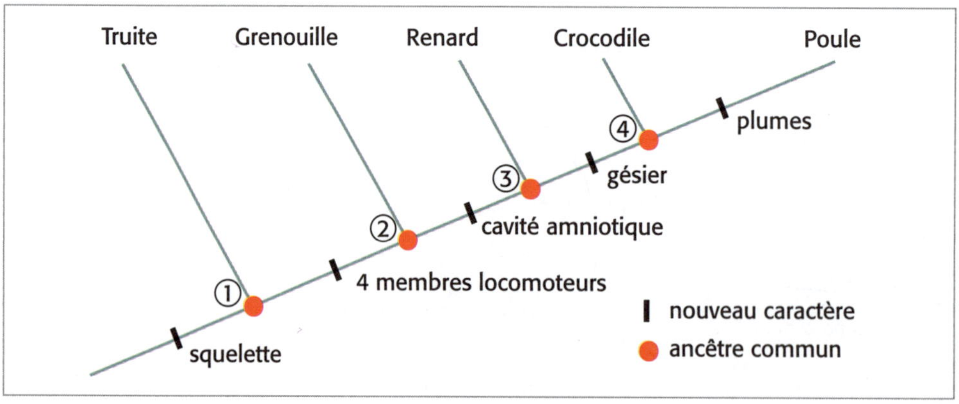

- Les nouveaux caractères mentionnés sur l'arbre sont apparus à la suite de nombreuses mutations. Les nouveaux caractères ont été conservés ou pas en fonction de la sélection naturelle et de la dérive génétique (voir *chapitre 3*).

2 Les vertébrés ont une origine commune

- Au cours de l'évolution, les espèces reçoivent les caractères de leur ancêtre commun. Ainsi, toutes les espèces qui ont un même ancêtre ont en commun les caractères légués par cet ancêtre.

- En inversant le raisonnement, la parenté d'organisation des Vertébrés suggère qu'ils partagent tous un ancêtre commun. Cet ancêtre possédait les caractères communs aux Vertébrés : les polarités antéro-postérieure et dorso-ventrale, la symétrie bilatérale, l'axe vertébral osseux.

Révision express

Le schéma à retenir

Les différentes biodiversités

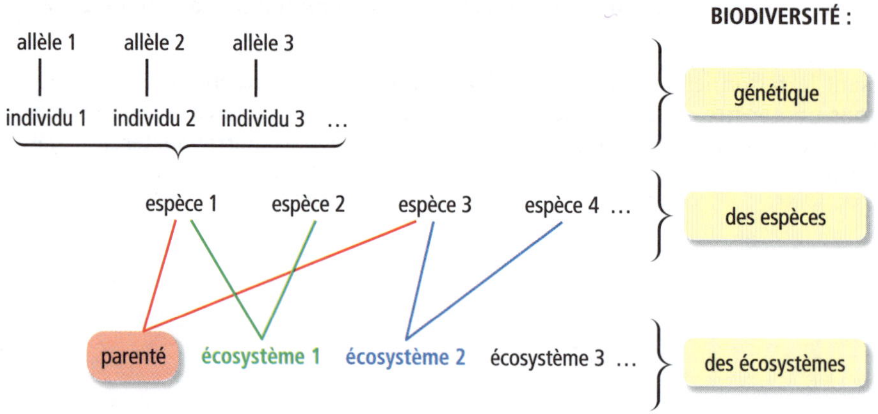

- Les espèces diffèrent entre elles par de nombreuses caractéristiques, mais elles présentent aussi des ressemblances héritées d'un ancêtre commun. Au sein d'une espèce existent de nombreuses différences alléliques. Enfin, les espèces vivent dans une grande variété d'écosystèmes.

Quiz

1. La biodiversité génétique :
- **a.** ☐ correspond aux différences génétiques entre espèces ;
- **b.** ☐ se mesure en comparant les allèles d'une même espèce ;
- **c.** ☐ est due aux mutations qui se produisent entre deux espèces.

2. Le nombre d'espèces vivantes sur Terre :
- **a.** ☐ ne subit pas de variations ;
- **b.** ☐ subit des mutations ;
- **c.** ☐ n'a jamais baissé au cours du temps.

3. L'axe dorso-ventral :
- **a.** ☐ présente la même succession d'organes chez tous les êtres vivants ;
- **b.** ☐ est défini par la position du système nerveux ;
- **c.** ☐ est absent chez les Non-Vertébrés.

4. L'Homme agit sur la biodiversité :
- **a.** ☐ en augmentant les surfaces naturelles ;
- **b.** ☐ en dédiant d'immenses surfaces à la culture du blé ;
- **c.** ☐ en polluant les rivières.

5. Un écosystème est :
- **a.** ☐ un milieu terrestre et aquatique ;
- **b.** ☐ un milieu terrestre ou aquatique ;
- **c.** ☐ un milieu et les êtres vivants qui y vivent.

→ Réponses p. 397

EXERCICE 1

Analyser des schémas anatomiques

Énoncé

Dégagez les points communs et les différences entre les plans d'organisation de ces 5 squelettes de membres antérieurs de Vertébrés.

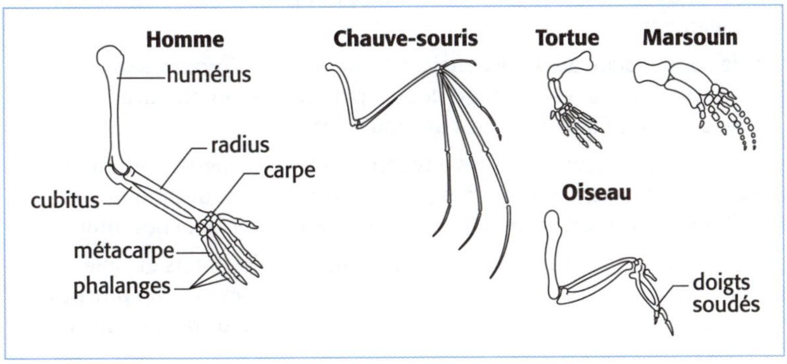

Méthode

Comme dans l'analyse d'un tableau de valeurs, le but n'est pas de passer en revue dans le détail toutes les différences et tous les points communs. Il faut essayer de classer les remarques que l'on peut faire sur ces squelettes et donner à chaque fois un ou deux exemples qui expliquent votre classement. Ici, on peut traiter les points communs, puis les différences. Au sein des différences, on pourra regrouper les différences de longueur, de forme, de nombre…

Corrigé

Les membres antérieurs de ces 5 espèces de Vertébrés ont des points communs dans leur organisation. Ils sont chacun faits de trois ensembles, nommés chez l'Homme, le bras, l'avant-bras et la main.

Réflexe à avoir
Nommez les os en trouvant leurs noms sur le squelette humain.

Le bras contient un os, l'avant-bras en contient deux ; la main est un ensemble complexe comprenant le carpe, le métacarpe et les phalanges. Le nombre de doigts est de 5 chez toutes les espèces sauf une, l'Oiseau.

Les membres antérieurs de ces 5 espèces de Vertébrés présentent trois sortes de différences. Premièrement, il y a des différences de longueur. La Chauve-souris, par exemple, a les os des doigts plus longs que les autres espèces. Elle a en revanche un cubitus réduit, qui ne fait pas la longueur du radius. Deuxièmement, on trouve des différences de forme : la Tortue et le Marsouin ont des os courts et larges. Troisièmement, on trouve des différences de nombres d'os. L'Oiseau présente de grosses différences avec les autres espèces au niveau de la main. On constate que les doigts sont peu nombreux et que les doigts qui persistent ont les os soudés.

EXERCICE 2

Analyser un texte scientifique

Énoncé

Le Panda géant habite les forêts de bambous du sud ouest de la Chine. Il est apparenté aux Ours par sa dentition et son squelette, mais il s'en distingue par son régime alimentaire, composé à 90 % de bambous. Il passe plus de 15 heures par jour à se nourrir et peut consommer jusqu'à 20 kg de bambous quotidiennement.

La réduction des effectifs de Pandas suite au défrichage croissant des forêts, pour les transformer en terre agricoles, a fait que l'animal est protégé depuis plusieurs décennies avec l'aide d'associations comme le World Wildlife Fund dont il est devenu le logo.

Le bambou a une particularité. Il fleurit tous les 10 ans environ, et ensuite il meurt. Des parties entières de forêts de bambous sont ensuite remplacées par une forêt de pins avant que ne se reconstitue la forêt de bambous. Les Pandas doivent alors migrer pour trouver leur nourriture.

Par ailleurs, la réduction des surfaces forestières par défrichage morcèle les forêts et isole les populations de Pandas. Cela entraîne des risques de reproduction entre animaux trop proches génétiquement. Il en résulte une moindre résistance aux maladies, et de plus faibles taux de reproduction.

Question

Trouvez dans le texte et exposez de manière ordonnée les conséquences de la réduction et du morcellement des forêts de bambous sur la survie de cette espèce.

Méthode

La question vous demande une réponse ordonnée mais elle vous donne un plan à suivre pour le faire. Votre exposé devra donc comporter deux parties, l'une sur les conséquences de la réduction de la forêt et l'autre sur les conséquences du morcellement. Les deux parties peuvent avoir des longueurs différentes suivant le nombre de conséquences trouvées dans le texte. N'hésitez pas à schématiser au brouillon les relations de cause à effet avec de flèches. Par exemple :

réduction de forêts → moins de nourriture → moins de Pandas

Corrigé

La diminution de la surface totale de la forêt diminue la quantité de nourriture que les Pandas peuvent ingérer. Cela a une conséquence directe sur l'effectif total de la population.

Le morcellement de la forêt produit plusieurs conséquences.

L'une est visible dans la santé des Pandas. Le morcellement de la forêt fragmente les populations de Pandas, ce qui entraîne une moindre résistance aux maladies, et de plus faibles taux de reproduction à cause de croisements entre animaux trop proches génétiquement.

Réflexe à avoir
Faites un paragraphe par conséquence du morcellement.

L'autre conséquence est liée au mode de régénération des forêts de bambous. Lorsqu'une forêt de bambous fleurit, elle disparaît temporairement et les Pandas doivent migrer. Si la forêt est très étendue, ils n'auront aucun mal à trouver une forêt non fleurie. Si la forêt est constituée de petits morceaux séparés par de grandes distances, les Pandas n'auront peut-être pas l'idée, ou la force d'atteindre une autre parcelle de forêt de bambous et mourront de faim.

Chapitre 5

Le stockage de l'énergie solaire

1 L'entrée d'énergie solaire dans le monde vivant

De quoi s'agit-il ? La photosynthèse est une synthèse de matière organique qui utilise l'énergie solaire. Elle permet l'entrée de matière minérale et d'énergie dans la biosphère.

1 La photosynthèse de matière organique

- Lorsqu'on étudie ce que mangent les êtres vivants dans un écosystème, on est amené à établir des chaînes alimentaires. Toutes les chaînes débutent par un végétal. De quoi se nourrit-il ? Il réalise la photosynthèse.
- Pour cela, la plante prélève du dioxyde de carbone dans l'air par les feuilles, de l'eau et des ions minéraux dans le sol par ses racines. L'énergie lumineuse est absorbée par un pigment foliaire. Le plus répandu est la chlorophylle, qui colore les végétaux en vert.

Vocabulaire

- **chaîne alimentaire :** succession des êtres vivants reliés par des relations alimentaires ou trophiques.
- **décomposeur :** être vivant qui se nourrit de restes d'êtres vivants (cadavres, matière organique).
- **producteur primaire :** être vivant qui produit de la matière organique à partir de matière minérale.
- **consommateur :** être vivant qui produit de la matière organique à partir de matière organique.

SVT

2 L'entrée de matière minérale et d'énergie dans la biosphère

- C'est au niveau des végétaux qu'est synthétisée la matière organique qui servira aux autres êtres vivants (herbivores, puis carnivores, décomposeurs). On dit alors que les végétaux sont des producteurs primaires. Les herbivores et les carnivores sont appelés consommateurs.
- Finalement, la photosynthèse permet, à l'échelle de la planète, l'entrée de matière minérale et d'énergie dans la biosphère.

2 La formation des combustibles fossiles

De quoi s'agit-il ? Les combustibles fossiles sont des combustibles qui se forment beaucoup plus lentement que l'Homme ne les utilise.

1 L'origine des combustibles fossiles

- Les restes d'êtres vivants trouvés dans les combustibles fossiles montrent que les charbons se sont formés par transformation de végétaux dans des milieux continentaux et le pétrole par transformation du plancton dans des milieux marins.

Vocabulaire

- **plancton :** ensemble des petits organismes, végétaux ou animaux, qui vivent en surface des eaux (lacs, océans).

2 La transformation de la biomasse en combustibles fossiles

- Après sa mort, un être vivant peut subir plusieurs transformations. Il peut être consommé par un herbivore, un carnivore ou un décomposeur et être ainsi entièrement retransformé en matière minérale. Tous ces êtres vivants ont besoin d'oxygène pour fonctionner. Ils sont aérobies.

- Dans certains cas, le cadavre se retrouve dans un milieu sans oxygène, par exemple lorsqu'il est rapidement recouvert de sédiments. Ce sont alors des bactéries capables de fonctionner sans oxygène (bactéries anaérobies), qui transforment la matière organique en kérogène (dégradation biochimique). Ensuite, lorsque la profondeur augmente, le kérogène subit une dégradation thermique sous l'effet d'une augmentation de la température, et se transforme progressivement en combustible fossile (charbon, pétrole ou gaz).

- Le charbon se forme lorsque la matière organique de départ contient beaucoup de débris végétaux continentaux, riches en lignine. Le charbon est très riche en carbone.

Vocabulaire

- **sédiments :** accumulation de particules (argiles, sables, graviers, coquilles) dans une zone basse de la planète (mer, lac, rivière…).
- **kérogène :** composé intermédiaire dans la formation des combustibles.
- **lignine :** molécule qui rigidifie les végétaux aériens. C'est un composant important du bois.

3 Les gisements de combustibles fossiles

De quoi s'agit-il ? La connaissance de la manière avec laquelle se forment les combustibles fossiles permet de découvrir de nouveaux gisements et de les exploiter au mieux.

1 La répartition des gisements de combustibles fossiles

- Les gisements de combustibles fossiles ne sont pas également répartis sur la planète. Cela vient du fait que les conditions géologiques de formation des combustibles vues précédemment (forte productivité primaire et enfouissement rapide à cause d'une forte subsidence) ne se sont produites que dans ces zones.

2 Les conditions nécessaires d'un gisement important d'hydrocarbure

- Les hydrocarbures formés sont fluides et ont tendance à quitter la roche-mère et remonter en surface sous l'effet de la pression. Pour qu'ils soient retenus en profondeur, il faut qu'ils rencontrent un piège à hydrocarbure.

- Un piège à pétrole ou à gaz est composé d'une roche perméable ou poreuse qui contient l'hydrocarbure, surmontée d'une roche imperméable dont la forme est concave vers le bas, qui empêche l'hydrocarbure de poursuivre son ascension (**Doc. 1**).

Vocabulaire

- **productivité primaire :** production primaire par unité de temps et de surface.
- **subsidence :** enfoncement d'une zone sédimentaire sous le poids des sédiments.
- **roche-mère :** roche dans laquelle s'est formé l'hydrocarbure, et dans laquelle il ne reste généralement pas.
- **piège à hydrocarbure :** structure géologique formée d'une roche poreuse surmontée d'une roche imperméable concave vers le bas.
- **roche poreuse :** roche qui présente des petites cavités, permettant à un fluide (eau, pétrole) de s'y loger.

Doc. 1 **Les conditions de la formation d'un gisement d'hydrocarbures**

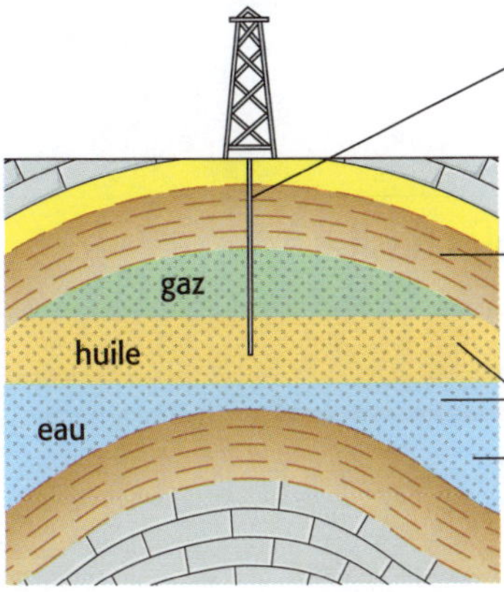

3 La recherche et l'exploitation des gisements

- La connaissance des mécanismes de formation des gisements permet de découvrir ceux-ci. On recherche, par exemple, des zones sédimentaires légèrement plissées, les plis étant souvent des pièges à hydrocarbure.

Vocabulaire

- **pli :** ondulation subie par des couches sédimentaire suite à des pressions horizontales.

- L'épuisement des gisements les plus accessibles fait que l'on exploite des gisements de plus en plus difficiles d'accès, comme dans les milieux marins proches des continents (avec des plates-formes pétrolières).

- L'exploitation d'hydrocarbures est responsable de catastrophes humaines (accidents) ou environnementales (pollution par sortie incontrôlée d'hydrocarbures, ou lors de naufrages de navires transporteurs).

Révision express

Le schéma à retenir

La formation des combustibles fossiles

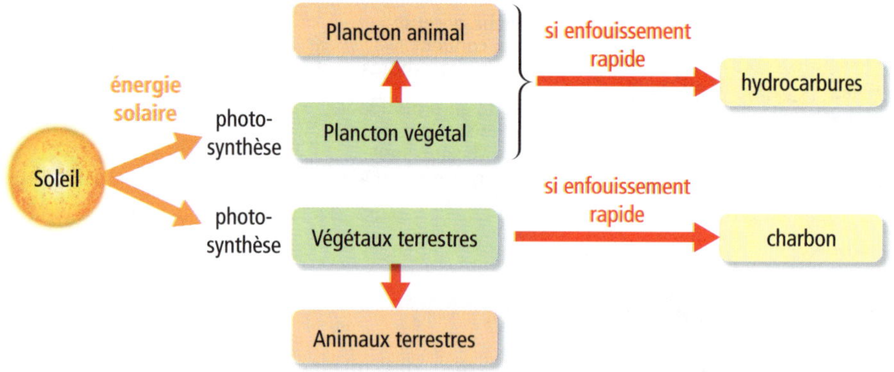

Quiz

1. Les végétaux :

a. ☐ se nourrissent d'énergie solaire ;

b. ☐ fabriquent leur propre matière à l'aide d'énergie solaire ;

c. ☐ ont besoin de dioxyde de carbone pour leur croissance.

2. Les combustibles fossiles :

a. ☐ se renouvellent lentement dans l'atmosphère ;

b. ☐ se renouvellent lentement en profondeur ;

c. ☐ sont rarement utilisés par l'Homme.

3. Une roche poreuse peut :

a. ☐ contenir du gaz ;

b. ☐ contenir du pétrole ;

c. ☐ faire partie d'un piège à hydrocarbure.

4. Les combustibles fossiles sont :

a. ☐ formés exclusivement de matière végétale ;

b. ☐ formés exclusivement de matière végétale transformée ;

c. ☐ passés par un stade kérogène.

5. La formation des hydrocarbures nécessite :

a. ☐ un piège à hydrocarbure ;

b. ☐ une certaine température ;

c. ☐ de la matière organique.

→ Réponses p. 397-398

EXERCICE 1

Exploiter une coupe géologique

Énoncé

La coupe géologique suivante présente les couches géologiques du sous-sol d'une région pétrolifère. La roche-mère des hydrocarbures est représentée en vert.

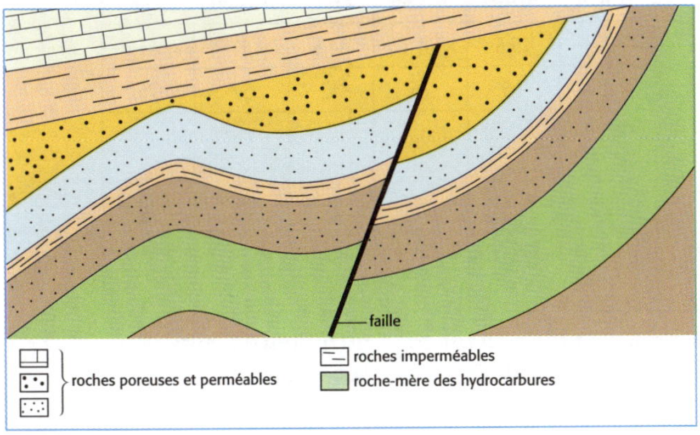

Question

Utilisez les propriétés et la disposition des roches du sous-sol de cette région pour figurer sur la coupe le trajet des hydrocarbures, depuis leur formation en profondeur dans la roche-mère, jusqu'à leurs destinations finales.

Méthode

1 Une coupe géologique est une représentation verticale, qui montre ce qu'il y a en sous-sol. Le haut de la coupe correspond à la surface du sol.

2 Concernant le phénomène à analyser et à représenter, répondez aux questions suivantes. Où les hydrocarbures se forment-ils ? Dans quelle partie de la coupe ? Quel sera ensuite leur comportement ? Comment les roches vont-elles influer sur la migration des hydrocarbures ?

3 Les hydrocarbures se forment en profondeur, dans la roche-mère. Ils migrent ensuite vers la surface lorsqu'ils le peuvent, c'est-à-dire lorsqu'ils rencontrent des roches perméables. Ils seront stoppés ou guidés par les roches imperméables qu'ils rencontreront.

Corrigé

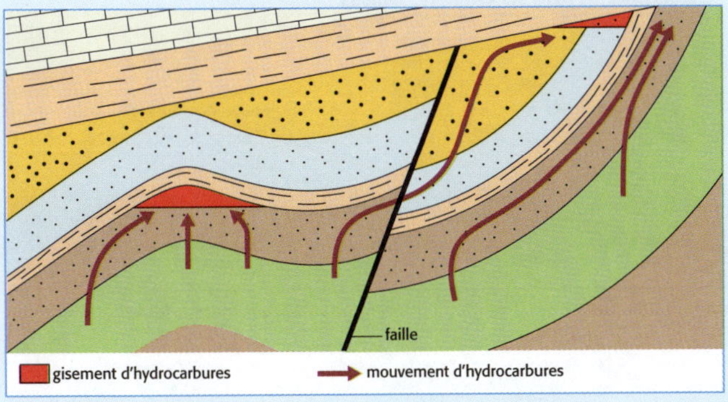

EXERCICE 2

Construire un graphique

Énoncé

Le document suivant présente la croissance de pieds de Maïs sur différents milieux.

	12 mai	20 mai	28 mai	7 juin	15 juin	23 juin
Eau distillée	3	15,5	24,5	34,5	41	41
Terre de jardin	4	16	26	42	57	75
Eau distillée plus : – nitrates (NO_3^{2-}) –phosphates (PO_4^{3-}) – potassium (K^+) –calcium (Ca^{2+})	4	17	27,5	45	61	76

Croissance de grains de Maïs en fonction du milieu de culture
(on mesure la longueur des plantes, feuilles redressées, en cm)

Question

Représentez les évolutions de taille des Maïs sur les différents milieux, en fonction du temps.

Méthode

1 Vous devez mettre en abscisses ce qui est fixé par l'expérimentateur : le temps. En ordonnées viendront les tailles.

2 Repérez la plus grande valeur de taille (76 cm). Repérez qu'il y a 6 dates, espacées d'environ 8 jours chacune. On pourra les placer à égales distances.

3 Lorsque vous avez placé les points, vous pouvez les rejoindre par une ligne brisée (plus facile à faire à la règle), ou une ligne courbe (plus réaliste). Enfin, n'oubliez pas les paramètres et les unités sur les axes.

Corrigé

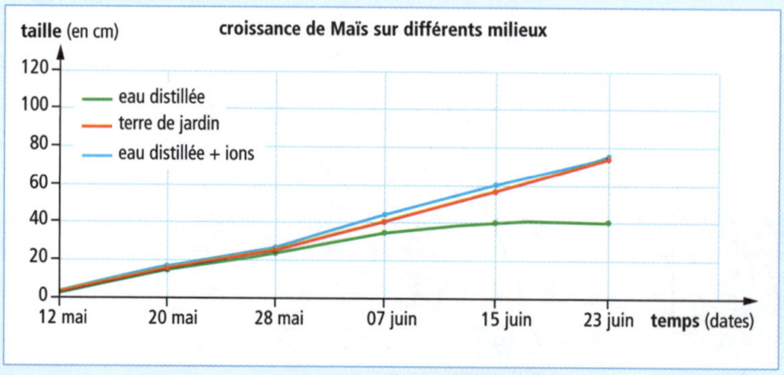

Chapitre 6 L'utilisation de l'énergie fossile

1 L'utilisation de l'énergie fossile et ses conséquences

De quoi s'agit-il ? L'utilisation d'un combustible fossile restitue rapidement à l'atmosphère le dioxyde de carbone qui avait été piégé dans les hydrocarbures et le charbon.

1 La combustion d'un combustible fossile

• L'Homme utilise les combustibles pour produire de la chaleur par combustion. La combustion est une libération d'énergie en présence d'oxygène. Voici la réaction de combustion pour le gaz naturel (le méthane) :

$$CH_4 + 2\,O_2 \rightarrow CO_2 + 2\,H_2O + \text{énergie}$$

• La combustion produit de l'eau et du dioxyde de carbone. L'utilisation d'un combustible fossile restitue donc rapidement à l'atmosphère le dioxyde de carbone qui avait été prélevé lentement par la photosynthèse et piégé depuis longtemps. Brûler un combustible fossile, c'est en réalité utiliser une énergie solaire fossilisée.

2 Combustions et cycle du carbone

• L'utilisation massive et croissante des combustibles fossiles au cours du XXe siècle a entraîné une augmentation de la concentration en dioxyde de carbone dans l'atmosphère.

• Le cycle du carbone en surface de notre planète est représenté dans le *document* 1. De nombreux phénomènes font circuler le carbone entre les différents compartiments ou réservoirs (respiration, combustion, fermentation, dissolution…). En particulier, la photosynthèse fait passer le carbone du CO_2 à la matière organique des êtres vivants.

Vocabulaire

- **cycle du carbone :** c'est la circulation des atomes de carbone entre les différents compartiments dans lesquels il est présent.
- **fermentation :** transformation de la matière organique différente de la respiration.
- **dissolution :** la dissolution du $CaCO_3$ des coquilles calcaires ou des roches calcaires produit du calcium et du CO_2 dissous.

Doc. 1 Le cycle du carbone montrant les principaux transferts entre compartiments

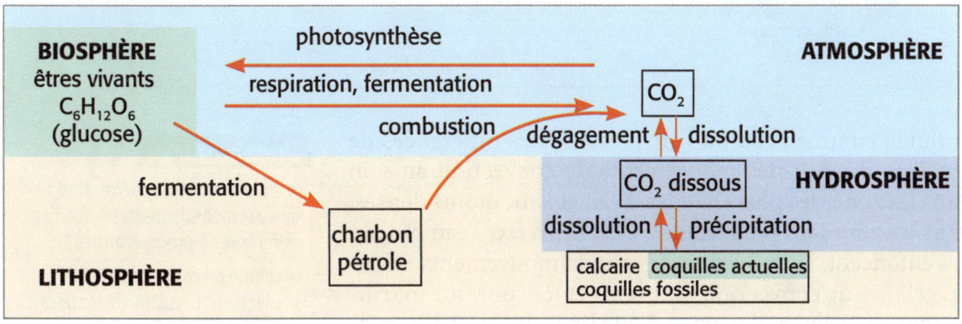

• Par son activité, l'Homme intervient dans le cycle du carbone. La combustion d'origine humaine et la diminution de la photosynthèse par l'urbanisation font augmenter la concentration en CO_2 de l'atmosphère.

2 L'influence de l'énergie solaire sur la Terre

De quoi s'agit-il ? L'énergie solaire est inégalement reçue à la surface de la planète, ce qui est à l'origine des vents, des courants marins et du cycle de l'eau.

1 La destination de l'énergie solaire

• Les végétaux chlorophylliens absorbent une faible part de l'énergie solaire incidente (moins de 1 %). Ils stockent cette énergie lumineuse sous forme d'énergie chimique dans les molécules qu'ils fabriquent lors de la photosynthèse.

Vocabulaire

- **énergie solaire incidente :** énergie solaire arrivant à la surface du globe.
- **énergie chimique :** énergie stockée dans les molécules, plus précisément dans les liaisons entre atomes.

2 L'énergie solaire met en mouvement l'air et l'eau

• La forme sphérique du globe est responsable d'une inégalité de répartition de l'énergie solaire (Doc. 2). Dans les régions polaires, la répartition de l'énergie lumineuse se fait sur une plus grande surface (AB > CD). L'energie solaire est donc moins concentrée. L'épaisseur d'atmosphère traversée est plus grande (AA' > CC'), ce qui absorbe plus d'énergie. Les régions polaires reçoivent ainsi moins d'énergie que les régions proches de l'équateur, car l'énergie solaire y est moins concentrée et l'absorption par l'atmosphère plus grande. Il en résulte des différences de température de l'eau et de l'air entre les différentes régions du globe, à l'origine des vents et des courants marins.

Doc. 2 L'inégale répartition de l'énergie solaire sur la Terre

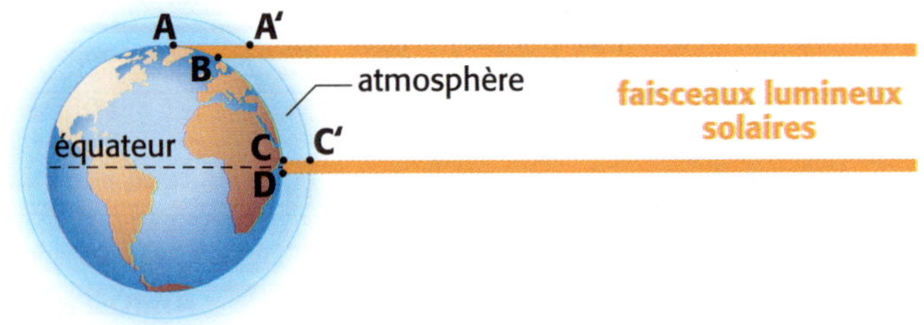

• Lorsqu'un fluide comme l'eau ou l'air présente des différences de températures, il se produit des mouvements de convection au sein du fluide. Dans les zones les plus chaudes, l'eau et l'air, moins denses, s'élèvent. Dans les zones les plus froides, c'est l'inverse, l'eau et l'air, plus denses, s'enfoncent. Il en résulte de grands mouvements circulaires appelés cellules de convection. Les vents et les courants marins sont des portions de cellules de convection. Ils sont dus à l'inégale répartition de l'énergie solaire sur la Terre.

Vocabulaire

- **mouvement de convection :** déplacement de matière dû à des différences de températures.
- **cellule de convection :** mouvement circulaire de matière dû à des différences de température.

3 L'énergie solaire est responsable du cycle de l'eau

- Une partie de l'énergie solaire est responsable d'un changement d'état de l'eau, qui passe de l'état liquide à l'état gazeux (vapeur d'eau). Cette évaporation est à l'origine du cycle de l'eau. L'eau se condense en nuages, qui, en se refroidissant, vont générer des précipitations (pluies, neige). L'eau des précipitations va être absorbée par les êtres vivants, ou s'infiltrer dans le sol, ou former des rivières, des lacs, et retourner à l'océan.

Vocabulaire

- **état de l'eau :** l'eau peut exister sur Terre sous trois états : liquide, solide et gazeux.
- **cycle de l'eau :** ensemble des déplacements et changements d'état que peut subir l'eau à la surface du globe.

3 L'exploitation de l'énergie solaire

De quoi s'agit-il ? **Utiliser l'énergie des vents, des courants, des barrages hydroélectriques revient à utiliser indirectement de l'énergie solaire.**

1 Les énergies renouvelables

- On appelle énergies renouvelables les sources d'énergie qui se renouvellent rapidement et qui ne sont pas épuisables par les prélèvements humains. En voici deux exemples.

- Le vent répond à cette définition. Les éoliennes permettent de produire de l'énergie électrique en utilisant le mouvement de l'air, lui-même dû au Soleil. Le fait d'installer des éoliennes n'épuisera pas la source d'énergie qui produit les vents, c'est-à-dire le Soleil.

- Le cycle de l'eau est exploité depuis longtemps par l'Homme. Les barrages hydro-électriques exploitent l'énergie potentielle gravitationnelle acquise par l'eau lors de son ascension par évaporation sous l'effet de l'énergie solaire.

Vocabulaire

- **énergie potentielle gravitationnelle :** énergie acquise par l'eau lors de son évaporation et son ascension. Cette énergie est restituée lors du retour à l'océan par les rivières et transformée en électricité dans les barrages.

2 Énergies renouvelables et besoins humains

- Les sources d'énergies renouvelables commencent seulement à être exploitées de façon systématique. Auparavant, l'abondance et le coût peu élevés des combustibles fossiles ne favorisaient pas les recherches techniques pour l'exploitation de ces énergies renouvelables.

- En France, les sites d'installation possibles de barrages ont pratiquement tous été exploités, mais le parc d'éoliennes peut encore être augmenté. On peut aussi augmenter les surfaces agricoles à destination des biocarburants. D'autres sources d'énergies peuvent être exploitées, comme l'énergie solaire directe avec des panneaux solaires ou des piles photovoltaïques, ou l'énergie des courants marins avec des hydroliennes.

- Il reste à savoir si les énergies renouvelables permettront un jour de produire suffisamment d'énergie pour faire fonctionner la société actuelle, grosse consommation d'énergie.

Vocabulaire

- **pile photovoltaïque :** dispositif qui produit de l'électricité lorsqu'il est exposé à la lumière.
- **hydrolienne :** dispositif à hélice, qui transforme un mouvement rotatif, dû au courant, en énergie électrique.

Révision express

Le schéma à retenir

Les différents phénomènes dus à l'énergie solaire et leur exploitation

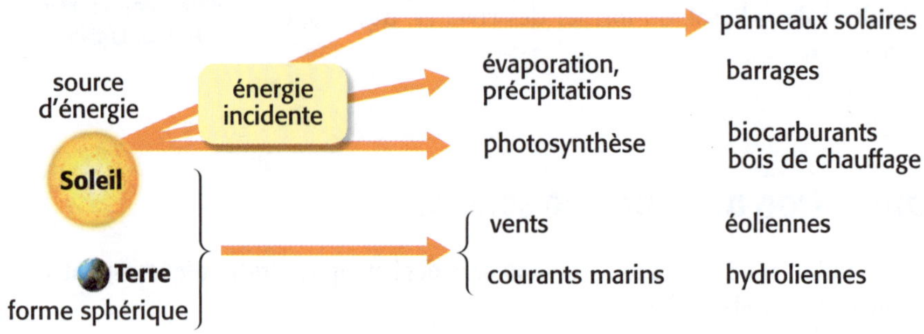

Quiz

1. Dans les régions polaires, l'énergie solaire :

a. ☐ est concentrée sur une plus petite surface qu'à l'équateur ;

b. ☐ traverse une plus grande épaisseur d'atmosphère qu'à l'équateur ;

c. ☐ est moins absorbée par l'atmosphère.

2. Les différences de température sont responsables de mouvements d'air car :

a. ☐ l'air chaud est moins dense que l'air froid et s'élève ;

b. ☐ l'air froid est plus dense que l'air chaud et se déplace en direction du sol ;

c. ☐ l'air se déplace des zones froides aux zones chaudes.

3. Les mouvements atmosphériques :

a. ☐ sont appelés courants d'air ;

b. ☐ sont dus à l'inégale répartition de l'énergie solaire sur la Terre ;

c. ☐ peuvent être considérés comme une source d'énergie renouvelable.

4. Les combustibles fossiles :

a. ☐ sont de l'énergie solaire stockée ;

b. ☐ se forment assez rapidement ;

c. ☐ sont une source de CO_2 dans certaines utilisations.

5. La concentration en dioxyde de carbone :

a. ☐ n'augmente plus depuis que l'Homme utilise les énergies renouvelables ;

b. ☐ augmente essentiellement à cause des combustions ;

c. ☐ augmente lorsque la respiration augmente.

→ Réponses p. 398

EXERCICE 1

Exploiter un schéma

Énoncé

La figure suivante indique la circulation de l'air dans une pièce.

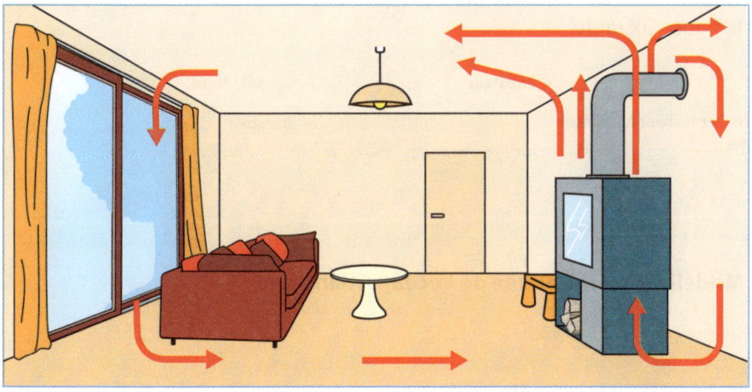

Question

1. Décrivez cette circulation en utilisant certains mots ou expression du cours.

2. Quel semble être le moteur de cette circulation? Justifiez votre réponse.

Méthode

1 Pour la description, essayez de trouver une logique dans les mouvements d'air. Ce sera plus facile à décrire. D'où part l'air ? Vers quel endroit se dirige-t-il ? Les mouvements d'air présentent-ils une symétrie ? Vous pouvez surligner les mouvements de l'air sur la figure en les simplifiant pour vous aider dans votre analyse.

2 Pour l'explication, n'oubliez pas de donner une explication complète et précise. Si l'air s'élève puis redescend, c'est que les conditions ont changé. À vous de trouver ces changements.

Corrigé

1. L'air s'élève au niveau du poêle (fourneau, réchaud…). Au niveau du plafond, il se sépare en deux courants. Un courant redescend le long du mur sans fenêtre, l'autre se dirige vers le mur avec fenêtre où il redescend également. Les deux courants se déplacent ensuite horizontalement et se rejoignent finalement au niveau du chauffage. On reconnaît deux cellules de convections.

L'astuce du prof
Concluez en citant le phénomène reconnu.

2. Le moteur de cette circulation semble être le poêle. À son contact, l'air se réchauffe et devient ainsi moins dense. Il s'élève, change de direction devant l'obstacle que constitue le plafond, puis redescend le long des murs. Le refroidissement de l'air le long de ces murs accentue encore le mouvement, car l'air devient plus dense. Ainsi se mettent en place deux cellules de convection.

SVT

EXERCICE 2

Prévoir l'état d'un modèle

Énoncé

L'océan Atlantique est un océan étroit qui s'étend de la banquise du pôle Nord à la banquise du continent Antarctique au pôle Sud. On a réalisé en aquarium une modélisation simplifiée de l'océan Atlantique (voir la figure suivante).

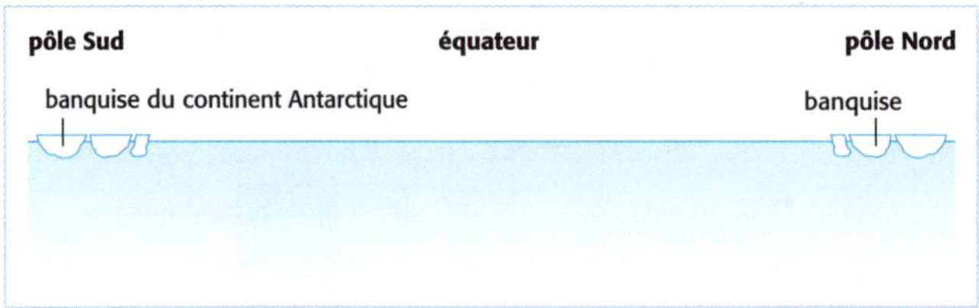

Modélisation simplifiée de l'océan Atlantique

Question

Représentez les courants marins produits par les différentes conditions de température entre les pôles et l'équateur dans le modèle. Justifiez bien votre réponse et indiquez où sont les courants froids et chauds dans l'atlantique.

Méthode

Remémorez-vous quelles sont les lois qui déterminent les mouvements au sein de l'eau. C'est une affaire de densité. Quel est le facteur qui augmente la densité ? Quel est celui qui la fait baisser ? Où l'eau est-elle la plus chaude, la plus froide ?

Pour déterminer le trajet de l'eau, n'oubliez pas que lorsque de l'eau se déplace elle pousse l'eau qui est devant elle, mais elle entraîne l'eau qui est derrière elle.

Corrigé

Lorsqu'un fluide comme l'eau présente des différences de température, il se produit des mouvements de convection au sein du fluide. Dans les zones les plus chaudes, l'eau s'élève, car elle est moins dense. Dans les zones les plus froides, c'est l'inverse. L'eau refroidie par les glaces polaires va donc s'enfoncer en profondeur et produire deux grandes cellules de convections.

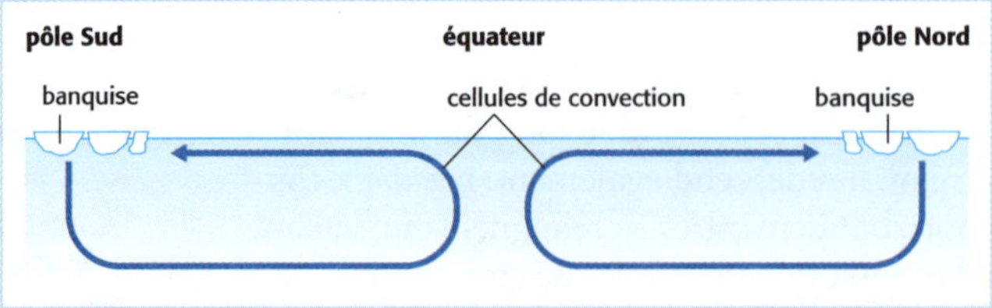

Les courants marins (flèches bleues) induits par les différences de température dans l'Atlantique

Les courants qui s'enfoncent dans les régions polaires et se dirigent ensuite en profondeur vers les régions équatoriales sont des courants froids. Les courants qui partent des régions équatoriales et se dirigent vers les régions polaires sont des courants chauds. Les courants profonds sont froids et les courants superficiels sont chauds.

> **Gagnez des points !**
> N'hésitez pas à détailler votre raisonnement.

Chapitre 7 L'avenir de l'agriculture

1 Les ressources nécessaires à l'agriculture

De quoi s'agit-il ? Pour satisfaire les besoins alimentaires de l'humanité, l'Homme utilise à son profit la photosynthèse. L'agriculture a besoin pour cela de sols cultivables et d'eau.

1 L'agriculture utilise la photosynthèse

• L'agriculture est basée sur la photosynthèse. Les champs sont des surfaces où de la matière organique est produite par les végétaux. C'est la production primaire. Pour obtenir une productivité importante, l'Homme doit fournir aux végétaux cultivés les ressources nécessaires à une photosynthèse la plus intense possible (**Doc. 1**). L'eau doit être suffisante, sinon on pratique l'irrigation. La richesse en ions minéraux du sol doit également être suffisante et il faut compenser la matière minérale prélevée par les végétaux chaque année. Pour cela, on utilise les engrais, essentiellement composés des éléments chimiques N, P et K.

Vocabulaire

- **production primaire :** production de matière végétale.
- **productivité :** production de matière végétale (ou animale) par unité de surface et par an.

SVT

Doc. 1 Les mouvements de substances dans un champ

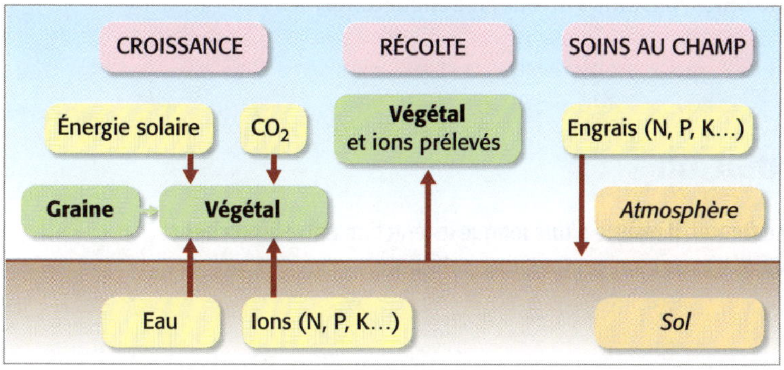

2 Les sols cultivables et l'eau sont inégalement répartis

• De nombreux pays souffrent d'un approvisionnement en eau insuffisant, soit au niveau du total annuel, soit au niveau du rythme des précipitations dans l'année.

• Tous les sols ne conviennent pas à l'agriculture. Les bons sols sont inégalement répartis à la surface de la planète. Par ailleurs, les sols sont des édifices fragiles qui peuvent se dégrader, en cas de mauvaise utilisation. Les sols des pays intertropicaux sont les plus fragiles, mais les sols européens se dégradent également.

2 Les défis de l'agriculture d'aujourd'hui

De quoi s'agit-il ? **L'agriculture, nécessaire à l'Homme, limite la biodiversité. De nouvelles pratiques agricoles, comme la production de biocarburants peuvent limiter la production agricole alimentaire.**

1 L'agriculture et la biodiversité

• L'agriculture a pour but de produire des végétaux de manière économiquement rentable. Les champs sont donc de grandes surfaces sur lesquelles on ne trouve qu'une seule espèce végétale. Tous les autres êtres vivants ont tendance à être éliminés par des herbicides et des pesticides. Un champ présente donc une très faible biodiversité.

Vocabulaire

- **herbicide** : produit visant à détruire les plantes non désirées dans les champs.
- **pesticides** : produit visant à détruire les parasites et ravageurs.
- **agrocarburants** : carburants produits par transformation des molécules organiques produites par certains végétaux.

2 Nourrir la population ou produire des biocarburants ?

• La biomasse végétale produite par l'agriculture est une source de nourriture mais aussi une source de combustibles ou d'agrocarburants (ou biocarburants). Les agrocarburants sont issus de la matière produite par photosynthèse chaque année. Ce sont donc une source d'énergie renouvelable.

• La baisse des réserves en combustibles fossiles fait qu'on essaie de développer des utilisations de la matière produite dans les champs pour produire des biocarburants, mais il faudrait des surfaces gigantesques pour rendre possible une production massive de ces biocarburants. Et l'agriculture à but nutritif est toujours indispensable. On voit donc que les productions de nourriture et de biocarburants entrent en concurrence.

3 Les sols et leur formation

De quoi s'agit-il ? **Un sol est lent à se former. Il résulte d'une longue interaction entre les roches et la biosphère, conditionnée par la présence d'eau et une température suffisante.**

1 À la découverte d'un sol

• Le *document 2* présente une coupe d'un sol sur une roche dure. On distingue la roche, appartenant au sous-sol. Elle est fissurée, mais forme encore une masse compacte. Au-dessus, on trouve des morceaux de roches enrobés de terre brune. La roche est fragmentée et désorganisée. Plus haut, il n'y a plus de fragments de roche, et la terre est plus foncée, presque noire. La couleur foncée est due à la présence d'humus.

Vocabulaire

- **sous-sol** : ensemble des roches non fragmentées ni altérées qui se trouvent sous le sol.
- **humus** : ensemble de molécules organiques résultant de la décomposition incomplète des débris de végétaux qui meurent en surface chaque année.

Doc. 2 Les éléments d'un sol simple

● Le sol peut être divisé en couches, appelées horizons. De haut en bas, on trouve l'horizon humique, qui contient beaucoup d'humus, puis l'horizon d'altération de la roche sous-jacente, appelée roche-mère, puisqu'elle est présente sous forme fragmentée dans le sol. Sous l'horizon d'altération, on trouve la roche-mère.

2 Qu'est-ce qu'un sol ?

● Un sol est un empilement de couches appelées horizons, qui s'intercalent entre la surface et la roche. La roche appartient au sous-sol. Les horizons les plus en surface sont très influencés par les végétaux. Les horizons les plus en profondeur sont très influencés par la roche-mère.

Vocabulaire

- **horizons :** couches visibles dans un sol, parallèles à la surface du sol, car elles se sont formées à une certaine distance de cette surface.
- **roche-mère :** roche dont la fragmentation et l'altération participe à la formation d'un sol.
- **lichens :** catégorie d'êtres vivants sans racines, comme les mousses, et qui peut ainsi facilement coloniser une roche nue.

3 La formation d'un sol

● Un sol est le résultat d'une interaction entre les roches, la biosphère et l'atmosphère. Il est très long à se former. On peut avoir une idée de cette lenteur en observant la roche-mère à nu, par exemple après une éruption volcanique. Ce sont d'abord des lichens qui colonisent la roche, puis des mousses. Ensuite, la mousse va retenir des feuilles et des graines tombées des arbres environnants. Les feuilles vont se décomposer et produire un peu d'humus. Les graines vont germer, les racines des petits arbres vont s'introduire dans les fissures de la roche et la dissocier en petits cailloux. L'eau a également plusieurs actions. Le gel fait « gonfler » l'eau dans les fissures, ce qui fragmente la roche. L'eau a aussi une action chimique sur les roches, appelée hydrolyse.

● La vitesse de formation du sol dépend ainsi de l'importance de la végétation, de la température, de la présence d'eau et de la résistance de la roche.

4 La gestion des sols par l'Homme

De quoi s'agit-il ? **Les sols sont lents à se former mais facilement dégradés. Ils doivent être préservés.**

1 La dégradation des sols

Vocabulaire

- **défrichement (ou défrichage) :** action d'élimination de la végétation initiale (forêt), dans le but de dégager des surfaces pour l'agriculture.
- **sol nu :** sol sans couvert végétal.
- **produits phytosanitaires :** produits introduit dans un champ pour lutter contres les dommages que subissent les plantes cultivées (maladies, ravageurs, adventices).

• Un sol est un édifice complexe dont toutes les composantes peuvent être dégradées par les pratiques agricoles et les modifications climatiques. Le défrichement par l'Homme pour créer de nouvelles parcelles, le pâturage intensif, ont supprimé une grande partie du couvert végétal. Les sols, moins retenus par les racines, sont alors facilement dégradés par le ruissellement des eaux de pluie.

• Certaines pratiques agricoles favorisent l'érosion des sols (sols nus en hiver, labours dans le sens de la pente...). L'utilisation d'engrais et de produits phytosanitaires (pesticides, herbicides…) polluent les sols de manière durable et diminue la biodiversité des décomposeurs qui produisent l'humus.

• Les passages successifs d'engins mécaniques lourds compriment les sols, or un sol tassé laisse passer moins d'eau et moins d'air. Les racines s'y implantent moins facilement.

2 Le détournement de l'utilisation des sols

• Les villes se sont installées là où les sols étaient riches. Lorsqu'une ville s'étend, de bonnes terres disparaissent ainsi sous les constructions et les routes, et des sols de qualité sont perdus pour l'agriculture.

Révision express

Le schéma à retenir

Les éléments d'un sol simple

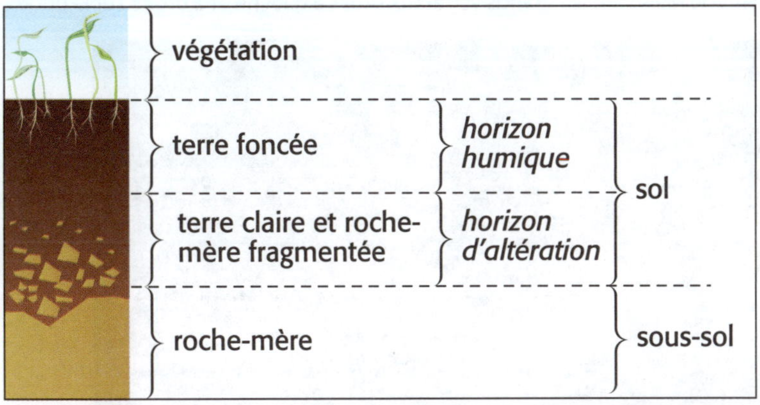

Quiz

1. La production primaire :

a. ☐ est à la base de l'agriculture ;

b. ☐ nécessite des sols de bonne qualité ;

c. ☐ est peu consommatrice d'eau.

2. Les sols sont longs à se former car :

a. ☐ les réactions chimiques sont lentes ;

b. ☐ les vers de terre sont des animaux lents ;

c. ☐ ils se forment à partir d'une roche nue.

3. Actuellement, les sols subissent :

a. ☐ une amélioration grâce aux labours répétés ;

b. ☐ une amélioration grâce aux produits phytosanitaires ;

c. ☐ une détérioration à cause de la pollution.

4. Le sous-sol :

a. ☐ peut être constitué de roches meubles ;

b. ☐ se trouve directement sous le sol ;

c. ☐ se trouve directement sous la surface du sol.

5. Un sol sans couvert végétal peut :

a. ☐ subir l'effet du ruissellement ;

b. ☐ subir une érosion massive ;

c. ☐ être colonisé par des mousses et des lichens.

→ Réponses p. 398

EXERCICE 1

Analyser une photographie

Énoncé

La photographie suivante représente l'aspect de la végétation dans un champ de Maïs, au mois de juillet. Les pieds de Maïs sont les grands végétaux situés à gauche et à droite sur la photo.

Question

Indiquez ce que sont les autres plantes de la photo et ce qu'on peut déduire de leur aspect. Faites des hypothèses.

Méthode

1 Ce champ de Maïs est cultivé pour produire des plants de Maïs. Tout ce qui est en plus n'est probablement pas souhaité par l'agriculteur, qui cherche peut-être à les détruire. Quel nom donne-t-on à ces plantes ? Et pour quelle raison ?

2 Analysez l'aspect, ou les aspects de ces plantes, pour y découvrir que seules certaines sont détruites. Comment cela est-il possible ? Faites des hypothèses.

Corrigé

Les plantes situées entre les pieds de Maïs sont des plantes non cultivées, et communément appelées mauvaises herbes, car elles prélèvent des ressources du sol (eau, ions minéraux) aux dépens des plantes cultivées.

Si l'on regarde en détail l'aspect de ces plantes, on s'aperçoit que certaines sont fanées, et d'autres, la plupart, ne le sont pas. Il est probable qu'on ait mis dans ce champ des herbicides, de manière à lutter contre les plantes non désirées.

Gagnez des points !
C'est la qualité de l'argumentation qui compte, quelle que soit l'hypothèse.

La présence de plantes non fanées peut s'expliquer de plusieurs façons. Il est possible que ce soit une espèce qui fane moins vite, mais qui fanera dans les jours qui suivront la photo. Il est aussi possible que ce soit une espèce insensible aux herbicides introduits.

EXERCICE 2

Construire un graphique

Énoncé

Pour savoir quelle est la meilleure concentration en potassium pour le maïs, on place plusieurs pieds de cette plante dans des solutions nutritives (le maïs pousse sur de l'eau additionnée d'ions minéraux) dont seule la concentration en potassium varie. Les résultats figurent dans le tableau suivant.

Question

Représentez graphiquement l'évolution de la croissance des maïs en fonction de la concentration en potassium.

Milieu	1	2	3	4	5
Concentration en potassium (en $g \cdot L^{-1}$)	0.01	0.01	1	10	20
Masse moyenne de matière sèche pour un pied (en g)	0,17	0,32	0,64	0,62	0,48

Méthode

1 Pensez à mettre en abscisses ce qui est fixé par l'expérimentateur, ici la concentration en potassium. En ordonnées viendront les masses.

2 Afin de tracer les bonnes longueurs d'axes, repérez la plus grande valeur de masse (0,64 g), ainsi que la plus grande valeur de concentration (20 $g.L^{-1}$).

3 Lorsque vous avez placé les points, vous pouvez les rejoindre par une ligne brisée (plus facile à faire à la règle) ou une ligne courbe (plus réaliste). Enfin, n'oubliez pas les paramètres et les unités sur les axes.

Corrigé

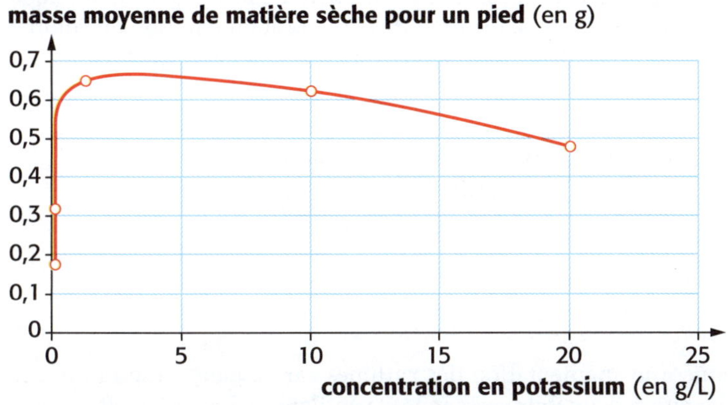

Chapitre 8 L'effort et ses effets

1 Les modifications de l'organisme lors d'un effort

De quoi s'agit-il ? Lors d'un effort, on transpire, on devient rouge, on a chaud et on a parfois un point de côté. Des crampes, des douleurs peuvent apparaître et on sent nos rythmes cardiaque et respiratoire accélérer.

1 Les variations du rythme cardiaque

- On mesure le **rythme cardiaque** d'un élève assis sur un vélo d'appartement et qui réalise un pédalage modéré. Avant l'effort, le rythme cardiaque (RC) de l'élève vaut environ 70 battements par minutes (B/min). Lors de l'effort, le RC augmente rapidement et se stabilise à environ 105 B/min au bout de 15 secondes. Lors de l'arrêt de l'effort, le RC diminue et retrouve la valeur initiale en environ 25 secondes.

- L'augmentation du rythme cardiaque s'accompagne d'une augmentation du volume sanguin expulsé à chaque contraction ce qui accélère le débit sanguin. On détermine le débit sanguin (ou cardiaque) par la formule suivante.

Vocabulaire
- **débit sanguin :** volume de sang circulant à travers un organe, par unité de temps.
- **débit ventilatoire :** volume d'air inspiré et expiré par les poumons, par unité de temps.

$$\underset{(\text{en mL.min}^{-1})}{\text{débit cardiaque}} = \underset{(\text{en B.min}^{-1})}{\text{rythme cardiaque}} \times \underset{(\text{mL.B}^{-1})}{\text{volume expulsé}}$$

2 Les variations du rythme respiratoire

- Pour ce qui concerne le volume d'air ventilé, c'est la même chose. L'effort physique s'accompagne de l'augmentation du rythme respiratoire et d'une augmentation du volume d'air prélevé à chaque inspiration. Le débit ventilatoire est ainsi augmenté. Sa formule est la suivante.

$$\underset{(\text{en mL.min}^{-1})}{\text{débit ventilatoire}} = \underset{(\text{en B.min}^{-1})}{\text{rythme respiratoire}} \times \underset{(\text{mL.B}^{-1}).}{\text{volume inspiré}}$$

3 Le rôle de ces variations

- L'effort physique entraîne une augmentation des rythmes cardiaque et respiratoire, se traduisant par une augmentation des débits cardiaque et ventilatoire. Lors d'un effort, plus d'air est brassé par les poumons et le sang circule plus vite dans nos artères et dans nos veines. Ces modifications physiologiques permettent un meilleur approvisionnement des muscles en dioxygène et en nutriments.

2 L'organisation anatomique permet l'adaptation à l'effort

De quoi s'agit-il ? L'organisation anatomique facilite un approvisionnement accru des muscles en nutriments et en dioxygène lors d'un effort.

1 L'effort modifie le débit sanguin de la plupart des organes

- Lors d'un effort intense, les muscles sont environ dix fois plus irrigués qu'au repos, ce qui est en accord avec leurs besoins accrus en dioxygène et en nutriments. Le cœur est trois fois plus irrigué qu'au repos. Il ne s'agit pas du sang qui traverse les oreillettes et ventricules mais de l'irrigation par les vaisseaux coronaires (Doc. 1).

- La peau est presque quatre fois plus irriguée lors de l'effort qu'au repos. On l'interprète comme un moyen de refroidir le corps. Le sang vient se refroidir en surface et retourne en profondeur rafraîchir les organes.

Vocabulaire

- **vaisseaux coronaires :** ensemble d'artères et de veines, qui irriguent le muscle cardiaque constituant la paroi du cœur.

- Certains organes (reins, tube digestif) ont un débit diminué. Ces organes ne sont pas directement utiles à l'effort (organes non prioritaires) et notre organisme les met en repos pendant l'effort. En revanche, le cerveau a un débit inchangé. C'est un organe qui ne peut pas être mis au repos.

Doc. 1 L'organisation de l'appareil circulatoire

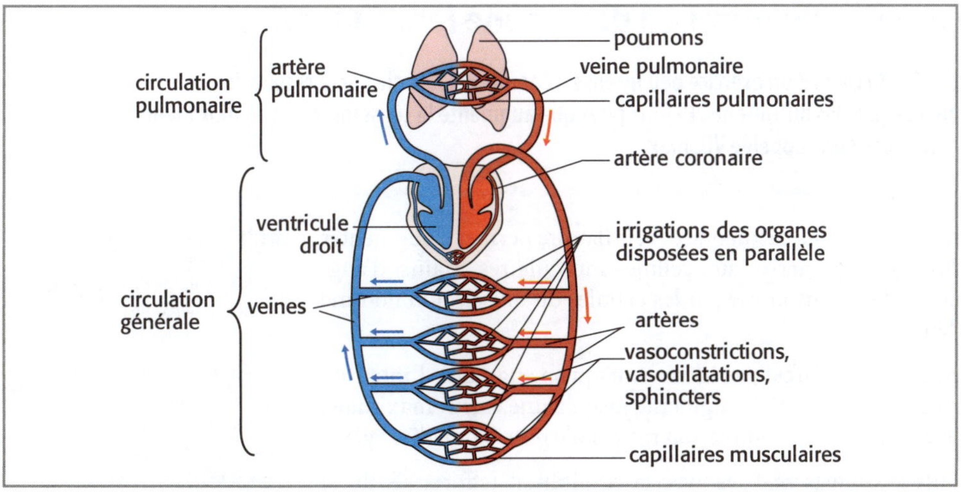

SVT

2 Les circulations pulmonaire et générale sont disposées en série

• Le transport des gaz des poumons aux muscles et des muscles aux organes se fait grâce à deux circulations disposées en série, c'est-à-dire dans le prolongement l'une de l'autre (Doc. 1).

• La circulation générale consiste en un trajet du cœur à l'ensemble des organes de notre corps, et au trajet retour. Un sang artériel riche en dioxygène irrigue les organes, leur apporte dioxygène et nutriments, et se charge en CO_2. Le sang veineux qui retourne au cœur est appauvri en dioxygène et enrichi en CO_2.

Vocabulaire

- **en série :** deux organes sont disposés en série lorsque le sang les irrigue l'un après l'autre.
- **en parallèle :** deux organes sont disposés en parallèle lorsque le sang les irrigue l'un en même temps que l'autre

• La circulation pulmonaire consiste en un trajet cœur-poumons-cœur. Le sang appauvri en dioxygène et enrichi en CO_2 arrive aux poumons par l'artère pulmonaire. Dans les poumons, il se débarrasse de son CO_2, se charge en dioxygène, puis retourne au cœur par la veine pulmonaire.

3 Le mécanisme de la modification des débits sanguins des organes

• Les portions de circulation qui irriguent les organes sont disposées en parallèle (Doc. 1), ce qui permet de faire varier les débits selon les organes. Des sphincters permettent une vasoconstriction ou une vasodilatation selon les besoins.

3 L'approvisionnement en dioxygène lors d'un effort

De quoi s'agit-il ? Au cours d'un exercice peu intense, l'énergie est fournie par la respiration, qui utilise le dioxygène et les nutriments. L'effort physique augmente la consommation de dioxygène, jusqu'à une limite supérieure, appelée VO_2 max.

• L'augmentation des débits cardiaque et ventilatoire permet d'augmenter le débit de dioxygène qui arrive aux cellules musculaires et ainsi d'augmenter le volume d'O_2 consommé par les cellules du muscle. On nomme VO_2 cette valeur.

• L'accroissement du VO_2 n'est pas infini. Lorsqu'on augmente l'intensité de l'effort, on constate que le VO_2 augmente jusqu'à une valeur maximale, appelée VO_2 max. C'est la consommation maximale possible en dioxygène.

• Comme seuls les efforts réalisés avec la respiration (efforts aérobies) peuvent être tenus longtemps, c'est le VO_2 max qui conditionne la capacité de faire des efforts longs. Par exemple, les coureurs de fond ont une VO_2 max élevée. Le VO_2 max est augmentée par l'entraînement.

Vocabulaire

- **VO_2 :** volume de dioxygène consommé par un organisme, par unité de temps.
- **VO_2max :** volume maximal de dioxygène consommable par un organisme, par unité de temps. Cela correspond au débit maximal de dioxygène transporté par le sang.

4 L'approvisionnement en nutriments lors d'un effort

De quoi s'agit-il ? La consommation de nutriments par les muscles dépend de l'effort fourni. L'exercice physique peut donc aider à lutter contre l'obésité.

1 La consommation musculaire en glucose

- Il existe plusieurs moyens de la mesurer : on peut réaliser des prélèvements indolores de minuscules fragments de muscle avec une fine aiguille (biopsie), pendant et après un effort, et ainsi mesurer la quantité de glucose consommée par le muscle. On peut aussi réaliser des dosages sanguins à proximité d'un muscle en activité pour évaluer la quantité de glucose prélevée par le muscle dans le sang.

2 L'exercice physique aide à lutter contre l'obésité

- Le surpoids ou l'obésité sont consécutifs à une alimentation trop riche. Les aliments apportent de l'énergie qui est utilisée par les cellules pour leur fonctionnement. Les cellules nerveuses ont besoin d'énergie pour véhiculer le message nerveux. Les cellules hormonales ont besoin d'énergie pour synthétiser leurs hormones, les cellules musculaires ont besoins pour se contracter, etc.

- Une personne qui mange plus que ce que nécessite son activité physique va avoir tendance à prendre du poids. Si elle mange moins, elle aura tendance à maigrir. Une personne en surpoids a donc deux possibilités pour réduire son poids. Elle peut soit manger moins, soit faire plus d'activité physique.

Vocabulaire

- **surpoids** : indice de masse corporelle (IMC) supérieur ou à 25. L'IMC correspond au poids divisé par le carré de la taille, exprimé en kg/m^2.
- **obésité** : indice de masse corporelle (IMC) égal ou supérieur à 25.

SVT

Révision express

Le schéma à retenir

La double circulation

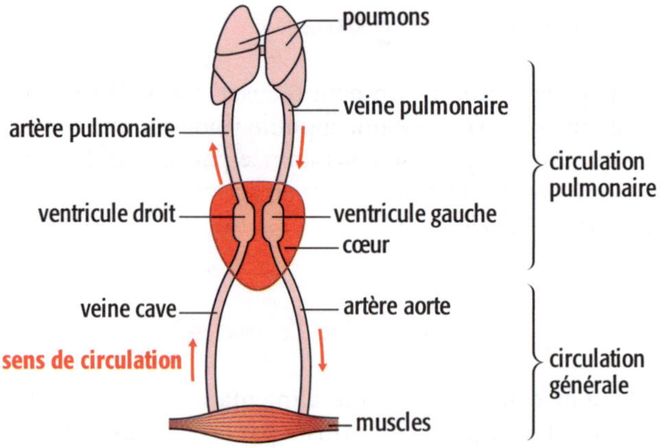

Quiz

1. La consommation de dioxygène :
- **a.** ☐ augmente dès le début d'un effort ;
- **b.** ☐ revient immédiatement à sa valeur de repos à la fin de l'effort ;
- **c.** ☐ dépend de l'intensité de l'effort.

2. L'augmentation du rythme cardiaque :
- **a.** ☐ fait augmenter le débit cardiaque ;
- **b.** ☐ fait augmenter le débit de sang arrivant aux muscles ;
- **c.** ☐ s'accompagne d'une augmentation du débit respiratoire.

3. Le débit sanguin est :
- **a.** ☐ l'addition des débits cardiaque et respiratoire ;
- **b.** ☐ le produit des débits cardiaque et respiratoire ;
- **c.** ☐ toujours supérieur au débit respiratoire.

4. Lors d'un effort :
- **a.** ☐ le débit sanguin augmente dans tous les organes ;
- **b.** ☐ certains organes ont un débit sanguin inchangé ;
- **c.** ☐ le cœur est moins irrigué qu'au repos.

5. Lors d'un effort :
- **a.** ☐ le volume de sang expulsé à chaque contraction augmente ;
- **b.** ☐ le débit sanguin traversant les poumons augmente ;
- **c.** ☐ le débit sanguin traversant le cœur augmente.

→ Réponses p. 398

EXERCICE 1

Calculer des pourcentages de répartition

Énoncé

Voici les débits sanguins dans les différents organes au repos.

Organe	Debit sanguin au repos (en $mL \cdot min^{-1}$)
Cerveau	750
Cœur	250
Muscle	1 200
Peau	500
Reins	1 100
Abdomen	1 400
Autres	600

Question

Calculez les pourcentages de répartition du sang dans les différents organes au repos.

Méthode

Les pourcentages de répartition d'une série de données se calculent par rapport au total de la série. Par exemple, si dans une classe de 30 élèves il y a 20 garçons, on pose que les deux rapports suivants sont égaux :

$$\frac{20 \text{ (effectif des garçons)}}{30 \text{ (effectif total)}} = \frac{p}{100} \text{ où } p \text{ est le pourcentage à trouver.}$$

On en déduit que $p = \frac{20 \times 100}{30} = 66{,}66$; le pourcentage est 66,66 %.

Il y a donc 66,66 % de garçons dans cette classe.
On voit que calculer un pourcentage est une application du produit en croix.

Corrigé

La somme des débits sanguins par organe donne le débit total (ou débit cardiaque). On trouve 5 800 $mL.min^{-1}$.

Pour chaque organe, on posera l'égalité des rapports vue dans la méthode. Dans le cas du cerveau, on a :

$$\frac{750}{5\,800} = \frac{p}{100} \text{ ; d'où } p = 12{,}93 \text{ \%.}$$

Les autres pourcentages se calculent de la même façon et sont les suivants : cerveau : 12,93 % ; cœur : 4,31 % ; muscle : 20,68 % ; peau : 8,62 % ; reins : 18,96 % ; abdomen : 24,13 % ; autres : 10,34 %.

Réflexe à avoir
Pour vérifier vos calculs, pensez à calculer la somme de la série de valeurs étudiées. Elle doit être proche de 100 %.

EXERCICE 2

Analyser un relevé expérimental

Énoncé

Un élève a mesuré la fréquence cardiaque d'un camarade avec un cardiofréquencemètre selon le protocole suivant. Le sujet est debout pendant une minute, ensuite il fait des flexions sur place pendant une minute au rythme d'une flexion toutes les 5 secondes. Les résultats de cette mesure figurent sur le relevé de l'élève ci dessous.

1 min. de repos :

T0	T5	T10	T15	T20	T25	T30	T35	T40	T45	T50	T55	T60
80	77	81	78	78	81	77	78	78	78	81	83	80

1 min d'effort

T0	T5	T10	T15	T20	T25	T30	T35	T40	T45	T50	T55	T60
91	92	92	106	116	117	117	119	121	121	122	121	121

2 min de repos

T0	T5	T10	T15	T20	T25	T30	T35	T40	T45	T50	T55	T60
114	102	99	95	87	85	81	78	77	79	86	82	83

T65	T70	T75	T80	T85	T90	T95	T100	T105	T110	T115	T120	T125	T130	T135
81	78	80	82	78	83	78	80	81	82	80	77	78	75	81

Question

Le relevé de l'élève présente un défaut. Trouvez-le en justifiant bien votre réponse.

Méthode

Essayez de comprendre comment l'élève a noté les valeurs. Sur le relevé, on voit qu'il a écrit T0, T5, T10… sous « 1 min de repos ». Il s'agit de la première minute. La deuxième ligne correspond à la minute d'effort. Là aussi, l'élève a marqué T0, T5, T10… Dans la première ligne, les temps se succèdent régulièrement de 5 en 5 minutes. Il n'y a apparemment pas d'erreur. Examinez attentivement le passage de la première à la deuxième minute pour mettre en évidence une erreur éventuelle.

Corrigé

L'élève commence par noter les valeurs du rythme cardiaque (RC) pendant la première minute, de t_0 à t_{60}. Le problème vient du fait que le temps noté pour la valeur suivante est t_0 de la seconde minute, alors que l'on déjà est à t_5 de la seconde minute. Il y a donc un décalage des valeurs de 5 secondes à chaque changement de minutes. La même erreur est répétée lors du changement de minute suivant.

Remarque
Cette erreur est due à un manque de préparation. Il aurait fallu faire un tableau.

Chapitre 9

La pression artérielle au cours de l'effort

1 La pression artérielle et ses modifications

De quoi s'agit-il ? La pression artérielle est comprise entre deux valeurs, la pression minimale et la pression maximale.

1 La pression artérielle

• Lors de la contraction du ventricule, le sang est propulsé dans les artères. Il en résulte une pression du liquide sanguin sur la paroi des artères. La paroi artérielle, qui est légèrement élastique, réagit à cette pression sanguine par une légère distension, ce qui développe une tension de la paroi. La tension de la paroi équilibre parfaitement la pression sanguine et on peut alors parler indifféremment de pression artérielle ou de tension artérielle.

• La pression artérielle est maximale lors de la contraction cardiaque. C'est la pression systolique. Elle est minimale lorsque la décontraction cardiaque. C'est la pression diastolique. La pression oscille donc entre deux valeurs. Chez l'Homme, les valeurs physiologiques sont comprises entre 6-10 et 9-14 cm de mercure (1 cm de mercure vaut environ 1333 pascal).

Vocabulaire

- **systolique :** lié à la contraction cardiaque, appelée systole.
- **diastolique :** lié à la décontraction cardiaque, appelée diastole.
- **valeurs physiologiques :** valeurs compatibles avec une bonne santé.
- **hypertension :** pression artérielle durablement élevée.
- **hypotension :** pression artérielle durablement basse.

2 Les variations de la pression artérielle

• La pression artérielle varie en permanence selon l'activité du corps. Elle s'élève lors d'un effort physique intense, lors d'un stress et s'abaisse lors du repos. À côté de ces variations physiologiques, on trouve aussi des causes pathologiques de variation. Une hémorragie cause une baisse de pression, vite corrigée. L'hypertension et l'hypotension ont des causes complexes (âge, nutrition...).

2 Recherche d'éléments de contrôle de la pression artérielle

De quoi s'agit-il ? La pression artérielle doit rester comprise dans un intervalle compatible avec une bonne santé. Elle doit donc être régulée.

1 Les éléments d'une régulation

- Tout système de régulation nécessite un dispositif de mesure du paramètre régulé, afin de détecter d'éventuelles valeurs trop basses ou trop élevées. Ce sont les capteurs (**Doc. 1**). Ensuite, il faut un organe qui va corriger les anomalies de pression artérielle. C'est l'effecteur. Enfin, les capteurs et les effecteurs doivent communiquer. Un centre de coordination, appelé centre intégrateur, met en relation les capteurs et les effecteurs, et détermine l'intensité de la réponse correctrice à apporter. L'ensemble des éléments de la régulation est organisé en une boucle de régulation (**Doc. 1**).

Vocabulaire

- **régulation : dispositif qui vise à maintenir les valeurs d'un paramètre de l'organisme dans un intervalle donné.**

Doc. 1 L'organisation de l'appareil circulatoire

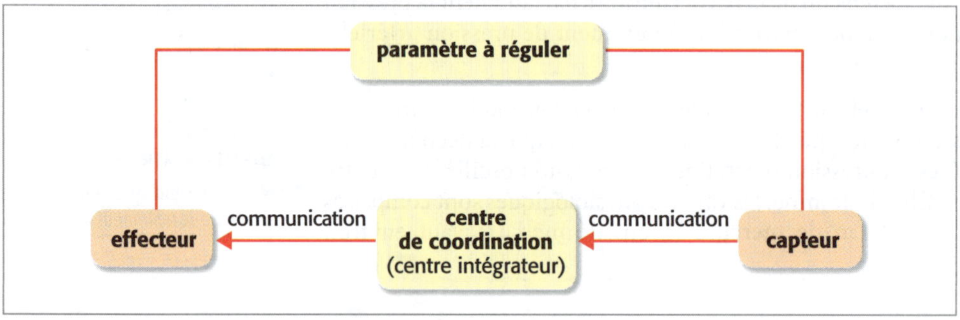

- L'effecteur de la régulation de la pression artérielle est le cœur. Les expériences qui suivent vont permettre de déterminer d'autres éléments de la boucle de régulation.

2 La détermination des capteurs

- L'expérience 1 (**Doc. 2**) vise à déterminer si des barorécepteurs sont présents ou pas dans une zone artérielle particulière : le sinus carotidien. Son interprétation est la suivante. L'injection du liquide physiologique dans le sinus fait augmenter la pression localement. La baisse générale de pression artérielle qui se produit ensuite dans l'organisme est interprétée comme une réponse à cette augmentation locale. Le système de régulation a été trompé. Il a crû que la pression avait augmenté partout (alors qu'elle n'a augmenté que dans les sinus) et l'ordre a été donné de faire baisser la pression dans l'ensemble de l'organisme. Il y a donc des barorécepteurs dans le sinus carotidien.

Vocabulaire

- **barorécepteurs : capteurs sensibles à la pression sanguine.**

Doc. 2 **Expériences de détermination des éléments de la régulation de la pression artérielle**

• **Expérience 1.** On isole le sinus carotidien par des ligatures. On injecte ensuite du liquide physiologique dans le sinus. On observe alors que le rythme cardiaque ralentit et que la pression artérielle générale baisse.

• **Expérience 2.** On sectionne le nerf de Hering du côté du sinus ligaturé : l'injection de liquide dans le sinus est alors sans effet.

• **Expérience 3.** On sectionne les deux nerfs de Hering. Le rythme cardiaque et la pression artérielle augmentent fortement.

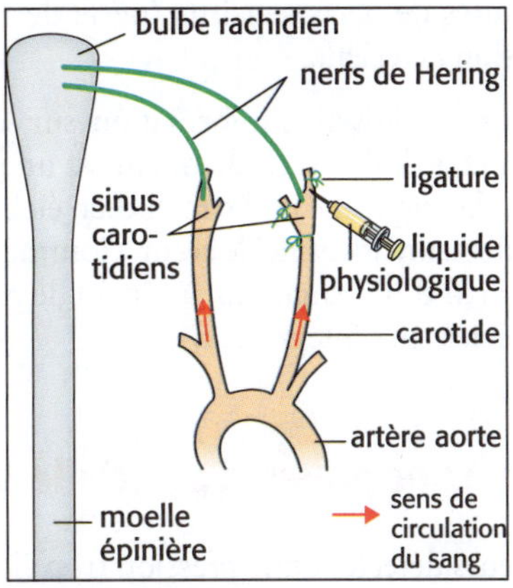

3 La communication entre les capteurs et les effecteurs

- Les barorécepteurs du sinus carotidien sont en relation avec le système nerveux par des nerfs. L'expérience 2 montre que si on sectionne le nerf de Hering, l'information de l'augmentation de pression dans le sinus n'est plus communiquée. Le nerf de Hering participe donc à la communication entre les capteurs et les effecteurs.

- L'expérience 3 montre que les nerfs, lorsqu'ils sont entiers, transmettent une information qui ralentit le cœur. L'interruption de cette information dite cardiomodératrice fait accélérer le cœur et augmenter la pression artérielle.

Vocabulaire

- **cardiomodératrice :** se dit d'une action qui ralentit (modère) le rythme cardiaque.

3 Le contrôle nerveux de la pression artérielle

De quoi s'agit-il ? **De nombreux mécanismes interviennent dans la régulation de la pression artérielle. En seconde, on n'en étudie que l'aspect cardiaque, sous la forme d'une boucle nerveuse réflexe.**

Vocabulaire

- **réflexe :** une réponse réflexe est une réaction automatique, involontaire et toujours identique, à une stimulation.

1 Les éléments de la boucle de régulation (doc. 3)

Doc. 3 **La boucle de régulation nerveuse de la pression artérielle**

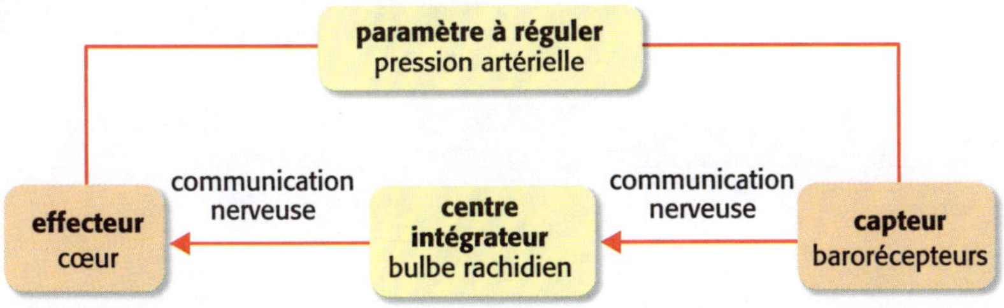

• Les capteurs de la pression artérielle sont appelés barorécepteurs. Ils sont situés dans les parois de l'artère aorte et des sinus carotidiens. Ce sont les extrémités de nerfs sensitifs (nerfs de Hering et de Cyon), sensibles à la pression artérielle.

• Les nerfs sensitifs conduisent l'information sur la pression artérielle vers le centre nerveux, le bulbe rachidien, qui est une portion du système nerveux située dans la nuque. Le bulbe rachidien élabore ensuite un ordre qu'il transmet à l'effecteur, qui est ici le cœur. Comme le bulbe élabore une réponse unique à partir d'informations émanant de plusieurs capteurs, on le qualifie de centre nerveux intégrateur.

Vocabulaire

- **artère aorte :** grosse artère dans laquelle le sang est envoyé lors de la contraction du ventricule gauche (circulation générale).
- **nerf sensitif :** nerf qui conduit une information d'un organe vers le système nerveux central.
- **message nerveux :** information qui circule le long d'un nerf.
- **nerf moteur :** nerf qui conduit une information du système nerveux central vers un organe.

2 La réaction à une pression artérielle trop élevée

• Si les barorécepteurs détectent une pression trop élevée, lors d'un effort par exemple, l'activité des nerfs sensitifs augmente. Le bulbe rachidien est alors plus stimulé. Il émet alors à son tour une réponse sous forme d'un message nerveux sur un nerf moteur cardiomodérateur (**Doc. 4**), ce qui va ralentir la fréquence cardiaque. L'effecteur, moins stimulé, ralentit son rythme, ce qui fait baisser la pression et corrige l'écart.

3 La réaction à une pression artérielle trop basse

• Dans le cas d'une pression artérielle trop basse, c'est l'inverse qui se produit.

Doc. 4 Les organes intervenant dans la régulation nerveuse de la pression

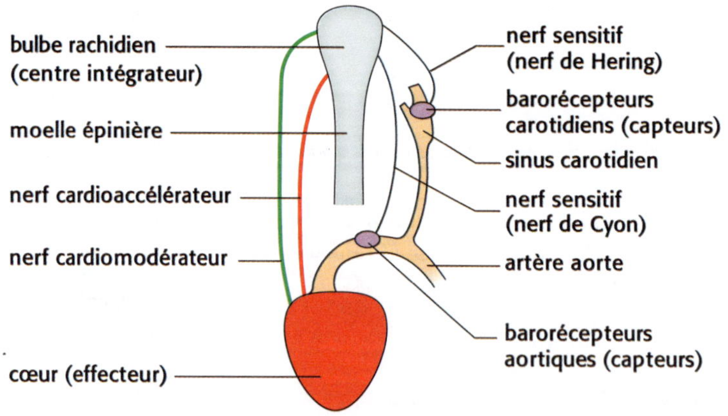

Révision express

Le schéma à retenir

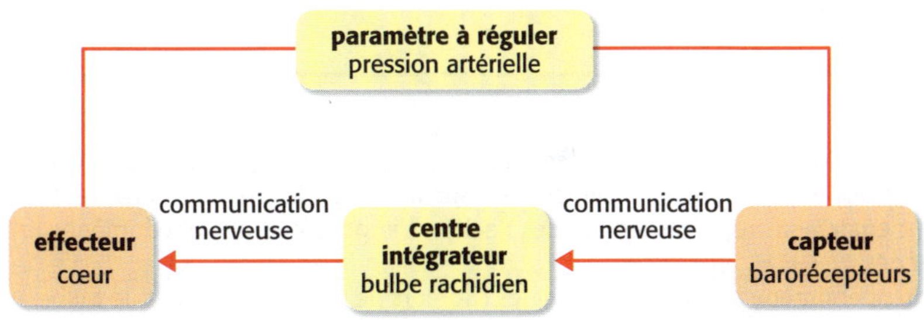

Quiz

1. La pression artérielle :
- **a.** ☐ est due à la contraction des artères ;
- **b.** ☐ se mesure en comprimant le bras du patient ;
- **c.** ☐ varie en permanence entre une valeur basse et une valeur haute.

2. Un centre nerveux intégrateur :
- **a.** ☐ met en communication capteurs et effecteurs ;
- **b.** ☐ élabore une réponse unique dirigée vers les capteurs ;
- **c.** ☐ élabore plusieurs réponses suite à plusieurs informations qu'il reçoit.

3. Les barorécepteurs sont :
- **a.** ☐ des effecteurs qui corrigent la pression artérielle ;
- **b.** ☐ des effecteurs sensibles à la pression artérielle ;
- **c.** ☐ en relation nerveuse avec le centre intégrateur.

4. Le sinus carotidien est :
- **a.** ☐ situé sur une veine carotidienne ;
- **b.** ☐ un effecteur de la régulation de la pression artérielle ;
- **c.** ☐ un capteur de la glycémie.

5. Entre les capteurs et les effecteurs :
- **a.** ☐ la communication est nerveuse ;
- **b.** ☐ on trouve un centre nerveux ;
- **c.** ☐ circulent des messages nerveux.

6. La pression systolique :
- **a.** ☐ est la pression artérielle mesurée lors d'un effort intense ;
- **b.** ☐ est la pression maximale ;
- **c.** ☐ vaut environ 12 cm de mercure.

→ Réponses p. 398

EXERCICE 1

Réaliser un schéma fonctionnel

Énoncé

Représentez par un schéma fonctionnel l'action du système nerveux lorsque la pression artérielle est trop élevée.

Méthode

Dans un schéma fonctionnel, on représente les organes de manière simplifiée et les relations entre organes par des flèches. Les déplacements de substance ou les messages nerveux ou hormonaux sont également représentés par des flèches. L'importance des phénomènes est représentée par des +, ++, –, – –, etc.
Ici, les acteurs du phénomène à représenter sont les capteurs de pression, les nerfs, le bulbe et l'effecteur.
Les messages nerveux, plus ou moins intenses, pourront être représentés par un nombre variable de +. Le sens des messages sera indiqué par des flèches.
Pour indiquer le changement, on pourra faire deux schémas, l'un avant la hausse de pression artérielle et l'autre après.

Corrigé

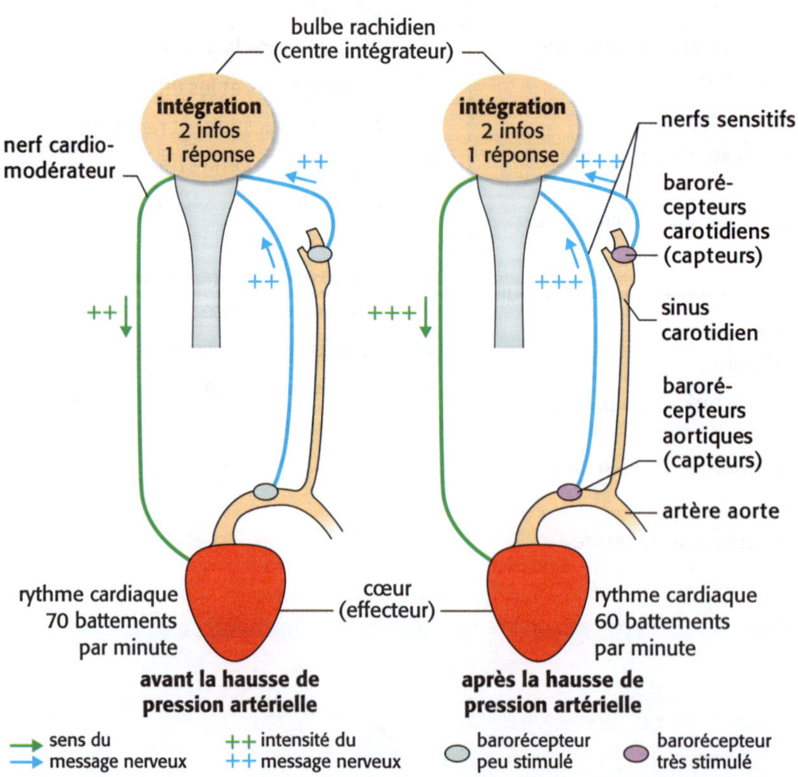

EXERCICE 2

Analyser une expérience

Énoncé

On réalise un pincement des carotides droite et gauche sous les sinus carotidiens droit et gauche, comme indiqué sur le schéma suivant, sur lequel les flèches représentent le sens de circulation du sang.

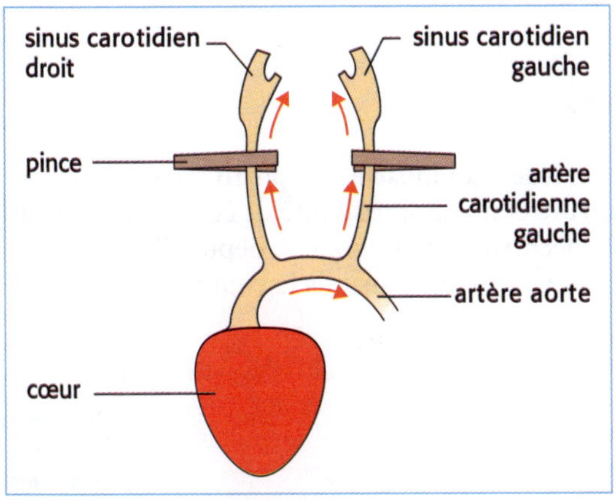

Question

En utilisant vos connaissances, indiquez avec précision quelle sera la réaction de l'organisme. Indiquez tout les événements successifs qui se déroulent.

Méthode

Lorsqu'on pince les carotides, on produit une modification de la circulation du sang : quelle est-elle ? Comment sera-t-elle perçue par l'organisme, et à quel endroit ? Comment l'organisme va-t-il réagir ?
Remémorez-vous les modalités de perception des modifications des paramètres de l'organisme mais également comment l'information est transmise dans l'organisme, et sur quel support.

Corrigé

Le pincement effectué sur les deux artères carotides va produire un arrêt de la circulation du sang dans les sinus carotidiens. Il va en résulter une forte baisse de pression artérielle dans les sinus. Les capteurs barorécepteurs vont détecter cette pression trop basse, et l'activité des nerfs sensitifs qui conduisent l'information vers le bulbe rachidien va diminuer. Le bulbe rachidien sera alors moins stimulé. Il va à son tour une réponse sous forme d'un message nerveux sur un nerf moteur cardioaccélérateur, ce qui va accélérer la fréquence cardiaque.

L'astuce du prof
Retrouvez rapidement une situation du cours dans cette expérience.

Suite au pincement des deux artères carotides, la réponse de l'organisme sera une accélération cardiaque. En raison de la forte baisse de pression dans les sinus carotidiens, l'accélération cardiaque sera probablement très forte.

Chapitre 10 Pratiquer une activité physique en préservant sa santé

1 Les accidents musculo-articulaires

De quoi s'agit-il ? **Les muscles et les articulations constituent un système fragile qui doit être protégé.**

1 Les accidents musculaires

- Un claquage est une déchirure partielle d'un muscle. Le sportif ressent une douleur vive et localisée avec sensation de déchirure et une impossibilité de continuer le mouvement. Il existe de nombreuses formes de déchirures musculaires, depuis l'élongation, qui correspond à de micro-déchirures au sein du muscle, jusqu'à la rupture complète du muscle.
- Une contusion est due à un choc subi par le muscle.

2 Les accidents articulaires

- Une entorse est un éloignement bref des deux os qui constituent l'articulation. Selon l'étirement, l'entorse est bénigne, moyenne ou grave. L'entorse bénigne correspond à un étirement d'un ligament sans rupture. Cet accident s'accompagne d'un œdème. Une entorse moyenne correspond à une déchirure de quelques fibres ligamentaires. En plus de l'œdème, on trouve une hémorragie locale due à des ruptures de vaisseaux sanguins. Une entorse grave correspond à une déchirure ligamentaire complète.
- Une luxation est un éloignement durable des deux os qui constituent l'articulation. L'articulation est déboitée. Les deux os doivent être remis en place rapidement par un médecin. Enfin, l'articulation peut se fracturer.

Vocabulaire

- **ligament** : structure fibreuse servant à maintenir les os d'une articulation.
- **œdème** : gonflement d'un organe par accumulation de liquide entre les cellules.
- **hémorragie** : écoulement de sang hors des vaisseaux sanguins.

2 Le fonctionnement du muscle et des articulations

De quoi s'agit-il ? **Le raccourcissement du muscle qui se contracte exerce une force sur les tendons et fait jouer une articulation. Cela conduit à un mouvement.**

1 Le muscle et son fonctionnement

- Les muscles qui s'insèrent sur le squelette sont appelés muscles squelettiques. Ils sont constitués de cellules allongées appelées fibres musculaires. Au cours de la contraction, chaque fibre se raccourcit, ce qui raccourcit le muscle tout entier. La force exercée tire sur les tendons et fait jouer une articulation, ce qui conduit à un mouvement. Le raccourcissement du muscle s'accompagne d'une augmentation de son épaisseur.

Vocabulaire

- **fibres musculaires** : nom donné aux cellules musculaire, en raison de leur forme très allongée.
- **tendon** : structure fibreuse servant à l'insertion des muscles sur le squelette.

2 Les articulations et leur fonctionnement

• Une articulation est la zone de contact et de glissement entre deux os ou parfois trois (genou, coude). Des cartilages recouvrent le tissu osseux : ce sont eux qui sont en contact. Le cartilage est un tissu solide mais riche en eau, ce qui lui permet d'amortir les variations de pression auxquels sont soumises les articulations. C'est également un matériau très lisse qui assure le glissement des pièces articulaires avec très peu de frottements.

• La zone de contact entre les deux cartilages est lubrifiée par un liquide visqueux, le liquide synovial. Ce liquide est contenu dans la capsule articulaire, qui entoure toute l'articulation. La rupture de la capsule, lors d'une entorse par exemple, produit un épanchement de synovie et un gonflement de l'articulation.

• L'association des deux os est maintenue par des ligaments. Ce sont des tissus souples et fibreux qui s'insèrent sur les deux os de l'articulation, autour de la capsule articulaire.

Vocabulaire

- **cartilages** : tissus solides, mais riches en eau, qui recouvrent les os au niveau de l'articulation.
- **tissu osseux** : on appelle tissu un ensemble de cellules identiques. Dans le cas de l'os, les cellules sont noyées dans la masse de l'os.
- **liquide synovial** : liquide qui lubrifie une articulation. Également appelé synovie.
- **capsule articulaire** : membrane fibreuse qui enveloppe toute l'articulation et retient le liquide synovial.

3 Les dangers des stéroïdes anabolisants

De quoi s'agit-il ? Des pratiques inadaptées ou dangereuses (exercice trop intense, dopage…) augmentent la fragilité du système musculo-articulaire et peuvent provoquer des accidents.

1 Les stéroïdes anabolisants

• Les stéroïdes anabolisants sont des molécules voisines de la testostérone.

• Chez un sportif, l'apport externe de testostérone ou d'autres stéroïdes augmente la motivation car ce sont des psychostimulants. La testostérone augmente également la masse musculaire et la force ainsi que la résistance à la fatigue.

• La consommation de testostérone exogène est dangereuse pour la santé. Ce produit est interdit depuis 1984 et détecté par les contrôles anti-dopage, malgré la difficulté de distinguer la testostérone exogène de la testostérone endogène.

2 Les dangers des stéroïdes anabolisants

• La prise de testostérone peut provoquer des troubles chez les sportifs. Les stéroïdes anabolisants provoquent des intoxications avec lésions de cellules du foie, augmentent le risque de cancers et d'accidents cardio-vasculaires. Chez la femme, en plus de l'hypertrophie musculaire, la testostérone provoque la survenue de caractères masculins. Le visage et le dos se couvrent souvent d'acné, la voix devient rauque, les cheveux deviennent plus fins et moins long, leur chute s'accroît. Les seins s'atrophient, le bassin s'affine tandis que les épaules s'élargissent.

• Les accidents musculaires sont impressionnants (déchirures musculaires et distensions ligamentaires). Ces symptômes s'expliquent par le fait que ses muscles sont trop puissants et exercent une traction à laquelle les tendons et le muscle lui-même ne peuvent résister.

Vocabulaire

- **stéroïdes** : famille de molécules ayant la même architecture moléculaire que la testostérone.
- **anabolisants** : se dit d'une substance qui favorise la production de tissu, par exemple du tissu musculaire.
- **testostérone** : hormone sexuelle masculine, sécrétée par le testicule.
- **psychostimulant** : substance qui stimule le système nerveux, et qui augmentent la motivation, la vigilance…
- **exogène** : se dit d'une substance absorbée par l'organisme.
- **endogène** : se dit d'une substance fabriquée par l'organisme.
- **hypertrophie** : forte augmentation de volume.

Révision express

Le schéma à retenir

Les relations entre les muscles du bras et les os du membre supérieur chez l'Homme

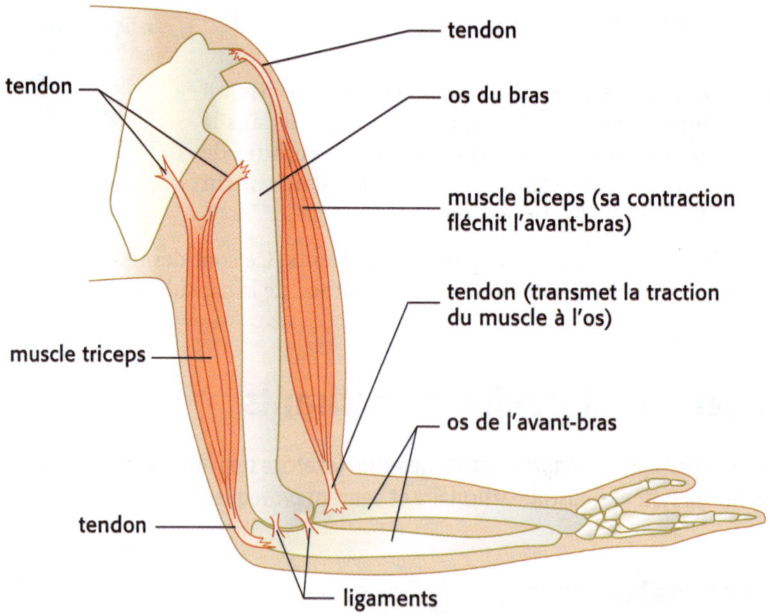

Quiz

1. Les accidents musculaires :

a. ☐ sont les déchirures et les contusions ;

b. ☐ affectent les muscles et les ligaments articulaires ;

c. ☐ sont généralement dus à des efforts faisant suite à un échauffement insuffisant.

2. Les substances exogènes sont :

a. ☐ des substances fabriquées par l'organisme ;

b. ☐ admises car elles n'entraînent pas de dopage ;

c. ☐ admises si elles n'entraînent pas de dopage.

3. Les articulations sont :

a. ☐ des systèmes fragiles ;

b. ☐ soutenues par des tendons ;

c. ☐ lubrifiées par du cartilage.

4. L'étirement d'un ligament :

a. ☐ peut aboutir à une rupture ;

b. ☐ est une entorse s'il y a déchirure ;

c. ☐ est une luxation s'il y a déchirure.

5. Les stéroïdes anabolisants :

a. ☐ favorisent le développement des muscles ;

b. ☐ permettent des performances accrues ;

c. ☐ ont une influence sur le physique et sur le caractère.

→ Réponses p. 398

EXERCICE 1

Rédiger une restitution de connaissances

Énoncé

Exposez les principaux accidents qu'une articulation peut subir.
Aucun schéma n'est attendu.

Méthode

Cette restitution de connaissances nécessite d'avoir mémorisé des termes précis, comme déchirure, entorse, luxation, et de bien connaître les parties d'une articulation. Si vous ne vous rappelez plus bien le nom des accidents articulaires, utilisez vos connaissances sur les articulations pour trouver des accidents décrits avec des termes généraux, comme étirement des ligaments, déchirures plus ou moins graves des ligaments…

Corrigé

Une articulation est la zone de contact et de glissement entre deux os. Elle permet par exemple la flexion d'un membre. Lorsqu'une articulation est trop sollicitée, ses différents composants peuvent subir des étirements ou des déchirures.

Réflexe à avoir
Faites une introduction pour présenter l'exposé.

Une entorse est un éloignement bref des deux os qui constituent l'articulation. Selon l'étirement, l'entorse est bénigne, moyenne ou grave.

L'entorse bénigne correspond à un étirement d'un ligament sans rupture. Cet accident s'accompagne souvent d'un œdème.

Réflexe à avoir
Passez à la ligne à chaque nouvel accident.

Une entorse moyenne correspond à une déchirure de quelques fibres ligamentaires. En plus de l'œdème, on trouve une hémorragie locale due à des ruptures de vaisseaux sanguins.

Une entorse grave correspond à une déchirure ligamentaire complète.

Une luxation est un éloignement durable des deux os qui constituent l'articulation. L'articulation est déboitée. Elle est remise en place par un médecin.

Enfin, l'articulation peut se fracturer.

EXERCICE 2

Réaliser un schéma

Énoncé

Réalisez un ensemble de deux schémas bien légendés montrant comment un muscle peut faire jouer une articulation.

Méthode

Remémorez-vous quels sont les organes nécessaires à un mouvement articulaire et qu'il faudra représenter. Pensez à regarder votre membre supérieur. Lorsque votre biceps se raccourcit, il tire sur l'os de l'avant-bras et l'articulation de votre coude se plie. Votre avant-bras se rapproche alors de votre bras. Notez que votre biceps devient plus gros lorsqu'il se raccourcit. C'est normal car il garde un volume constant.

L'articulation du coude qui permet le mouvement est composée de certaines pièces qui permettent le glissement des os tout en les maintenant face à face. Ce sont les ligaments. Les cartilages qui lubrifient les surfaces peuvent aussi être représentés, mais ce n'est pas prioritaire si les schémas sont petits.

Enfin, puisqu'on vous demande deux schémas, il faudra en faire un avant le mouvement et un autre après le mouvement (bras replié).

Corrigé

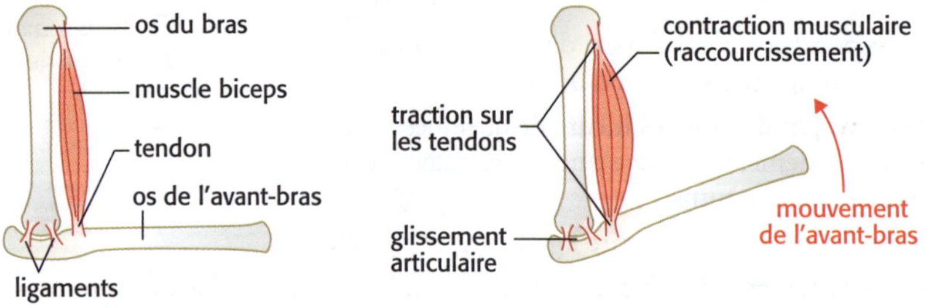

Avant le mouvement **Pendant le mouvement**

Français

Partie 1 : Les objets d'étude

Partie 2 : Vers le bac

Français

FRANÇAIS

Chapitre 1

Le roman et la nouvelle au XIXe siècle : réalisme et naturalisme

1 Le roman et la nouvelle

De quoi s'agit-il ? Le roman, œuvre de fiction en prose assez longue, développe la psychologie et les aventures des personnages, alors que la nouvelle est plus brève et comporte moins de personnages secondaires.

1 Aux origines des deux genres

• Le mot « roman », apparu au XIIe siècle, désignait un récit en prose ou en vers, écrit en langue romane (la langue « vulgaire », contrairement au latin). On y retrouve déjà les caractéristiques modernes du genre tel que le définit *Le Petit Robert* : « *œuvre d'imagination en prose, assez longue, qui présente et fait vivre dans un milieu des personnages donnés comme réels, nous fait connaître leur psychologie, leur destin, leurs aventures.* »

• Les premières nouvelles sont nées en Italie avec le *Décaméron* de Boccace au XIVe siècle. Plusieurs personnages racontent, chacun à leur tour, une histoire. En France, Marguerite de Navarre s'en est inspirée pour l'*Heptaméron*, au XVIe siècle. Le mot « nouvelle » a le sens d'histoire qu'on raconte pour la première fois, comme dans son sens journalistique.

2 Les différences entre le roman et la nouvelle

• On oppose souvent la longueur du roman à la brièveté de la nouvelle, ce qui est généralement vrai. Mais il existe des romans courts et des nouvelles longues : ainsi, *Pierre et Jean* de Maupassant (1888) est un roman très bref, alors que *La Ballade du café triste* de Carson McCullors (1951) est une nouvelle assez longue…

Guy de Maupassant (1850-1893) : auteur de plus de 300 nouvelles naturalistes et 6 romans.

• Dans une nouvelle, il y a moins de place pour les personnages secondaires, les détails descriptifs : l'intrigue est resserrée autour de quelques personnages, l'écriture est plus dense. Un roman obéit à un schéma narratif plus complexe.

• La plupart des nouvelles présentent les faits comme vrais ou vraisemblables, même s'il s'agit d'événements fantastiques, comme dans *Le Horla* de Maupassant (1886). C'est moins le cas pour un roman.

• Une nouvelle est souvent caractérisée par une chute surprenante, plus frappante que dans un roman.

2 La focalisation

De quoi s'agit-il ? Pour raconter une histoire, on doit choisir un point de vue : le romancier décide qui perçoit les événements rapportés.

1 Le point de vue externe

- L'auteur s'efface ; on ignore les pensées des personnages, le compte rendu des actions est fait de façon impartiale, « du dehors ». Seul ce qui est visible de l'extérieur est raconté.

« On faisait la soupe, les cheminées fumaient, une femme apparaissait de loin en loin le long des façades, ouvrait une porte, disparaissait. » (Émile Zola, *Germinal*)

2 Le point de vue interne

- Les événements sont perçus à travers les sensations et les pensées d'un seul personnage. On identifie ce point de vue grâce à la présence de verbes de perception, au vocabulaire des sentiments. On ignore donc ce que personnage lui-même ne connaît pas. Ce point de vue subjectif favorise l'identification du lecteur au personnage.

« K [...] regarda du fond de son oreiller la vieille femme qui habitait en face de chez lui et qui l'observait avec une curiosité surprenante, puis, affamé et étonné à la fois, il sonna la bonne. À ce moment on frappa à la porte et un homme entra qu'il n'avait jamais vu dans la maison. » (Franz Kafka, *Le Procès*)

3 Le point de vue omniscient (ou focalisation zéro)

- On connaît le passé, le présent, les pensées et les sensations de tous les personnages. Le romancier prend un pouvoir plus apparent dans le récit. Ce point de vue est très fréquent dans le roman traditionnel (Hugo, Balzac, Verne...).

« Toutes avaient les unes pour les autres une indifférence mêlée de défiance qui résultait de leurs situations respectives. Elles se savaient impuissantes à soulager leurs peines. » (Honoré de Balzac, *Le Père Goriot*)

3 La structure des récits

De quoi s'agit-il ? Il existe deux schémas, le schéma narratif et le schéma actanciel, qui permettent d'étudier la structure du récit.

1 Le schéma narratif

- Le schéma narratif distingue les différentes étapes du récit. On l'utilise plus facilement pour étudier une nouvelle que pour un roman, souvent plus complexe.
- Il découpe le récit en cinq étapes : la situation initiale ; l'élément perturbateur ; les péripéties ; la résolution ; la situation finale.

2 Le schéma actanciel

- Ce schéma permet d'identifier la fonction des éléments essentiels du récit : il est surtout facile à appliquer pour un conte et une nouvelle.
- Il identifie le héros, l'objet de sa quête et son épreuve principale pour y parvenir ; les opposants et les adjuvants.

4 Réalisme et naturalisme

De quoi s'agit-il ? Ces deux mouvements littéraires de la seconde moitié du XIXe siècle poursuivent le même but : représenter la réalité. Seules les méthodes diffèrent : l'approche du naturalisme se veut plus scientifique.

1 Le réalisme

- Le réalisme est issu de la doctrine de l'imitation, inspirée de la philosophie grecque. Pour Platon et Aristote, l'art devait surtout représenter avec fidélité le réel.
- Avec l'échec politique des révolutions de 1830 et 1848, les écrivains, devenus pessimistes, réagissent contre le romantisme. Les réalistes affirment que l'art ne doit rejeter aucun sujet : rien n'est indigne. Les milieux populaires les inspirent, alors que les gens simples étaient jusque-là dédaignés par la littérature. Certains romans prennent appui sur des faits divers (Flaubert, *Madame Bovary*, 1857) et leurs héros ordinaires sont des antihéros (Frédéric Moreau dans *L'Éducation sentimentale* de Flaubert, 1869).

Gustave Flaubert (1821–1880) : auteur réaliste de *Madame Bovary* et *L'Éducation sentimentale*.

- Le roman est le genre dominant de l'école réaliste. Il donne une image fictive de la réalité dont il témoigne, grâce aux effets de réel : le romancier part de l'observation de la vie quotidienne pour construire une narration. Le travail descriptif est essentiel. Pour Stendhal, le roman est « un miroir qui se promène le long d'une grande route ».

2 Le naturalisme

- Le naturalisme est lié aux sciences naturelles. Le docteur Claude Bernard, dans son *Introduction à l'étude de la médecine expérimentale* (1865), a étudié l'influence de l'hérédité et du milieu sur les êtres. En s'inspirant de ces travaux, Zola fait du roman un lieu d'expérimentation : il affirme que les outils du romancier sont l'observation et l'analyse (*Le Roman expérimental*, 1880).

Émile Zola (1840–1902) : auteur naturaliste des *Rougon-Macquart*, fresque de vingt romans.

- Le recueil de nouvelles *Les Soirées de Médan*, paru en 1880, réunit des textes composés par six écrivains (dont Maupassant et Huysmans) sur un même sujet : la guerre de 1870. Il constitue une sorte de manifeste de l'écriture naturaliste.

Révision express

Les points importants à retenir

Les principaux types de romans et de nouvelles

	Principes	Exemples
Le roman d'aventures	Épreuves, rebondissements, action.	*Yvain, le Chevalier au lion*, Chrétien de Troyes (1176)
Le roman policier	Résolution d'une énigme.	*Le Chien des Baskerville*, Arthur Conan Doyle (1901)
Le roman d'anticipation	Monde futuriste, critique indirecte de la société.	*1984*, Georges Orwell (1948)
Le roman de mœurs	Description réaliste de la société.	*Germinal*, Émile Zola (1885)
Le roman psychologique	Sentiments des personnages au centre du roman.	*La Princesse de Clèves*, Madame de Lafayette (1678)
Le roman d'apprentissage	Acquisition progressive de l'expérience par un jeune héros.	*L'Histoire de Gil Blas de Santillane*, Alain-René Lesage (1715)
Le roman épistolaire	Entièrement constitué de lettres.	*Les Liaisons dangereuses*, Choderlos de Laclos (1782)
La nouvelle fantastique	Événements inquiétants et étranges.	*La Vénus d'Ille*, Prosper Mérimée (1835)
La nouvelle réaliste	Reflète la réalité de la société de l'époque.	*La Parure*, Maupassant (1884)

Quiz

Cochez la bonne réponse :

1. Le roman et la nouvelle sont nés à la même époque. ☐ vrai ☐ faux
2. Le point de vue omniscient ne permet de connaître que le point de vue du héros. ☐ vrai ☐ faux
3. Un « schéma narratif » est un dessin qui résume le livre. ☐ vrai ☐ faux
4. Frédéric Moreau, le personnage de *L'Éducation sentimentale*, est un antihéros. ☐ vrai ☐ faux
5. Les adjuvants sont les éléments (objets ou personnages) qui aident le héros à accomplir une tâche. ☐ vrai ☐ faux

→ Réponses p. 398

COMMENTAIRE

Objet d'étude : Le roman et la nouvelle au XIXe siècle : réalisme et naturalisme

Énoncé

Rédigez le commentaire du texte extrait de *Madame Bovary* de Gustave Flaubert.

Emma Bovary, mariée à un médecin de province avec lequel elle s'ennuie, déçue par ses amants, et par la vie en général, ruinée, se suicide à l'arsenic.

Elle regarda autour d'elle, lentement, comme quelqu'un qui se réveille d'un songe ; puis, d'une voix distincte, elle demanda son miroir, et elle resta penchée dessus quelque temps, jusqu'au moment ou deux grosses larmes lui découlèrent des yeux. Alors elle se renversa la tête en poussant un soupir et retomba sur l'oreiller. Sa poitrine aussitôt se mit à haleter rapidement. La langue tout entière lui sortit hors de la bouche ; ses yeux, en roulant, pâlissaient comme deux globes de lampe qui s'éteignent, à la croire déjà morte, sans l'effrayante accélération de ses côtes, secouées par un souffle furieux, comme si l'âme eût fait des bonds pour se détacher. Félicité s'agenouilla devant le crucifix, et le pharmacien lui-même fléchit un peu les jarrets, tandis que M. Canivet regardait vaguement sur la place. Bournisien s'était remis en prière, la figure inclinée contre le bord de la couche, avec sa longue soutane noire qui traînait derrière lui dans l'appartement. Charles était de l'autre côté, à genoux, les bras étendus vers Emma. Il avait pris ses mains et il les serrait, tressaillant à chaque battement de son cœur, comme au contrecoup d'une ruine qui tombe. À mesure que le râle devenait plus fort, l'ecclésiastique précipitait ses oraisons ; elles se mêlaient aux sanglots étouffés de Bovary, et quelquefois tout semblait disparaître dans le sourd murmure des syllabes latines, qui tintaient comme un glas de cloche.

Tout à coup, on entendit sur le trottoir un bruit de gros sabots, avec le frôlement d'un bâton ; et une voix s'éleva, une voix rauque, qui chantait :

« *Souvent la chaleur du beau jour/ Fait rêver fillette à l'amour.* »

Emma se releva comme un cadavre qu'on galvanise, les cheveux dénoués, la prunelle fixe, béante.

« *Pour amasser diligemment/ Les épis que la faux moissonne,/ Ma Nanette va s'inclinant/ Vers le sillon qui nous les donne.* »

– L'aveugle ! s'écria-t-elle.

Et Emma se mit à rire, d'un rire atroce, frénétique, désespéré, croyant voir la face hideuse du misérable, qui se dressait dans les ténèbres éternelles comme un épouvantement.

« *Il souffla bien fort ce jour-là,/ Et le jupon court s'envola !1* »

Une convulsion la rabattit sur le matelas. Tous s'approchèrent. Elle n'existait plus.

Flaubert, *Madame Bovary*, 1857

1. Extrait d'une chanson de Restif de la Bretonne.

Méthode

- Prouvez ce que vous voulez démontrer par des relevés précis.
- Pour envisager la théâtralité du texte, soyez attentif aux gestes des personnages, aux comparaisons qui rendent l'événement spectaculaire, à la progression du texte.
- Le réalisme peut être étudié à travers le relevé des détails physiques de l'agonie, mais aussi avec l'intrusion de l'univers de la rue. Les symboles forts du passage sont le miroir et l'aveugle : expliquez leur signification.

Corrigé

Le corrigé du commentaire est intégralement rédigé. Pour faciliter votre lecture, nous avons gardé les titres des différentes étapes du développement. Dans votre devoir, vous ne devrez pas les conserver.

Introduction

Le suicide de madame Bovary constitue le dénouement du roman de Flaubert : l'héroïne, déçue par la médiocrité de sa propre vie, s'empoisonne à l'arsenic. Son agonie prolongée est racontée ici en détail, alors qu'elle est entourée de ses proches. Nous pouvons nous demander si, à travers la narration des détails de l'agonie, le récit reste réaliste. Nous verrons que la structure du texte instaure une tension dramatique dans la scène, théâtralisée. Puis, nous analyserons l'horreur réaliste des détails, avant d'étudier la présence de symboles forts.

I. La théâtralisation de la scène

A. Un spectacle

Tout d'abord, cette agonie semble théâtralisée : tout un public est réuni autour de la mourante pour l'événement. Tous sont plus ou moins agenouillés, la tête penchée ; Charles a les bras tendus. On pourrait penser à un tableau de Greuze, comme *Le Fils puni*.

B. Une progression dramatique

La théâtralité se ressent également à travers la structure du texte. L'auteur ménage des étapes perceptibles dans les connecteurs de temps : « *puis* », « *alors* », « *aussitôt* », « *tout à coup* ». On perçoit un apaisement provisoire (Emma demande son miroir), puis une rupture et une accélération (elle halète, sa langue sort); les expressions montrent la progression de l'agonie : ses yeux « *pâlissaient* », « *le râle devenait plus fort* ». Les paroles de l'aveugle interrompent le cours du récit et suspendent encore le moment attendu de la fin d'Emma.

C. L'accentuation des détails spectaculaires

Enfin, l'auteur semble dramatiser les événements, par des comparaisons : « *comme quelqu'un qui se réveille d'un songe* », « *comme deux globes de lampe* », « *comme si l'âme eût fait des bonds pour se détacher* », « *comme au contrecoup d'une ruine qui tombe* », « *comme un glas de cloche* », « *comme un cadavre que l'on galvanise* », « *comme un épouvantement* ». Le rire atroce d'Emma rend aussi sa fin très spectaculaire. Flaubert théâtralise donc la scène de la mort de son héroïne, mais il semble pourtant attaché aux détails, dans le cadre d'une esthétique réaliste.

> **Gagnez des points !**
> Relevez précisément vos citations, pour montrer combien vous avez été attentif.

II. L'esthétique réaliste de la scène

En effet, Flaubert affronte l'agonie d'Emma Bovary dans ce qu'elle a de plus effrayant. Il évoque aussi le monde extérieur.

A. Le réalisme physique de l'agonie

Divers éléments du corps souffrant d'Emma sont évoqués : ses yeux, sa poitrine, sa langue, ses côtes, ses mains, son cœur, ses cheveux. L'héroïne romanesque est presque animalisée. Les symptômes de l'agonie sont aussi détaillés : pleurs, soupir, halètement, râle, convulsion… Toutes les variations de la souffrance physique se succèdent.

B. L'intrusion de l'univers de la rue

Dans cette scène intime, l'auteur réaliste parvient aussi à infiltrer l'univers de la rue, par l'intermédiaire de la chanson de l'aveugle. Alors que tous sont recueillis, un détail sonore rappelle la rue : on entend les paroles d'une chanson, et même un bruit de sabots. La voix rauque de l'aveugle rappelle les réalités du monde extérieur. Pourtant, cette intervention de l'aveugle à ce moment du roman n'a pas qu'une fonction réaliste, et l'on peut se demander si son rôle n'est pas avant tout symbolique.

III. Une scène symbolique

La scène de l'agonie, plus que pour son réalisme, est en effet remarquable pour ses symboles forts.

> **Gagnez des points !**
> **Soignez vos transitions !**

A. Le symbole du miroir

Flaubert insiste par exemple sur plusieurs caractéristiques de la personnalité d'Emma : quand elle saisit son miroir, elle se montre coquette jusqu'au bout, et c'est aussi un symbole fort de son narcissisme. Son chagrin à la vue de sa pâleur (elle verse des larmes en se regardant) paraît précipiter son agonie.

B. Le symbole de l'aveugle

Ce n'est pas la première fois qu'Emma Bovary voit cet aveugle qu'elle rencontre à chaque retour de ses voyages à Rouen. Ce personnage apparemment secondaire semble chanter l'horreur de la vie d'Emma. Les paroles de sa chanson peuvent évoquer ici la mort : « *la faux moissonne* ». Le sentimentalisme naïf d'Emma est rappelé : « *la chaleur d'un beau jour / Fait rêver fillette à l'amour* ». La fin de la chanson semble évoquer l'échec d'Emma, prise à son propre jeu avec les hommes.

> **L'astuce du prof**
> **Si vous connaissez l'œuvre, n'hésitez pas à le mettre en valeur par des références à d'autres passages.**

Conclusion

Après avoir constaté l'importance de la théâtralisation de cette scène d'agonie, nous avons relevé ses aspects réalistes, pour mettre finalement en avant la force symbolique du passage. Il serait en effet trop simple de réduire l'esthétique réaliste à une plate narration d'événements proches de la vérité : la puissance romanesque de cette scène d'agonie tient ici à sa capacité à frapper l'imagination du lecteur, grâce notamment à l'utilisation de symboles forts.

Chapitre 2 La tragédie et la comédie au XVIIe siècle : le classicisme

1 Le classicisme

De quoi s'agit-il ? C'est un courant littéraire typiquement français qui se développe sous le règne de Louis XIV et s'appuie sur des normes esthétiques très codifiées.

1 Baroque et classicisme

• Le baroque est le mouvement artistique qui se développe aux XVIIe et XVIIIe siècles dans l'Europe catholique. Touchant tous les domaines artistiques, il se caractérise par un goût pour l'excès, le spectaculaire et l'irrationnel. C'est avant tout un art de la mise en scène.

• En France, sous l'influence de la monarchie absolue de Louis XIV, le baroque prend une orientation particulière, qu'on appelle le classicisme.

• Le classicisme est plus épuré, moins ornementé que le baroque, mais tout aussi flamboyant et tourné vers la représentation. Il s'appuie sur des règles et des normes esthétiques définies, pour chaque domaine artistique, par les différentes « académies » royales.

2 Une esthétique de la raison

• L'esthétique classique vise une peinture naturelle et honnête des caractères et des situations.

• L'art classique, et en particulier la littérature, se doit d'être conforme à la raison et donc, aux principes :
– de **vraisemblance** (l'histoire doit être crédible, les personnages cohérents) ;
– de **bienséance** (l'œuvre ne doit pas heurter la sensibilité ni la morale).

• Ces règles sont particulièrement contraignantes au théâtre. Ainsi, toutes les pièces classiques sont soumises à la **règle des trois unités** :
– l'intrigue doit se dérouler en vingt-quatre heures au plus (unité de temps) ;
– l'intrigue doit se dérouler dans un lieu restreint (unité de lieu) ;
– les intrigues secondaires, s'il y en a, doivent être directement liées à l'intrigue principale (unité d'action).

• Elles imposent également la **séparation des genres et des registres** : le tragique est réservé à la tragédie et le comique à la comédie.

FRANÇAIS

2 La tragédie classique

De quoi s'agit-il ? C'est un genre noble, héritier de la tragédie antique, soumis à des règles strictes. Il met en scène des personnages et des situations élevés.

1 Un modèle à imiter : la tragédie antique

- La tragédie naît, comme la comédie, en Grèce au Ve siècle av. J.-C.
- C'est un genre élevé. Le niveau de langue est donc soutenu, les personnages sont nobles, les situations excluent toute forme de trivialité.
- La tragédie antique s'appuie sur les légendes populaires concernant la maison royale d'Argos, les Atrides (parmi lesquels Oreste, Iphigénie, Électre), et la maison royale de Thèbes, les Labdacides (parmi lesquels Œdipe et sa fille Antigone).
- Trois grands dramaturges athéniens ont porté à la scène ces histoires sombres de parricide, d'inceste et de meurtre : Eschyle, Sophocle et Euripide.

Remarque

Tragédie et comédies sont issues de fêtes religieuses liées au culte de Dionysos.

À savoir

Selon Aristote, la tragédie provoque chez le spectateur la « terreur » et la « pitié », lui permettant ainsi de se « purger » de ces émotions violentes en les vivant, en quelque sorte, par personnage interposé : c'est le phénomène de la « catharsis ».

2 Le genre classique par excellence

- La tragédie classique, dont l'âge d'or en France est le XVIIe siècle, est l'héritière directe de la tragédie antique.
- Elle est remise au goût du jour, codifiée, et soumise à des règles strictes : elle se doit notamment d'être conforme à la morale (principe de bienséance) et crédible (principe de vraisemblance). Elle est toujours écrite en alexandrins et comporte cinq actes.
- Elle emprunte ses intrigues à la mythologie et à l'histoire antiques, essentiellement gréco-romaines, voire parfois à la Bible.
- Profondément liée aux codes esthétiques et aux valeurs morales de l'Ancien Régime, la tragédie, en tant que telle, s'efface en France après la Révolution au profit du drame, genre élevé qui ne s'interdit pourtant pas des incursions dans la trivialité et la bouffonnerie.

Pierre Corneille **(1606–1684)** : auteur de comédies (*L'Illusion comique*) et de nombreuses tragédies, dont *Le Cid*.

Remarque

Les tragédies qui empruntent leur sujet à la Bible sont appelées « sacrées », les autres sont dites « profanes ».

Jean Racine **(1639–1699)** : auteur de tragédies inspirées de la mythologie grecque (*Andromaque*, *Phèdre*) ou de l'histoire latine (*Britannicus*).

3 La comédie classique

De quoi s'agit-il ? C'est un genre joyeux et ludique, plus libre que la tragédie classique, et donc moins bien considéré.

Remarque

La comédie est née en Grèce, en même temps que la tragédie, dont elle est à l'origine une parodie.

1 Un mauvais genre ?

- La comédie s'appuie sur des personnages et des situations ordinaires, proches du spectateur : jeunes gens amoureux, histoires d'argent, querelles domestiques…
- Le corps y tient donc une place importante, dans les thèmes et les motifs qui la caractérisent (la sexualité, la nourriture, voire la scatologie), comme dans la gestuelle souvent outrancière des acteurs comiques.
- La comédie est souvent considérée comme un genre bas, vulgaire, voire condamnable moralement. Cependant, les auteurs se défendent en affirmant qu'elle sert à « corriger les mœurs par le rire ».
- Plus libre, moins structurée et codifiée que la tragédie, la comédie classique est cependant censée obéir aux mêmes règles. Mais la bienséance est souvent mise à mal, la vraisemblance n'est pas toujours au rendez-vous, et seule la règle des trois unités est globalement respectée.

2 Molière, ou le renouveau de la comédie

- En France, un auteur se détache nettement dans l'histoire de la comédie : Molière. Le dramaturge de Louis XIV renouvelle entièrement le théâtre comique, de la comédie d'intrigue à la comédie de caractère. Il invente également de nouveaux sous-genres, dont la comédie-ballet et la grande comédie.
- Son talent est varié : il est aussi à l'aise en prose qu'en vers, dans le patois populaire que dans le langage de la Cour, dans les intrigues farcesques que dans les sujets plus sérieux, dans le comique scatologique que dans la réflexion sociale et morale.
- Il inspirera tous les auteurs de comédies classiques, comme Marivaux ou Beaumarchais.

Jean-Baptiste Poquelin, dit Molière (1622-1673) : comédien, metteur en scène, directeur de troupe, et auteur d'une trentaine de pièces, représentées à la Cour comme à la ville.

Vocabulaire

- **comédie-ballet :** pièce entrecoupée d'intermèdes chantés et dansés ayant plus ou moins de rapport avec l'intrigue.
- **grande comédie :** toujours écrite en alexandrins, elle traite, en faisant rire, de sujets graves.

FRANÇAIS

➡ Révision express

Les points importants à retenir

	Tragédie classique	Comédie classique
Pays et époque	Uniquement en France. XVIIe–XVIIIe s.	Uniquement en France. XVIIe–XVIIIe s.
Auteurs emblématiques	Corneille, Racine (XVIIe)	Molière (XVIIe) Marivaux, Beaumarchais (XVIIIe)
Structure de la pièce	• toujours en 5 actes	• très libre • un à cinq actes
Nature de l'intrigue	• essentiellement politique • l'intrigue amoureuse est soumise à la dimension politique	• essentiellement amoureuse • le dénouement est le plus souvent le mariage des amoureux
Statut des personnages	• élevé (distance avec le spectateur) • nobles ayant un pouvoir politique	• bas ou moyen (proximité avec le spectateur) • bourgeoisie, petite noblesse pour les maîtres • les valets jouent également un grand rôle
Niveau de langue et forme	• langue soutenue, style élevé • toujours en vers (alexandrins)	• langue courante et/ou familière, style bas et/ou moyen • en prose ou en vers (alexandrins)
Époque à laquelle se déroule l'intrigue	• le passé (Antiquité gréco-romaine la plupart du temps)	• l'époque contemporaine, le présent (de l'auteur)
Règle des trois unités	• unité de lieu : toute la pièce se déroule en un lieu unique (palais) • unité de temps : l'intrigue se déroule en vingt-quatre heures au plus • unité d'action : une seule intrigue principale	• unité de lieu : toute la pièce se déroule en un lieu unique (rue, place du village/de la ville, maison bourgeoise) • unité de temps : l'intrigue se déroule en vingt-quatre heures au plus • unité d'action : une seule intrigue principale

Quiz

Cochez la bonne réponse :

1. Le classicisme est un mouvement qui se développe :

a. ☐ en France, au XVIIe siècle.

b. ☐ en France, dès la fin du Moyen Âge.

c. ☐ dans toute l'Europe, au XVIIIe siècle.

2. La tragédie et la comédie classiques :

a. ☐ sont soumises à des règles totalement différentes.

b. ☐ sont soumises aux mêmes règles.

3. Les tragédies sacrées sont appelées ainsi par opposition :

a. ☐ aux tragédies antiques.

b. ☐ aux tragédies profanes.

4. Quel auteur a renouvelé la comédie au XVIIe siècle ?

a. ☐ Molière.

b. ☐ Marivaux.

c. ☐ Beaumarchais

→ Réponses p. 398

DISSERTATION

Objet d'étude : La tragédie et la comédie au XVIIe siècle : le classicisme

Énoncé

Traitez le sujet suivant : les principes et les règles auxquels est soumis le théâtre classique vous semblent-ils être pour les auteurs uniquement une source de contrainte ?

Vous répondrez à cette question sous la forme d'une dissertation en vous appuyant sur les pièces classiques que vous avez lues ou étudiées.

Méthode

1 Définir les mots-clés

- *contrainte* : notion centrale. Idée que les règles du théâtre classique privent l'auteur de sa liberté créatrice (thèse des Romantiques au XIXe siècle).
- *auteurs* : les dramaturges classiques (Corneille, Racine, Molière).
- *principes* et *règles* : *cf.* cours.

2 Délimiter le corpus. Limitez-vous à la période des pièces classiques (comédies et tragédies) : les XVIIe et XVIIIe siècles.

3 Élaborer la problématique. Le terme « uniquement » invite à remettre en question la vision très réductrice des règles classiques comme « source de contrainte ».

Corrigé

Le corrigé de la dissertation est intégralement rédigé. Pour faciliter votre lecture, nous avons gardé les titres des différentes étapes du développement. Dans votre devoir, vous ne devrez pas les conserver.

Introduction

Dans la préface de *Cromwell* (1827), Victor Hugo compare la règle des trois unités à une « cage » qui ne « renferme qu'un squelette », c'est-à-dire une pièce de théâtre sans vie, sèche et désincarnée. Cette vision se justifie si l'on songe à toutes les attaques qu'ont subi, au nom de telle ou telle irrégularité, les pièces de Corneille, Molière ou Racine. Mais elle est sans doute trop réductrice. Peut-on dire que les règles du théâtre classique sont uniquement une source de contrainte – d'autant plus que la production théâtrale à la période classique est loin d'être négligeable, que ce soit en quantité ou en qualité ?

> **Gagnez des points !** Introduisez le sujet par une citation, un fait, un exemple…

> **Piège à éviter** N'oubliez pas de citer le sujet dans l'introduction, avant de poser la problématique.

En quoi les normes esthétiques contraignantes imposées par le classicisme au théâtre sont-elles également source d'inspiration et de créativité pour les auteurs ?

Si le théâtre classique est, en effet, soumis à la contrainte, il n'en reste pas moins que celle-ci, souvent contournée et détournée, peut même devenir un espace de liberté.

I. Le théâtre classique : un théâtre de contraintes

De tous les domaines artistiques, c'est le théâtre qui, à l'époque classique, est le plus soumis à des normes esthétiques contraignantes.

L'astuce du prof
Énoncez l'argument avant de le développer et de l'illustrer par des exemples.

A. Des règles omniprésentes

Représentées publiquement, les pièces de théâtre doivent tenir compte de la vraisemblance et des bienséances, mais elles doivent également respecter la règle des trois unités et observer la séparation des genres et des registres. Tout semble régenté et prescrit par des règles dans le théâtre classique.

Piège à éviter
Ne « récitez » pas le cours, mais utilisez des éléments du cours pour nourrir l'argumentation.

B. Le problème de la bienséance

Le respect des bienséances pose également problème au théâtre. Comment un auteur de comédies pourrait-il faire rire son public sans jamais enfreindre les règles de la bonne morale chrétienne ? Quant à l'univers tragique, il regorge d'histoires qui ont de quoi choquer plus d'un spectateur : Phèdre, dans la pièce éponyme de Racine, est amoureuse de son beau-fils.

C. Querelles, cabales et censure

Les préceptes du classicisme sont donc indéniablement source de contrainte au théâtre, comme en témoignent les nombreuses querelles, cabales et censures dont furent victimes les dramaturges classiques au nom de telle ou telle règle. La représentation du *Cid* de Corneille a déclenché une querelle animée ; Molière voit deux de ses pièces (*Tartuffe* et *Dom Juan*) censurées. La vraisemblance et la bienséance, notions somme toute assez fluctuantes, ont ainsi été à l'origine de nombreux procès d'intention faits aux auteurs classiques par des critiques, des théoriciens ou, tout simplement, des auteurs rivaux.

II. Des règles souvent contournées et détournées

Cependant, la contrainte imposée par les préceptes classiques n'a pas empêché les auteurs d'écrire des pièces à leur guise.

L'astuce du prof
Commencez toujours une partie en rappelant l'idée générale qu'elle va développer.

A. La liberté de la comédie

Ainsi, le dénouement des pièces de Molière est rarement vraisemblable : retrouvailles de dernière minute qui permettent aux amoureux de se marier comme dans *L'Avare* ou *L'École des Femmes.* Quant aux bienséances, il est dans la nature même de la comédie de les malmener et Molière n'y manque pas, comme dans *Le Malade imaginaire*, où Argan sort de scène à deux reprises au cours de la pièce pour aller satisfaire un besoin pressant causé par la prise de laxatifs.

B. La principale règle est de plaire

Car pour un auteur, classique ou non, au théâtre, une règle l'emporte sur toutes les autres, comme l'écrit Molière dans *La Critique de L'École des femmes* : « Je voudrais bien savoir si la grande règle de toutes les règles n'est pas de plaire ». Qu'importe, si le spectateur est touché, que Chimène respecte, ou non, les bienséances ? L'auteur comique doit faire rire son public, l'auteur tragique doit l'émouvoir : c'est la seule règle qui compte.

C. Le jeu avec la contrainte

Jouer avec la contrainte est d'ailleurs un exercice auquel se livrent sans cesse les dramaturges classiques. Ainsi, ne pouvant représenter sur scène des actions violentes, les auteurs de tragédies classiques inventent le « récit » au théâtre : un personnage ayant assisté ou participé à l'action vient la raconter à un ou plusieurs autres et, donc, au spectateur. Rodrigue fait le récit de sa bataille contre les Maures dans *Le Cid*, Théramène raconte la mort d'Hippolyte dans *Phèdre*. Cette innovation témoigne de l'imagination dont peuvent faire preuve les auteurs classiques lorsqu'ils jouent ainsi avec les normes esthétiques imposées.

III. Contrainte et liberté

Finalement, sans les règles et principes qui le caractérisent, le théâtre classique aurait sans doute été moins inventif.

A. Des contraintes qui rendent les auteurs créatifs

Le « récit », mentionné plus haut a permis à Corneille ou Racine d'écrire certaines de leurs plus belles tirades. Le respect des bienséances, qui interdisait de représenter toute action violente sur scène, a donc, en quelque sorte, forcé les auteurs classiques à inventer de nouvelles formes et de nouveaux moyens d'expression.

> **L'astuce du prof**
> Une transition peut se faire sur un argument précis ou un exemple.

B. Des règles qui contribuent à la grandeur du théâtre classique

Plus encore, certaines règles ou normes esthétiques ont sans aucun doute contribué à la grandeur du théâtre classique. Que serait, en effet, la tragédie racienienne sans la majesté et la solennité de l'alexandrin ? L'unité de temps, si elle peut parfois sembler artificielle, permet surtout de concentrer l'action et ainsi d'accroître l'efficacité et la tension dramatiques. L'unité d'action permet également d'éviter la multiplication des intrigues secondaires qui dispersent l'attention du spectateur et rendent les pièces parfois confuses. Entre les premières pièces de Corneille, très irrégulières, comme *L'Illusion comique* (1636) où l'intrigue complexe n'aboutit pas à un véritable dénouement, et une pièce plus tardive comme *Rodogune* (1645), plus régulière, on peut observer des différences notables : l'intrigue se resserre, sa progression est plus cohérente, la tension dramatique plus forte.

Conclusion

Sources de contraintes, les principes du théâtre classique ne se réduisent pas pour autant à un carcan rigide et limitatif. Ils forment également un cadre à l'intérieur duquel les auteurs exercent leur liberté d'invention et d'imagination. La production classique profite même de ces règles, qui renforcent l'illusion théâtrale et accroissent l'efficacité dramatique des pièces.

> **Piège à éviter**
> Les formules comme « En conclusion » ou « Pour conclure » alourdissent inutilement votre phrase : supprimez-les !

C'est tout le paradoxe du classicisme qui s'exprime ici : soumis à des règles contraignantes élaborées par les différents organes du pouvoir monarchique que sont les « académies », il compte parmi les courants artistiques les plus durables et les plus influents, en particulier au théâtre, où ces règles sont pourtant les plus rigides.

> **Gagnez des points !**
> Élargissez la réflexion en l'ouvrant par exemple sur un mouvement littéraire.

Chapitre 3 La poésie du XIXe au XXe siècle : du romantisme au surréalisme

1 La poésie romantique

De quoi s'agit-il ? Le romantisme est un courant littéraire européen qui domine le début du XIXe siècle français en rupture avec les règles et valeurs classiques.

1 Le mouvement romantique

- Né en Allemagne et en Angleterre, le romantisme s'impose tardivement en France et s'étend de 1820 à 1850, sous la Restauration et la monarchie de Juillet.
- Il influence de nombreux auteurs, notamment Constant et Chateaubriand, puis Hugo, Stendhal, Vigny, Musset, Lamartine, dans tous les genres : théâtre, roman, poésie, argumentation avec des manifestes esthétiques comme les *Préfaces* des pièces de Hugo.
- Le romantisme est un mouvement de révolte contre la dictature de la raison, les règles et une société bourgeoise figée qui, avec la fin de la Révolution et de l'Empire, empêche tout rêve de gloire et de grandeur.
- La jeunesse mélancolique, désenchantée, souffre du « mal du siècle », éprouve le « vague des passions ». Elle revendique sa singularité, le droit au rêve, la liberté dans l'art. Elle retrouve ses tourments et ses émois dans une nature à son image.

Vocabulaire

- **« mal du siècle » :** Musset nomme ainsi le sentiment d'ennui, de malaise, d'insatisfaction qui caractérise la génération romantique.
- **« vague des passions » :** émotions violentes mais confuses.
- **topoï :** sujets rebattus, éternels.

2 La poésie romantique

- La poésie, genre privilégié du romantisme, renouvelle les topoï : la nature, l'amour, la fuite du temps et la mort.
- Le lyrisme devient le registre préféré du « moi » intime, de ses confidences mélancoliques, ses effusions, ses émotions exaltées.
- Le poète apprécie dans la nature des **paysages-états d'âme.**
- Persuadé d'être seul et marginal, le poète espère être compris par son lecteur, « [s]on semblable, [s]on frère » comme l'exprimera plus tard Baudelaire.
- Le désir de rupture propre au romantisme se manifeste surtout dans sa forme. Strophe et vers sont conservés, mais variés, désarticulés par les enjambements.
- On libère le lexique et la syntaxe des règles du classicisme et du bon goût.

2 La poésie parnassienne et symboliste

De quoi s'agit-il ? Le parnasse et le symbolisme sont deux courants littéraires qui suivent le romantisme et concernent surtout le genre poétique.

Remarque

Le nom du mouvement provient de la publication en 1866 par l'éditeur Lemerre de brochures de poèmes intitulées *Le Parnasse contemporain*.

1 Le parnasse

- Le parnasse se veut d'abord une réaction contre l'effusion lyrique des romantiques.
- Autour de Leconte de Lisle et Heredia, après Banville et Gautier, précurseur du mouvement dès 1835, les poètes revendiquent l'impersonnalité. Ils refusent orgueilleusement une place dans la société et dans l'histoire. Ils prônent une forme rigoureuse axée sur le travail de l'écriture qui doit, pour paraphraser Gautier, ciseler le vers comme un bijou ou une statue. « L'art pour l'art », le culte du Beau, le goût de l'Antiquité, des mythes, des légendes orientales remplacent les épanchements, les plaintes et les combats politiques des romantiques.
- Cet idéal esthétique élitiste s'adresse à un public restreint, choisi, aux goûts aristocratiques.

2 Le symbolisme

L'idée à retenir

Jean Moréas invente *a posteriori* le mot *symbolisme* en 1886 pour désigner une poésie qui utilise le symbole pour déchiffrer le monde.

- Le symbolisme naît en France et en Belgique vers 1870, en opposition au parnasse et au naturalisme. Au sens large, le mouvement regroupe, après Baudelaire, précurseur reconnu, Verlaine, Rimbaud, Mallarmé et toute une bohème littéraire, appelée les « décadents ».
- Mouvement mystique, il croit au secret et au sacré, en une puissance au-dessus du monde réaliste et sensible. Il imagine de subtiles correspondances, horizontales entre « les parfums, les couleurs et les sons » (Baudelaire), verticales entre le fini et l'infini. Le poète voyant tente d'accéder aux mystères du monde et d'atteindre un Idéal.
- Les symbolistes privilégient la métaphore et le symbole, un vocabulaire riche et précieux. La **suggestion sonore** est préférée à la précision du mot, ce qui peut mener jusqu'à l'hermétisme :

Baudelaire (1821–1867) : précurseur du symbolisme, poète du *spleen*.

> « Rien de plus cher que la chanson grise
> Où l'Indécis au Précis se joint. »
>
> Paul Verlaine, « L'Art poétique », *Jadis et naguère.*

- Le symbolisme, comme l'impressionnisme en peinture, est l'art de la lumière, du mouvement, de l'impression et de la sensation.

3 La poésie dadaïste et surréaliste

De quoi s'agit-il ? Le mouvement Dada et le surréalisme sont deux courants artistiques de la première moitié du XXe siècle.

1 Le mouvement Dada

- Le mouvement Dada naît à Zurich en 1916 au Cabaret Voltaire autour des auteurs Hugo Ball, Tristan Tzara et du peintre Hans Arp, rejoints par les artistes Marcel Duchamp, Francis Picabia et Man Ray.

- Marqué par l'absurde de la guerre, le mouvement fait « table rase » de toutes les règles, contraintes, conventions idéologiques, esthétiques et morales. Il se veut ancré dans l'enfance, loufoque, irrespectueux, extravagant, érotique. Il se libère de toutes les tutelles, y compris celle de la raison. Ses œuvres iconoclastes et jubilatoires sont le produit du hasard et de la dérision.

Vocabulaire

- **iconoclaste** : au VIIIe siècle, personne qui détruit les images saintes ; au sens moderne, hostile aux traditions.

L'idée à retenir

Le mot *surréalisme* est inventé par Apollinaire en 1917 dans *Les Mamelles de Tirésias*.

2 Le surréalisme

- Issu à la fois de l'héritage et de la rupture avec le mouvement Dada en 1922, le surréalisme, d'abord littéraire, envahit la peinture, la sculpture, la photographie et le cinéma. Il devient un véritable mouvement avec la publication en 1924 par André Breton du *Manifeste du Surréalisme*, et s'affaiblira pendant la deuxième guerre mondiale.

- Le surréalisme retient du mouvement Dada la révolte et le rejet provocateur de toute règle. Il y ajoute les apports de la psychanalyse et la certitude du pouvoir créateur de l'inconscient.

Apollinaire (1880–1918) : poète des avant-gardes artistiques (cubisme, futurisme), notamment dans *Alcools* (1913) et *Calligrammes* (1918).

- La poésie privilégie le thème de l'écriture lié à ceux de la liberté et de l'amour. Elle permet à l'inconscient d'exprimer sa créativité dans trois exercices favoris :

À savoir

Surréalisme selon Breton : « dictée de la pensée, en l'absence de tout contrôle exercé par la raison, de toute préoccupation esthétique ou morale ».

– L'écriture automatique
On écrit le plus rapidement possible, sans réfléchir, ni se préoccuper de la grammaire, de la morale, de la cohérence ou de l'esthétique, dans un état proche de l'hypnose.

– Le cadavre exquis
Le jeu consiste pour les participants à composer un texte ligne par ligne sans savoir ce qu'a écrit le précédent.

– Le compte-rendu de rêves
Le rêve est, selon Freud, la voie royale d'expression de l'inconscient. Desnos s'est fait le spécialiste de cette pratique.

Les grands artistes

Breton, Soupault, Crevet, Desnos, Eluard, Aragon, Péret, Ernst, Picabia.

4 La versification

De quoi s'agit-il ? La versification est l'ensemble des techniques utilisées pour écrire un poème ; elle marque l'appartenance du texte au genre de la poésie.

1 Historique

Jusqu'au XIXe siècle, la poésie est fortement codifiée. Elle suit obligatoirement les règles de La Pléiade (autour de 1555) et surtout de Malherbe (1555–1628), qui s'inspire de la *Poétique* du philosophe grec de l'Antiquité Aristote. Après le XIXe siècle, avec Baudelaire puis Rimbaud, considéré comme le père de la poésie moderne, les règles seront peu à peu abandonnées. La poésie moderne alterne ainsi le vers régulier, le vers libre, le verset et le poème en prose.

Rimbaud **(1854–1891) :** poète adolescent, provocateur et inclassable, qui a révolutionné la poésie.

2 La structure du vers

- La versification française admet différents mètres.
– l'octosyllabe (8 syllabes) ;
– le décasyllabe (10 syllabes) ;
– l'alexandrin (12 syllabes) utilisé dans les genres nobles : tragédie, épopée.

- Les vers impairs comme l'heptasyllabe (7 syllabes) sont surtout utilisés dans les genres légers (fables).

- Il faut savoir décompter les syllabes sans se tromper :
– le *e* muet ne se compte que suivi par une consonne, jamais suivi par une voyelle ou à la fin du vers ;
– la diérèse et la synérèse allongent ou réduisent le mètre : on fait une « diérèse » lorsque l'on prononce de façon séparée les deux termes d'une diphtongue ; la synérèse est son contraire ;
– les liaisons doivent toujours être comptabilisées.

- La versification suppose un système de rimes :
– les rimes sont des sons qu'on retrouve à la fin de deux ou plusieurs vers ;
– elles peuvent être plates ou suivies (AABB), embrassées (ABBA), croisées (ABAB) ;
– elles sont *pauvres* quand elles ont un seul son commun, *suffisantes* avec deux, *riches* au-delà.

Vocabulaire

- **diphtongue : union d'une semi-consonne et d'une voyelle.**
- **nom des strophes :**
2 vers : distique
3 vers : tercet
4 vers : quatrain
5 vers : quintil
6 vers : sizain
10 vers : dizain

3 Les groupes de vers

- Les strophes sont des groupements de vers séparés par des blancs typographiques significatifs.

- Le sonnet, poème à forme fixe, existe depuis la Renaissance ; régulier, il se compose de deux quatrains et de deux tercets aux rimes à la disposition obligatoire : ABBA, ABBA, CCD, EED ou EDE.

Révision express

Les points importants à retenir

Les courants poétiques français des XIXe et XXe siècles

	Romantisme	Parnasse	Symbolisme	Dada	Surréalisme
Période : précurseurs fin	1800 1843	1861 1876	1857 1899	1916 1925	1919 Après la 2e guerre mondiale
Rupture avec	Le classicisme	Le romantisme	Classicisme, naturalisme et parnasse	Le passé (« Table rase »)	Toutes les règles
Principes	Émergence d'un « je » mélancolique et singulier	Impassibilité, impersonnalité	Aspiration vers un Idéal au-delà du monde visible	• Rejet de toutes les valeurs • Hasard • Non sens	Poésie libérée, issue d'un inconscient créateur
Thèmes, sujets	• Nature • Amour • Fuite du temps, mort	• Antiquité • Mythes • Légendes orientales	• Le monde comme mystère à déchiffrer • Correspondances	• Dada (le mouvement est lui-même le sujet de son esthétique) • Le Rien	• Amour • Poésie • Liberté • Rêve • Engagement
Poétique	• Lyrisme • Élégie • Pour un vers et un art libérés	• Forme impeccable • Vers ciselé comme un bijou	• Lyrisme • Musicalité légère • symbole	• Dérision • Absurde • Collages hasardeux • Jeu typographique, musicalité	• Libération du mot • Images • Écriture automatique • Cadavres exquis
Poètes	Hugo, Musset, Vigny, Lamartine	Gautier, Banville, Leconte de Lisle, Heredia	Baudelaire, Verlaine, Rimbaud, Mallarmé	Ball, Tzara, des femmes	Breton, Soupault, Desnos, Eluard, Arago, Péret

Quiz

Cochez la bonne réponse :

1. Le romantisme est un registre. ☐ vrai ☐ faux
2. Le parnasse aime l'élégie. ☐ vrai ☐ faux
3. Le sonnet comporte deux quatrains et deux tercets. ☐ vrai ☐ faux
4. L'heptasyllabe est un vers libre. ☐ vrai ☐ faux
5. Malherbe a codifié la poésie au XVIIe siècle. ☐ vrai ☐ faux

→ Réponses p. 398

COMMENTAIRE

Objet d'étude : La poésie du XIXe au XXe siècle

Énoncé

Rédigez le commentaire du texte de Tristan Tzara.

Un poème complètement *Dad*A

Prenez un journal.
Prenez des ciseaux.
Choisissez dans ce journal un article ayant la longueur que vous comptez donner à votre poème.
Découpez l'article.
Découpez ensuite avec soin chacun des mots qui forment cet article et mettez-les dans un sac.
Agitez doucement.
Sortez ensuite chaque coupure l'une après l'autre.
Copiez ensuite **CONSCIENCIEUSEMENT** dans l'ordre où elles ont quitté le sac.
Le poème **vous** ressemblera.
Et vous voilà *un écrivain infiniment original et d'une sensibilité charmante*, encore qu'incomprise du vulgaire.
Exemple :
prix ils sont hier convenant ensuite tableaux
apprécier le rêve époque des yeux
pompeusement que réciter l'évangile genre s'obscurcit
groupe l'apothéose imaginer dit-il pouvoir des couleurs
tailla cintres ahuri de la ce n'est plus 10 à 12

Tristan Tzara, « Pour faire un poème dadaïste », in *Sept manifestes Dada*,

Méthode

- Remplissez la grille de lecture mettant en valeur la situation, la nature, l'idée générale et la composition du texte.
- Dégagez une problématique puis un plan dont les axes résolvent la problématique.

FRANÇAIS

Corrigé

Dans votre devoir, vous ne devrez pas conserver les titres des différentes étapes du développement.

Introduction L'histoire littéraire progresse selon des attaques, des ruptures et des proclamations théorisées dans les manifestes esthétiques et les « Arts poétiques » produits par les mouvements artistiques successifs. C'est ainsi que Tzara compose en 1920 « Pour faire un poème dadaïste », qu'il intègre au *Manifeste sur l'amour faible et l'amour amer.* Comment ce créateur d'un mouvement qui veut faire « table rase » du passé va-t-il jouer avec le genre de l'art poétique issu de l'Antiquité et du très sérieux Aristote ? Voyons comment la parodie d'un art poétique en acte, marquée par l'ironie, exhibe une esthétique fantaisiste et absurde : celle du mouvement Dada.

> **Gagnez des points !**
> Liez logiquement votre problématique à ce qui précède et à ce qui suit.

I. La parodie d'un art poétique en acte, marquée par l'ironie...

Dès son titre, le poème s'inscrit dans la tradition de l'art poétique en acte ; mais n'en fait-il pas une parodie marquée par l'ironie ?

A. Un art poétique en acte : la mise en abyme de l'acte créateur

Il se présente bien comme un art poétique en acte en mettant en abyme les gestes créateurs. Il est composé en deux temps : la leçon de poésie puis son application. Il est l'objet d'un travail sur la forme et sollicite les sens visuel et sonore. Il offre la possibilité d'une lecture verticale : « *prenez / prenez* » ; « *choisissez / comptez* » ; « *découpez / découpez* ». Il travaille la musicalité avec beaucoup d'effets sonores et rythmiques.

B. Le registre didactique

Le but didactique de l'art poétique se retrouve dans le ton injonctif, la multiplication des impératifs qui implique le lecteur-poète-élève. Il propose en fait la parodie d'une recette de cuisine appliquée à l'élaboration poétique, qui se crée au fur et à mesure que progressent les injonctions comme dans la confection d'un plat.

C. La posture du poète : la satire du topos

Comme dans la plupart des arts poétiques antérieurs, la figure du poète se dessine hyperboliquement : « *Et vous voilà un écrivain infiniment original et d'une sensibilité charmante, encore qu'incomprise du vulgaire.* » Ce texte propose donc bien, avec son registre didactique et la suggestion de la figure du poète, les codes d'un art poétique, en acte puisqu'il applique simultanément les conseils qu'il prône. Mais l'ironie subvertit déjà les objectifs traditionnels du genre et en fait une parodie. On va voir comment elle met en valeur une esthétique fantaisiste et absurde : celle du mouvement Dada.

II. ... Qui exhibe une esthétique fantaisiste et absurde : celle du mouvement Dada

A. Le rejet des codes habituels et la pratique de la « table rase »

Les pratiquants de la « table rase » rejettent les codes habituels. Ils refusent les contraintes idéologiques et esthétiques, notamment classiques, et témoignent d'un irrespect subversif.

B. L'esthétique du « collage »

Tzara va utiliser l'esthétique du « collage », présente également dans les arts plastiques. Le poète doit manier des ciseaux et non un stylo pour jouer avec la matérialité du mot, de la ligne, du vers. Il joue aussi sur la typographie en exploitant la différence de corps, de police, de couleurs. L'exercice de style produit un texte incohérent guidé par

> **Vocabulaire**
> - **corps** : taille de la lettre.
> - **police** : forme de la lettre.

le hasard. La poésie naît de rapprochements incongrus, de mots sans suite et même de l'intégration des chiffres : « *10 à 12* ». Les règles formelles traditionnelles sont bafouées.

C. Des registres ludiques et subversifs qui démythifient poètes et poésie

De plus, Tzara exploite satire, burlesque, absurde et fantaisie, des registres ludiques et subversifs qui démythifient poètes et poésie. Le journal, anti-littéraire d'après les codes habituels, devient l'instrument d'une poésie réinventée. Tout le monde peut devenir poète, ce qui s'oppose radicalement à la figure du poète élu, voyant, singulier, marginal, voire maudit, des mouvements romantique et symboliste.

Vocabulaire
- **démythifier** : dégrader.

D. Des thèmes chers aux dadaïstes

Enfin, on retrouve dans ce montage hasardeux des thèmes chers aux dadaïstes : « *tableaux* », « *yeux* », « *rêve* », « *imaginer* », « *couleurs* », et le goût de l'image appréciée aussi des surréalistes qui prendront la suite de Dada.

Conclusion Ainsi ce poème suggère-t-il une conception tout à fait originale de la poésie et du poète. Tzara se saisit d'une tradition, celle de « l'Art poétique », pour la parodier et s'en moquer, mais aussi pour suggérer une esthétique profondément moderne : la poésie naît du hasard, du collage, du rapprochement incongru de mots et d'images. Loin de l'élégie et de l'engagement, elle est fantaisiste, burlesque, absurde. Entreprise iconoclaste et réjouissante, elle est contemporaine des moustaches et du bouc ajoutés à La Joconde par Duchamp, qui intitulera son œuvre L. H. O. O. Q.

Chapitre 4 Genres et formes de l'argumentation : XVIIe et XVIIIe siècles

1 Les principaux genres argumentatifs aux XVIIe et XVIIIe siècles

De quoi s'agit-il ? Les principaux genres argumentatifs visent à soutenir, réfuter ou discuter une opinion. Ils peuvent convaincre (par des arguments raisonnables), ou persuader (en agissant sur les sentiments).

1 La fable

- **La fable** est un petit texte en vers composé d'un récit et d'une morale. La morale peut être exprimée au début (prologue), à la fin (épilogue), ou rester implicite. Les recueils de fables de l'Antiquité, comme ceux d'Ésope, ont inspiré les auteurs français. Au XVIIe siècle, La Fontaine adapte ce genre au goût de son époque. Le récit (« le corps ») se doit d'être plaisant, tandis que la morale (« l'âme ») lui donne son sens.

- **Le ton satirique** qualifie le ton moqueur utilisé dans de nombreuses œuvres (dont les fables) pour ridiculiser les défauts humains. Au XVIIe siècle, les auteurs utilisent beaucoup la satire, comme Molière dans ses comédies (quand il se moque des médecins, des faux dévots ou des Précieuses).

Jean de La Fontaine (1621–1695) : auteur de *Contes* et de douze livres de *Fables*.

Vocabulaire

- **fable** vient du latin « fabula », qui signifie « récit, propos ».
- **satire** vient du latin « satura » qui signifie « pot pourri ».

2 Les contes philosophiques, essais et romans au XVIIIe siècle

- Au XVIIIe siècle, certains romans ont un contenu argumentatif, comme *Jacques le fataliste* de Diderot (1784). L'*Encyclopédie* est un ouvrage collectif ambitieux mené par les philosophes des Lumières, dont les articles développent des points de vue subjectifs.

Voltaire (1694–1778) : auteur des Lumières maître dans l'art du conte philosophique (*Candide*).

À savoir

- **L'essai** désigne toute œuvre en prose, à visée argumentative, ne relevant pas de la fiction. Les sujets abordés sont de toute nature, comme *De L'Esprit des lois* de Montesquieu (1748).
- **Le conte philosophique** est un récit invraisemblable et merveilleux qui intègre une quête de la vérité par l'exercice de la raison. Comme son nom l'indique, il emprunte au conte et à la philosophie. *Candide* de Voltaire (1759) en est un exemple emblématique.

2 L'art du discours : un héritage de l'Antiquité

De quoi s'agit-il ? **La rhétorique est la technique qui consiste à bien parler. Ce terme renvoie à l'art de l'orateur intervenant dans la cité (sur l'agora en Grèce, sur le forum ou à la Curie à Rome).**

1 Les différents genres de l'éloquence

- **Le discours judiciaire** a pour but d'accuser ou de défendre. Les lettres de reproches, d'excuses ou d'invectives, les réquisitoires (visant à accuser) et les plaidoyers (visant à défendre), comme ceux de Voltaire, lorsqu'il a défendu Jean Calas, injustement accusé du meurtre de son fils, peuvent y être assimilés.

- **Le discours délibératif** conseille ou déconseille. Il examine les choix à faire. Il est aussi qualifié de « discours politique » et s'adresse au peuple en général. Les remontrances, les sermons, les exhortations, comme le discours du vieux Tahitien dans le *Supplément au voyage de Bougainville* (1796) de Diderot peuvent être assimilés à ce type de discours.

- **Le discours épidictique** loue ou blâme. Son sujet est souvent une personne, dont on fait l'éloge ou la critique. Son but est de mettre en valeur le bien ou le mal. Les panégyriques, les oraisons funèbres (comme celles de Bossuet), les épitaphes appartiennent à ce type de discours.

Vocabulaire
- **exhortation** : discours d'encouragement.
- **épitaphe** : inscription funéraire.

Denis Diderot (1713–1784) : le philosophe des Lumières qui a supervisé *L'Encyclopédie*.

2 Les cinq étapes de la rhétorique

- L'**inventio** est la première étape : il s'agit de la recherche des idées.
- La **dispositio** est la seconde étape : elle concerne leur organisation, en quatre parties :
  - l'exorde, introduction destinée à capter l'attention ;
  - la narration qui expose les faits ;
  - la récapitulation qui reprend les éléments principaux ;
  - la péroraison qui est le couronnement final du discours.
- L'**elocutio**, troisième étape, désigne le travail du style.
- La **memoria**, quatrième étape, concerne les techniques de mémorisation du discours.
- L'**actio**, enfin, renvoie à l'expressivité du corps et de la voix.

3 La littérature et les débats du siècle

De quoi s'agit-il ? Les écrivains des XVIIe et XVIIIe siècles ont pris position dans la société de leur époque, de différentes manières, aussi bien dans des polémiques littéraires que dans des débats philosophiques ou sociaux.

1 Le XVIIe siècle

Vocabulaire
- **jansénistes :** religieux regroupés à l'abbaye de Port-Royal des Champs, autour de l'abbé Arnauld.

- **La querelle des Anciens et des Modernes** éclate entre les tenants de la tradition et les partisans de la modernité en 1687. Perrault remet en cause la trop grande admiration accordée aux auteurs de l'Antiquité. Peu à peu, les partisans de la modernité s'imposeront.

- **Les débats religieux** sont très vifs au XVIIe siècle, marqués par l'opposition entre les Jésuites et les Jansénistes, deux congrégations religieuses catholiques dont les doctrines s'opposent. Blaise Pascal prend parti pour les Jansénistes dans *Les Provinciales* (1657).

- **Molière** attaque les Jésuites à travers le personnage de faux-dévot que représente *Tartuffe* (1664), les libertins dans *Don Juan* (1665), les médecins dans *Le Malade imaginaire* (1673)… Plusieurs écrivains osent, à mots plus ou moins couverts, s'attaquer au mode de vie de la Cour à Versailles : la Bruyère dans *Les Caractères*, la Fontaine dans ses *Fables*…

Blaise Pascal (1623-1662) : scientifique et philosophe classique, auteur des *Pensées*.

2 Les engagements des philosophes des Lumières au XVIIIe siècle

Jean-Jacques Rousseau (1712-1778) : philosophe des Lumières de sensibilité préromantique.

- Les auteurs des Lumières s'engagent aussi dans des questions de droit privé. Ainsi Voltaire prend parti dans l'affaire Sirven (1765), dans celle du jeune chevalier de la Barre (1765) ou dans l'affaire Calas (1762), qui mettent toutes en cause injustement des innocents, persécutés pour leurs opinions religieuses différentes.

À savoir

Trois valeurs essentielles ont dirigé les débats des Lumières :

- **La liberté de l'expression et du citoyen.**
Exemple : Diderot, article « Autorité politique », *Encyclopédie.*

- **L'égalité** : la critique des privilèges et de l'esclavage.
Exemple : Rousseau, *Discours sur l'origine des inégalités.*

- **La tolérance** : le respect des différences religieuses et culturelles.
Exemple : Montesquieu, *Lettres persanes.*

➜ Révision express

Les points importants à retenir

Trois grands genres argumentatifs

- **La fable :** petit texte en vers composé d'un récit et d'une morale.
Exemple : *Fables*, La Fontaine (1668).
- **Le conte philosophique :** récit invraisemblable et merveilleux qui intègre une quête de la vérité.
Exemple : *Candide*, Voltaire (1759).
- **L'essai :** œuvre en prose, à visée argumentative, ne relevant pas de la fiction.
Exemple : *De l'Esprit des lois*, Montesquieu (1748).

Trois types de discours de la rhétorique

- **Discours judiciaire :** a pour but d'accuser ou de défendre.
Exemple : les plaidoyers de Voltaire en faveur de Jean Calas.
- **Discours délibératif :** conseille ou déconseille. Il examine les choix opportuns à faire.
Exemple : le discours du vieux Tahitien à ses compatriotes dans le *Supplément au voyage de Bougainville* de Diderot.
- **Discours épidictique :** vise l'éloge ou le blâme, met en valeur le bien ou le mal.
Exemple : les éloges funèbres de Bossuet, évêque de Meaux.

Quiz

Cochez la bonne réponse :

1. Les lettres de reproches sont classées dans les discours judiciaires. ☐ vrai ☐ faux
2. La Querelle des Anciens et des Modernes porte sur l'âge de la retraite des écrivains au XVIIe siècle. ☐ vrai ☐ faux
3. La péroraison est le couronnement final d'un discours. ☐ vrai ☐ faux
4. Le mot *satire* vient d'un mot latin qui signifie « pot-pourri ». ☐ vrai ☐ faux
5. L'elocutio est la dernière étape du travail de la rhétorique. ☐ vrai ☐ faux

→ Réponses p. 398

QUESTION

Objet d'étude : Genres et formes de l'argumentation : XVII et XVIIIe siècles

Énoncé

Relevez dans un tableau les indices ironiques, d'une part, et les indices pathétiques, d'autre part, dans cet extrait de *Candide* de Voltaire.

En approchant de la ville, ils rencontrèrent un nègre étendu par terre, n'ayant plus que la moitié de son habit, c'est-à-dire d'un caleçon de toile bleue ; il manquait à ce pauvre homme la jambe gauche et la main droite. « Eh, mon Dieu ! lui dit Candide en hollandais, que fais- tu là, mon ami, dans l'état horrible où je te vois ? – J'attends mon maître, M. Vanderdendur, le fameux négociant, répondit le nègre. – Est-ce M. Vanderdendur, dit Candide, qui t'a traité ainsi ? – Oui, monsieur, dit le nègre, c'est l'usage. On nous donne un caleçon de toile pour tout vêtement deux fois l'année. Quand nous travaillons aux sucreries, et que la meule nous attrape le doigt, on nous coupe la main ; quand nous voulons nous enfuir, on nous coupe la jambe : je me suis trouvé dans les deux cas. C'est à ce prix que vous mangez du sucre en Europe. Cependant, lorsque ma mère me vendit dix écus patagons sur la côte de Guinée, elle me disait : "Mon cher enfant, bénis nos fétiches, adore-les toujours, ils te feront vivre heureux, tu as l'honneur d'être esclave de nos seigneurs les blancs, et tu fais par là la fortune de ton père et de ta mère." Hélas ! je ne sais pas si j'ai fait leur fortune, mais ils n'ont pas fait la mienne. Les chiens, les singes et les perroquets sont mille fois moins malheureux que nous. Les fétiches hollandais qui m'ont converti me disent tous les dimanches que nous sommes tous enfants d'Adam, blancs et noirs. Je ne suis pas généalogiste ; mais si ces prêcheurs disent vrai, nous sommes tous cousins issus de germains. Or vous m'avouerez qu'on ne peut pas en user avec ses parents d'une manière plus horrible. »

Voltaire, *Candide*, 1759

Méthode

Faites un tableau de deux colonnes, en relevant soigneusement, entre guillemets, les citations qui vous semblent révélatrices de ces deux registres typiques du conte philosophique.

Corrigé

Registre ironique	Registre pathétique
Le nom du commerçant : « Vanderdendur » (dent dure)	Les marques de pitié montrées par Candide
Les effets de décalage : l'importance donnée aux vêtements par rapport à ses membres, la priorité semblant être donnée au caleçon…	Certains adjectifs et les interjections : « Eh, mon Dieu ! », « horrible » (2 fois)…
« Fameux » est un adjectif ironique, car ce commerçant est surtout cruel…	L'énormité des mutilations, leur caractère systématique et cruel (parallélisme de construction : « quand nous… »/ « on nous coupe… »)
Le ton administratif pour parler de la mutilation (« je me suis trouvé dans les deux cas ») alors qu'il s'agit d'une chose horrible.	La comparaison animalière : « Les chiens, les singes et les perroquets sont mille fois moins malheureux que nous. »

L'astuce du prof

Ce genre de repérage peut servir de base au brouillon d'un bon commentaire.

DISSERTATION

Objet d'étude :
Genres et formes de l'argumentation : XVIIe et XVIIIe siècles

Énoncé

« Qu'apporte l'humour au lecteur ou au spectateur ? »
Faites un plan détaillé qui répondra à ce sujet.

Méthode

1 Analyse du sujet

Il ne s'agit pas de critiquer l'humour ! Le verbe *apporter* est positif. On va chercher en quoi l'humour nous enrichit, quels sont ses bénéfices. Pourquoi les auteurs choisissent-ils d'y avoir recours ? Pourquoi les lecteurs ou les spectateurs apprécient-ils les œuvres amusantes ? À quoi sert l'humour ? « Au lecteur ou au spectateur » signifie qu'il faut parler du sujet dans l'art (littérature, spectacle), mais pas dans la vie de tous les jours (évitez la blague belge racontée au coin d'un bar…).

2 Recherche du plan

Comme on ne peut pas répondre à cette question par oui ou non, il ne faut surtout pas choisir un plan du type « thèse/antithèse/synthèse », mais un plan thématique qui déclinera plusieurs fonctions de l'humour. Pour trouver des idées, partez de tous les textes ou spectacles ayant recours à l'humour que vous avez étudiés dans l'année, mais pensez aussi à tous ceux que vous avez lus ou vus par ailleurs…

Corrigé

Nous vous proposons un corrigé sous forme de plan détaillé.

I. L'humour répond à un besoin de divertissement

A. L'humour travestit un monde triste en monde joyeux, faisant surgir le sourire

C'est le rôle carnavalesque de l'humour. On rit pour échapper au désespoir. Selon Boris Vian, « l'humour est la politesse du désespoir ». Par exemple, le film *La Vie est belle* de Roberto Benigni travestit la pire des tragédies humaines en aventure comique sans faute de goût.

B. Le rire : un réflexe, un processus simple

Selon Bergson, dans *Le Rire,* c'est « de la mécanique plaquée sur du vivant » ; « le vice comique est celui qui nous impose sa raideur au lieu de nous emprunter notre souplesse ». Ainsi le comique de répétition est assez mécanique. *Les Temps modernes* de Charlie Chaplin assimilent l'homme à une machine.

Conseil
Associez toujours un argument à un exemple précis qui illustre votre idée.

FRANÇAIS

C. L'humour est un exutoire

Le rire détend, apaise. C'est une forme de défoulement, par rapport à des conditions de vie pas toujours faciles. On peut se moquer des puissants à travers la satire. Ex : dessins de presse de Plantu. *Les Guignols de l'info*, etc…

II. L'humour permet de faire réfléchir

A. Un rôle provocateur

Il heurte volontiers les tabous dans le cas de l'humour noir. En nous dégoûtant, il va provoquer une révolte en nous. Ex : Swift, dans sa « Modeste proposition concernant les enfants de la classe pauvre », utilise le tabou de l'anthropophagie pour mieux montrer le mépris des riches à l'égard des pauvres.

B. Une fonction critique et morale

« Castigat ridendo mores » dit-on en latin de la comédie, c'est-à-dire « elle corrige les mœurs par le rire ». L'humour libère l'esprit des fausses valeurs, développe le sens de la relativité par l'exercice du doute. Ainsi, Voltaire, dans *De l'horrible danger de la lecture*, critique à la fois le despotisme, l'obscurantisme culturel et religieux…

C. Une façon efficace de convaincre

L'humour n'est pas explicite, c'est au lecteur de faire le travail logique, donc sa réflexion est sollicitée de façon active. Dans *De l'esclavage des Nègres* de Montesquieu, le lecteur peut croire à première vue que l'auteur défend l'opinion des esclavagistes, mais on se rend compte au fil du texte que les arguments sont tous plus bêtes et révoltants les uns que les autres : il s'agit d'une vraie démonstration par l'absurde de la stupidité du racisme et de l'esclavage. Mais c'est le lecteur qui doit faire l'effort intellectuel de le réaliser. Finalement, ce texte sera plus efficace qu'une dénonciation sérieuse.

Chapitre 5 Les outils d'analyse littéraire et picturale

1 Les figures de style

De quoi s'agit-il ? **Les figures de style proviennent de l'art antique de la rhétorique. Elles constituent un écart par rapport à l'usage courant de la langue. Procédé stylistique, elles marquent la volonté de produire un effet sur le lecteur.**

1 Figures jouant sur la syntaxe et la place des mots

Figures	Définitions	Exemples
Anaphore	Reprise de mots en tête de segment de phrase, de phrase ou de vers.	« Rome, l'unique objet de mon ressentiment ! / Rome, à qui vient ton bras d'immoler mon amant !... », Corneille
Énumération	Juxtaposition de mots de mêmes nature et fonction.	« Adieu veau, vache, cochon, couvée », La Fontaine
Accumulation	Énumération longue donnant un effet de profusion.	« vieux flacon désolé, décrépit, poudreux, sale, abject, visqueux, fêlé », Baudelaire
Parallélisme	Reprise de termes en parallèle.	« Je meurs si je vous perds ; mais je meurs si j'attends. », Racine
Chiasme	Reprise de termes en croix.	**Un roi** chantait en bas, en haut mourait **un Dieu**. », Hugo
Antithèse	Jeu d'oppositions.	« Es-tu si las de **vivre** ? As-tu peur de **mourir** ? », Corneille
Oxymore	Alliance de mots en opposition de sens.	« Le **soleil noir** », Nerval
Zeugma	« Attelage » de mots au sens incohérent.	« Mieux vaut s'enfoncer **dans la nuit** qu'**un clou dans la fesse gauche** », Allais

2 Figures jouant sur la sonorité des mots

Figures	Définitions	Exemples
Allitération, assonance	Répétition d'une consonne ou d'une **voyelle**.	« Je fais sou**v**ent ce rê**v**e étr**an**ge et pénétr**ant**. » Verlaine
Homéotéleute	Jeu sur les mots et les sons, accumulation dans un texte en prose.	« Tiens, capon, félon, histrion, fripon, souillon, polochon. » Jarry
Paronomase	Jeu de paronymes, mots se rapprochant par les sons.	« *Ménage* ton *manège* », Max Jacob

FRANÇAIS

3 Figures jouant sur le sens des mots

Figures	Définitions	Exemples
Image	Expression suggérant une réalité par analogie ou similitude avec un élément d'un autre domaine ou champ lexical.	« Soleil cou coupé », Apollinaire
Comparaison	Image qui comprend le **comparant**, le compaгé et un *outil de comparaison*.	« La terre est bleue *comme* une **orange** », Éluard
Métaphore	Image dont le comparé et l'outil de comparaison sont sous-entendus. *Métaphore filée* : série de métaphores reliées par le sens.	« Petit-Poucet rêveur, j'égrenais dans ma course / Des rimes », Rimbaud
Métonymie	Désigne une chose par un autre nom que celui qui convient : la partie pour le tout, la matière, ou la marque pour l'objet.	J'ai lu un Maupassant.
Allégorie	Personnification d'une abstraction.	L'Espérance, l'Angoisse chez Baudelaire.
Symbole	Utilisation d'un élément concret pour exprimer une abstraction.	La **rose**, éphémère comme la beauté et l'amour.
Litote	Atténuation, minoration qui suggère le plus en disant le moins, souvent à l'aide d'une tournure négative.	« Va, je ne te hais point », Corneille
Euphémisme	Adoucissement, minoration d'une idée désagréable, odieuse ou triste qui consiste à la déguiser sous une expression voilée.	« Elle a vécu, Myrto, la jeune Tarentine » (elle est morte), Chénier
Hyperbole	Exagération, majoration dans les termes et dans les structures.	« L'ombre.../Semble élargir jusqu'aux étoiles », Hugo
Périphrase	Remplacement du mot par une expression explicative.	« L'astre du jour » pour le soleil

2 Les registres, tons, tonalités

De quoi s'agit-il ? Les registres, tons, tonalités témoignent de la volonté qu'a l'auteur de produire un effet sur le lecteur par l'utilisation d'un certain nombre de procédés.

Vocabulaire
- **l'emphase** vise à majorer l'expression en accentuant les effets stylistiques.

1 La classification officielle des registres

Registres	Définitions
Épique	Vient d'épopée : évocation grandiose de hauts faits, utilise l'emphase.
Comique	Prête au rire par des procédés variés : mots, gestes, situations.
Tragique	Suite d'événements vécus par des personnages souvent coincés dans une situation sans issue en rapport avec la mort, le destin ou la fatalité (*fatum*) ; provoque l'horreur du spectateur.
Lyrique	Expression poétique, avec l'accent mis sur la musicalité (*lyre*) des sentiments personnels du poète.
Pathétique	Situation qui suscite l'émotion triste, l'attendrissement extrême, le bouleversement des lecteurs.
Élégiaque	Lyrisme triste, qui exprime la plainte.
Fantastique	Surnaturel qui intervient dans le quotidien, à la lisière du réel, du naturel, et du surnaturel ; produit l'angoisse.
Burlesque	Comique qui naît du contraste ; dégradation d'institutions ou de personnages respectés.

2 Les tons, tonalités, visées

- La volonté d'effet sur le lecteur propre aux registres s'élargit aux notions de tons, tonalités, visées réaliste, critique, polémique, dramatique, mélodramatique, didactique, symbolique.
- On retrouve aussi humour, farce, dérision, parodie, grandiloquence, héroï-comique, satire, fantaisie, merveilleux, ironie (qui suppose un discours réel sous le discours apparent).

3 Lire l'image

De quoi s'agit-il ? L'image, fixe ou mobile, accompagnée ou pas d'écriture, offre un message visuel immédiat.

1 L'observation de l'image

Situation (paratexte)	• Auteur, commanditaire. • Œuvre : titres du document. • Contexte : date, circonstances de publication, courant artistique ou culturel.
Nature	• Genre : tableau, gravure, photographie, dessin, affiche publicitaire, BD, film... • Type(s) : narration, description, argumentation, scène, nature morte, autoportrait... • Registre(s), ton(s).
Idée générale	• Sujet : personnages, objets, paysage, décor ? • Dans le cas d'une scène : où ? quand ? • S'il y a lieu : les légendes et l'écriture (le sens comme la typographie).
Composition	• Noir, blanc, couleurs, contrastes, jeux d'ombre et de lumière, clair-obscur, relief. • Formes (arrondi, carré, triangle...), perspectives, point de fuite. • Point de vue, cadrage, prise de vue, plan, montage.
Problématique	• Interrogation sur les centres d'intérêt : procédés, enjeux, intentions de l'auteur.

2 L'interprétation de l'image

- Vous devez comprendre la dénotation et la connotation, la portée explicite, implicite et symbolique de l'image, document polysémique. Vous serez attentifs aux procédés rhétoriques, aux usages commerciaux, culturels comme aux signes que vous décrypterez.

Révision express

Les points importants à retenir

Étudiez l'image pas à pas

Étape 1 Situation (paratexte)
- Auteur
- Œuvre
- Contexte

Étape 2 Nature
- Genre
- Type(s)
- Registre(s), ton(s)

Étape 3 Idée générale, sujet

Étape 4 Composition

Étape 5 Observation et relevés linéaires

Étape 6 Problématique

Étape 7 Interprétation organisée

Quiz

Cochez la bonne réponse :

1. L'euphémisme majore l'expression. ☐ vrai ☐ faux
2. La périphrase est l'antonyme de paraphrase. ☐ vrai ☐ faux
3. La métaphore filée est une suite de métaphores appartenant au même champ lexical. ☐ vrai ☐ faux
4. L'oxymore est une forme d'antithèse. ☐ vrai ☐ faux
5. Le *fatum* appartient au registre tragique. ☐ vrai ☐ faux
6. Le lyrisme suppose l'investissement d'un « je ». ☐ vrai ☐ faux
7. Le discours ironique est à comprendre au second degré. ☐ vrai ☐ faux
8. Un document iconographique doit être étudié de la même façon qu'un texte. ☐ vrai ☐ faux

→ Réponses p. 399

ÉCRIT D'INVENTION

Énoncé

Vous réécrirez la tirade ci-dessous en changeant de registre. Vous pouvez en modifier le thème si nécessaire et aller jusqu'à la parodie et au pastiche.
(Cet exercice peut être fait en module mais non lors d'un devoir pour un élève de seconde.)

Dans cette scène de tragédie, Camille la Romaine crie sa haine contre sa ville. En effet, son propre frère vient de tuer son amant Curiace, du camp ennemi.

Rome, l'unique objet de mon ressentiment !
Rome, à qui vient ton bras d'immoler mon amant !
Rome qui t'a vu naître, et que ton coeur adore !
Rome enfin que je hais parce qu'elle t'honore !
Puissent tous ses voisins ensemble conjurés
Saper ses fondements encor mal assurés !
Et si ce n'est assez de toute l'Italie,
Que l'Orient contre elle à l'Occident s'allie ;
Que cent peuples unis des bouts de l'univers
Passent pour la détruire et les monts et les mers !
Qu'elle-même sur soi renverse ses murailles,
Et de ses propres mains déchire ses entrailles !
Que les courroux du Ciel allumé par mes voeux
Fasse pleuvoir sur elle un déluge de feux !
Puissé-je de mes vœux y voir tomber ce foudre,
Voir ses maisons en cendre, et tes lauriers en poudre,
Voir le dernier Romain à son dernier soupir,
Moi seule en être cause et mourir de plaisir !

Pierre Corneille, *Horace*, IV, 6, 1640

Méthode

Prenez conscience des procédés et figures de style utilisés par Corneille pour les exploiter et les détourner. Travaillez des registres variés et révisez le cours sur la versification.

Corrigé

Rhum blanc l'unique objet de mon assentiment !
Rhum brun, merci à toi pour tous ces beaux amants !
Rhum fort qui m'a vu sobre, et que mon coeur adore
Va rendre cramoisi le teint blanc que j'arbore !
Rhum, merci d'éviter les lavages de dents !
L'haleine que tu rends avec mes chers amis
Souffle un vent délicieux dans toute l'Italie.
L'Orient pour te siffler à l'Occident s'allie !
Que cent peuples unis des bouts de l'univers
Forment, te recueillant, la plus large des mers !
Que tous les abstinents construisent des murailles !
Ils ne pourront jamais décevoir nos entrailles !
Que les punchs orangés préparés par mes voeux
Allument dans ma gorge un déluge de feux !
Puissé-je grâce à toi n'avoir jamais d'urée
Et durer, grâce à toi, plus que les modérés,
Boire le dernier verre à mon dernier soupir,
Devenir ivre mort et mourir de plaisir !

Gagnez des points !
Osez le registre burlesque.

Gagnez des points !
Respectez la régularité de l'alexandrin et soignez la musicalité dont l'accentuation.

Chapitre 6 La dissertation

1 Analyser le sujet et faire un plan

De quoi s'agit-il ? La dissertation répond à un sujet en développant une argumentation qui fait le tour du problème. Cette réflexion écrite suit un plan et s'appuie sur des exemples précis. C'est l'un des trois sujets d'écriture proposés lors de l'écrit de l'épreuve anticipée de français.

1 Comment commencer à travailler face au sujet ?

- Recopiez le sujet au brouillon. Relisez-le et surlignez les termes importants. Écrivez la définition des mots-clés. Reformulez l'énoncé. Notez la question posée par le sujet telle que vous l'avez interprétée personnellement : c'est la **problématique**.
- Écrivez ensuite tout ce qui vous vient à l'esprit pour y répondre : arguments, exemples... Faites d'abord un brouillon désordonné, sans rédiger. Constituez une réserve de références et d'idées, la plus large possible.
- Ordonnez ensuite votre brouillon pour constituer un plan. Regroupez les idées qui vont ensemble. Associez un argument à un exemple. Le plan ne doit pas être constitué de plus de trois parties. Celles-ci doivent elles-mêmes reposer sur plusieurs sous-parties.

Remarque
En classe de seconde, deux grandes parties bien construites feront déjà un bon devoir…

2 Quel type de plan adopter ?

Pour choisir un plan, tout dépend du type de sujet. On peut distinguer principalement trois cas :

- Si je peux répondre à la question posée par oui ou par non : je choisis **un plan dialectique**, avec une thèse qui développe au moins trois arguments « pour », une antithèse autour de trois arguments « contre », et une synthèse (facultative) qui nuance le « pour » et le « contre ».
- Si le sujet pose une question partielle (« quels sont… ? »), je choisis **un plan thématique**, en sélectionnant deux ou trois thèmes qui répondent à la question posée, afin de proposer un éventail de solutions complémentaires.
- Si le sujet invite à approfondir une affirmation (« Que pensez-vous de cette phrase… ? »), je choisis **un plan analytique**, qui approfondit tour à tour plusieurs aspects de la citation.

2 Rédiger une introduction et une conclusion de dissertation

De quoi s'agit-il ? Rédigez au brouillon votre introduction et votre conclusion de dissertation après en avoir conçu le plan détaillé. Formulez soigneusement ces parties très stratégiques qui influencent directement la notation du devoir !

1 L'introduction

• En un seul paragraphe, l'introduction d'une dissertation doit comporter quatre étapes.

– La première phrase constitue une **accroche** qui amène le sujet, par un biais général : ce peut être une définition, une idée reçue, une mise au point historique.

– Ensuite, il faut **présenter le sujet** lui-même, en le recopiant intégralement, s'il n'est pas trop long. S'il le faut, résumez-le, en prenant garde de ne pas en déformer le sens. Faites comme si le correcteur n'était pas au courant de la question posée.

– Après avoir cité le sujet, analysez-le : reformulez-le de manière à en tirer **une problématique** qui met en relief l'intérêt de la question posée.

– Enfin, **annoncez votre plan**, clairement et sans lourdeur.

2 La conclusion

• En un seul paragraphe, la conclusion comporte trois étapes.

– D'abord, faites un bilan de tous les axes du développement.

– Ensuite, répondez de façon synthétique à la question posée par le sujet, en donnant votre point de vue personnel.

– Enfin, trouvez une note originale pour terminer votre devoir : une référence littéraire ou cinématographique, une question sur laquelle vous pouvez rebondir, une limite au sujet que vous venez de traiter. Mais si l'inspiration vous manque, passez-vous de cette pointe finale, qui n'est pas obligatoire.

L'astuce du prof

Évitez de bâcler une conclusion à la dernière minute, pris par le temps. Avoir improvisé quelques lignes d'urgence à la fin du devoir risque de décevoir le correcteur juste au moment où il va mettre la note !

3 Rédiger le développement

De quoi s'agit-il ? **Écrivez directement votre développement au propre en suivant votre plan au brouillon. Soyez très clair : la structure du devoir doit être apparente : sautez une ligne entre chaque grande partie.**

1 La structure du développement

- Consacrez un paragraphe à chaque argument. Pour que cette structure apparaisse nettement aux yeux du correcteur, débutez chaque paragraphe par un alinéa et par des connecteurs logiques (« d'abord », « ensuite », « enfin »...) qui articuleront l'ensemble.

- Au début de chaque partie, faites une phrase d'introduction partielle qui rappelle le thème que vous allez développer. Cette phrase d'accueil joue le rôle d'un titre. À la fin de chaque grand axe du développement, faites un bilan de votre analyse, et ménagez une transition avec la partie suivante. Insistez sur les articulations de votre devoir, pour mettre en évidence la logique de votre raisonnement.

2 L'utilisation des exemples

- Un paragraphe doit correspondre à une seule idée, toujours illustrée par un ou plusieurs exemples précis. Ceux-ci peuvent être utilisés sous différentes formes :

– vous pouvez utiliser des citations, pas trop longues, entre guillemets. Puisez dans les documents du cours, dans votre manuel. Une citation doit être exacte, au mot près. Expliquez toujours les phrases que vous relevez.

– vous pouvez aussi faire allusion à des œuvres lues en classe ou chez vous : faites comme si le correcteur ne les connaissait pas du tout, résumez les passages utiles à votre analyse, sans les citer.

- Expliquez en quoi telle œuvre, tel texte ou tel auteur est utile pour illustrer votre raisonnement. Pensez à souligner les titres des livres cités.

Remarque

Si un corpus de documents accompagne le sujet, vous y trouverez forcément des exemples pertinents.

Révision express

Le schéma à retenir

Les 3 étapes-clés de la dissertation

Étape 1 **J'analyse le sujet et j'élabore le plan.**

1. Lecture du sujet et définition des mots-clés
2. Reformulation du sujet pour en tirer la problématique
3. Recherche d'idées et d'exemples dans le désordre
4. Élaboration d'un plan à partir des idées

↓

Étape 2 **Je rédige l'introduction et la conclusion.**

L'introduction

1. Une phase d'accroche
2. La présentation du sujet
3. La problématique
4. L'annonce du plan

La conclusion

1. Le bilan du développement
2. La réponse à la problématique
3. La phrase d'ouverture

↓

Étape 3 **Je rédige chaque partie du développement.**

1. Une phase de présentation de l'axe développé
2. Plusieurs sous-parties comportant chacune un argument et un exemple, constituant des paragraphes distincts
3. Une phrase de bilan et de transition avec la partie suivante

Quiz

Cochez la bonne réponse :

1. Je dois trouver une entrée en matière générale avant de présenter le sujet : définition, idée reçue, citation originale. ☐ vrai ☐ faux
2. Je dois forcément choisir un plan qui ait la forme « thèse/antithèse ». ☐ vrai ☐ faux
3. Quand le sujet prend la forme d'une citation à commenter, je choisis un plan analytique. ☐ vrai ☐ faux
4. Je mets entre guillemets le nom des auteurs. ☐ vrai ☐ faux

→ Réponses p. 399

DISSERTATION

Énoncé

Rédigez une dissertation à partir du sujet suivant : les romans dont les héros ont beaucoup de défauts vous semblent-ils intéressants ?

Vous répondrez à cette question en un développement argumenté qui prendra appui sur les textes que vous avez étudiés pendant l'année et vos lectures personnelles.

Méthode

- La question repose sur la notion d'héroïsme, au sujet de laquelle vous pouvez faire quelques recherches.
- Listez tous les romans que vous connaissez comportant des anti-héros. Les jugez-vous intéressants ? Pour quelles raisons ? Listez aussi les romans dont les personnages sont au contraire idéalisés : vous paraissent-ils plus passionnants ? Organisez ensuite vos idées, de manière à dégager un plan logique, illustré par des exemples précis.

Corrigé

Le corrigé de la dissertation est intégralement rédigé. Pour faciliter votre lecture, nous avons gardé les titres des différentes étapes du développement. Dans un devoir, vous ne devrez pas les conserver.

Introduction

Les romans du XIXe siècle ont pour héros des personnages souvent imparfaits : ainsi Julien Sorel, Rastignac ou Georges Duroy sont caractérisés par une ambition dévorante qui peut les rendre antipathiques. Mais les défauts des héros peuvent-ils modifier l'intérêt que l'on éprouve à la lecture d'un roman ? Peut-on établir une corrélation entre la valeur humaine d'un personnage et la valeur littéraire d'une œuvre ? Certes, le lecteur éprouve une déception légitime lorsqu'un personnage présente des failles, ou agit mal. Mais l'imperfection d'un personnage ne peut-il pas faire, sinon son charme, du moins son intérêt ?

I. Des héros décevants

Lorsqu'il commence un roman, le lecteur attend souvent de sa lecture certaines satisfactions qui peuvent être liées à la valeur des personnages. Alors, quand les défauts du héros sont soulignés, il peut être déçu, pour plusieurs raisons.

> **L'astuce du prof**
> Pensez à rappeler le thème de votre première partie au début de celle-ci, même si vous venez de l'annoncer en fin d'introduction.

A. L'écart vis-à-vis de la tradition romanesque

Tout d'abord, la beauté des personnages et leurs valeurs humaines font partie de conventions romanesques traditionnelles. La description de M. de Nemours dans le roman de madame de La Fayette, *La Princesse de Clèves*, est représentative : l'idéalisation du héros de roman classique y est typique. Son portrait est hyperbolique, le héros semble doué de toutes les qualités : « Ce prince était un chef-d'œuvre de la nature ; ce qu'il avait de moins admirable, c'était d'être l'homme du monde le mieux fait et le plus beau. » Les perfections de ce personnage doivent représenter la magnificence de la Cour française de l'époque. L'idéalisation du héros est donc un topos romanesque ; dès lors, tout roman qui ne respecte pas cette convention esthétique va à l'encontre des attentes supposées du lecteur et risque de le décevoir.

> **Gagnez des points !**
> N'hésitez pas à montrer que vous savez situer les œuvres dans l'histoire littéraire.

B. La difficulté à s'identifier au personnage principal

De plus, les défauts trop évidents d'un personnage peuvent augmenter la difficulté de la lecture : celle-ci est en effet souvent facilitée par la possibilité de s'identifier à un personnage. Quand celui-ci, comme Bel-Ami, le héros de Maupassant, est trop antipathique, parce que son ambition le rend machiavélique, cette identification n'est plus possible. Une partie du plaisir de la lecture peut sembler gâchée.

C. L'absence d'idéal

Enfin, les lecteurs ont souvent besoin d'un idéal, difficile à trouver dans la « vraie vie » : la littérature est l'endroit privilégié pour construire les utopies. Les héros parfaits font rêver et répondent à un besoin très humain d'idéalisme. Jean Valjean, dans *Les Misérables*, comme beaucoup de héros populaires, est un personnage valeureux dont la force colossale, la réussite malgré les difficultés paraît peu vraisemblable. Son destin est très romanesque et force l'admiration : il est épris de justice, fidèle à ses engagements, c'est un homme d'honneur.

On peut donc à juste titre s'estimer déçu par des héros aux défauts trop évidents. Néanmoins, les personnages trop parfaits ne font pas forcément les meilleurs romans.

II. L'intérêt de l'imperfection des héros

En effet, nous sommes aussi très souvent attirés par les anti-héros, très éloignés d'un idéal de perfection. Quel est l'intérêt des personnages imparfaits ?

A. L'uniformité des personnages parfaits

Tout d'abord, ils offrent un relief que les héros sans défauts n'ont pas. Ces derniers sont souvent trop lisses, et leurs qualités uniformes les rendent interchangeables. Ainsi, les romans à l'eau de rose les plus médiocres mettent en scène des héros sans faille, au physique parfait, à l'intelligence éblouissante : leurs profils comme leurs intrigues sentimentales se ressemblent et ils n'offrent pas un intérêt littéraire très grand. Si l'on prend à l'inverse l'exemple d'un des personnages les plus monstrueux de la littérature, la créature de Victor Frankenstein, inventée par Mary Shelley, on s'aperçoit que sa singularité, qui le déchire autant qu'elle le rend cruel, en fait un personnage romantique inoubliable et paradoxalement émouvant. Il est pourtant hideux et criminel…

B. Le réalisme des personnages imparfaits

De plus, un personnage imparfait est souvent plus réaliste, donc plus humain : le lecteur peut se sentir proche de lui, car il retrouve en lui les mêmes failles. Un personnage qui a des défauts séduit parce qu'il est touchant. Les écrivains naturalistes, comme Zola, donnent même une valeur documentaire aux caractéristiques de leurs personnages, qui sont le reflet de la société dans laquelle ils évoluent. Dans l'ébauche de *L'Assommoir*, Zola précise son but : « Montrer le milieu peuple et expliquer par ce milieu les mœurs peuple ». Ainsi, la déchéance de la blanchisseuse Gervaise est au service d'une démonstration : elle représente un milieu social, sa dimension dépasse l'anecdote d'un destin individuel.

C. Une fonction critique de la société

D'ailleurs, les défauts des anti-héros sont souvent un moyen pour les romanciers de dénoncer les travers de la société. Bel-Ami est extrêmement antipathique ; c'est une façon pour Maupassant de mettre en évidence le fonctionnement cynique et sans scrupule de la société de son temps. En fait, à travers les anti-héros, on retrouve en négatif une forme d'idéalisme, qui est donc inversé. Ils servent de répulsifs et permettent la dénonciation des travers humains. Ainsi, le héros de *99 francs* de Frédéric Beigbeder est un publicitaire aux dents longues qui peut être un équivalent de Bel-Ami à notre époque : il met en évidence les dysfonctionnements de notre société de consommation.

Loin d'être inintéressants, les anti-héros auraient donc même une efficacité romanesque plus grande que les personnages idéalisés.

Conclusion

Même si nous sommes parfois déçus dans un premier temps par les défauts trop prononcés de certains personnages romanesques, ces failles font leur originalité et frappent l'imagination. Les auteurs aiment jouer sur les attentes des lecteurs et il ne faut pas s'étonner si les grands succès romanesques actuels sont peuplés d'anti-héros, des romans de Michel Houellebecq en passant par ceux d'Amélie Nothomb, jusqu'au dernier best-seller de Muriel Barbery, *L'Élégance du hérisson*.

Chapitre 7

Le commentaire

1 Les premières recherches sur le texte et la construction du plan

De quoi s'agit-il ? **Le commentaire présente de façon organisée l'analyse d'un texte littéraire dans sa forme comme dans son fond, en expliquant son sens, son but, ses enjeux.**

1 Comment aborder le commentaire ?

Après avoir lu le texte, vous devez remplir une **grille de lecture.**

Précisez la **situation** « paratexte »	1. Nom de l'auteur Exploitez dans sa biographie seulement ce qui peut éclairer le texte.
	2. Situation dans l'œuvre - Titre de l'œuvre complète et éventuellement du texte. - Moment de l'histoire où le texte s'insère pour le roman ou le théâtre.
	3. Contextualisation (ce qui se passe à l'époque où le texte a été écrit) : indiquez obligatoirement la date de publication et, si nécessaire, le contexte historique, politique, économique, social, culturel.
Analysez la **nature**	1. **Genre** - Quatre principaux : poésie, roman, théâtre, littérature d'idées, essai ou réflexion. - Nouvelle, conte, fable, autobiographie, mémoires, journal intime, littérature épistolaire : correspondance fictive ou réelle, roman par lettres.
	2. **Types**, formes de discours - Récit, description ou portrait. - Paroles rapportées : monologue, dialogue. - Restitution de la pensée d'un personnage : monologue intérieur. - Réflexion, théorie, argumentation, raisonnement, explication.
	3. **Ton, tonalité, registre(s)** Ils concernent la manière dont l'auteur livre son message et l'effet qu'il veut produire sur le public.
Dégagez l'**idée,** les **thèmes généraux**	Synthétisez-les en une phrase.
Repérez la **composition**, structure d'ensemble	1. Organisation formelle, « physionomie » du texte. Dans un texte en prose, notez tout ce qui échappe à la normale (paragraphes, ponctuation, typographie) ; dans un poème, versification. 2. Composition du « fond », plan, suite des idées de l'auteur. Dégagez les différentes parties du texte et donnez-leur un titre.

2 Comment approfondir l'analyse linéaire du texte ?

- Posez-vous des questions sur les effets, procédés ou figures de rhétorique, le vocabulaire, le style, les niveaux de langue (soutenu, courant, familier, argotique), la musicalité, l'aspect traditionnel ou l'originalité du style ou des thèmes.

- Annotez directement le document, pratiquez des va-et-vient constants entre le texte, votre brouillon, la grille présentant les premiers éléments d'observation, pour préciser, au fil du texte, les intentions de l'auteur, les procédés, l'explicite et l'implicite. Partez du relevé des éléments intéressants du texte pour proposer une interprétation.

- En même temps que vous menez cette étude linéaire, classez vos analyses dans un **tableau** indiquant les différents types, tons (ou registres), thèmes et procédés. Ils représentent les centres d'intérêt.

- Vous pourrez ensuite dégager une **problématique** s'intéressant aux enjeux du texte et dont la résolution composera votre commentaire.

Réflexe à avoir

Analysez les procédés qui produisent vos émotions, n'exprimez pas vos impressions spontanées face au texte ou son auteur.

Conseil

Ne vous contentez jamais de vos premières découvertes, revenez toujours sur les premières étapes pour conforter, remanier, compléter, nuancer...

À savoir

La problématique à dégager du texte découle de son centre d'intérêt, de sa singularité, de ses enjeux. Elle peut émerger des thèmes traités, du contexte, des caractéristiques d'écriture.

3 Construire un plan : trouver et classer les centres d'intérêt

- À partir de ce tableau et de cette problématique, établissez un plan détaillé pour le commentaire. Chacune des colonnes du tableau peut constituer un axe ou un « sous-axe » de partie.

- Un centre d'intérêt, un axe peuvent être un genre ; un type ; des types conjugués ; un ou plusieurs thèmes ; un ou plusieurs registres ; un ou plusieurs types et registres, etc. Ou bien : Que fait l'auteur ? ; Comment ? ; Pourquoi ?

- Classez les centres d'intérêt du plus au moins évident, du moins au plus important, du plus superficiel au plus profond ; votre devoir doit proposer une démonstration, une argumentation progressives. Vous pouvez partir de l'observation pour aboutir à l'interprétation.

- Gardez-vous de plaquer n'importe quel plan (ou une correction préalable) sur n'importe quel texte. Chaque texte doit faire l'objet d'un plan spécifique faisant ressortir sa singularité.

- Ne vous contentez pas de trouver deux ou trois grands titres ; justifiez-les par des sous-titres qui supposeront des « sous-parties » et des analyses précises des procédés et des citations du texte.

Conseil

Évitez de vous cantonner à la simple *paraphrase*, c'est-à-dire la reformulation du sens d'un texte.

Remarque

Vous devrez absolument détailler votre plan au brouillon.

2 Rédiger le commentaire

1 L'introduction

- Elle comprend quatre parties :
– amorcez l'intérêt ;
– présentez le texte : situation (dans l'œuvre de l'auteur, dans le contexte), nature (genres, types, registres), idée générale, thèmes ;
– formulez la problématique ;
– annoncez le plan.

2 La conclusion

- Elle comprend deux parties :

– synthétisez les grandes idées du développement, de l'analyse détaillée, tant sur le plan de la forme que sur le plan du fond ;

– élargissez, ouvrez votre synthèse vers des textes ou des problèmes voisins.

- N'oubliez pas que c'est la dernière impression que vous laisserez à l'examinateur. Elle doit être très complète, très bien préparée, très bien formulée. Vous devez donc commencer à la rédiger dès que vous aurez terminé votre introduction.

3 La rédaction

- Pour introduire vos parties et ménager des transitions, la rédaction doit transformer chaque titre du plan en une phrase.

- Une transition est constituée de deux éléments :

– une conclusion synthétisant la partie qui précède et qui résout de façon partielle la problématique ;

– l'introduction sous forme interrogative, directe ou indirecte, de la partie qui suit.

- Chaque idée doit être argumentée et illustrée par l'insertion de citations. Proscrivez les citations trop longues.

- Pour éviter la paraphrase et le « psychologisme », le sujet de vos phrases dans le commentaire ne doit pas être le personnage mais l'auteur. Ne dites pas « Chimène pense » mais « Corneille nous présente une Chimène censée penser… ».

- Utilisez le vocabulaire, le langage littéraire, la figure de style adaptés au lieu d'abuser des périphrases lourdes et imprécises.

- Soignez l'insertion des citations pour illustrer, justifier vos réflexions.

Remarque
Attention à ne pas faire disparaître votre plan en rédigeant dans la même phrase des titres de niveau 1, 2 et 3.

Réflexe à avoir
La citation d'un ou plusieurs vers d'un poème doit respecter leur typographie.

Révision express

Les points importants à retenir

Les 3 étapes-clés du commentaire

Étape 1 Je lis et j'analyse le texte.

1. Lecture attentive du texte
2. Situation du texte, paratexte : auteur, œuvre, contexte
3. Nature du texte : genre, type(s), registre(s)
4. Idée générale, thèmes du texte
5. Composition d'ensemble du texte (forme et fond)
6. Relevé des effets et procédés dans une étude linéaire
7. Classement dans un tableau (types, thèmes, tons ou registres) pour mettre en valeur les centres d'intérêt du texte

↓

Étape 2 Je construis le commentaire.

1. Problématique dégagée des centres d'intérêt du texte
2. Plan cohérent, précis et progressif
3. Introduction
   - Amorce, ouverture
   - Présentation du texte : situation, nature, idée générale
   - Problématique : mise en valeur des enjeux du texte et du projet de lecture
   - Annonce du plan du commentaire
4. Conclusion
   - Synthèse des différentes parties
   - Elargissement

↓

Étape 3 Je rédige l'ensemble du commentaire. Je me relis.

Quiz

Cochez la bonne réponse :

1. Le commentaire propose les impressions de l'élève sur un texte littéraire. ☐ vrai ☐ faux
2. L'exercice du commentaire demande des qualités d'observation et d'interprétation. ☐ vrai ☐ faux
3. Le commentaire est construit pour résoudre une problématique à dégager de l'analyse du texte. ☐ vrai ☐ faux
4. Le plan du commentaire suit passivement le mouvement du texte. ☐ vrai ☐ faux

→ Réponses p. 399

COMMENTAIRE

Énoncé

Proposez le plan du commentaire précédé d'une introduction et suivi d'une conclusion.

Clochette est le personnage éponyme. C'est la vieille couturière qui travaille une fois par semaine chez les parents du jeune narrateur.

C'était une haute femme maigre, barbue, ou plutôt poilue, car elle avait de la barbe sur toute la figure, une barbe surprenante, inattendue, poussée par bouquets invraisemblables, par touffes frisées qui semblaient semées par un fou à travers ce grand visage de gendarme en jupes.

Elle en avait sur le nez, sous le nez, autour des yeux, sur le menton, sur les joues ; et ses sourcils d'une épaisseur et d'une longueur extravagantes, tout gris, touffus, hérissés, avaient tout à fait l'air d'une paire de moustaches placées là par erreur.

Elle boitait, non pas comme boitent les estropiés ordinaires, mais comme un navire à l'ancre. Quand elle posait sur sa bonne jambe son grand corps osseux et dévié, elle semblait prendre son élan pour monter sur une vague monstrueuse, puis, tout à coup, elle plongeait comme pour disparaître dans un abîme, elle s'enfonçait dans le sol. Sa marche éveillait bien l'idée d'une tempête, tant elle se balançait en même temps ; et sa tête toujours coiffée d'un énorme bonnet blanc, dont les rubans lui flottaient dans le dos, semblait traverser l'horizon, du nord au sud et du sud au nord, à chacun de ses mouvements.

Maupassant, *Le Horla*, 1887

Méthode

- Le plan choisi doit résoudre une problématique précédemment dégagée.
- Il doit être progressif, s'intéresser d'abord au plus évident pour terminer par le plus profond. Il peut partir de l'observation pour aboutir à l'interprétation.

Corrigé

Introduction

Clochette, c'est le surnom d'Hortense, la vieille couturière du narrateur, c'est aussi le titre de la nouvelle que Maupassant publie en 1887 dans le recueil reprenant le titre du premier conte, *Le Horla*. L'extrait à étudier est situé pratiquement à l'incipit. On verra comment le romancier naturaliste dépasse le réalisme : il nous livre du personnage éponyme une description parfois caricaturale dont le réalisme est transcendé par l'épopée et la poésie, parfois mises à distance par la cocasserie.

> **Gagnez des points !**
> Votre problématique s'intéresse au fond comme à la forme du texte.

I. Une description réaliste

A. Les caractéristiques du personnage

1) L'allure générale.

2) Deux éléments fondamentaux :
- le système pileux hyper-développé sur le visage ;
- sa boiterie exceptionnelle.

B. Le souci du réalisme

1) L'extrême volonté de précision, la recherche du détail juste.

2) L'abondance et la recherche des adjectifs et des participes passés.

II. Une description subjective, parfois cocasse, magnifiée par les tons épique et poétique

A. La subjectivité, les interventions massives du narrateur

« *surprenante* », « *inattendue* », « *invraisemblables* », « *extravagantes* »

B. La dimension épique et parfois cocasse

1) L'ampleur épique :
- grossissement par le recours constant à l'hyperbole : celles qui reflètent les impressions ressenties par le narrateur à l'évocation de sa barbe ; celles qui amplifient les comparaisons et métaphores inspirées par sa boiterie (« *vague monstrueuse* », « *abîme* », « *tempête* », « *traverser l'horizon du nord au sud et du sud au nord* ») ;
- énumérations (surtout dans le 1er paragraphe) : effets d'accumulation, répétitions (« *par* » (lignes 4, 5), « *sur le nez, sous le nez, autour du nez* », « *barbe* » (3 fois), « *boiter* » diversement conjugué).

2) Un aspect caricatural parfois cocasse.

C. La dimension rhétorique et poétique

1) Le recours à la comparaison et à la métaphore.

2) Les effets sonores : allitérations, assonances, échos sonores.

3) Les effets rythmiques qui servent aussi l'ampleur épique :
- la place des adjectifs ;
- les énumérations qui allongent la phrase ;
- le choix de la période inspirée de la phrase latine.

Conclusion

Ainsi, le lecteur retrouve bien dans cette page (grâce à la volonté de précision, la recherche du détail vrai, l'abondance des adjectifs caractérisant le portrait de Clochette), le réalisme presque photographique de Maupassant. Mais le romancier dépasse ici largement cette étiquette : il favorise l'investissement du narrateur et, surtout, il transfigure la vieille couturière en un personnage parfois caricatural et cocasse mais toujours pourvu d'une grandeur épique. Il lui donne une dimension romanesque qui constituera le sujet même de la nouvelle. La création d'une véritable héroïne est servie par une prose poétique qui multiplie les comparaisons, les métaphores, les recherches musicales. C'est le Maupassant peintre de la grandeur des humbles qui s'exprime ici pleinement.

Chapitre 8

L'écriture d'invention

1 Les différents types de sujets d'invention

De quoi s'agit-il ? **C'est l'un des trois sujets d'écriture proposés à l'écrit de l'épreuve de français. Il consiste à rédiger un texte narratif ou argumentatif en respectant certaines contraintes d'écriture.**

À savoir

Le sujet d'invention se réfère toujours à un ou plusieurs textes à prendre pour modèles, en leur empruntant leur forme, leurs procédés, et/ou en s'inspirant du thème qu'ils traitent, selon ce que demande le sujet.

1 Le sujet d'invention narratif

- Si le sujet d'invention est narratif, il s'agit de transformer un texte littéraire lui aussi narratif, par exemple en modifiant le point de vue, ou en le transposant au théâtre, ou en l'actualisant…
- Le sujet d'invention narratif n'est pas une rédaction : il fait moins appel à l'imagination et davantage à la connaissance et la maîtrise des techniques d'écriture.
- Ce n'est pas non plus un exercice de grammaire : si le sujet consiste à transposer un extrait de roman dans le futur, par exemple, le but n'est pas de recopier le texte en mettant tous les verbes au futur !

Remarque

Certains sujets d'invention peuvent mêler narration et argumentation : par exemple, on peut vous demander d'écrire un récit à visée argumentative, comme une fable, un apologue…

2 Le sujet d'invention argumentatif

- Si le sujet d'invention est argumentatif, il s'agit de construire une argumentation solide et pertinente sur un thème libre ou imposé, en donnant à votre texte la forme souhaitée : lettre, discours, dialogue, monologue, préface, article, plaidoyer ou réquisitoire…
- La consigne peut aussi imposer, de manière explicite ou implicite, des modalités d'énonciation (ex : écrire à la première personne), l'utilisation d'un registre (ex : recours au pathétique ou à l'ironie)…

2 Analyser le sujet d'invention : consignes de forme et consignes de fond

De quoi s'agit-il ? **C'est la première étape dans la construction d'un devoir d'invention.**

1 Les consignes de forme

- Repérez dans le sujet tout ce qui concerne la forme que vous devez donner à votre texte :

– modalités d'énonciation (ex : « Vous rédigerez, à la première personne... ») ;

– genre imposé (lettre, article, dialogue...) ;

– registre(s) à employer (ex : « En utilisant le même registre que le texte A... », « En utilisant au moins deux registres distincts... ») ;

– consignes de style (ex : « En imitant le ton polémique de Zola... »).

• Notez ensuite, toujours au brouillon, les contraintes qu'impliquent ces consignes de forme. Si vous devez rédiger une lettre, il faut la présenter d'une certaine manière (date et lieu en haut à droite, suscription centrée, signature en bas à droite), écrire à la première personne, adapter le ton et le style en fonction du destinateur et du destinataire.

2 Les consignes de fond

• Repérez également les consignes de fond : elles concernent le contenu, ce dont il faut parler dans le devoir d'invention.

• Si le devoir d'invention est narratif, il s'agit de ce qu'il faut raconter : une scène de rencontre amoureuse, un voyage...

• Si le devoir d'invention est argumentatif, il s'agit du thème à traiter : les inégalités entre hommes et femmes, les bienfaits de la lecture, l'engagement politique en littérature...

3 Préparer et rédiger un devoir d'invention

De quoi s'agit-il ? Contrairement au commentaire et à la dissertation, un devoir d'invention doit être préparé, puis entièrement rédigé et retravaillé au brouillon avant d'être recopié au propre.

1 Le brouillon préparatoire

• Avant de rédiger, préparez au brouillon les points essentiels de votre devoir d'invention. Notez toutes vos idées, puis triez-les et organisez-les.

• Pour un sujet narratif : notez (éventuellement, sous forme de schéma), les grandes étapes narratives de votre devoir, les passages à développer, les émotions ou les sentiments à exprimer...

• Pour un sujet argumentatif : notez les grandes étapes argumentatives de votre devoir. Ménagez toujours une progression : des arguments les plus simples, les plus évidents, aux arguments les plus forts, les plus marquants.

L'astuce du prof

Le(s) texte(s)-modèle(s) peuvent vous fournir des idées : inspirez-vous en, sans les plagier pour autant.

2 La rédaction du devoir

• Appliquez scrupuleusement les codes d'écriture et de présentation attachés à la forme qui vous est imposée : s'il s'agit d'écrire un article, par exemple, il faut lui donner un titre, le dater et le signer à la fin, utiliser un ton et des procédés journalistiques.

• N'hésitez pas à employer des procédés littéraires (adaptés aux consignes du sujet) pour améliorer votre texte : figures de style, ponctuation expressive, questions rhétoriques, effets de suspense...

• Les qualités rédactionnelles sont très valorisées dans l'évaluation du sujet d'invention, plus encore que dans un commentaire ou une dissertation : soignez particulièrement la correction de la langue (orthographe, grammaire, syntaxe) et l'élégance de l'expression (veillez, par exemple, au niveau de langue).

Remarque

Selon le sujet, le niveau de langue approprié peut être soutenu ou courant, mais on vous demandera rarement d'employer un langage familier.

Révision express

Les points importants à retenir

Les 4 étapes-clés du devoir d'invention

Étape 1 Je lis le sujet et le corpus.

1. Je lis le sujet : repérage du type de sujet (narratif ou argumentatif)
2. Je lis attentivement le corpus : repérage des éléments pouvant aider à traiter le sujet

↓

Étape 2 J'analyse le sujet.

1. J'analyse les consignes de forme : respect des codes du genre, des modalités d'énonciation, des registres et du style
2. J'analyse les consignes de fond : repérage du sujet narratif et/ou thème argumentatif à traiter

↓

Étape 3 Je prépare et je rédige le devoir.

1. Je prépare mon devoir : relevé et organisation des idées au brouillon, prise de note des grandes étapes du devoir, des procédés à employer…
2. Je rédige au brouillon en respectant les critères suivants : consignes de forme et de fond (imitation), production d'un texte de qualité et original (invention), adéquation du style avec le sujet

↓

Étape 4 Je recopie mon devoir au propre et je me relis.

Quiz

Cochez la bonne réponse :

1. Un sujet d'invention peut être narratif ou argumentatif. ☐ vrai ☐ faux
2. La rédaction d'un devoir d'invention est soumise à des contraintes d'écriture. ☐ vrai ☐ faux
3. Il ne faut pas employer de figures de style dans un devoir d'invention. ☐ vrai ☐ faux
4. Les qualités de rédaction et d'expression sont particulièrement importantes dans un devoir d'invention. ☐ vrai ☐ faux
5. Un sujet d'invention doit être entièrement rédigé au brouillon avant d'être recopié au propre. ☐ vrai ☐ faux

→ Réponses p. 399

ÉCRIT D'INVENTION

Énoncé

Transposez le texte suivant dans un registre fantastique, en apportant toutes les modifications que vous jugerez nécessaires, mais en conservant sa structure narrative.

Comme il faisait une chaleur de 33 degrés, le boulevard Bourdon se trouvait absolument désert.

Plus bas, le canal Saint-Martin, fermé par les deux écluses, étalait en ligne droite son eau couleur d'encre. Il y avait au milieu un bateau plein de bois, et sur la berge deux rangs de barriques.

Au delà du canal, entre les maisons que séparent des chantiers, le grand ciel pur se découpait en plaques d'outremer, et sous la réverbération du soleil, les façades blanches, les toits d'ardoises, les quais de granit éblouissaient. Une rumeur confuse montait au loin dans l'atmosphère tiède ; et tout semblait engourdi par le désœuvrement du dimanche et la tristesse des jours d'été.

Deux hommes parurent.

L'un venait de la Bastille, l'autre du Jardin des plantes. Le plus grand, vêtu de toile, marchait le chapeau en arrière, le gilet déboutonné et sa cravate à la main. Le plus petit, dont le corps disparaissait dans une redingote marron, baissait la tête sous une casquette à visière pointue.

Quand ils furent arrivés au milieu du boulevard, ils s'assirent, à la même minute, sur le même banc.

Pour s'essuyer le front, ils retirèrent leurs coiffures, que chacun posa près de soi ; et le petit homme aperçut, écrit dans le chapeau de son voisin : Bouvard ; pendant que celui-ci distinguait aisément dans la casquette du particulier en redingote le mot : Pécuchet.

– Tiens, dit-il, nous avons eu la même idée, celle d'inscrire notre nom dans nos couvre-chefs.

– Mon Dieu, oui, on pourrait prendre le mien à mon bureau !

– C'est comme moi, je suis employé.

Alors ils se considérèrent.

L'aspect aimable de Bouvard charma de suite Pécuchet.

Gustave Flaubert, *Bouvard et Pécuchet*, chapitre I, 1881

Méthode

1 Vous devez réécrire l'incipit de *Bouvard et Pécuchet* de Flaubert.

2 Modifiez le registre (initialement réaliste chez Flaubert) en utilisant un registre fantastique tout au long du texte.

- Variez les procédés : champs lexical du mystère et/ou de la peur ; éléments irrationnels ou surnaturels ; verbes d'apparence (sembler, paraître) qui installent le doute, etc.
- Respectez les modalités d'énonciation : récit à la troisième personne.
- Respectez les étapes narratives du texte de Flaubert : présentation du cadre spatio-temporel ; apparition et description des deux hommes ; rencontre et rapide dialogue entre ces deux hommes ; impression ressentie par l'un des deux hommes à la vue de l'autre.

Corrigé

Comme la nuit était tombée depuis déjà plusieurs heures, la rue du-Sang-qui-coule se trouvait absolument déserte. De temps en temps, la lune perçait les nuages, révélant des échoppes fermées et faisant luire dans le caniveau un mince ruisseau d'eau rougeâtre. Un silence oppressant régnait dans le quartier où le temps semblait s'être arrêté et où toute forme de vie semblait éteinte.

Gagnez des points ! Modifiez le cadre spatio-temporel pour créer une atmosphère fantastique.

Deux hommes parurent.

L'astuce du prof Reprise textuellement, cette phrase-clé contribue parfaitement à l'installation du fantastique.

L'un se faufilait hors d'une petite maison délabrée, l'autre sortait de nulle part. Le plus grand, vêtu d'une ample cape noire dont le col relevé masquait son visage, marchait à grandes enjambées, faisant claquer le talon de ses bottines sur le pavé. Le plus petit, affublé d'un manteau rapiécé, jetait des coups d'œil inquiets autour de lui en avançant à pas furtifs.

Quand ils se croisèrent au milieu de la rue, ils s'arrêtèrent, à la même minute, face à face.

L'astuce du prof Reprenez la structure de certaines phrases.

Pour se dissimuler au regard l'un de l'autre, ils portèrent la main à leurs chapeaux en même temps. Le petit homme aperçut alors, brillant au doigt de l'homme à la cape, une bague étrangement lumineuse, sur laquelle étaient gravées les initiales C.D. Au même moment, ce dernier vit clairement, tatouées à l'encre noire sur le poignet du petit homme, les lettres D.C.

– Voici le pendu, murmura-t-il d'une voix sinistre, son nom est toujours à l'envers.

– Êtes-vous l'homme que je cherche ?

– Je suis celui qu'on trouve lorsqu'on a tout perdu.

Alors, ils se dévisagèrent.

Le rictus de l'homme à la cape fit frissonner le tatoué et glaça son sang dans ses veines.

Gagnez des points ! Le dialogue volontairement banal et réaliste de Flaubert devient ici mystérieux et inquiétant.

ÉCRIT D'INVENTION

Énoncé

Sur le modèle de Joubert, vous écrirez une série de cinq maximes sur un thème de votre choix, que vous préciserez en titre.

« Quand mes amis sont borgnes, je les regarde de profil. »

« Qui n'a pas les faiblesses de l'amitié n'en a pas les forces. »

« Nous perdons toujours l'amitié de ceux qui perdent notre estime. »

« La franchise se perd par le silence, par les ménagements, par la discrétion dont les amis usent entre eux. »

« N'admets les avides ni parmi tes amis, ni parmi tes disciples, car ils sont incapables de sagesse et de fidélité. »

Joseph Joubert (1754–1824), *Maximes et Pensées*

Méthode

- Prenez un thème que vous maîtrisez, qui vous est familier, mais essayez tout de même d'être un peu original (évitez l'amour ou la mort !).
- Respectez les critères formels de la maxime : brièveté, énonciation impersonnelle, utilisation du présent de vérité générale, constructions et figures de style marquantes comme l'antithèse, le parallélisme...
- N'oubliez pas de donner un titre à vos maximes, en fonction du thème choisi.

Corrigé

De la cuisine

« On confond souvent s'alimenter, manger et déguster ; s'alimenter est une nécessité, manger est un plaisir et déguster est une expérience. »

« La cuisine faite avec amour réconforte autant le cœur que le corps. »

« Un plat trop salé est au goût ce qu'un instrument désaccordé est à l'ouïe. »

« Dis-moi comment tu cuisines, je te dirai qui tu es. »

« N'admets les mauvais cuisiniers ni parmi tes amis, ni parmi tes convives, car il te faudra dîner chez les uns comme chez les autres. »

Gagnez des points !
La dernière maxime de Joubert est parodiée, c'est-à-dire imitée et, en même temps, détournée.

Chapitre 9 Restitutions, synthèses, exposés

1 Résumer un livre

De quoi s'agit-il ? Rendre compte du contenu d'une œuvre littéraire (roman, pièce de théâtre, essai...) de manière synthétique, en allant à l'essentiel.

1 Pourquoi résumer un livre ?

- Certains exercices, comme la fiche de lecture, demandent souvent de résumer un livre, ce qui permet d'évaluer non seulement votre compréhension de l'œuvre, mais également votre capacité à restituer de manière claire et cohérente un récit ou un raisonnement. On peut également vous demander un travail d'écriture qui implique de savoir résumer un livre, comme par exemple une critique littéraire.
- Résumer les livres que vous lisez au cours de l'année peut s'avérer très utile pour préparer un contrôle de lecture ou faire des fiches personnelles de révision. C'est aussi un excellent moyen de vous constituer un stock d'exemples pour la dissertation.

2 Comment résumer un livre ?

À savoir

Selon l'objectif visé ou les consignes données, on peut faire un résumé très synthétique, en quelques lignes, ou plus détaillé.

- Quand celui-ci comporte une trame narrative (roman, nouvelle, pièce de théâtre), centrez le résumé sur les événements et les personnages principaux, en essayant de restituer l'atmosphère de l'œuvre.
- S'il développe une thèse argumentée (essai, dialogue philosophique), intéressez-vous au point de vue défendu par l'auteur, aux principaux arguments énoncés, aux exemples les plus parlants.
- Sauf si la consigne précise ou implique le contraire, un résumé doit prendre en compte la totalité de l'œuvre. Vous ne devez pas vous arrêter avant la fin du roman ou le dénouement de la pièce sous prétexte de laisser du suspense.
- Indiquez toujours le titre, le nom de l'auteur, la date de publication et le genre littéraire auquel appartient l'œuvre au-dessus du résumé d'un livre.

2 Faire une synthèse

De quoi s'agit-il ? **Confronter plusieurs documents ou plusieurs textes, pour en fait ressortir les points essentiels.**

1 La synthèse informative

• Vous aurez souvent besoin, au cours de vos années de lycée, de faire la synthèse de plusieurs documents, soit pour préparer un exposé ou une fiche de lecture, soit pour effectuer une recherche personnelle (recherche biographique sur un auteur, sur un mouvement littéraire...).

• Cette synthèse informative doit être objective (restituer fidèlement les informations obtenues) mais rester tout de même personnelle (c'est vous qui sélectionnez, en fonction de vos besoins, les informations que vous jugez nécessaires, qui les reformulez et les organisez).

• Une synthèse doit toujours être structurée : notez, éventuellement, dans un premier temps, tous les éléments d'information en vrac, mais organisez-les ensuite selon un plan ordonné.

2 La question sur corpus

Vocabulaire

▪ **corpus** : ensemble cohérent de textes.

• Une question peut porter sur plusieurs textes littéraires, comme c'est le cas à l'écrit du bac français. Dans ce cas, les compétences d'analyse littéraire doivent être combinées à des compétences de synthèse, de manière à faire ressortir les principaux éléments de réponse en confrontant les textes entre eux.

• L'organisation et la structure de la réponse doivent être synthétiques, c'est-à-dire centrées sur les idées principales, mais il faut également, à l'intérieur de la réponse, justifier ces idées par des citations et des analyses précises des textes.

• La réponse doit toujours être introduite, puis développée en deux ou trois paragraphes correspondants aux deux ou trois arguments principaux, puis conclue.

Remarque

La longueur de la réponse varie en fonction de la taille du corpus et de la complexité de la question, mais on l'estime à environ une demi-page à une page.

À savoir

Les étapes méthodologiques de la synthèse.
▪ Confronter les documents / les textes littéraires.
▪ Noter les informations / les idées principales.
▪ Organiser et structurer la synthèse / la réponse.

3 Construire et présenter un exposé oral

De quoi s'agit-il ? Construire une présentation, à la fois objective et personnelle, basée sur des recherches documentaires.

1 Les recherches préparatoires

- Variez et confrontez plusieurs sources d'information : vous enrichirez votre exposé et éviterez certaines erreurs.
- Notez au fur et à mesure sur une feuille à part les références (titre, auteur, date…) de toutes les sources que vous utilisez : dictionnaires, encyclopédies, œuvres littéraires, manuels scolaires, revues, sites Internet…
- Faites d'abord les recherches les plus larges et les plus approfondies possible, puis sélectionnez ensuite les éléments que vous jugerez essentiels pour traiter votre sujet.

Méthode
Si l'exposé est à rendre par écrit, une bibliographie complète doit figurer à la fin.

Remarque
Si vous rencontrez plusieurs fois un mot inconnu au cours de vos recherches, il s'agit sûrement d'un mot-clé : notez-en la définition.

2 L'élaboration de l'exposé

- Organisez les éléments sélectionnés en faisant un plan détaillé, que vous recopierez au propre une fois terminé pour avoir clairement en tête l'organisation globale de l'exposé.
- Quel que soit le sujet, la structure de l'exposé reste la même : introduction ; plan en 2 ou 3 parties ; conclusion.
- Quand l'exposé porte sur une œuvre, un thème littéraire ou un personnage, faites ressortir une idée directrice, que vous annoncerez dans l'introduction, et qui donnera du sens et de l'intérêt à votre travail.

3 Le passage à l'oral

- Prévoyez une fiche de notes pour le passage à l'oral, sur laquelle vous ferez figurer le plan et les principaux éléments (noms, dates, mots-clés, citations courtes…) sans rédiger de phrases. Ainsi, vous ne serez pas tenté de lire vos notes sans regarder l'auditoire et sans faire l'effort d'expliquer ce que vous dites.
- Entraînez-vous devant un miroir, en minutant votre temps de parole, de manière à éliminer mimiques, gestes parasites, tics de langage… et à être plus sûr de votre texte.
- Soignez votre apparence, la tenue et l'expression, tout en restant naturel.

➔ Révision express

Les points importants à retenir

Modèle de fiche de lecture sur une œuvre littéraire

I. Présentation générale de l'œuvre

1. L'auteur : synthèse biographique (centrer particulièrement sur la période à laquelle il a écrit l'œuvre)
2. Le contexte historique (social, politique, religieux...)
3. Le contexte littéraire (mouvement littéraire) et la réception de l'œuvre (accueil du public à l'époque de l'auteur / aujourd'hui)

II. L'intrigue et les personnages

1. Structure et résumé de l'œuvre
2. Analyse des personnages principaux (informations essentielles, caractérisation, évolution)
3. Analyse d'un passage-clé de l'œuvre

III. Les caractéristiques principales de l'œuvre

1. Étude du titre de l'œuvre
2. Analyse de deux ou trois thèmes centraux (renvoyer à des passages précis de l'œuvre)
3. Opinion personnelle, développée et argumentée (renvoyer à des passages précis de l'œuvre)

Quiz

Cochez la bonne réponse :

1. Savoir résumer un livre peut être utile pour plusieurs types d'exercices. ☐ vrai ☐ faux

2. Le résumé d'une œuvre ne doit pas tenir compte de la structure de l'œuvre. ☐ vrai ☐ faux

3. La « quatrième de couverture » est le bandeau publicitaire, sur lequel se trouve souvent une photo de l'auteur. ☐ vrai ☐ faux

4. Une synthèse doit toujours être organisée et structurée selon un plan. ☐ vrai ☐ faux

5. Un corpus de textes est un ensemble de textes qui n'ont aucun rapport entre eux. ☐ vrai ☐ faux

→ Réponses p. 399

QUESTION SUR CORPUS

Énoncé

Étudiez les stratégies argumentatives mises en œuvre par les auteurs dans les trois textes du corpus pour persuader le lecteur.

Corpus

Texte A. La Fontaine, « Les Animaux malades de la peste », *Fables* (1678), VII, 1

Texte B. Voltaire, *Candide* (1759), extrait du chapitre XIX

Texte C. Beaumarchais, *Le Mariage de Figaro* (1781), acte V, scène 3

Texte A. La Fontaine, « Les Animaux malades de la peste », *Fables* (1678), VII, 1

Un mal qui répand la terreur,
Mal que le Ciel en sa fureur
Inventa pour punir les crimes de la terre,
La Peste (puisqu'il faut l'appeler par son nom)
Capable d'enrichir en un jour l'Achéron,
Faisait aux animaux la guerre.
Ils ne mouraient pas tous, mais tous étaient frappés :
On n'en voyait point d'occupés
À chercher le soutien d'une mourante vie ;
Nul mets n'excitait leur envie ;
Ni Loups ni Renards n'épiaient
La douce et l'innocente proie.
Les Tourterelles se fuyaient :
Plus d'amour, partant plus de joie.
Le Lion tint conseil, et dit : Mes chers amis,
Je crois que le Ciel a permis
Pour nos péchés cette infortune ;
Que le plus coupable de nous
Se sacrifie aux traits du céleste courroux,
Peut-être il obtiendra la guérison commune.
L'histoire nous apprend qu'en de tels accidents
On fait de pareils dévouements :
Ne nous flattons donc point ; voyons sans indulgence
L'état de notre conscience.
Pour moi, satisfaisant mes appétits gloutons
J'ai dévoré force moutons.
Que m'avaient-ils fait ? Nulle offense :
Même il m'est arrivé quelquefois de manger
Le Berger.
Je me dévouerai donc, s'il le faut ; mais je pense
Qu'il est bon que chacun s'accuse ainsi que moi :
Car on doit souhaiter selon toute justice
Que le plus coupable périsse.
– Sire, dit le Renard, vous êtes trop bon Roi ;
Vos scrupules font voir trop de délicatesse ;
Et bien, manger moutons, canaille, sotte espèce,
Est-ce un péché ? Non, non. Vous leur fîtes Seigneur
En les croquant beaucoup d'honneur.

FRANÇAIS

Et quant au Berger l'on peut dire
Qu'il était digne de tous maux,
Étant de ces gens-là qui sur les animaux
Se font un chimérique empire.
Ainsi dit le Renard, et flatteurs d'applaudir.
On n'osa trop approfondir
Du Tigre, ni de l'Ours, ni des autres puissances,
Les moins pardonnables offenses.
Tous les gens querelleurs, jusqu'aux simples mâtins,
Au dire de chacun, étaient de petits saints.
L'Âne vint à son tour et dit : J'ai souvenance
Qu'en un pré de Moines passant,
La faim, l'occasion, l'herbe tendre, et je pense
Quelque diable aussi me poussant,
Je tondis de ce pré la largeur de ma langue.
Je n'en avais nul droit, puisqu'il faut parler net.
À ces mots on cria haro sur le baudet.
Un Loup quelque peu clerc prouva par sa harangue
Qu'il fallait dévouer ce maudit animal,
Ce pelé, ce galeux, d'où venait tout leur mal.
Sa peccadille fut jugée un cas pendable.
Manger l'herbe d'autrui ! quel crime abominable !
Rien que la mort n'était capable
D'expier son forfait : on le lui fit bien voir.
Selon que vous serez puissant ou misérable,
Les jugements de cour vous rendront blanc ou noir.

Texte B. Voltaire, *Candide* (1759), extrait du chapitre XIX

En approchant de la ville, ils rencontrèrent un nègre étendu par terre, n'ayant plus que la moitié de son habit, c'est-à-dire d'un caleçon de toile bleue ; il manquait à ce pauvre homme la jambe gauche et la main droite. « Eh ! mon Dieu ! lui dit Candide en hollandais, que fais-tu là, mon ami, dans l'état horrible où je te vois ? – J'attends mon maître, M. Vanderdendur, le fameux négociant, répondit le nègre. – Est-ce M. Vanderdendur, dit Candide, qui t'a traité ainsi ? – Oui, monsieur, dit le nègre, c'est l'usage. On nous donne un caleçon de toile pour tout vêtement deux fois l'année. Quand nous travaillons aux sucreries, et que la meule nous attrape le doigt, on nous coupe la main ; quand nous voulons nous enfuir, on nous coupe la jambe : je me suis trouvé dans les deux cas. C'est à ce prix que vous mangez du sucre en Europe. Cependant, lorsque ma mère me vendit dix écus patagons sur la côte de Guinée, elle me disait : « Mon cher enfant, bénis nos fétiches, adore-les toujours, ils te feront vivre heureux ; tu as l'honneur d'être esclave de nos seigneurs les blancs, et tu fais par là la fortune de ton père et de ta mère. » Hélas ! je ne sais pas si j'ai fait leur fortune, mais ils n'ont pas fait la mienne. Les chiens, les singes, et les perroquets, sont mille fois moins malheureux que nous ; les fétiches hollandais qui m'ont converti me disent tous les dimanches que nous sommes tous enfants d'Adam, blancs et noirs. Je ne suis pas généalogiste ; mais si ces prêcheurs disent vrai, nous sommes tous cousins issus de germain. Or vous m'avouerez qu'on ne peut pas en user avec ses parents d'une manière plus horrible.

– Ô Pangloss ! s'écria Candide, tu n'avais pas deviné cette abomination ; c'en est fait, il faudra qu'à la fin je renonce à ton optimisme. – Qu'est-ce qu'optimisme ? disait Cacambo. – Hélas ! dit Candide, c'est la rage de soutenir que tout est bien quand on est mal » ; et il versait des larmes en regardant son nègre ; et en pleurant, il entra dans Surinam.

Texte C. **Beaumarchais, *Le Mariage de Figaro* (1781), acte V, scène 3**

Figaro, valet du Comte Almaviva, vient d'épouser une servante, Suzanne. Il croit (à tort) qu'elle a l'intention de le tromper, la nuit même de leurs noces, avec le Comte, qui tente depuis longtemps de la séduire.

FIGARO, *seul, se promenant dans l'obscurité, dit du ton le plus sombre.*

Ô femme ! femme ! femme ! créature faible et décevante !… nul animal créé ne peut manquer à son instinct : le tien est-il donc de tromper ?… Après m'avoir obstinément refusé quand je l'en pressais devant sa maîtresse ; à l'instant qu'elle me donne sa parole, au milieu même de la cérémonie… Il riait en lisant, le perfide ! et moi comme un benêt… Non, monsieur le Comte, vous ne l'aurez pas… vous ne l'aurez pas. Parce que vous êtes un grand seigneur, vous vous croyez un grand génie !… Noblesse, fortune, un rang, des places, tout cela rend si fier ! Qu'avez-vous fait pour tant de biens ? Vous vous êtes donné la peine de naître, et rien de plus. Du reste, homme assez ordinaire ; tandis que moi, morbleu ! perdu dans la foule obscure, il m'a fallu déployer plus de science et de calculs pour subsister seulement, qu'on n'en a mis depuis cent ans à gouverner toutes les Espagnes : et vous voulez jouter… On vient… c'est elle… ce n'est personne. – La nuit est noire en diable, et me voilà faisant le sot métier de mari quoique je ne le sois qu'à moitié ! *(Il s'assied sur un banc.)* Est-il rien de plus bizarre que ma destinée ? Fils de je ne sais pas qui, volé par des bandits, élevé dans leurs mœurs, je m'en dégoûte et veux courir une carrière honnête ; et partout je suis repoussé !

Méthode

1 Repérages

- Il s'agit de **relever** dans les 3 textes les procédés de persuasion, puis de les **analyser**.
- Mots-clés :
  – *les stratégies argumentatives* : les moyens employés par les auteurs pour persuader : argumentation directe / indirecte, registre(s), recours à un système de valeurs positives…
  – *persuader :* tenter d'emporter l'adhésion du lecteur en faisant appel à ses sentiments, à ses valeurs morales et en s'adressant au cœur plus qu'à l'esprit.
- Délimitation du corpus : ici, il s'agit du corpus en entier.

2 Reformulations de la question

- Quelles sont les stratégies de persuasion mises en œuvre par les auteurs des trois textes pour que leur propos frappe et marque le lecteur ?
- Par quels moyens stylistiques et rhétoriques les auteurs des trois textes tentent-ils de toucher le lecteur afin de le convaincre ?
- Comment les auteurs des trois textes s'y prennent-ils pour mettre le lecteur de leur côté ?

Corrigé

Les trois textes du corpus sont des textes argumentatifs qui dénoncent chacun une forme d'injustice et de violence sociale, employant, pour ce faire, différents procédés de persuasion.

> **L'astuce du prof**
> Appuyez-vous sur l'analyse du corpus pour introduire et développer votre réponse.

Tout d'abord, ils relèvent tous les trois, quoique de manières différentes, de l'argumentation indirecte. Dans les textes A et B, la narration, l'histoire racontée, est au service de l'argumentation : la fable de La Fontaine met en scène un procès inique fait par des animaux pour mieux critiquer la justice des hommes ; la rencontre de Candide avec le « nègre » de Surinam permet à Voltaire de dénoncer l'esclavage pratiqué par les pays européens au XVIIIe siècle. Quant à Beaumarchais, il place un discours révolté et révolutionnaire dans la bouche de son personnage principal, utilisant ainsi Figaro comme porte-parole.

> **Gagnez des points !**
> Structurez votre réponse en fonction de vos arguments, plutôt que de consacrer un paragraphe à chaque texte.

De plus, ces textes emploient des registres propres à frapper et toucher le lecteur, comme le registre pathétique. La Fontaine oppose ainsi la douceur, l'humilité et l'innocence de l'Âne injustement condamné à la férocité, à la cruauté et à la mauvaise foi des animaux qui le condamnent. Voltaire insiste par de nombreux termes et modalisateurs sur l'atrocité de la condition de l'esclave : « *ce pauvre homme* », « *l'état horrible où je te vois* », « *cette abomination* ». Les larmes de Candide, à la fin de l'extrait, soulignent également le pathétique de la scène. Figaro émeut le spectateur en comparant les privilèges et la vie facile dont jouit le Comte à sa vie laborieuse et semée d'embûches, apparaissant ainsi comme une victime de l'inégalité sociale (« *et partout je suis repoussé* »).

> **L'astuce du prof**
> Énoncez d'abord l'argument général, puis confrontez les textes pour faire ressortir leurs spécificités.

Enfin, on trouve dans les trois textes des procédés de persuasion variés. La Fontaine a ainsi recours à l'antiphrase pour dénoncer ironiquement la parodie de procès qui est fait à l'Âne : « *Manger l'herbe d'autrui ! quel crime abominable* » (v. 60). L'ironie est également employée par Voltaire, par exemple lorsqu'il nomme le maître de l'esclave « *M. Vanderdendur* », puisque « *avoir la dent dure* » est une expression familière qui signifie être sévère, sans pitié. Le monologue de Figaro, qui s'ouvre par une triple répétition exclamative (« *Ô femme ! femme ! femme !* ») use d'une ponctuation qui le rend particulièrement expressif, alternant les exclamations, les phrases laissées en suspens (« *au milieu même de la cérémonie…* », « *et moi comme un benêt…* ») et les questions rhétoriques (« *Qu'avez-vous fait pour tant de biens ?* », « *Est-il rien de plus bizarre que ma destinée ?* »).

Relevant tous trois de l'argumentation indirecte, ces textes mettent donc en œuvre diverses stratégies argumentatives, qui varient en fonction du genre littéraire et du style propre à l'auteur.

Histoire-géo

Histoire

Géographie

Chapitre 1 Les Européens dans le peuplement de la Terre

1 De l'Antiquité au XIXe siècle

De quoi s'agit-il ? **La préhistoire avait connu une humanité pratiquant le nomadisme. Avec la sédentarisation progressive, des foyers de peuplement se forment et connaissent une croissance lente de leur population jusqu'à la Révolution industrielle.**

Vocabulaire

- **nomadisme :** mode de vie d'une population se déplaçant dans un espace plus ou moins vaste pour y survivre.
- **sédentarisation :** fixation de populations dans un espace précis qu'elles exploitent, cultivent et défendent.

1 Une lente croissance de la population mondiale

- Dès l'Antiquité, les grands foyers de peuplement correspondent déjà aux espaces chinois, indien et euro-méditerranéen, là où la révolution agricole a fait émerger des civilisations nécessitant une organisation sociale et politique complexe. D'autres espaces moins peuplés et moins sédentarisés (Afrique, Asie centrale, Amérique, Océanie) participent à la croissance démographique de l'humanité.

- La croissance mondiale est d'abord lente dans l'Antiquité, à l'époque où les grands empires sont stables (on passe de 150 à presque 300 millions d'habitants). Après une légère baisse due aux mouvements de populations, l'humanité atteint 400 millions vers l'an 1000 puis chute à cause des pandémies de peste autour du XIVe siècle. À partir du siècle suivant, commence une nouvelle ère de croissance : on atteint plus de 850 millions d'habitants à la fin du XVIIIe siècle. Cette croissance devient explosive à partir du XIXe siècle où la population mondiale double (**Doc. 1**).

L'idée à retenir

La population mondiale a connu une croissance continue mais lente avant d'exploser à partir du XIXe siècle, où elle dépasse pour la première fois le milliard.

Doc. 1 **La croissance de la population mondiale**

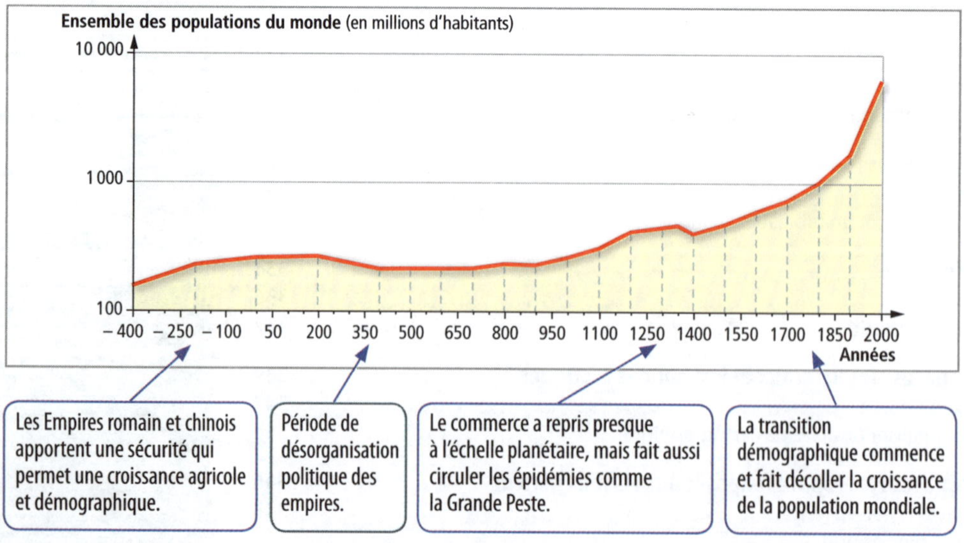

Source : chiffres tirés des travaux de J.-N. Biraben, « Essai sur l'évaluation du nombre des hommes », *Population*, 1979.

2 La place de l'Europe dans cette croissance

- L'Europe a suivi tous les grands mouvements démographiques mondiaux : légère croissance à l'époque de la puissance de l'Empire romain apportant la paix dans le monde euro-méditerranéen, légère baisse avec la chute de celui-ci, reprise médiévale avec l'essor du commerce, Grande Peste de 1347-1354 qui décime le tiers de la population, nouvelle croissance à partir du XVe siècle.
- Au XIXe siècle, elle inaugure la transition démographique : des progrès dans la médecine (travaux du britannique Edward Jenner, ou du biologiste français Louis Pasteur (1822-1895) qui a expliqué le principe de la vaccination), l'alimentation, l'hygiène permettent de faire chuter notablement la mortalité. La natalité reste élevée, par tradition. Cela débouche sur une véritable explosion démographique : l'Europe passe de 180 millions à 450 millions d'habitants.
- Cette croissance ralentit légèrement à la fin du XIXe siècle quand la natalité diminue à son tour (on faisait auparavant beaucoup d'enfants parce que beaucoup mouraient jeunes, ce qui est moins le cas) et par changement dans les mentalités (nouveaux modes de vie, déclin de la religion).

L'idée à retenir

La population européenne a connu une croissance semblable à celle de la population mondiale.

Edward Jenner (1749-1823) : médecin anglais ayant pratiqué la première vaccination en Europe.

Vocabulaire

- **transition démographique :** situation dans laquelle une population passe d'un niveau élevé à un niveau bas de natalité et de mortalité.

2 Les émigrations européennes

De quoi s'agit-il ? Le peuplement de la Terre s'est fait par croissance démographique, mais aussi par des migrations, en particulier d'un continent à l'autre.

1 Les Européens et le phénomène migratoire au XIXe siècle

- L'Europe, située à une extrémité du grand continent eurasiatique, a été un espace régulièrement envahi par des populations diverses : Celtes, Germains, Slaves, Mongols, etc. Mais la croissance explosive du XIXe siècle pousse une partie de la population, malgré le développement économique, à émigrer.
- L'émigration européenne se déverse sur tout la planète au XIXe siècle. Une partie du processus de colonisation a pour objet d'installer des Européens en Afrique ou en Asie. Les Amériques reçoivent près de 60 millions d'émigrants (Britanniques, Allemands, Slaves, Italiens…) dont plus de la moitié aux États-Unis, qui construisent alors leur espace national.

Vocabulaire

- **émigrer :** quitter son pays.
- **immigrer :** entrer dans un autre pays.

2 Deux cas d'émigration

- Le cas des **Irlandais** : ils quittent leur pays sous domination anglaise pour des raisons politiques, mais surtout à la suite d'une grande famine qui touche l'île au milieu du XIXe siècle.
- Le cas des **Italiens** : les plus pauvres cherchent à améliorer leur sort en quittant un pays qui est en pleine évolution, économique mais aussi politique (l'unification des différents États italiens n'est achevée qu'en 1871).

• Les destinations de ces deux émigrations couvrent l'ensemble de la planète, jusqu'en Océanie, en Asie ou en Afrique (alors sous l'emprise coloniale des Européens), mais plus généralement vers les Amériques, États-Unis en tête (**Doc. 2**).

• Leur intégration n'est pas aisée. Ils travaillent en tant que prolétaires comme ouvriers agricoles ou comme ouvriers dans les mines et les usines. Les réactions xénophobes sont fréquentes et une communauté italienne très organisée conserve une identité forte, surtout aux États-Unis.

L'idée à retenir

Les Européens ont connu au XIXe siècle un fort mouvement d'émigration.

Vocabulaire

- **prolétaire :** qui ne possède que sa force de travail.
- **xénophobie :** peur, haine de l'étranger.

Doc. 2 **L'émigration européenne au XIXe siècle**

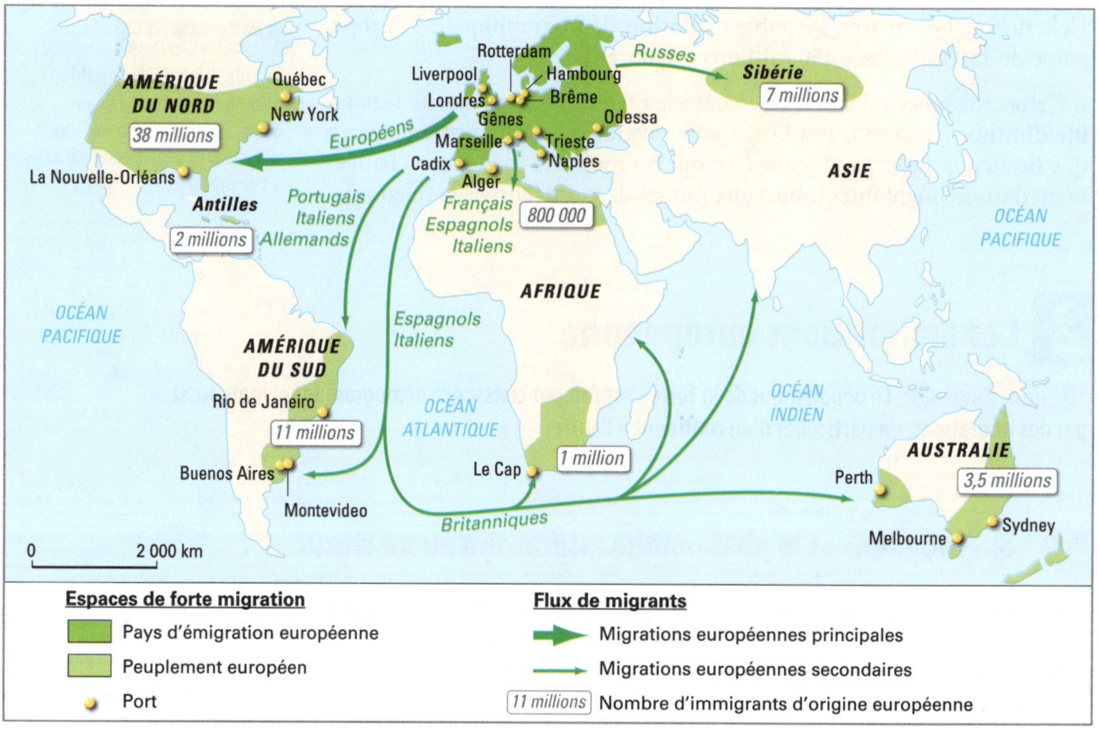

Révision express

Les dates importantes

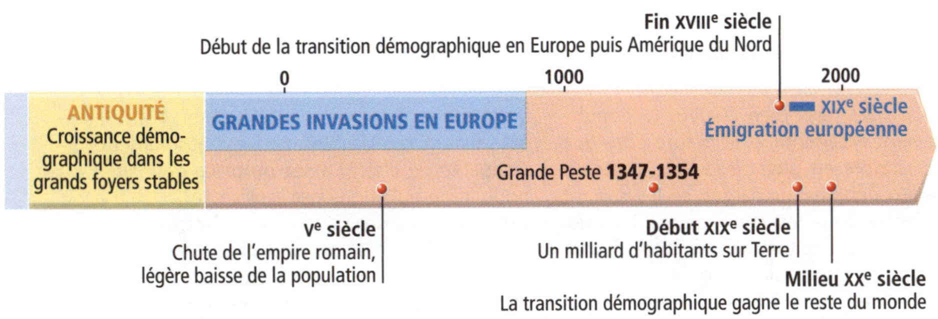

Les points importants à retenir

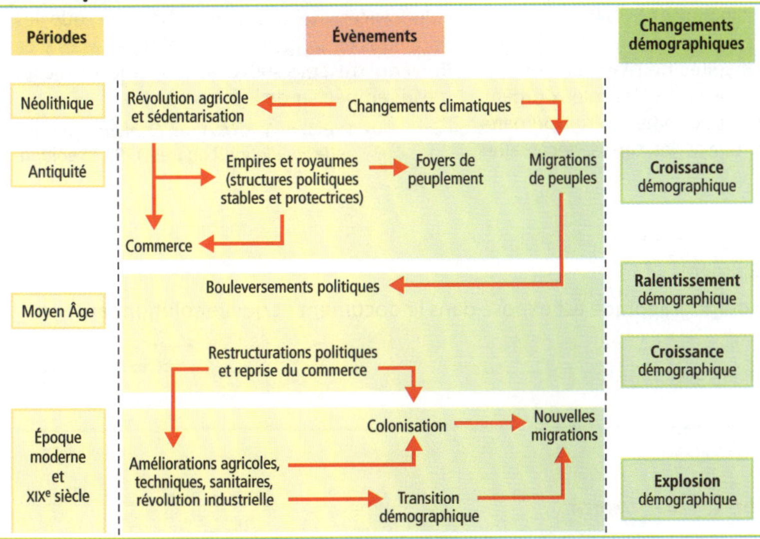

Quiz

1. Quand la population mondiale a-t-elle dépassé le milliard ?

....

2. Quel empire a permis une croissance démographique en Europe dans l'Antiquité ?

....

3. Combien de millions d'habitants l'Europe compte-t-elle à la fin du XIXe siècle ?

....

→ Réponses p. 399

HISTOIRE-GÉO

EXERCICE GUIDÉ

Analyse d'un texte avec un questionnaire

Sujet

Document

L'émigration, une solution au problème de subsistance de l'humanité ?

Si dans les pays bien cultivés la population devient excédentaire, la nature offre une solution simple en ouvrant la voie de l'émigration aux peuples surchargés, en les invitant à s'implanter dans les lieux encore incultes. Comme ces lieux sont immenses et très faiblement peuplés, cette solution peut apparaître, à première vue, comme très suffisante. [...] À peine trouverait-on en Europe un pays dont les habitants ne cherchent pas à améliorer leur sort en émigrant. Ces pays, qui ont plutôt trop que trop peu d'habitants par rapport à leur production, ne s'offrent aucune possibilité d'émigration réciproque. [...] Pouvons-nous croire que, dans les parties incultes de l'Asie, de l'Afrique ou de l'Amérique, les efforts les mieux organisés puissent suffire pour améliorer et préparer en aussi peu de temps les terres nécessaires à l'entretien d'une pareille population ? [...] Il est évident que l'émigration est absolument incapable de libérer assez de place pour une population qui augmente sans cesse. [...] Il n'y a donc pas lieu de craindre qu'elle entraîne une dépopulation : [...] on peut être certain [que l'homme] ne songera pas à émigrer s'il n'y est contraint par des mécontentements politiques ou l'extrême pauvreté ; et dans ce cas, il est même utile à sa patrie qu'il s'en aille. [...] Si le [revenu] est tel, dans un pays, qu'il permette aux basses classes de vivre sans éprouver de souffrances, nous pouvons être sûrs que les individus ne songeront pas à émigrer. Mais si ce [revenu] n'est pas suffisant, il est cruel et injuste de les empêcher de le faire.

Extrait de T. R. Malthus, *Essai sur le principe de population*, Londres, 1798, 2e édition.

Questions

1. Présentez le document.

2. Quel problème démographique est exposé dans le document et quelle solution l'auteur envisage-t-il ?

3. L'auteur soutient-il cette solution ?

Méthode

1 Identification du document

- La question 1 consiste en une identification du document : type de document, époque, auteur, thème principal du texte ou, si vous le connaissez, de l'ouvrage dont il est extrait, pour avoir un recul critique sur le document.
- Attention : conventionnellement, les titres d'ouvrage ou de revue sont en italique, mais sur votre copie, vous devez souligner ces titres.

2 Thème et idée principale

La question 2 a pour objectif de dégager le thème et l'idée générale du texte.

3 Analyse détaillée

- La question 3 consiste en une analyse plus poussée et critique du document.
- Concluez toujours votre analyse par une phrase qui résume l'essentiel de ce que le document peut apporter au sujet que vous examinez.

Corrigé

1. Le document est un texte, extrait de l'*Essai sur le principe de population* écrit par le pasteur et économiste anglais T.-R. Malthus en 1798. Dans cet ouvrage, il se penche sur la question de la croissance démographique et des conséquences économiques et sociales de celle-ci, en particulier, la pauvreté.

Bien comprendre
La 2e question consiste à résumer l'idée générale du document. Malthus aborde une des possibilités évoquées à son époque et qui sera effectivement utilisée massivement par les Européens au siècle suivant.

2. Dans ce texte, l'auteur se préoccupe des situations démographiques qu'on pourrait aujourd'hui qualifier de surpopulation : il parle de « peuples surchargés », de population « excédentaire », sous-entendu par rapport aux moyens disponibles pour les alimenter (si le pays est déjà « bien cultivé »). Il examine dans ce cas une solution envisageable pour alléger ce poids démographique : l'émigration.

L'émigration, c'est l'installation de population dans un autre espace. L'auteur signale d'ailleurs que cette tentation touche déjà beaucoup d'Européens (« À peine trouverait-on en Europe un pays dont les habitants ne cherchent pas à améliorer leur sort en émigrant »). Cependant, l'Europe n'offrant pas d'espace d'accueil, il précise que cette émigration doit aller vers d'autres continents (Asie, Afrique, Amérique). Il cite comme facteurs essentiels de l'émigration : les difficultés sociales, la misère (causée selon sa théorie par le problème de la surpopulation), mais aussi des causes politiques (« on peut être certain [que l'homme] ne songera pas à émigrer s'il n'y est contraint par des mécontentements politiques ou l'extrême pauvreté »).

Méthode
La 3e question nécessite une analyse plus poussée et déjà critique du document. L'auteur ne fait pas qu'une description neutre du phénomène d'émigration, il donne son avis sur le sujet. Il s'agit donc de relever les arguments qu'il utilise (citez le texte).

3. La solution de l'émigration ne semble pas convaincre l'auteur : il doute qu'on puisse aménager les espaces extra-européens (continents cités) assez vite pour accueillir le trop-plein européen, et il estime que le rythme de croissance de la population européenne est tel que l'émigration sera insuffisante à l'alléger (« Il est évident que l'émigration est absolument incapable de libérer assez de place pour une population qui augmente sans cesse. […] Il n'y a donc pas lieu de craindre qu'elle entraîne une dépopulation »). Cependant, il ne s'oppose pas à l'émigration en soi : à la fin, il dit que les hommes n'émigreront pas s'ils ont chez eux des revenus suffisants, mais « si ce [revenu] n'est pas suffisant, il est cruel et injuste de les empêcher de le faire », estimant plus haut : « et dans ce cas, il est même utile à sa patrie qu'il s'en aille ». Malthus n'est pas opposé à l'émigration des Européens, il estime simplement qu'elle n'est pas une solution efficace au problème de surpopulation qu'il annonce. Cependant, on sait que l'émigration européenne sera importante au XIXe siècle, dans le cadre de la colonisation mais surtout de l'installation en Amérique, États-Unis en tête. Le nombre total de migrants vers le monde a pu alors représenter entre 15 à 20 % de la population européenne.

Chapitre 2 La citoyenneté dans l'Antiquité

1 La citoyenneté à Athènes

De quoi s'agit-il ? Le citoyen est né de parents citoyens ; il vote, combat et honore les dieux. Les citoyens sont égaux devant la loi.

1 Une démocratie

Périclès (495-429 av. J.-C.) : stratège qui gouverne Athènes de 463 à 429 av. J.-C.

- La démocratie athénienne est née des réformes de Solon (594 av. J.-C.), Clisthène (507 av. J.-C.) et Périclès (463-429 av. J.-C.). Les citoyens se réunissent en assemblée (Ecclesia) pour voter les lois et être tirés au sort pour devenir magistrats.
- 500 magistrats préparent les lois à la Boulê et 6 000 autres jugent à l'Héliée. Un citoyen pauvre peut exercer une magistrature car le magistrat perçoit une indemnité. Les seuls magistrats élus sont les 10 stratèges (chefs militaires) qui dirigent la cité.
- Le citoyen de 20 à 50 ans a comme devoir de faire la guerre : le pauvre comme rameur, le citoyen moyen comme fantassin et le riche comme cavalier. Lors des guerres médiques, qui opposent les Grecs et les Perses, ce sont les citoyens moyens à Marathon (490 av. J.-C.) et les rameurs à Salamine (480 av. J.-C.) qui ont permis la victoire : leur rôle politique va donc s'affirmer face aux riches citoyens.
- Un culte est rendu à la déesse Athéna, déesse poliade (protectrice de la cité). Tous les ans sur l'Acropole se tiennent en son honneur les Panathénées, festivités religieuses et sociales.

Vocabulaire

- **Boulê : conseil de la cité qui examine les projets de loi ou de décrets avant de les soumettre au vote de l'Ecclesia.**
- **Héliée : tribunal du peuple.**

2 La citoyenneté est en fait un privilège

- Les femmes de citoyens participent au culte poliade, tout comme les enfants, mais n'ont aucun droit politique. Les garçons reçoivent une éducation intellectuelle et physique, mais les filles restent confinées au gynécée (partie de la maison réservée aux femmes), comme leur mère.
- Les étrangers installés à Athènes sont appelés les métèques. Ils n'ont aucun droit politique, mais ils participent au culte civique, paient les impôts et combattent comme rameurs ou fantassins ; certains deviennent citoyens.
- Les esclaves sont plus nombreux que les citoyens. Ils n'ont aucun droit, même si leur situation est meilleure qu'à Rome. Ceux qui travaillent dans les champs et dans les mines ont une vie plus difficile que ceux qui travaillent en ville ; ces derniers peuvent être affranchis (libérés par leur maître).

L'idée à retenir

40 000 citoyens ont le pouvoir dans une ville de 300 000 habitants.

3 Un idéal démocratique menacé

- Le pouvoir est monopolisé par les nobles, comme Périclès, et les riches citoyens. Athènes exerce son impérialisme aux dépens des autres cités, ce qui conduit à la guerre du Péloponnèse (431-404 av. J.-C.).
- Les citoyens à la fin du ve siècle av. J.-C. remplissent mal leurs devoirs : ils ne veulent plus défendre la cité, vont rarement voter et élisent des démagogues. La démocratie athénienne finit par disparaître en 338 av. J.-C., après la défaite de Chéronée face au roi de Macédoine.

Vocabulaire
- **impérialisme :** politique qui permet à un État de s'imposer sur le plan politique, économique ou culturel.
- **démagogue :** qui fait des promesses, flatte et excite le peuple pour être élu.

2 La citoyenneté dans l'empire romain (Ier-IIIe siècles)

De quoi s'agit-il ? Après l'assassinat de Jules César, Auguste arrive au pouvoir et devient le premier empereur romain. Il cumule tous les pouvoirs, et les citoyens romains se contentent de jouir des privilèges de la citoyenneté.

Auguste (63 av. J.-C.-14 ap. J.-C.) : fils adoptif de César et premier empereur.

1 L'empereur a tous les pouvoirs

- L'empereur porte tout d'abord des titres militaires. « Empereur » est le titre du général victorieux, acclamé sur le champ de bataille par ses troupes.
- Il porte ensuite des titres politiques. Il cumule toutes les magistratures de l'ancienne Rome républicaine (consul…).
- Il porte enfin des titres religieux. Auguste et tous ses successeurs revêtent la charge de grand pontife (chef de la religion romaine).

Vocabulaire
- **magistrature :** fonction de commandement à laquelle accède le citoyen par élection ou tirage au sort.
- **consul :** chef de l'armée et de la cité sous la République.

2 Une citoyenneté romaine sans contenu politique

- Le sénat a un rôle exclusivement honorifique. Les citoyens ne votent plus et ne combattent plus : c'est une armée professionnelle qui garde les frontières et assure la paix dans l'Empire.
- Le citoyen profite des bienfaits que dispense l'empereur : l'annone (distribution de blé gratuit), les thermes et les spectacles du Colisée ou du Grand cirque.

3 Une citoyenneté municipale active

- Le citoyen n'a plus de pouvoir à Rome mais à l'échelle locale, il participe au gouvernement des cités de province. Auguste accorde la citoyenneté romaine aux habitants libres de l'Italie, Claude en 47 la donne aux élites municipales de la Gaule et Caracalla en 212 l'étend à tous les habitants libres de l'empire qui n'étaient pas encore citoyens (Édit de Caracalla).
- Les élites municipales ont un mode de vie inspiré de Rome : elles parlent grec ou latin, elles financent les nombreux monuments (forum, temples, thermes, théâtre, statues, cirque) et les spectacles inspirés de ceux de Rome.

Révision express

Les dates importantes

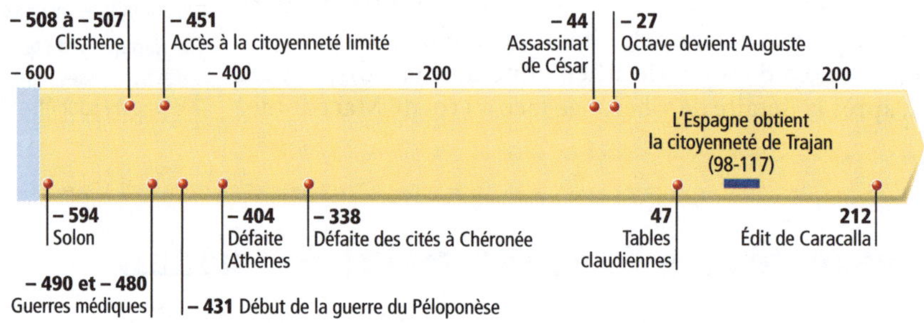

Les points importants à retenir

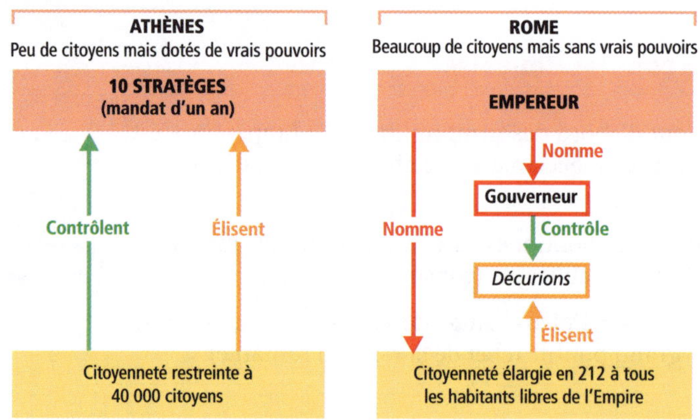

Quiz

1. Périclès a exercé la fonction de stratège. ☐ vrai ☐ faux
2. Les stratèges sont tirés au sort. ☐ vrai ☐ faux
3. L'empereur régnant est le chef de la religion romaine. ☐ vrai ☐ faux
4. Un affranchi peut devenir citoyen à Rome. ☐ vrai ☐ faux

→ Réponses p. 399

EXERCICE GUIDÉ

Confronter des documents

Énoncé

Documents

Doc. 1 La condition de la femme athénienne

Elle n'avait pas encore 15 ans quand elle entra chez moi. Auparavant, elle avait vécu strictement surveillée, afin qu'elle ne vît, n'entendît, ne questionnât que le moins possible. [...]

« Dieu, lui dis-je, a selon moi approprié la nature de la femme aux travaux et aux soins de l'intérieur, et celle de l'homme à ceux du dehors. »

Xénophon, *Économique*, chap. VII, trad. P. Chambry, Garnier, 1967.

Doc. 2 La démocratie athénienne selon Thésée

Cette cité n'est pas gouvernée par un seul homme ; elle est libre. Le peuple y est roi ; chacun reçoit à tour de rôle le pouvoir pour un an. Elle n'accorde aucun privilege à la fortune, mais le pauvre et le riche y possèdent des droits égaux. [...] Avec des lois écrites, le faible et le riche ont des droits égaux. Il est permis aux plus faibles de répondre à l'homme favorisé de la fortune, quand il les insulte. La victoire est au petit sur le grand, quand il a le droit pour lui. La liberté, la voici : « Qui veut, pour le bien de la cité, apporter une proposition motivée ? » Alors qui désire parler se met en lumière ; qui ne le veut pas se tait. Où trouver plus d'égalité entre les citoyens ?

Euripide, *Les Suppliantes*, v. 404 et suivants, vers 422 av. J.-C.,
trad. H. Berguin et G. Duclos, Garnier, 1966.

Questions

1. Identifiez les éléments de présentation des deux documents ci-dessus en répondant aux questions suivantes :

a. Qui sont les auteurs des documents ?

b. Quelle en est la nature ?

c. Quel en est le contexte ?

d. Qui est Thésée ?

e. À quel public s'adresse *Les Suppliantes* ?

2. Rédigez deux paragraphes sur les idées que l'on peut tirer de la confrontation entre ces données et les documents.

Méthode

1 Réunissez tout d'abord les éléments nécessaires pour répondre à chaque question. Une brève recherche dans un dictionnaire peut suffire pour répondre. Une recherche sur Internet est possible, mais risque de vous donner trop de détails. Dans tous les cas, si vous effectuez une recherche sur Internet, vous devez vérifier les informations (d'un site comme Wikipedia, par exemple) en les recoupant avec les données d'un autre site.

2 Utilisez ces éléments pour rédiger deux paragraphes de quelques lignes chacun : c'est suffisant pour bien présenter ces documents.

Corrigé

1. Les éléments de présentation de ces deux documents sont les suivants :

a. Auteurs : Xénophon (430-355 av. J.-C.) est un mercenaire et historien grec ; Euripide (480-406 av. J.-C.) est un auteur tragique plusieurs fois primé au concours de théâtre organisé lors des Dionysies, fêtes organisées en l'honneur de Dionysos.

b. Nature : L'*Économique* est un livre qui présente le fonctionnement d'une exploitation agricole et les relations entre le propriétaire, sa femme et leurs employés ; *Les Suppliantes* est une tragédie dans laquelle les mères des Argiens tués devant Thèbes viennent demander aux Athéniens d'intervenir pour qu'on leur rende les corps de leurs fils.

Vocabulaire utile

- **mercenaire :** soldat combattant contre une rémunération.
- **Argien :** originaire de la cité d'Argos.

c. Contexte : Xénophon écrit l'*Économique* à la fin de sa vie, vers 362 av. J.-C., alors que les cités grecques menacent de disparaître. Euripide écrit *Les Suppliantes* vers 422 av. J.-C. alors que le modèle de la cité athénienne vacille.

d. Personnage : Thésée est le héros fondateur de la cité et de ses institutions.

e. Public : La pièce *Les Suppliantes* est représentée devant les Athéniens, et flatte leur patriotisme.

2. Xénophon écrit au début du IVe siècle un traité d'économie, un texte qui traite du fonctionnement d'une exploitation agricole. C'est de façon détournée qu'il défend l'idée que les droits politiques sont réservés aux hommes et interdits aux femmes.

Euripide écrit *Les Suppliantes* à la fin du Ve siècle, alors que la cité d'Athènes est en crise. La pièce est jouée devant un public composé de citoyens d'Athènes ; la représentation est organisée à l'occasion d'une fête majeure du culte poliade, les Dionysies. Représenter une pièce où Thésée, le héros légendaire fondateur de la ville et de la démocratie, rappelle les valeurs fondatrices de la cité, permet donc de réaffirmer l'excellence du modèle démocratique athénien.

Gagnez des points
La référence aux Dionysies, trouvée lors de la recherche, doit être reprise et expliquée.

Chapitre 3

Sociétés et culture de l'Europe médiévale (XIe-XIIIe siècles)

1 La chrétienté médiévale

De quoi s'agit-il ? Au XIIe siècle, l'autorité de l'Église s'exerce à une large échelle, mais des tensions surgissent avec les États. Les réformes successives prouvent le dynamisme de l'Église mais aussi ses insuffisances persistantes.

Vocabulaire

- **réforme :** retour à un passé idéal, celui de l'Église primitive, censée être plus fidèle au message de Jésus.

1 L'Église du XIe au XIIIe siècle

- La réforme grégorienne, lancée par le pape Grégoire VII à la fin du XIe siècle, impose au clergé ségulier le célibat que respectait déjà le clergé régulier ; elle affirme l'autorité de l'Église face au pouvoir politique. L'Europe se couvre de monastères qui sont des foyers intellectuels et des centres économiques.
- Cependant, la réforme est inégalement appliquée. Les rois ne renoncent pas à contrôler le pouvoir religieux, politique et économique dont dispose un évêque ou un abbé. Les hérésies contestent l'autorité et les abus de l'Église.
- Les ordres mendiants, comme de nombreux autres mouvements de réforme du Moyen Âge, entendent répondre aux manquements de l'Église. François d'Assise fonde l'ordre des Franciscains, et Dominique de Guzman celui des Dominicains. Les ordres mendiants vivent de la charité des fidèles, organisent une prédication adaptée au public auquel ils s'adressent et se déplacent de ville en ville.
- L'Inquisition, tribunal religieux créé en 1231, combat les hérétiques, les musulmans, les juifs et les sorciers.

Vocabulaire

- **clergé séculier :** prêtres vivant avec les laïcs.
- **clergé régulier :** moines suivant une règle qui partage leur vie entre prière et travail.
- **hérésie :** doctrine religieuse condamnée par l'Église.

François d'Assise

(1182–1226) : fondateur de l'ordre des Franciscains.

2 Croyances et pratiques religieuses : Sainte-Foy de Conques

- Au XIe siècle, le pèlerinage est une pratique qui se développe rapidement. Les croyants voyagent vers les lieux sacrés afin d'expier leurs fautes et de se préparer à comparaître devant Dieu.
- Conques est un haut lieu de la chrétienté médiévale, situé sur la route de Compostelle, l'un des trois grands sites de pèlerinage avec Rome et Jérusalem. L'abbatiale de Conques abrite les reliques d'une martyre, sainte Foy.
- Le tympan, situé sous la voûte de l'église, rappelle aux fidèles (souvent illettrés) ce qu'est le Jugement dernier (**Doc. 1**).

Vocabulaire

- **relique :** corps d'un saint, vêtement qu'il a porté ou objet qu'il a touché.

HISTOIRE-GÉO

Doc. 1 *Le Jugement dernier*, tympan de l'abbatiale de Conques, XIIe siècle

2 Sociétés et cultures rurales en Europe

De quoi s'agit-il ? **Après l'an 1000, l'agriculture se développe et la population augmente. La seigneurie s'est imposée comme la base de l'organisation économique et sociale.**

1 Le monde rural (XIe-XIIe siècles)

- Une période de climat plus chaud, qui s'étend du IXe au XIVe siècle, favorise les récoltes. Malgré des disettes épisodiques, la population double quasiment entre le XIe et le XIVe siècle.
- L'agriculture devient plus efficace grâce au progrès technique. Le joug, une barre de bois fixée à la tête des bœufs, et le collier d'attelage pour les chevaux permettent de mieux labourer en utilisant une charrue. Le moulin à eau, puis le moulin à vent, au XIIe siècle, fournissent une force motrice supérieure. Cependant, ces progrès techniques ne bénéficient pas aux régions pauvres.
- Une agriculture spéculative apparaît dans certaines régions, qui se spécialisent dans l'horticulture, l'élevage du mouton (Angleterre) ou la viticulture (Seine, Garonne). Ces produits sont vendus en ville ou exportés.

Vocabulaire

- **agriculture spéculative : qui produit pour un marché urbain ou pour l'exportation.**

2 La seigneurie

- La seigneurie est la base de l'organisation économique et sociale. Le seigneur, profitant de l'effacement du pouvoir royal, s'est imposé comme protecteur de la communauté. Puisqu'il protège, il a pris le contrôle de la terre.

• Le paysan doit verser une redevance au seigneur pour les terres qu'il exploite (le cens), des péages, des droits banaux et assurer des corvées.

• Il existe des tensions entre le seigneur et les paysans à propos des corvées et des droits seigneuriaux. Des conflits apparaissent également entre les paysans pauvres et les paysans aisés qui profitent du progrès.

• Les seigneurs sont en compétition avec d'autres seigneurs pour attirer la main-d'œuvre nécessaire aux défrichements, qui permettent de gagner des terres. Les villes (en Italie) ou le roi (en France ou en Angleterre) profitent de ces tensions pour intervenir.

Vocabulaire

- **droits banaux :** taxes pour l'utilisation du moulin, du four et du pressoir du seigneur.

3 La féodalité

• Le vassal doit à son seigneur la sécurité : ne pas porter atteinte à son pouvoir, à son honneur, à sa famille et à ses biens. Il lui doit le conseil : participer à sa cour et le conseiller. Enfin, il lui doit l'assistance : une aide en cas de guerre et de l'argent pour le mariage de sa fille, son départ en croisade ou le versement d'une rançon s'il est capturé.

• Le seigneur en contrepartie fournit un fief au vassal. Le vassal qui ne respecte pas ses obligations (le « félon ») se voit confisquer ce fief. Le seigneur doit garantir la sécurité du vassal, assurer le respect de ses droits et l'aider à trouver une épouse digne de son rang.

• Des cérémonies permettent de concrétiser les liens noués entre le seigneur et ses vassaux. Lors de l'hommage, le vassal place ses mains dans celles du seigneur et se met ainsi à sa merci. Il prête serment, signe un texte, et reçoit un objet qui symbolise son fief.

• Les vassaux prêtent hommage à plusieurs seigneurs et reçoivent ainsi plusieurs fiefs : l'hommage-lige permet alors de désigner le seigneur auquel le vassal doit prioritairement fidélité. Le pouvoir royal utilise ce moyen pour s'affirmer au XIIe siècle et décider en dernier ressort.

Vocabulaire

- **vassal :** seigneur lié à un seigneur plus puissant, son suzerain.
- **fief :** bien constitué de terres, de revenus d'un impôt, d'un péage, etc…

4 La chevalerie

• La chevalerie s'est peu à peu identifiée à la noblesse. Celui qui sait manier les armes et possède un cheval, animal fragile et coûteux, a du pouvoir. Il peut protéger les non-combattants et aider un seigneur à imposer son autorité.

• Le chevalier respecte un code élaboré par l'Église pour canaliser la violence des guerriers. Il prête serment sur les Évangiles de défendre les faibles et de servir l'Église.

• Une littérature chevaleresque célèbre cet idéal. Elle abonde au XIIe siècle (Chrétien de Troyes) au moment même où la féodalité décline ; elle représente une réponse à ce que les nobles ressentent comme une perte de l'idéal chevaleresque et leur permet de réaffirmer leur supériorité.

Vocabulaire

- **chevalerie :** il s'agit d'abord d'une force militaire ; elle devient ensuite un groupe social et une institution avec ses rites.
- **Chrétien de Troyes :** auteur français de romans de chevalerie, comme *Perceval ou le Conte du Graal*.

3 Sociétés et cultures urbaines

De quoi s'agit-il ? La ville est le lieu où s'exprime de la façon la plus visible le dynamisme retrouvé de l'Occident après l'An mille. Cet essor s'accompagne de tensions entre les villes et les seigneurs, et à l'intérieur des villes.

1 La ville : un pôle d'échanges

- Le renouveau des villes après l'An mille est lié à la croissance des campagnes : la ville est avant tout le lieu où s'échangent les produits des campagnes et où le seigneur dépense l'argent qu'il retire de sa seigneurie.
- La ville commerce aussi à plus longue distance, le long des fleuves en particulier ou par la mer. Les villes les plus prospères sont celles qui sont insérées dans les circuits du grand commerce international. Les villes italiennes (Venise, par exemple) contrôlent en particulier celui des épices et des produits de l'Orient.
- Les villes héritées de l'Antiquité recommencent à se développer (Paris) et des villes nouvelles (bastides du Sud-Ouest en France) sont fondées pour sécuriser une frontière ou à la suite de défrichements.

Vocabulaire

- **épices : tous les produits coûteux sous un faible volume (épices au sens moderne, mais aussi colorants, sucre de canne, etc.).**

2 Le pouvoir croissant des bourgeoisies

- Les villes contraignent les seigneurs à leur accorder des chartes de franchise. Elles ont leur gouvernement et des murailles et la tour communale concurrence celle du château du seigneur et celle de la cathédrale de l'évêque.
- Les contrastes sociaux s'accroissent et les relations se tendent entre les nobles, les grandes familles bourgeoises, les artisans et boutiquiers, la masse des pauvres et enfin les exclus.

Vocabulaire

- **charte de franchise :** document qui exempte une ville de taxes, de droits, etc. à l'égard du seigneur.

3 Deux villes d'Europe

- Grenade devient capitale du royaume musulman d'Andalousie quand s'effondre le califat de Cordoue. Les marchands et artisans se regroupent par rues, formant un marché : le souk. La ville est un centre commercial prospère, au centre d'une riche région agricole irriguée. C'est aussi une capitale culturelle et artistique.
- Palerme est une ville métissée, romaine, puis byzantine, devenue musulmane en 831 avant d'être conquise par les normands au XIe siècle. On y trouve des mosquées, un souk, des bains, une cathédrale orthodoxe et des églises latines. Les rois normands font appel à des artisans grecs et arabes pour leurs monuments.
- Les deux villes prospèrent grâce à l'irrigation des campagnes environnantes et au commerce avec le reste de la Méditerranée. Ce sont aussi des centres culturels renommés.

Révision express

Les dates importantes

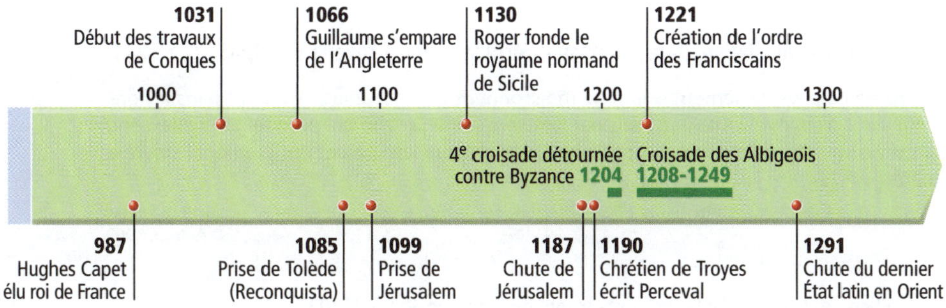

Les points importants à retenir

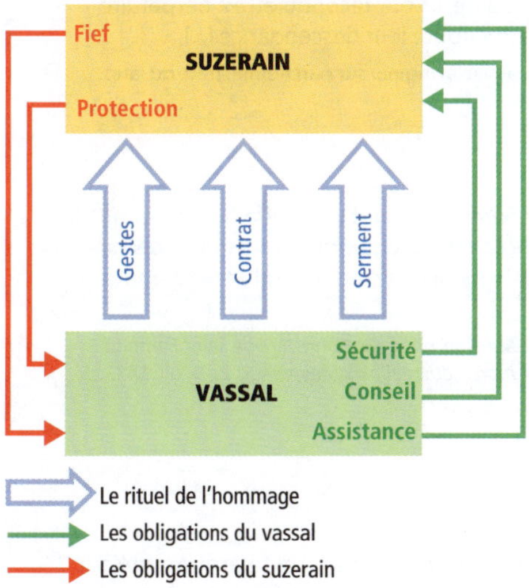

L'hommage et ses conséquences

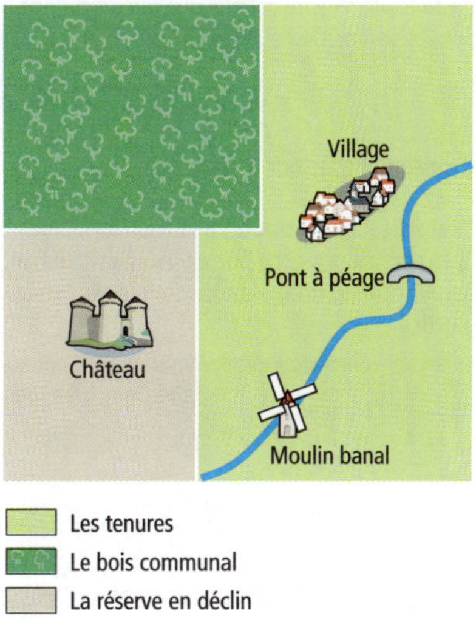

La seigneurie

Quiz

1. La population de l'Europe triple entre 1000 et 1300. ☐ vrai ☐ faux
2. Les reliques font l'objet d'un véritable culte. ☐ vrai ☐ faux
3. Le félon est celui qui ne paie pas la rançon du suzerain. ☐ vrai ☐ faux
4. Une franchise est une exemption d'impôt. ☐ vrai ☐ faux

→ Réponses p. 399

EXERCICE GUIDÉ

Rédiger un texte argumenté

Énoncé

Documents

Doc. 1 Un moine franciscain italien, frère Salimbene, décrit la région d'Auxerre vers 1245

Les gens de ce pays ne sèment point, ne moissonnent point, n'amassent point dans les greniers. Il leur suffit d'envoyer leur vin à Paris par la rivière toute proche qui précisément y descend. La vente du vin en cette ville leur procure de beaux profits qui leur paient entièrement le vivre et le vêtement.

Cité dans George Duby, *L'Économie rurale et la Vie des campagnes dans l'Occident médiéval*, © Aubier, 1962.

Doc. 2 La rébellion des serfs de l'abbaye Saint-Arnoul de Crépy-en-Valois (1102)

Forts de leur grand nombre et d'une grande agitation du peuple, ils soutenaient qu'ils ne donneraient absolument plus la taxe à payer pour prendre des épouses [...]. Nous avons porté plainte et revendiqué en présence de dame Adèle, notre comtesse [...]. Ayant avoué, ayant été convaincus de leur culpabilité et confondus par un jugement légal en présence de la comtesse, de tous les barons et de la foule innombrable qui participaient à cette dispute, ils ont reconnu être à perpétuité les serfs et les serves de l'église de Saint-Arnoul, de même que toute leur descendance [...].

AD de l'Oise (Beauvais), original sur parchemin, trad. du latin.

Doc. 3. Affrontement autour d'un moulin

Herbert installa un moulin à Habardun. Quand l'abbé Samson l'apprit, il étouffa de rage et ne pouvait plus ni manger, ni parler. Au petit matin, aussitôt la messe entendue, Samson dépêcha son sacristain dire au charpentier d'aller sans délai démolir le moulin et d'en placer l'armature sous bonne garde.

Chronique de Jocelyn de Brakelonde sur la vie de Samson, abbé du monastère de Saint Edmond, cité dans J. Gimpel, *La Révolution industrielle du Moyen Âge*, Le Seuil, 1975.

Question

En vous appuyant sur les documents et sur vos connaissances, rédigez un texte argumenté sur le sujet suivant : « Les paysans, un monde soumis au seigneur (XIe–XIIIe siècles) ? »

Méthode

- Commencez par rédiger une introduction : une phrase pour présenter le sujet ; une autre pour la problématique (qui est souvent formulée à partir d'une question) ; une dernière pour proposer un plan en deux ou trois parties.
- Utilisez ensuite les documents (qu'il ne faut surtout pas oublier à ce stade) et vos connaissances pour rédiger un développement en deux ou trois parties.
- Terminez par une conclusion : une phrase résume votre démarche ; une seconde ouvre la conclusion.

Corrigé

On distingue les paysans libres, les vilains, qui cultivent une terre en échange d'une redevance au seigneur, et les serfs, soumis à des redevances plus lourdes et attachés à la terre qu'ils cultivent. Le seigneur est un noble laïc (comte, etc.) ou un religieux (abbé ou évêque), voire le roi. Le seigneur domine le monde paysan mais ce dernier est-il pour autant soumis ? Il apparaît que, si les paysans sont infériorisés, ils contestent cette situation ; leurs rapports ne sont pas de simples rapports de dominant à dominés.

> Dans l'introduction, commencez par définir les termes du sujet.

Les documents 2 et 3 montrent que le seigneur dispose du pouvoir politique, social et économique. Quand il ne rend pas la justice lui-même, il peut compter sur la justice qu'exercent d'autres nobles qui ne veulent pas que l'ordre social soit remis en cause (document 2). Il dispose de droits banaux et a les moyens de les faire respecter, comme l'abbé Samson qui fait détruire le moulin qui menace le monopole qu'il détient (document 3). Le seigneur dispose également d'autres droits, comme celui de percevoir des péages et un loyer, le cens.

> Complétez ce que ne disent pas les documents à partir de vos connaissances.

Ce pouvoir n'est cependant pas sans limite. Les serfs du document 2 essaient de se libérer ; ils auraient pu réussir car celui qui est né serf peut devenir libre s'il le fait admettre. Les situations sociales ne sont donc pas figées, et la révolte dont parle ce document est un moyen classique de remettre en cause l'ordre social. Cela explique que les moines, qui ont eu peur que les serfs réussissent, insistent sur leur humiliation publique.

> Utilisez vos connaissances pour expliquer les situations évoquées dans un document.

Les rapports sont en fait complexes. Les paysans du document 1 ont des terres et ont développé une agriculture spéculative : ils se spécialisent et s'enrichissent en vendant du vin à Paris. Comme les « laboureurs », qui possèdent une charrue, ils tirent profit du système de la seigneurie pour organiser au mieux les cultures. Ces paysans riches imposent leur pouvoir aux autres paysans privés de terre, avec lesquels les relations peuvent être tendues, et négocient avec le seigneur.

Le seigneur n'est pas toujours le plus fort face à la communauté rurale. De son côté, la communauté rurale ne forme pas un bloc monolithique. Leur rapport de force est de plus en plus marqué par l'intervention des villes ou du roi.

> Ouvrez la conclusion en présentant un élément important pour l'évolution future du thème historique concerné.

HISTOIRE-GÉO

Chapitre 4 Nouveaux horizons géographiques et culturels des Européens (XVe-XVIIIe siècles)

1 L'élargissement du monde aux XVe et XVIe siècles

De quoi s'agit-il ? **Au Moyen Âge, le monde est divisé en espaces très différents ayant peu ou pas de contacts directs entre eux. De grands empires, parfois en lutte, connaissent des évolutions.**

1 De Constantinople à Istanbul

- L'empire byzantin était l'héritier de l'empire romain et s'étendait sur toute la Méditerranée orientale, faisant de sa capitale, Constantinople, un carrefour commercial majeur. Mais il était soumis à une double pression : celle des chrétiens d'Occident et, surtout, celle de l'islam. L'empire musulman, passé sous le contrôle des Turcs ottomans, se lance à la conquête de l'empire byzantin à partir du XIe siècle. En 1453, l'empire byzantin, réduit à Constantinople et sa région, disparaît lorsque le sultan Mehmet II prend la ville.

- Constantinople est alors islamisée. Le sultan fait de la ville sa nouvelle capitale sous le nom d'Istanbul et de nouveaux palais y sont construits. La basilique Sainte-Sophie devient une mosquée. Pour les chrétiens orthodoxes restés sur place et toujours majoritaires dans la ville, la liberté du culte est assurée. À la chute du dernier royaume musulman d'Espagne en 1492, Constantinople reçoit des réfugiés musulmans mais aussi juifs, qui fuient les conversions forcées au catholicisme et apportent leur savoir.

Vocabulaire

- **sultan** : chef musulman, en théorie inférieur au plus puissant d'entre eux, le calife.
- **orthodoxes** : courant du christianisme développé en Méditerranée orientale, refusant le pouvoir du pape.

2 Magellan : un Européen à la découverte du monde

- Pour éviter l'obstacle de l'empire ottoman, les Européens ont cherché, à partir du milieu du XVe siècle, des routes commerciales directes vers l'Orient (Inde, Chine…). Christophe Colomb, marchand génois, obtint le soutien de la cour d'Espagne pour partir vers l'ouest, découvrant sur ce passage les Amériques.

- Le Portugais Magellan cherche une nouvelle route continuant au-delà des Amériques et part en 1519. Il arrive à contourner l'Amérique du Sud par un détroit auquel il donne son nom et arrive dans le Pacifique, mais y trouve la mort en 1521.

- Un seul navire arrive en 1522 à rejoindre Lisbonne par l'Afrique. Le premier tour du monde vient d'être accompli, prouvant définitivement que la Terre est bien ronde (**Doc. 1**).

L'idée à retenir

Au XVe siècle, le monde connaît des changements importants et surtout les débuts d'une mise en contact plus directe des peuples et des continents.

Vocabulaire

- **détroit** : passage maritime étroit permettant de passer d'un océan ou d'une mer à l'autre.

Doc. 1 Le voyage de Magellan, à partir d'une carte d'Ortelius, 1570

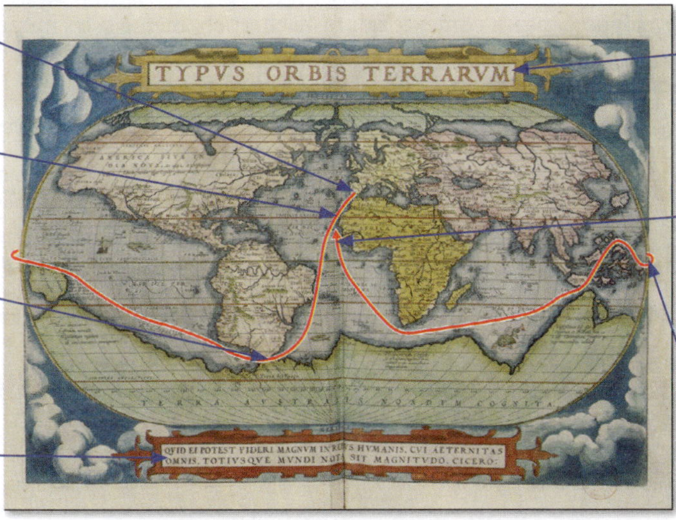

2 Les hommes de la Renaissance (xve-xvie siècles)

De quoi s'agit-il ? À partir du xve siècle, la culture de l'Europe occidentale connaît une évolution majeure qui fait naître une nouvelle façon de penser : l'humanisme. Conscients de ces changements culturels, dans les domaines littéraire, scientifique, religieux comme artistique, les humanistes parlent eux-mêmes de « Renaissance ».

1 L'humanisme, ou l'homme remis au centre de la pensée occidentale

- De nombreux facteurs font évoluer la culture occidentale à la fin du Moyen Âge : forte mortalité, Grandes Découvertes, contacts intellectuels avec les musulmans et les Grecs. La culture de l'Antiquité revient ainsi en force dans la pensée occidentale, d'où cette idée de « renaissance ». Tous les savoirs intéressent alors les penseurs (sciences, langues, littératures, histoire, etc.). Leur accumulation a un objectif : permettre de répondre à la question : « Qu'est-ce que l'Homme ? »

- Les humanistes ont plusieurs moyens de diffuser leurs idées : l'imprimerie, la correspondance ou leurs voyages. Ils sont protégés par des mécènes (la famille Médicis à Florence, le pape à Rome ou François Ier en France). Les arts sont un révélateur de la nouvelle culture. La peinture connaît ainsi une révolution technique qui emprunte au savoir humaniste (géométrie, anatomie…). Elle met aussi en avant l'homme comme sujet principal, dans les traditionnelles scènes religieuses comme dans les scènes mythologiques ou de la vie quotidienne, ou encore dans les portraits.

Vocabulaire

- **mécène :** personnage puissant qui offre sa protection à des savants, écrivains, artistes…
- **mythologie :** légendes propres à une civilisation, à une religion, et décrivant sa vision du monde.

HISTOIRE-GÉO

2 Luther, ou la réforme de la religion

● L'humanisme se développe dans un contexte qui reste chrétien, même si les humanistes espéraient aussi une réforme du christianisme. La religion elle-même est bouleversée par cette nouvelle vision du monde, centrée sur l'homme.

● Martin Luther, un moine allemand, soumet en 1517 une réforme en 95 propositions. Le pape Léon X la rejette et finit par excommunier Luther en 1521. Celui-ci développe alors sa propre réforme religieuse, inspirée de l'humanisme, reliant plus intimement l'homme à Dieu. La Bible est traduite dans les langues populaires pour pouvoir être lue, et surtout comprise, de tous les croyants. Trois courants « protestants », ou « réformés », se forment : luthérien, calviniste, anglican.

Vocabulaire

- **excommunier** : exclure de la communauté chrétienne.
- **tolérance** : attitude d'acceptation de l'autre malgré ses différences, notamment de pensée ou d'action.

● Les conflits entre catholiques et protestants sont nombreux et dégénèrent en guerre civile dans le monde allemand et en France, débouchant finalement sur des décisions de tolérance et de cohabitation (édit de Nantes en 1598).

3 Léonard de Vinci et le rayonnement de Florence

● Au xve siècle, sous l'impulsion de la famille Médicis qui la dirige, Florence apparaît comme une des principales cités d'Italie.

● Parmi les artistes formés à Florence se trouve Léonard de Vinci. Peintre, il est aussi humaniste : intéressé par les sciences, la médecine, les techniques pour perfectionner son art, il produit des tableaux et des fresques célèbres dès son époque mais aussi des projets d'inventions (char, hélicoptère, etc.) et d'aménagements spatiaux. Il consigne tout cela, avec ses dessins d'études, dans des carnets (**Doc. 2**).

Vocabulaire

- **fresque** : technique de peinture directe sur un mur.

Doc. 2 *L'homme de Vitruve*, dessin de Léonard de Vinci

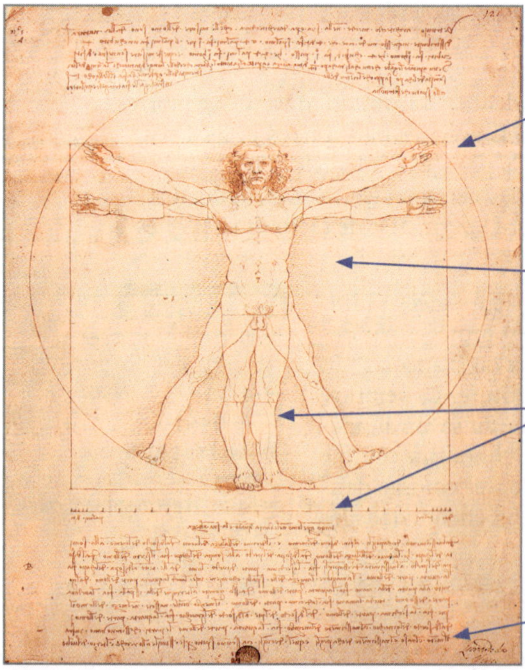

Le dessin de Léonard de Vinci s'appuie sur des passages d'un traité d'architecture de l'Antiquité romaine, celui de Vitruve, qui évoque les proportions du corps humain.

Le dessin du corps nécessite des connaissances en anatomie ; Léonard de Vinci a pratiqué plusieurs dissections.

Les proportions sont indiquées par des traits sur le corps et une réglette au bas du dessin. Les liens entre géométrie et art montrent la volonté de réalisme et de perfectionnisme des artistes de la Renaissance et leur culture humaniste.

Léonard de Vinci s'était entraîné à écrire à l'envers, « en miroir », dans ses carnets.

L'idée à retenir

L'humanisme renouvelle tous les aspects de la culture européenne. Nous en sommes encore les héritiers aujourd'hui.

3 L'essor d'une nouvelle culture scientifique (XVIe-XVIIIe siècles)

De quoi s'agit-il ? L'humanisme, par son intérêt pour tous les savoirs, amorce une véritable révolution scientifique et technique qui permet d'élargir les connaissances sur la nature et la maîtrise de celle-ci.

1 Galilée, ou le divorce entre la science et la religion

- Parmi d'autres astronomes, l'Italien Galilée (1564-1642) prolonge les recherches de Copernic prouvant que la Terre tourne autour du Soleil dans son *Dialogue sur les deux grands systèmes du monde*. Il invente la première lunette d'observation astronomique.
- L'Église rejette ce discours qui conteste la place centrale de la Terre dans l'univers, née d'une interprétation de la Bible. Galilée est condamné par l'Église et doit renier ses propos pour éviter le bûcher.

Galilée (1564-1642) : physicien et astronome italien, condamné pour sa théorie héliocentriste.

- Le travail des humanistes, tel Galilée, fait naître un courant de pensée fondé sur la raison, dont l'Anglais Newton (1643-1727) est un symbole. Les philosophes des Lumières prolongent l'impulsion scientifique donnée par les humanistes. Ainsi, l'Encyclopédie rassemble non seulement la pensée philosophique et politique de son époque, mais aussi toutes les nouvelles connaissances scientifiques et techniques accumulées depuis le XVe siècle.

2 L'amélioration des techniques

- L'exploitation des travaux de Denis Papin sur la pression de la vapeur d'eau se fait en Angleterre au début du XVIIIe siècle. Thomas Newcomen fait breveter en 1712 une pompe à vapeur. Au milieu du XVIIIe siècle, l'Écossais James Watt exploite et propose un certain nombre d'améliorations : il est considéré comme l'inventeur de la machine à vapeur.
- Près de cinq cent machines sont construites entre 1775 et 1800 pour divers secteurs de production : mines, métallurgie, textile... C'est en 1801 qu'est conçue la première locomotive, qui révolutionne les transports.
- La machine à vapeur permet de remplacer la force animale et humaine et de produire plus vite et en plus grande quantité, donnant naissance aux usines, où sont employés des prolétaires. Usines, main-d'œuvre, machines, terrains : tout cela nécessite des sommes importantes. C'est l'apparition du capitalisme moderne.

L'idée à retenir

L'évolution des sciences et des techniques, souvent en rupture avec la religion, bouleverse aussi la société et l'économie de l'Europe.

Vocabulaire

- **capitalisme** : système économique et social fondé sur l'accumulation d'un capital grâce aux profits tirés de son investissement.

Révision express

Les dates importantes

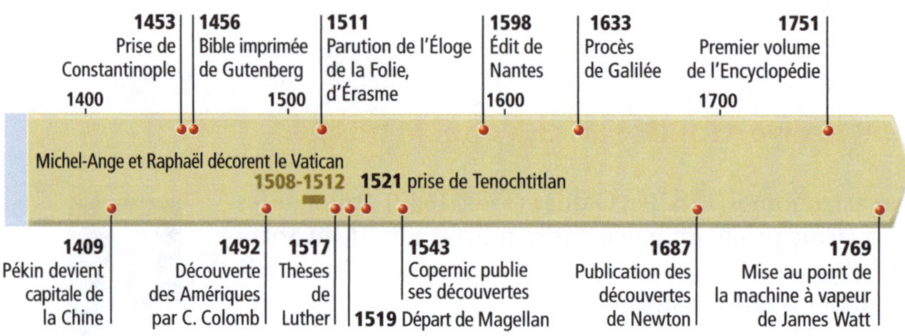

Les points importants à retenir

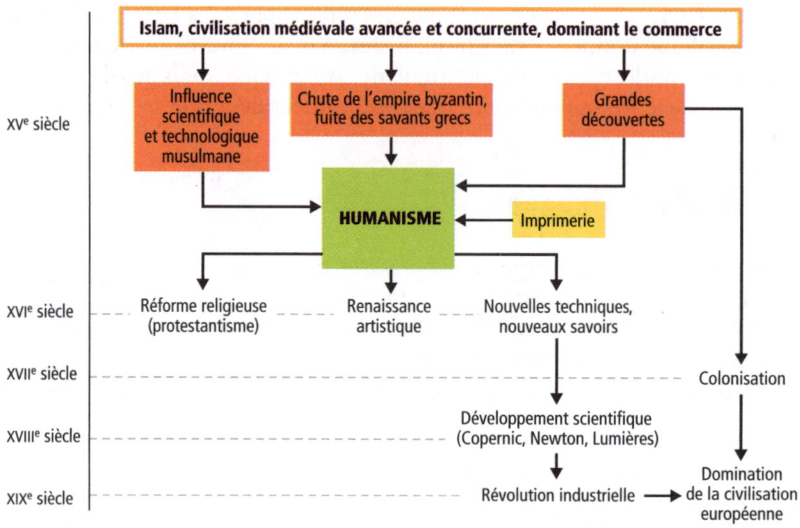

Quiz

1. À quelle date Luther propose-t-il une réforme du catholicisme ?

a. ☐ **1517** **b.** ☐ **1543** **c.** ☐ **1633**

2. Par quoi Léonard de Vinci s'est-il rendu célèbre ?

a. ☐ **ses peintures** **b.** ☐ **sa réforme de la religion** **c.** ☐ **ses projets d'inventions**

3. Où la machine à vapeur connaît-elle ses premiers développements industriels ?

a. ☐ **en France** **b.** ☐ **au Royaume-Uni** **c.** ☐ **en Italie**

→ Réponses p. 399

EXERCICE GUIDÉ

Analyser un document iconographique

Énoncé

Analysez ce tableau :

Raphaël, *La Belle Jardinière* (1507), huile sur bois, Louvre, 122 x 80 cm.

Méthode

Pour analyser un document iconographique, suivez ces trois étapes :

1 L'identification : l'auteur, l'époque, le thème, le type (photographie, affiche, peinture). Précisez la taille du tableau, la technique utilisée (huile, aquarelle, etc.) ainsi que le lieu où est conservée l'œuvre. Une image n'est jamais neutre, elle véhicule un message.

2 La description. Commencez par la simple analyse du contenu (ce qu'on voit : personnages, objets, lieux, environnement…). Puis, passez à la composition du tableau : plans, parties, droites et formes qui composent l'œuvre, perspective, etc.

3 L'interprétation. Commencez par une interprétation « réaliste » : quelle est la scène représentée ? quelle sensation se dégage de l'œuvre ? Elle peut aussi être plus complexe, symbolique : y a-t-il un message, un sens caché, des symboles utilisés ?

Corrigé

La Belle Jardinière est un des grands chefs-d'œuvre de la Renaissance, peint par un des jeunes maîtres de cette période, l'Italien Raphaël (1483-1520). C'est à Florence, où il rencontre Léonard de Vinci et Michel-Ange, qu'il peint en 1507, en partie sous leur influence, *La Belle Jardinière*. Ce panneau de taille moyenne, peint à l'huile et aujourd'hui conservé au musée du Louvre à Paris, représente la Vierge, Jésus et Jean-Baptiste. C'est le dernier d'une série de tableaux montrant une recherche sur le même thème.

La scène est centrée au premier plan sur trois personnages dans un champ : une jeune femme habillée au centre, et deux enfants nus à ses pieds, de chaque côté, ressemblant presque à des anges. À l'arrière-plan se trouve un paysage de campagne avec des collines et, d'un côté, un arbre ; de l'autre, un village, tandis que le visage de la femme se détache dans le ciel. Les regards de ces personnages se succèdent : l'enfant à droite tient une croix et regarde l'enfant à gauche, qui regarde la femme, qui à son tour regarde celui-ci, leurs mains étant enlacées. La mère empêche en fait l'enfant d'atteindre un livre. L'enfant de droite tient une croix.

Méthode
La description doit conduire à s'interroger pour interpréter ensuite : pourquoi le visage de la femme est-il dans le ciel ? quel est ce livre ? qui est le second enfant ?

La composition du tableau est centrée sur un triangle, dont la pointe se trouve sur la chevelure de la femme et les deux autres côtés aux pieds des enfants. Cette construction pyramidale est renforcée par les trois regards qui forment les pointes d'un autre triangle intérieur.

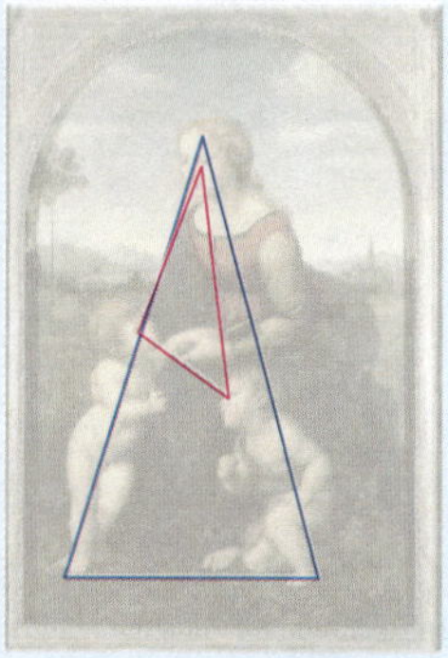

Astuce
Appuyez vous sur les formes géométriques simples (carré, rond, triangle) pour repérer la composition d'un tableau.

Le peintre a voulu représenter la relation entre Jésus enfant et sa mère Marie. La construction du tableau montre un rapport maternel très protecteur : contact, regards, inscription dans une pyramide dominée par le doux visage de la Vierge. Mais celle-ci ne sourit pas et arrête un geste de son fils. Celui-ci veut prendre son livre, qui ne peut être que la Bible, qui contient son histoire et, notamment, sa fin tragique. Cette fin est rappelée encore par la présence de Jean-Baptiste qui, selon les textes évangéliques, avait annoncé la mort de Jésus. Il tient une croix, celle sur laquelle aura lieu son martyre.

Astuce
Les tableaux de la Renaissance s'appuient souvent sur la Bible ou la mythologie antique.

Chapitre 5 Révolutions, libertés, nations : la Révolution française

1 La remise en cause de l'absolutisme

De quoi s'agit-il ? L'aspiration à la liberté aboutit à des révolutions en Angleterre et en Amérique. Elles donnent naissance à des modèles politiques qui influencent la France des Lumières, mais la démocratisation reste relative.

1 Le modèle des révolutions anglaise et américaine

- En Angleterre, traditionnellement, le roi devait obtenir l'accord du Parlement pour lever les impôts. Au XVIIe siècle, quand les rois tentent de s'en passer et d'imposer un pouvoir absolu, cela aboutit à deux révolutions. En 1649, le Parlement se révolte contre le roi Charles Ier, qui est jugé puis décapité. En 1679, il vote une loi qui met fin à l'arbitraire : l'*Habeas corpus*. En 1689, Jacques II est renversé et Guillaume d'Orange devient roi après avoir juré de respecter le *Bill of rights*.

- En Amérique, les treize colonies anglaises se révoltent à la fin du XVIIIe siècle contre les taxes que Londres veut leur imposer. Elles publient le 4 juillet 1776 une Déclaration d'indépendance. En 1787, les colonies deviennent les États-Unis d'Amérique en adoptant une constitution basée sur la séparation et l'équilibre des pouvoirs, exécutif, législatif et judiciaire.

Vocabulaire

- **arbitraire :** pouvoir qui agit sans respecter aucune limite.
- ***Habeas corpus* :** texte qui prévoit que nul ne peut être arrêté sans qu'un juge ait décidé si cela est juste.
- ***Bill of rights* :** texte qui interdit au roi de lever les impôts sans l'accord du Parlement et d'avoir une armée en temps de paix.

- La démocratisation reste cependant très incomplète. En Angleterre, le suffrage censitaire permet d'écarter du vote tous ceux qui ne sont pas assez riches pour payer des impôts. Aux États-Unis, le suffrage est universel mais les Noirs en sont écartés et restent des esclaves ; par ailleurs, les citoyens votent pour des grands électeurs qui seuls désignent le président. Ce scrutin à deux degrés permet de filtrer le choix des électeurs, voire de l'inverser en cas de besoin.

2 Les Lumières

- Les « Lumières » sont un mouvement de penseurs qui défendent la liberté de l'individu face au pouvoir du roi, de la noblesse ou de l'Église. Ils pensent que l'homme peut accéder au bonheur et au progrès grâce aux lumières de la raison.

- Cependant, ils réservent le pouvoir à une élite assez instruite pour décider. Ils écartent les pauvres ou les femmes du pouvoir politique.

- Ces idées se diffusent dans les milieux aisés en France et en Europe par le biais des sociétés de pensée, des salons réunissant écrivains, artistes, savants et personnalités politiques. Elles se diffusent aussi dans les milieux populaires grâce aux images et aux chansons (par exemple, « Le bon roi Dagobert » est une critique de Louis XVI).

2 Le déclenchement de la Révolution française

De quoi s'agit-il ? L'aspiration aux réformes était forte en France avant même 1789. Incapable de procéder à des réformes réelles, le roi mécontente le pays.

1 Le pouvoir royal échoue à réformer

- Des réformes sont lancées en 1774 par le ministre des finances, Turgot. Il supprime le contrôle que l'État royal exerçait sur le commerce du blé, ce qui provoque la guerre des farines (une série d'émeutes) car les Français ont peur de manquer de nourriture si l'État n'en contrôle plus le commerce. Louis XVI décide de renvoyer Turgot et met fin aux réformes.

- Le mécontentement grandit à la fin des années 1780 à cause de la disette, du chômage en ville et des projets de réforme fiscale.

Vocabulaire

- **disette** : pénurie de blé qui provoque la hausse des prix.

2 Les Français prennent la parole

- Alors que l'État est au bord de la faillite, le roi n'a d'autre solution pour faire passer la réforme fiscale que de convoquer les États généraux le 1er mai 1789.

- Pour préparer les États généraux, des cahiers de doléances sont rédigés dans toute la France : ce sont des recueils des souhaits et des plaintes des trois ordres (noblesse, clergé et tiers état). Ceux du tiers état réclament de profondes réformes, alors que ceux du clergé et de la noblesse défendent les privilèges.

- Le tiers état et des députés réformateurs de la noblesse ou du clergé votent la transformation des États généraux en Assemblée nationale, chargée de rédiger une constitution : c'est le serment du jeu de Paume, le 20 juin 1789.

Vocabulaire

- **États généraux** : assemblée convoquée par le roi en cas de crise grave.
- **Assemblée nationale** : assemblée qui représente le peuple souverain sans distinction entre les ordres.

3 Les Français arrachent les réformes

- Une révolte urbaine se produit, à Paris et en province : le peuple est mécontent du chômage et de la hausse du prix du pain, et s'inquiète de la concentration de soldats autour de Paris. La Bastille est prise le 14 juillet 1789.

- Les campagnes se révoltent à leur tour par peur de la disette et des pillards : c'est la Grande Peur. Les châteaux sont pillés et les registres des impôts brûlés.

- La nuit du 4 août 1789, l'Assemblée nationale supprime les privilèges, les droits seigneuriaux et la dîme. La Déclaration des droits de l'homme et du citoyen du 26 août 1789 proclame l'égalité, la liberté et la souveraineté du peuple.

3 L'échec de la monarchie constitutionnelle

De quoi s'agit-il ? Une nouvelle France, issue de 1789, apparaît. Le processus révolutionnaire cependant ne peut être interrompu ; les passions politiques ne retombent pas et sont ravivées par la fuite du roi puis par la guerre.

1 La nouvelle France

- La Constitution (3 septembre 1791) fait de Louis XVI « le roi des Français » ; il a un pouvoir exécutif limité. L'Assemblée a le pouvoir législatif mais limité par le veto du roi.
- La justice est réorganisée avec l'adoption de l'*Habeas corpus* anglais, la création du jury (groupe de citoyens qui jugent au nom du peuple) et la suppression des supplices.
- La carte administrative est réorganisée (communes, cantons et 83 départements). Les fonctionnaires sont élus. Les prêtres et les évêques le sont également, selon les termes de la Constitution civile du clergé (12 juillet 1790).

Vocabulaire

- **Constitution :** loi qui détermine la forme du gouvernement d'un pays et organise les pouvoirs exécutif, législatif et judiciaire.
- **veto :** disposition de la constitution qui permettait au roi de s'opposer à une loi.

2 Une stabilisation impossible

- Les passions politiques ne retombent pas. À l'Assemblée, la droite (les aristocrates hostiles aux réformes), affronte la gauche (les patriotes qui défendent l'acquis de 1789).
- La gauche radicale veut aller plus loin : son égalitarisme séduit les citoyens inactifs (qui n'ont pas le droit de vote car ils ne sont pas assez riches), dont les sans-culottes. Une partie de l'Église catholique n'accepte pas la Constitution civile du clergé.

Vocabulaire

- **égalitarisme :** doctrine qui vise une égalité absolue en matière politique, économique et sociale.
- **sans-culottes :** révolutionnaires issus du peuple (ils portent le pantalon, et non la culotte des aristocrates et des bourgeois).

3 La chute de la monarchie

- Le roi est arrêté à Varennes le 21 juin 1791 alors qu'il fuyait pour rejoindre les Autrichiens. Cette fuite en fait un traître aux yeux de l'opinion.
- La France déclare la guerre à l'empereur d'Autriche, mais ses armées sont écrasées. Les révolutionnaires y voient l'effet d'un complot organisé contre la Révolution.
- Le 11 juillet 1792, devant la menace de l'invasion, l'Assemblée proclame la « patrie en danger ». Le général prussien Brunswick menace les Parisiens de représailles s'ils s'attaquent au roi. Mais les sans-culottes prennent d'assaut les Tuileries, le 10 août 1792 ; Louis XVI est incarcéré à la prison du Temple.
- Une nouvelle assemblée, la Convention, est élue au suffrage universel le 20 septembre 1792 et proclame la République le 22 septembre.

4 La République et ses contradictions (1792–1799)

De quoi s'agit-il ? La République est proclamée mais les difficultés de 1793 et 1794 conduisent à la mise en place de la Terreur. La violence recule ensuite en France, mais la guerre continue en Europe.

1 L'échec des Girondins (1792–1793)

- La Convention (assemblée élue au suffrage universel en septembre 1792 pour rédiger une Constitution républicaine), ne compte que des députés républicains : on ne parle plus de droite ou de gauche mais de Montagnards et de Girondins.
- Les Girondins gouvernent au début, mais ils échouent à empêcher le procès et l'exécution de Louis XVI (21 janvier 1793). Malgré la victoire de Valmy contre les Prussiens (20 septembre 1792), la situation militaire vire au désastre au printemps 1793. Les Montagnards font alors arrêter et exécuter les Girondins (2 juin 1793).

Vocabulaire

- **Montagnards :** députés qui s'appuient sur les sans-culottes et sont partisans d'une république centralisée.
- **Girondins :** députés partisans d'une République décentralisée et hostiles aux mesures égalitaristes que réclament les sans-culottes.

2 Le gouvernement révolutionnaire (1793–1794)

- La Convention prend des mesures d'exception : militaires avec la réorganisation de l'armée, économiques avec la peine de mort pour les accapareurs (spéculateurs qui stockent du blé pour le revendre très cher ensuite) et l'édit du maximum (loi qui limite le prix de vente des produits), ou religieuses avec la déchristianisation. La Terreur s'installe avec la loi des suspects, le tribunal révolutionnaire et la guillotine. Les Montagnards gouvernent.
- Début 1794, l'armée triomphe sur le front intérieur (Toulon, Lyon, Vendée) et extérieur (Fleurus). Robespierre élimine les « enragés » de Hébert et les « indulgents » de Danton au printemps, mais la grande Terreur de l'été fait peur à la Convention qui le fait arrêter et guillotiner le 27 juillet 1794 (le 9 Thermidor).

Vocabulaire

- **mesure d'exception :** prise par un gouvernement face à une crise politique, militaire, économique ou sociale majeure et qui ne respecte plus le cadre normal fixé par la loi.

3 Apaisement intérieur, guerre extérieure (1794–1799)

- Une nouvelle constitution confie l'exécutif à cinq directeurs et le législatif à deux assemblées. Le régime ainsi organisé, le Directoire, évite que s'affirme le pouvoir d'un seul homme ou d'une seule assemblée, mais il est faible.
- La Terreur s'achève et les sans-culottes sont réprimés, tout comme les royalistes qui espéraient revenir au pouvoir.
- La guerre se poursuit cependant à l'extérieur. Bonaparte y bâtit sa renommée avant le coup d'État du 18 Brumaire (9 novembre 1799), instaurant le Consulat.

Robespierre (1758-1794) : avocat, élu du tiers état, membre du club des Jacobins et du Comité de Salut public, exécuté le lendemain du 9 Thermidor.

Révision express

Les dates importantes

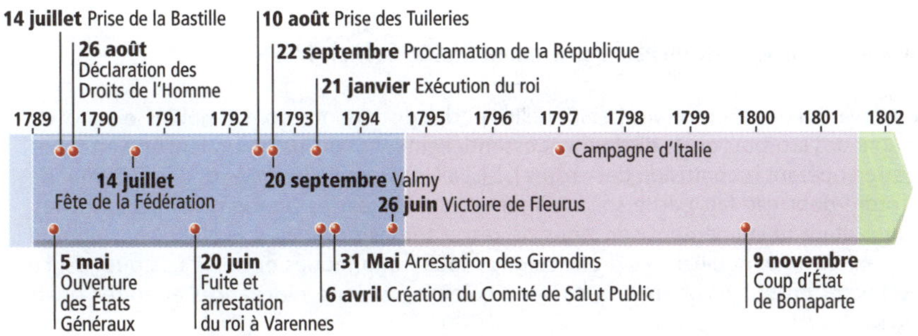

Le schéma à retenir

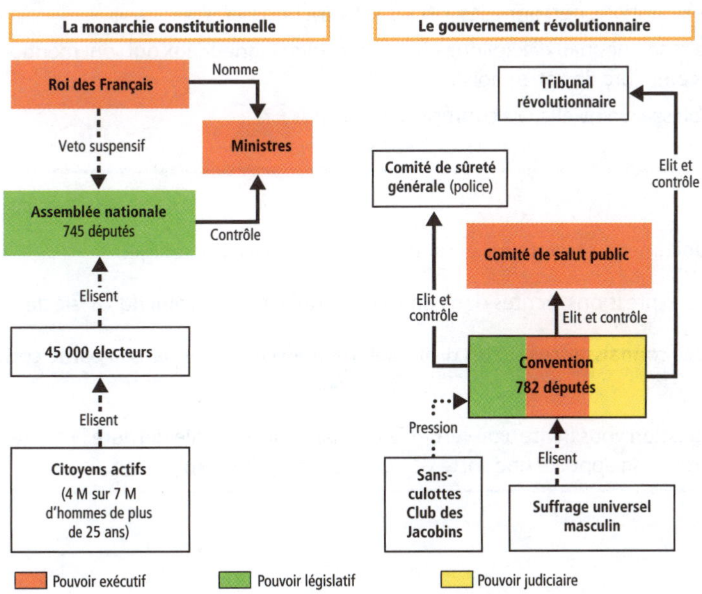

Quiz

1. Le clergé a rédigé des cahiers de doléances en 1788–1789.	☐ **vrai**	☐ **faux**
2. La Révolution française a été urbaine et rurale.	☐ **vrai**	☐ **faux**
3. Les citoyens inactifs n'ont pas de rôle politique.	☐ **vrai**	☐ **faux**
4. Les sans-culottes sont issus des milieux les plus défavorisés.	☐ **vrai**	☐ **faux**

→ Réponses p. 399

EXERCICE GUIDÉ

Expliquer un document historique

Énoncé

Document

Cahier de doléances de la noblesse du bailliage d'Amont (Haute-Saône), 1788

« La conservation des exemptions personnelles et des distinctions dont la noblesse a joui de tous temps sont des attributs qui la distinguent essentiellement et qui ne pourraient être attaqués et détruits qu'en opérant la confusion des ordres […]. La Noblesse du bailliage d'Amont demande donc que l'ordre dont elle fait partie soit maintenu dans toutes ses prérogatives personnelles. Tous les ordres étant unanimement convenus de respecter les propriétés, la Noblesse n'entend en aucune manière se dépouiller des droits seigneuriaux honorifiques et utiles tels que justice haute, moyenne et basse, chasse, pêche, corvées, colombiers, cens, redevances et autres quels qu'ils soient. […] »

Questions

1. Qu'est-ce qu'un cahier de doléances ? Qui en a rédigé ? À quelle occasion en a-t-on rédigé ?

2. Que sont les « exemptions personnelles » et les « distinctions » ?

3. Que sont les droits seigneuriaux ? Expliquez trois des droits seigneuriaux qui sont mentionnés dans le texte (vous êtes libre de votre choix).

4. Pourquoi la noblesse craint-elle la « confusion des ordres » ?

Méthode

1 Présentez le document, ses auteurs, et dans quel contexte il a été rédigé.

2 Éclaircissez ces expressions, écrites dans un français qui n'est pas celui du XXIe siècle.

3 Servez-vous des connaissances sur les droits seigneuriaux acquises dans la partie consacrée au Moyen Âge.

4 La dernière question vous invite à discerner la menace qui se profile derrière la contestation des ordres. Cette réponse apporte une sorte de conclusion à votre explication.

Corrigé

1. Les cahiers de doléances sont des textes rédigés par chacun des trois ordres (le tiers état, le clergé et la noblesse), pendant la période de préparation des États généraux, entre le printemps 1788 et le printemps 1789. Chaque ordre y présente ses « doléances », c'est-à-dire ses réclamations. Le roi Louis XVI avait échoué à réaliser une réforme fiscale alors que l'État se trouvait criblé de dettes : il n'a eu d'autre solution que de convoquer les États généraux, une assemblée des trois ordres qui n'était réunie qu'en cas de crise grave et ne l'avait plus été depuis 1614.

Gagnez des points !
Répondez en précisant bien le sens des mots (cahier de doléances). N'oubliez pas de préciser la date, le contexte et les personnes impliquées.

2. Les « exemptions personnelles » font référence au privilège fiscal de la noblesse qui ne paie pas l'impôt. Les « distinctions » font référence à des privilèges particuliers : seuls les nobles ont le droit de porter l'épée, d'être officiers dans l'armée ou d'être décapités plutôt que soumis à de multiples supplices.

Piège à éviter
Une réponse longue n'est pas forcément nécessaire : pour chaque droit cité, une courte explication suffit ici.

3. Les droits seigneuriaux sont les droits que possède le propriétaire d'une seigneurie, d'une terre noble. Le cens est un impôt en argent que paie le paysan qui exploite une terre : en effet, le seigneur est, en théorie, le propriétaire de toutes les terres de sa seigneurie. Une corvée est un impôt que le paysan paie en allant travailler au profit du seigneur. Le droit de chasse est un privilège du seigneur : il a seul le droit de chasser sur les terres de la seigneurie.

4. La « confusion des ordres » impliquerait l'effacement des distinctions entre la noblesse, le clergé et le tiers état. Elle impliquerait tout d'abord une remise en cause des privilèges des deux premiers ordres, qui reflètent un ordre voulu par Dieu. Elle risquerait aussi, alors que le tiers état représente plus de 90 % des Français, de donner la majorité à celui-ci. Or, les cahiers de doléances du tiers état réclament la fin des privilèges et des droits seigneuriaux, ce qui équivaut à une révolution.

Astuce
Situez-vous à la date du document : ne dites pas ce qui s'est passé après l'été 1789, mais indiquez ce que seraient les conséquences de l'application des revendications du tiers état, ce qui explique les craintes de la noblesse exprimées dans ce document.

Chapitre 6 Révolutions, libertés, nations : une nouvelle Europe

1 L'Empire

De quoi s'agit-il ? Bonaparte pacifie la France puis stabilise les acquis de 1789 avant de poursuivre la Révolution en Europe. Il suscite une opposition croissante en France quand les défaites s'accumulent.

Bonaparte **(1769-1821)** : officier, consul puis empereur sous le nom de Napoléon Ier.

1 Consolidation et expansion

- Bonaparte pacifie la France en amnistiant les émigrés, les Vendéens et les Jacobins, tandis que le Concordat signé avec le pape (1801) règle le conflit avec l'Église catholique.
- Les « masses de granit » dessinent une nouvelle France : le Code civil (1804) et le Code pénal (1810) fixent le droit. La création des lycées en 1802 et du baccalauréat en 1809 donnent accès à l'Université. Les préfets, représentant l'État, sont institués dans chaque département. La Banque de France est créée pour stimuler les activités, ainsi qu'une monnaie d'argent stable, le franc germinal, en 1803.
- La conquête perpétue l'élan révolutionnaire. Ces idées séduisent à l'étranger : les patriotes italiens soutiennent tout d'abord les Français car ils détruisent l'Ancien Régime. Napoléon supprime les privilèges en Allemagne, l'Inquisition en Espagne et les anciens États en Italie. Il lance des programmes de modernisation.

Vocabulaire

- **Concordat** : traité entre le Vatican et un État.
- **masses de granit** : réformes majeures à partir desquelles Bonaparte entend bâtir une nouvelle France.
- **patriotes** : partisans de l'unité de l'Italie, alors partagée en plusieurs États.

2 Un ordre au service de l'ambition d'un seul

- Premier consul, puis consul à vie, Bonaparte se fait couronner empereur, sous le nom de Napoléon Ier, le 2 décembre 1804. Le plébiscite permet de légitimer la dictature. Le suffrage universel est escamoté par un scrutin à quatre degrés : l'électeur vote pour des élus municipaux, qui désignent des élus départementaux, qui élisent des élus nationaux parmi lesquels Bonaparte choisit enfin les députés qui lui conviennent. La Constitution organise l'abaissement du législatif. Les Églises sont transformées en relais de l'autorité impériale. La police de Fouché censure la presse et élimine les opposants.
- En Europe, l'occupation française, les impôts, le blocus continental (tentative pour ruiner l'Angleterre en l'empêchant d'échanger avec le continent), la conscription et la répression des opposants finissent par susciter la révolte des peuples.

Vocabulaire

- **plébiscite** : vote par lequel l'électeur répond « oui » ou « non » à une question posée.
- **conscription** : recrutement de soldats pour le service militaire.

2 Mouvements de libération

De quoi s'agit-il ? **Après le début d'unification organisé par la France révolutionnaire et impériale, l'Italie revient en 1815 à l'ordre ancien.**

1 Contestation de l'Europe du Congrès de Vienne

- En 1815, le Congrès de Vienne décide d'un retour à l'ordre ancien. Il réunit les souverains européens pour redessiner la carte de l'Europe après la chute de Napoléon. Une Sainte Alliance est conclue pour préserver les monarchies et les ordres privilégiés de tout danger révolutionnaire.
- Le droit des peuples à disposer d'eux-mêmes est nié. L'Italie, divisée en plusieurs États, passe en partie sous domination autrichienne (**Doc. 1**). Cependant, une élite urbaine était acquise à l'unité avant même 1789, et l'occupation française après 1789 avait renforcé cette aspiration. Le retour à l'Ancien Régime en 1815 a ravivé la revendication des libertés fondamentales et de l'unité italienne.
- Les *Carbonari* forment une société secrète dans le but d'unifier et de démocratiser le pays. Ils recrutent dans des milieux sociaux variés. Ils organisent des insurrections dans le royaume de Naples, dans les États pontificaux et dans le royaume de Piémont.

Vocabulaire

- **droit des peuples à disposer d'eux-mêmes** : extension de la liberté individuelle proclamée en 1789.
- **libertés fondamentales** : par exemple, la liberté d'aller et de venir, la liberté d'opinion, de réunion, d'association, de la presse, le droit de vote.

Doc. 1 Carte de l'Italie divisée

2 Les abolitions de la traite et de l'esclavage

Vocabulaire
- **traite** : commerce des esclaves entre l'Afrique noire et les colonies du Nouveau Monde ou le monde arabo-musulman.

- La traite et l'esclavage sont condamnés dès 1766 par l'Encyclopédie. Aux États-Unis, Thomas Jefferson, rédacteur de la Déclaration d'indépendance, avait prévu leur disparition dans le brouillon de son texte, les autres rédacteurs (les « Pères fondateurs ») s'y opposant.

- En France, la Convention abolit la traite en 1793, puis l'esclavage en 1794 et donne la citoyenneté à « tous les hommes sans distinction de couleur ». En 1802 cependant, Bonaparte rétablit l'esclavage et la traite au nom du maintien de l'ordre et de la défense des intérêts économiques des planteurs.

- L'Angleterre interdit la traite en 1807, puis l'esclavage dans ses colonies en 1833. Les États-Unis abolissent la traite en 1808, mais le trafic continue et l'esclavage perdure jusqu'en 1865. La France abolit la traite en 1817 et l'esclavage en 1848, sous l'impulsion de Lamartine et de Victor Schoelcher.

3 1848 en France et en Europe

De quoi s'agit-il ? Malgré la Sainte Alliance, les idées de 1789 progressent. L'année 1848 les voit s'affirmer par une série de révolutions partout en Europe : c'est le « printemps des peuples ».

1 L'affirmation des idées libérales et nationales

- L'Europe du Congrès de Vienne est contestée au nom du respect du droit des peuples à disposer d'eux-mêmes et des libertés fondamentales. En France, la révolution de juillet 1830 contre Charles X soulève l'enthousiasme de tous ceux qui aspirent à la liberté.

- La révolution industrielle favorise la diffusion de ces idées avec le développement de la presse, de l'instruction ou des transports. La crise économique de 1846-1848 alimente le mécontentement. De mauvaises récoltes touchent les campagnes et, dans les villes, le chômage des ouvriers augmente.

2 Le « printemps des peuples »

- En février 1848, les Parisiens se soulèvent contre Louis-Philippe. Metternich, chancelier autrichien de 1809 à 1848, doit fuir la révolution à Vienne en mars. Une Assemblée nationale constituante se réunit à Francfort pour créer une Allemagne unifiée. Une assemblée proclame la création de la République italienne à Rome en février 1849.

- En France, de multiples réformes sont décidées : liberté de la presse, suffrage universel masculin, suppression de l'esclavage et de la peine de mort pour raisons politiques, réduction du temps de travail. Un « esprit de 48 » s'affirme, soutien enthousiaste à la révolution et aux aspirations du peuple.

- Mais les monarchies en Europe centrale et en Italie écrasent la révolution. Le mouvement des ouvriers parisiens est brisé lors des journées de juin 1848. Néanmoins, cette répression ne peut rien à moyen terme contre l'aspiration des nationalités à l'indépendance, celle des bourgeoisies au pouvoir et celle des prolétaires à la révolution.

Vocabulaire
- **journées de juin 1848** : révolte des ouvriers parisiens contre l'assemblée conservatrice qui vient d'être élue.

Révision express

Les dates importantes

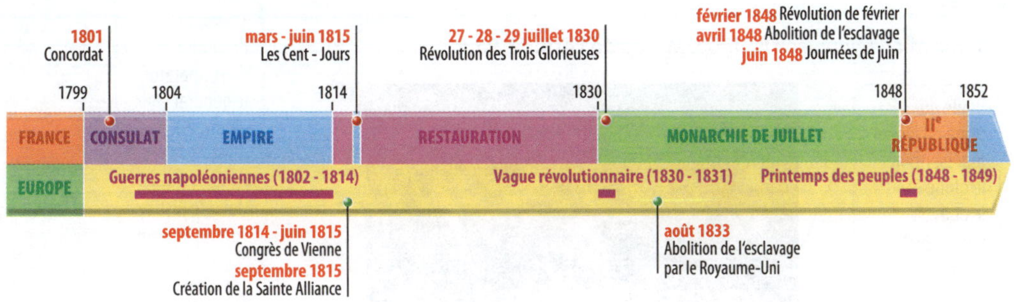

Quiz

1. Le suffrage universel a été utilisé par Bonaparte pour avoir un pouvoir absolu.

☐ **vrai** ☐ **faux**

2. L'idée de réduction du temps de travail est appliquée pour la première fois en 1848.

☐ **vrai** ☐ **faux**

3. Les *Carbonari* veulent l'unité de l'Italie.

☐ **vrai** ☐ **faux**

4. Les rédacteurs de la Déclaration d'indépendance des États-Unis sont hostiles à l'esclavage.

☐ **vrai** ☐ **faux**

→ Réponses p. 399

EXERCICE GUIDÉ

Expliquer un document historique

Énoncé

Document

Ingres, *Portrait de Napoléon Ier*, 1806. Musée de l'Armée, Paris.

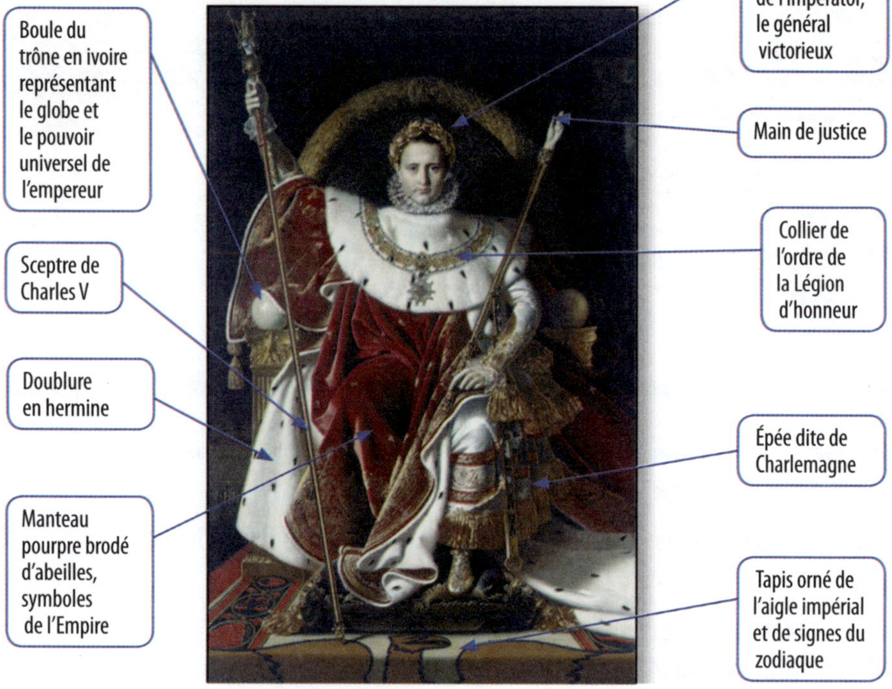

Questions

1. Pourquoi mêler symboles de la monarchie française et symboles romains ?

2. En quoi peut-on dire que l'empereur Napoléon Ier reste un héritier de 1789 ?

3. Comment la composition du tableau met-elle en valeur son pouvoir ?

Méthode

1 Expliquez à quoi correspond chacun des symboles pour ensuite expliquer leur association.

2 Dégagez les éléments dans le tableau qui permettent d'associer Bonaparte et 1789 ; complétez ensuite ces données avec vos connaissances issues du cours.

3 Dégagez les éléments principaux de la composition (lumière, couleurs, organisation des différents plans). Un document iconographique traite les idées non pas par des mots, mais par le langage graphique que vous devez donc faire apparaître.

Corrigé

1. Les éléments empruntés au passé monarchique permettent à Napoléon de relier son pouvoir, par-delà la Révolution, au passé monarchique de la France. Les deux sceptres renvoient au roi capétien qui gouvernait et rendait la justice. L'hermine doublait le manteau de sacre du portrait officiel de Louis XIV. L'épée de Charlemagne relie Napoléon à l'empereur d'Occident couronné en l'an 800, à Rome. Napoléon est comparable à l'empereur romain à qui les dieux ont donné la victoire, que ses soldats ont acclamé sur le champ de bataille et qui a défilé triomphalement devant le peuple, couronné des lauriers du vainqueur comme sur ce tableau. Ce tableau légitime Napoléon Ier en le représentant ainsi.

Méthode
Réutilisez les connaissances acquises dans le chapitre sur la citoyenneté dans l'empire romain.

2. Napoléon Bonaparte n'est pas arrivé au pouvoir parce qu'il était l'héritier légitime d'un souverain comme c'était la règle avant 1789 : il a pris le pouvoir. Il s'est appuyé sur le soutien de son armée qui, depuis Valmy, est porteuse des valeurs révolutionnaires. Il s'est appuyé sur le peuple, même s'il détourne le vote, une procédure normalement démocratique : il a utilisé le plébiscite et fait du vote le moyen de parvenir au pouvoir personnel. Le tableau montre le collier de l'ordre de la légion d'honneur créé par Napoléon. Ouvert à tous, quelle que soit leur origine, à l'inverse des ordres de l'Ancien Régime, cet ordre récompense tous ceux, civils et militaires, à qui la France était redevable de leurs services et de leurs talents : cela permet d'attacher au nouveau régime une nouvelle élite, issue de la Révolution.

Astuce
La référence à la légion d'honneur permet de répondre à la question tout en expliquant un point de détail du document.

3. L'empereur est représenté frontalement, la lumière est uniforme : son visage est comme figé dans le marbre. Il apparaît ainsi encore plus impérieux et ressemble à la statue de Zeus sculptée par Phidias à Olympie, une des sept merveilles du monde. La lumière renforce encore la présence de l'empereur : il apparaît dans une pose hiératique, le regard dardé sur le spectateur comme un empereur byzantin. Le portrait est donc très différent des portraits royaux de l'Ancien Régime et rappelle ceux des empereurs de l'Antiquité ou de Byzance. Il impose la vision du pouvoir plus qu'humain qu'est le pouvoir impérial.

Gagnez des points
Servez-vous de votre mémoire visuelle et utilisez les images que vous avez pu voir en d'autres occasions pour mieux répondre en faisant des comparaisons.

Chapitre 7 Les enjeux du développement durable

1 Un développement inégal et déséquilibré

De quoi s'agit-il ? **L'opposition traditionnelle entre les pays en développement (PED, au Sud) et les pays industrialisés (au Nord) persiste, mais elle évolue et se complexifie.**

1 À l'échelle planétaire, les Suds et les Nords

- Les écarts moyens de PIB entre pays pauvres et pays riches se sont comblés grâce à la forte croissance des pays émergents (3 milliards d'habitants pour les BRICS).

- Les écarts ont cependant augmenté entre les PMA (pays les moins avancés) et les pays de la Triade, tandis que le nombre de PMA a lui aussi augmenté : ils étaient 25 en 1971, ils sont 48 en 2016.

Vocabulaire

- **BRICS** : ensemble composé du Brésil, de la Russie, de l'Inde, de la Chine et de l'Afrique du sud.
- **Triade** : ensemble de pays (Amérique du Nord, Europe de l'Ouest, Japon et Dragons asiatiques) qui représente les deux tiers du PIB mondial.

2 À des échelles plus réduites

- À l'échelle d'un groupe de pays comme le Mercosur (marché commun entre l'Argentine, le Brésil, l'Uruguay et le Paraguay), le Brésil, pays émergent, est le plus dynamique.

- À l'échelle du Brésil, la région agricole du Nordeste, relativement pauvre, s'oppose au Sudeste, centre industriel et financier du pays.

- À l'échelle des villes, dans les pays riches, on observe une différenciation sociale et spatiale, comme en France, où les zones urbaines sensibles (ZUS) cumulent les handicaps (habitat dégradé, pauvreté, chômage, insécurité).

- Dans les villes du Sud, les écarts de richesse massifs et l'urbanisation anarchique expliquent la multiplication des bidonvilles.

Vocabulaire

- **différenciation sociale et spatiale** : différenciation de la ville en quartiers selon l'origine sociale et les revenus de leurs habitants.

2 De nouveaux besoins pour 10 milliards d'hommes en 2050

De quoi s'agit-il ? **Même si le boom démographique appartient au passé, la population augmente encore. Hausse de la population et croissance économique se cumulent, en créant de nouveaux besoins.**

1 Vers la stabilisation de la population mondiale

- La population mondiale atteignait 1 milliard d'habitants vers 1800, 3 milliards vers 1960, avant de dépasser les 6 milliards vers 2000.

- En 1975, on prévoyait donc 12 milliards d'habitants vers 2050 mais les projections actuelles convergent vers 10 milliards.

2 Croissance de la population et des besoins

• La croissance de la population suppose la croissance des besoins en eau, en nourriture (donc en terres agricoles), en matières premières, en biens d'équipement et de consommation, et en services (santé, éducation etc.).

• La croissance économique rapide des pays émergents (10 % par an pour la Chine entre 1980 et 2010) entraîne celle des besoins de chaque habitant. Puisque les besoins primaires y sont assez bien satisfaits désormais, on assiste à un développement des besoins secondaires. Les investissements des entreprises, attirées par les perspectives de ces marchés émergents, alimentent la croissance de la demande.

Vocabulaire

- **besoins primaires** : dont la survie dépend (manger, boire, s'habiller, se loger, se soigner).
- **besoins secondaires** : destinés à assurer le bien-être (transports, loisirs, culture, mode, etc.).

3 Des modes durables de développement

De quoi s'agit-il ? Le thème du développement durable s'est imposé dans le débat public depuis le Sommet de la Terre de Rio (1992).

Vocabulaire

- **Sommet de la Terre** : conférence internationale organisée par l'ONU tous les dix ans depuis 1972 pour inciter au développement durable.

1 L'Agenda 21 du Sommet de la Terre

• Le Sommet de la Terre de Rio a adopté l'Agenda 21, qui définit un ensemble d'actions à combiner pour obtenir un développement durable et qui insiste sur la coopération internationale indispensable à sa réussite.

• Sur un plan social et économique, il faut lutter contre la pauvreté, promouvoir la santé, maîtriser la hausse de la population et mettre en œuvre des modes de production et de consommation durables.

• Sur un plan environnemental, il faut protéger l'atmosphère, les océans et l'eau douce, lutter contre le déboisement et la désertification et préserver la biodiversité.

2 Une application à moduler selon les pays

• Les pays développés doivent faire un effort plus important (Facteur 4) : ils sont riches, techniquement avancés et leur croissance a eu un impact négatif sur l'environnement depuis la révolution industrielle (1750).

• Les pays émergents qui ont déjà fortement dégradé leur environnement doivent tout de suite réduire l'empreinte écologique de leur croissance.

• Les PMA ne sont toujours pas entrés dans la voie du développement. Ils doivent donc au minimum investir dans l'éducation, la santé et la protection sociale, même si leur pauvreté limite leurs capacités (ces pays ne consacrent que 5 % de leurs dépenses à ces budgets).

Vocabulaire

- **Facteur 4** : réduction d'un facteur 4 (75 %) des émissions de gaz à effet de serre d'ici 2050.
- **empreinte écologique** : espace nécessaire pour fournir les ressources et absorber les déchets d'une population donnée.

➜ Révision express

Les chiffres importants à retenir

- Il y a environ **7,3 milliards** d'habitants en 2015. Il devrait y avoir environ **10 milliards** d'habitants en 2050.
- Appliquer le **Facteur 4** signifie réduire les émissions de gaz à effet de serre de **75 %** d'ici 2050 dans les pays développés.
- La croissance économique chinoise a été de **10 %** par an en moyenne depuis 1990.
- On compte **48** PMA.

Le schéma à retenir

Schéma du développement durable

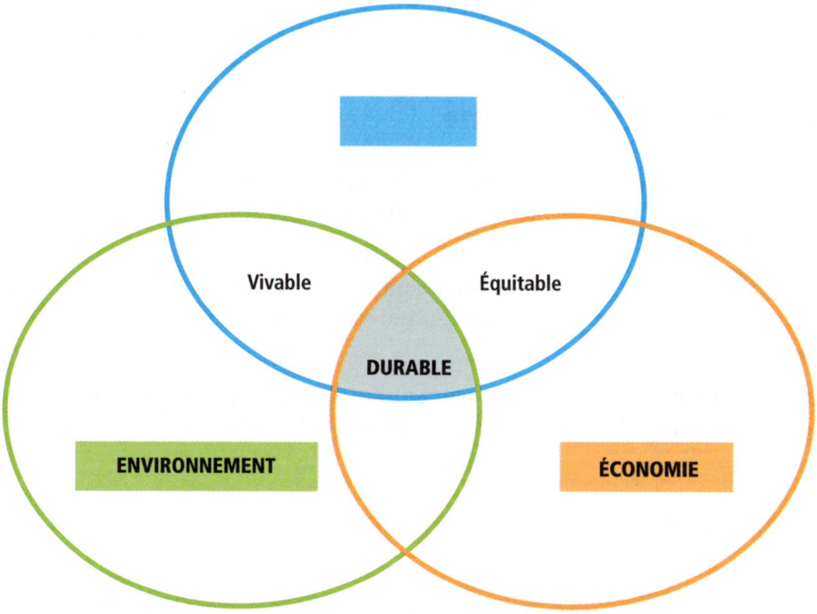

Quiz

1. Un PMA est un pays très pauvre. ☐ **vrai** ☐ **faux**
2. Un PMA est un pays d'Asie. ☐ **vrai** ☐ **faux**
3. Le Sommet de la Terre est une conférence des Nations Unies qui a lieu tous les dix ans. ☐ **vrai** ☐ **faux**
4. Le premier Sommet de la Terre a eu lieu à Rio en 1992. ☐ **vrai** ☐ **faux**

→ Réponses p. 399

ANALYSE DE DOCUMENTS

Lier et confronter les informations contenues dans plusieurs documents

Énoncé

En vous appuyant sur les documents et vos connaissances, vous rédigerez un texte argumenté sur le sujet suivant :
« Comment expliquer la hausse de la population urbaine chinoise ? »

Doc. 1 Estimation de la population chinoise (en millions)

1950	1980	1990	2000	2010	2015
550 M	1000 M	1150 M	1275 M	1350 M	1375 M

Doc. 2 Estimation de la population urbaine en Chine (en %)

1950	1980	2000	2010	2030
15 %	20 %	36 %	48 %	68 %

Doc. 3 Estimation de la croissance du PIB chinois (en %)

1976	1980	1990	2000	2009	2015
-2 %	8 %	5 %	8 %	12 %	8 %

Méthode

- Lisez le document et surlignez les éléments qui vous semblent les plus importants.
- Expliquez ce que signifient les chiffres. Faites des calculs simples pour transformer une évolution en volume en une évolution pourcentage, ou inversement : ces calculs vont éclairer ce que montre le document.
- Utilisez votre cours pour interpréter les documents. Vous pourrez ainsi faire des comparaisons avec d'autres périodes ou d'autres pays : les chiffres seront ainsi plus parlants. Un document ne dit jamais tout sur une question.

Corrigé

La hausse de la population urbaine s'explique tout d'abord par la hausse de la population totale. On constate en effet dans le premier tableau que la population chinoise a presque triplé depuis la fin de la seconde guerre mondiale. Si on suppose que la répartition des habitants entre ville et campagne ne change pas, la hausse de la population totale va s'accompagner logiquement d'une hausse équivalente de la population urbaine.

Piège à éviter
Il faut avant tout éviter de paraphraser un document. Dans le cas d'un tableau statistique, paraphraser reviendrait à recopier les chiffres et ensuite à les agrémenter de quelques mots de commentaire.

Cependant, on constate en comparant les données du document 1 et du document 2 que la hausse n'a pas eu lieu au même rythme pour la population totale et pour la population urbaine. Celle-ci augmente très peu en pourcentage et modérément en volume entre 1950 et 1980 : elle passe de 80 millions en 1950 (15 % de 550 millions) à 200 millions (20 % de 1 000 millions en 1980). En effet, le gouvernement maoïste empêchait l'exode rural. Ce contrôle est progressivement levé à partir de 1979 à la suite des réformes de Deng Xiao Ping. On constate donc dans le second tableau que c'est à partir de 1980 que la Chine s'urbanise véritablement : la moitié des Chinois vit désormais en ville et la hausse en volume est encore plus forte car on passe de 200 millions de citadins à 650 millions (48 % de 1 350 million en 2010). Le tableau fournit une projection pour 2030, 68 %, taux proche de celui du Brésil.

Une **projection** est un calcul de l'évolution future de la population à partir des données antérieures et de l'estimation des tendances futures.

Cette évolution est avant tout la conséquence des réformes de 1979 puisque la politique de l'enfant unique a considérablement freiné la hausse de la population totale depuis 1979 (1 000 millions d'habitants en 1980 et 1 350 millions en 2010 dans le document 1). Ces réformes ont provoqué le décollage de l'économie qui stagnait auparavant (document 3). Ce que ne montre pas ce dernier, c'est le fait que la croissance est plus forte encore dans les régions côtières urbanisées. Les villes ont besoin de main-d'œuvre pour se développer : elles attirent le surplus de main-d'œuvre des campagnes qui se modernisent elles aussi et où l'emploi agricole recule avec l'arrivée des machines.

Bien comprendre
Les indicateurs économiques eux-mêmes, comme leur nom l'indique, ne sont que des indicateurs : ils fournissent une approche de la réalité qui n'est jamais la description de toute la réalité.

La croissance récente des villes chinoise reflète la croissance du PIB et compense le retard de l'urbanisation avant 1979. Vers 2040, la Chine devrait avoir rattrapé les États-Unis et être devenue la première puissance économique mondiale avec une population urbaine à 75 %, comme dans les pays riches.

Chapitre 8

Gérer les ressources : nourrir les hommes

1 Production en hausse, population en hausse

De quoi s'agit-il ? Les grandes famines du passé ont disparu : on a aujourd'hui 2 800 calories par habitant et par jour. Pourtant, près d'un milliard d'hommes souffrent toujours de la faim.

1 Une amélioration décisive

- Depuis le XVIIIe siècle, l'Europe a définitivement échappé à la famine. À partir de 1960, les pays en développement (PED) connaissent à leur tour des progrès décisifs.
- L'insécurité alimentaire (situation d'une population qui a du mal se nourrir) a reculé grâce à la révolution verte en Inde (1960) et aux réformes en Chine (1979). Le Brésil, principal PED exportateur de produits agricoles, concurrence les États-Unis.
- Depuis un quart de siècle, la famine ne frappe que des pays en guerre (Éthiopie, Somalie, Soudan).

Vocabulaire

- **révolution verte** : passage à une agriculture intensive utilisant des machines, engrais, insecticides et pratiquant l'irrigation.

2 Des progrès inégaux et insuffisants

- La sous-nutrition sévit périodiquement lors des guerres, des crises économiques ou climatiques. Elle ne frappe plus durablement au point de tuer massivement comme les famines passées.
- La faim frappe les plus fragiles, discriminés dans l'accès à la nourriture : les migrants, les minorités ethniques, les femmes, les enfants. C'est donc plus l'accès à la nourriture que sa production qui est en cause dans la persistance des inégalités alimentaires.

2 Assurer la sécurité alimentaire

De quoi s'agit-il ? Les Objectifs du Millénaire de l'ONU (réduire de 50 % le nombre de pauvres et de malnutris en 2015 par rapport à 1990) n'ont pas été atteints.

1 Production, consommation : les contraintes du futur

- L'accroissement naturel s'affaiblit considérablement en Asie et en Amérique latine, mais il reste fort en Afrique.

Vocabulaire

- **accroissement naturel** : différence entre le taux de natalité et le taux de mortalité. il est positif si la natalité est plus forte, négatif dans le cas contraire.

- On peut augmenter les surfaces cultivées (en Afrique, en Amérique latine) mais si on ne protège pas les terres de la pollution, de la désertification (Sahel), et de l'urbanisation (Chine), il n'y aura pas de développement durable.
- Les pratiques alimentaires changent avec l'urbanisation (l'alimentation des citadins est plus variée et plus riche), la hausse du niveau de vie et la mondialisation.

2 Sécuriser l'accès a l'alimentation

- Les États ne doivent plus sacrifier l'agriculture au développement de l'industrie et subventionner des importations destinées aux villes. Il faut former les agriculteurs pour produire plus, avec des rendements en hausse, et mieux, avec de meilleures pratiques agricoles.
- Certains États (Chine, Corée du Sud, Arabie Saoudite) achètent ou louent des terres dans des PED, souvent en Afrique, pour sécuriser leur approvisionnement.

Vocabulaire

- **subventionner :** revendre à bas prix aux citadins la nourriture importée grâce à des achats sur le marché mondial.

3 Développer des agricultures durables ?

De quoi s'agit-il ? **Une révolution doublement verte s'impose, ainsi que la nécessité d'un effort massif de formation et de recherche.**

1 Des pratiques agricoles à risques

- L'agriculture extensive accélère la déforestation, l'érosion (destruction d'un sol par les eaux de ruissellement, le vent, le gel), les inondations et menace la biodiversité.
- L'agriculture intensive pollue, fragilise les sols et gaspille l'eau. Ses semences sélectionnées mettent en danger la biodiversité. Les OGM, admis aux États-Unis, sont très contestés en Europe.
- L'élevage accélère la désertification par le surpâturage (quand le nombre d'animaux à l'hectare dépasse les capacités de renouvellement de la végétation). Les bovins produisent du méthane et il faut plusieurs kilos de matière végétale pour produire un kilo de viande.

Vocabulaire

- **agriculture extensive :** mobilise peu de moyens par hectare mais exploite de très grandes surfaces.
- **agriculture intensive :** mobilise beaucoup d'investissements pour obtenir des rendements élevés.

2 Quelles solutions ?

- Il semble indispensable d'éduquer les populations rurales des PED et de leur permettre d'accéder au crédit pour se moderniser. Il faut favoriser, comme dans les pays du Nord, une révolution doublement verte dans les pays du Sud.
- La recherche, après les cultures majeures (blé, riz, maïs), doit accélérer ses travaux sur le manioc, le mil et le sorgho, cultures essentielles en Afrique, développer de nouvelles techniques d'irrigation économisant l'eau, ainsi que des traitements moins polluants.
- Des banques végétales sont constituées pour sauver de la disparition des milliers de variétés traditionnelles qui sont abandonnées au profit des variétés à haut rendement.

Révision express

Le schéma à retenir

Développement durable : agriculture et alimentation

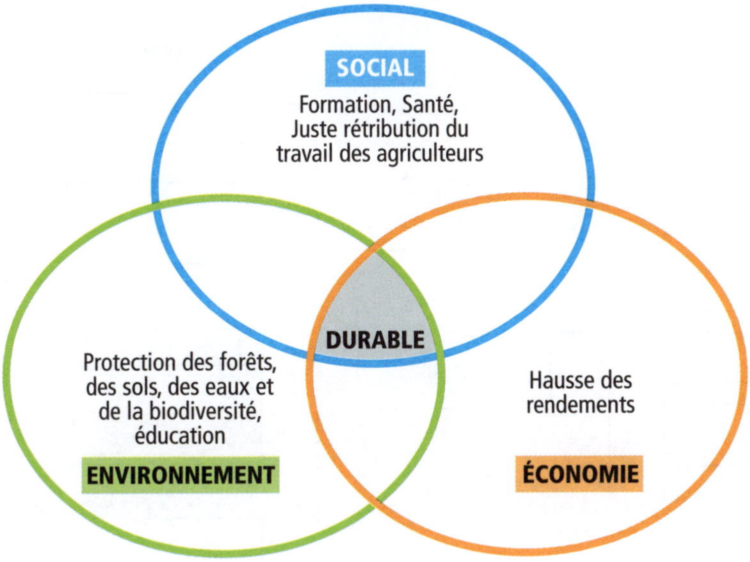

Quiz

1. Les Objectifs du Millénaire ont été définis par l'Union Européenne.

☐ **vrai** ☐ **faux**

2. Les OGM sont admis aux États-Unis.

☐ **vrai** ☐ **faux**

3. La révolution verte a été lancée par la Chine.

☐ **vrai** ☐ **faux**

→ Réponses p. 399

EXERCICE GUIDÉ

Réaliser un organigramme

Énoncé

Réalisez un organigramme sur l'organisation de l'agrobusiness à partir de la structure suivante.

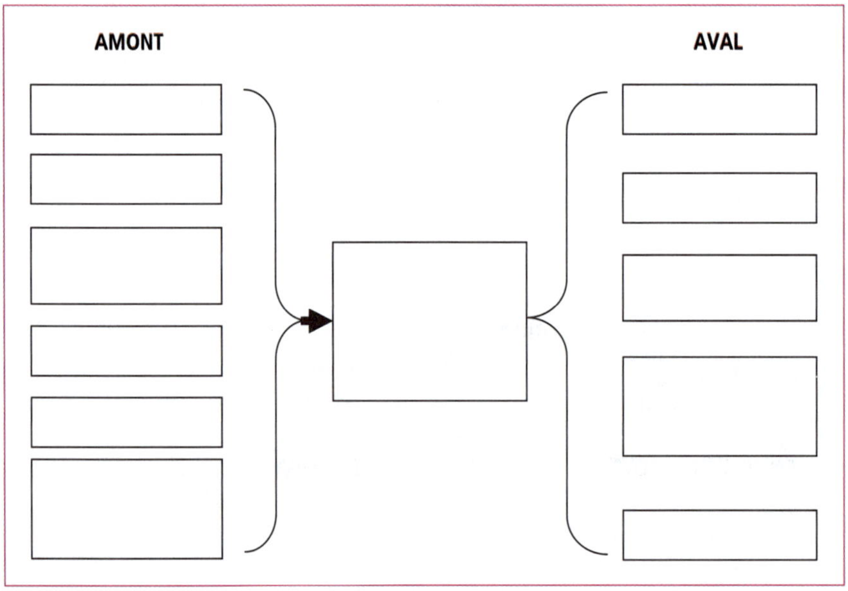

Méthode

- Identifiez d'abord au brouillon les éléments nécessaires pour construire l'organigramme, avant de les classer.
- Toujours au brouillon, testez leur répartition sur la feuille dans un ordre logique qui, visuellement, corresponde à la hiérarchie que vous décririez par écrit.
- La structure de l'organigramme vous est ici donnée, mais cela n'est pas toujours le cas. Si vous devez le créer vous-même, éliminez ce qui pourrait encombrer votre schéma ou ce qui vous prendrait trop de temps à réaliser.
- Lorsque vous recopiez la structure, ou si vous devez la créer, n'oubliez pas de tracer les cartouches et les flèches à la règle. Vous pouvez aussi distinguer cartouches et flèches par leur couleur, en utilisant des traits plus ou moins fins ou des pointillés.

Corrigé

- On peut lister les éléments suivants pour construire l'organigramme :

– **en amont :** aides de l'État, prêts des banques, contrats de fourniture avec des industriels ou des distributeurs, achats de matériel et de semences ou d'animaux à des industriels.

– **en aval :** entreprises de transports, sociétés de négoce, transformateurs industriels et entreprises de la distribution.

- Placez l'exploitant agricole au centre de l'organigramme et différenciez d'un côté les activités qui interviennent en amont et de l'autre celles de l'aval.

- À éliminer : exemples d'entreprises intervenant en amont ou en aval, ou les consommateurs qui pèsent sur la demande adressée au secteur agricole et peuvent boycotter des produits (OGM).

- Il suffit de distinguer l'agriculteur en mettant en couleur son cartouche : aller plus loin rendrait la lecture du schéma plus complexe.

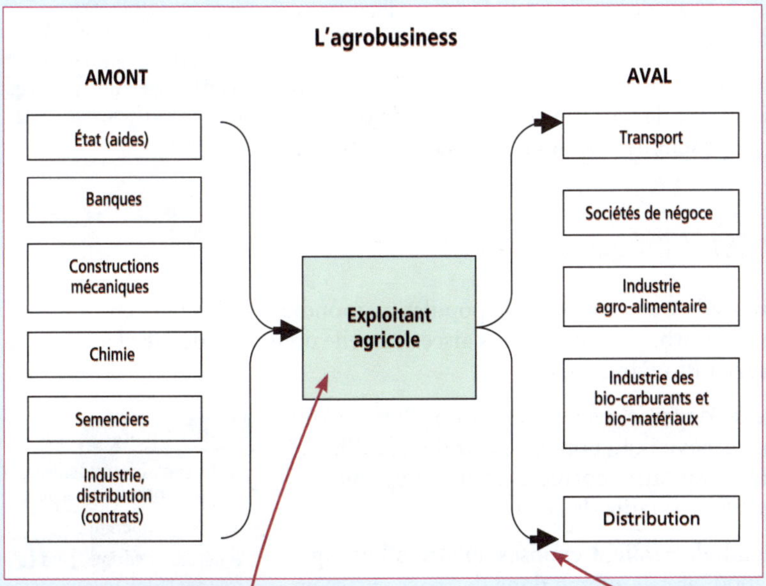

Astuce
Vous pouvez mettre en valeur un élément qui vous semble important en utilisant les couleurs.

Méthode
Les flèches permettent de mettre en relation, de montrer les liens et les interactions entre les divers éléments.

Chapitre 9 Gérer les ressources : l'eau

1 Inégalité de répartition et d'accès à l'eau

De quoi s'agit-il ? Chaque être humain dispose en moyenne de 7 000 m³ d'eau par an, mais les disparités sont massives à l'échelle du globe, des pays et de leurs habitants.

1 Une abondance trompeuse

• 80 % de l'eau douce de la planète sont stockés dans les glaciers et 99 % de l'eau douce liquide sont stockés dans des nappes profondes, dont certaines sont des nappes fossiles. L'eau douce disponible en surface (lacs, cours d'eau) ne représente donc que 1 % de l'eau douce liquide sur la Terre.

• Dix pays concentrent 60 % de la ressource (15 % pour le Brésil à lui seul), alors que vingt pays souffrent de pénurie chronique et de précipitations très irrégulières : ils disposent de 5 % des ressources mondiales.

Vocabulaire

■ **nappe fossile :** nappe phréatique formée dans le passé, sous un climat plus humide, qui ne se renouvelle plus et qui est vouée à l'épuisement si on l'exploite.

2 Des besoins croissants et inégalement satisfaits

• L'augmentation des besoins est liée à la hausse de la population mondiale – plus particulièrement à celle de la population urbaine, qui est plus aisée –, à celle du niveau de vie et à la croissance économique (agriculture, industrie).

• La qualité de la ressource se dégrade avec la pollution. Plus de 700 millions d'habitants n'ont pas accès à l'eau potable, 2,5 milliards d'habitants sont privés d'installations sanitaires correctes et 20 % de la mortalité infantile sont liés à la mauvaise qualité de l'eau.

• 40 % de la population mondiale seraient exposés au stress hydrique d'ici 2025, contre 10 % en 2000, et cela même dans des pays riches en eau (États-Unis). La pénurie hydrique concerne déjà une dizaine d'États.

Vocabulaire

■ **stress hydrique :** indicateur créé par l'ONU. Le seuil est fixé à 1 700 m³/hab/an.

■ **pénurie hydrique :** indicateur créé par l'ONU. Le seuil est fixé à 1 000 m³/hab/an.

2 Maîtrise de l'eau et transformation des espaces

De quoi s'agit-il ? Enjeu traditionnel pour l'agriculture, la maîtrise de l'eau est aujourd'hui essentielle pour l'industrie, l'économie, et plus encore pour les citadins.

1 Eau et agriculture, un lien ancien toujours actuel

• L'agriculture irriguée traditionnelle a créé des paysages spécifiques : foggaras au Sahara, rizières d'Asie avec leurs réservoirs, leurs canaux, leurs diguettes et leurs terrasses dans les régions escarpées.

Vocabulaire

■ **foggara :** galerie souterraine conduisant l'eau captée au pied des montagnes jusqu'aux oasis.

- L'agriculture intensive moderne a créé de nouveaux paysages avec l'irrigation par aspersion (champs circulaires irrigués par des carrousels). L'eau est pompée dans la nappe phréatique, dans les cours d'eau ou dans les lacs de barrage, et est acheminée par des canaux.
- Les techniques de micro-irrigation (tuyau et goutte à goutte) sont moins spectaculaires, mais permettent de faire reverdir les zones arides.

Vocabulaire

- **carrousel :** portique d'irrigation alimenté depuis son axe central, qui peut atteindre 500 mètres de diamètre.

2 Eau et ville, une problématique renouvelée

- La population urbaine augmente plus vite que la population totale de la Terre, dont elle représente déjà plus de 50 %. On compte ainsi une trentaine de mégapoles. Leur alimentation en eau passe par de lourds investissements pilotés par des multinationales (Veolia, Suez).
- Le tourisme transforme les paysages en engendrant des infrastructures très concentrées dans l'espace, souvent sur les littoraux (hôtel, lotissements, golfs). Il crée de nouveaux besoins, y compris dans les pays pauvres : le touriste, issu d'un pays riche, consomme 500 litres d'eau par jour.

Vocabulaire

- **mégapole :** ville géante, supérieure à 8 millions d'habitants selon l'ONU.

3 Gérer une ressource menacée et convoitée

De quoi s'agit-il ? L'accès à l'eau engendre tensions et conflits d'usage. La réponse peut être politique, technique ou comportementale.

1 Une ressource menacée et convoitée

- L'irrigation par aspersion gaspille la ressource : en milieu aride, 90 % de l'eau sont perdus par évaporation ou infiltration dans le sol. Les carrousels consomment en moyenne 1000 m^3 pour produire 1 tonne de céréales.
- Le pompage de l'eau des nappes transfrontalières, la construction de barrages en amont d'un fleuve et la dérivation de l'eau d'une région à l'autre (Espagne, Chine) suscitent des tensions. Diverses régions du monde sont même hydroconflictuelles.

Vocabulaire

- **conflit d'usage :** lié au partage d'une ressource entre plusieurs activités (agriculture, industrie, tourisme, ville) ou groupes humains.

Vocabulaire

- **région hydroconflictuelle :** où la ressource en eau est insuffisante ; les tensions sont vives car elles s'ajoutent à d'autres facteurs d'affrontement, comme au Proche-Orient.

2 Solutions possibles

- On peut produire plus en dessalant l'eau de mer, solution coûteuse et limitée à des pays riches (Arabie) ou des îles (Canaries).
- Il faut maîtriser la consommation en modernisant les réseaux (10 à 50 % de l'eau sont perdus dans le transport), en irrigant au goutte à goutte et en cultivant des plantes économes en eau (l'agriculture sollicite 70 % des besoins). Il faut enfin changer les méthodes de l'industrie et le mode de vie des habitants (recycler et épurer l'eau).
- La Banque mondiale soutient désormais les projets qui limitent l'impact environnemental et social des barrages. Depuis 1993, l'ONU a lancé la Journée mondiale de l'eau et s'emploie à promouvoir un droit international de l'eau.

Révision express

Le schéma à retenir

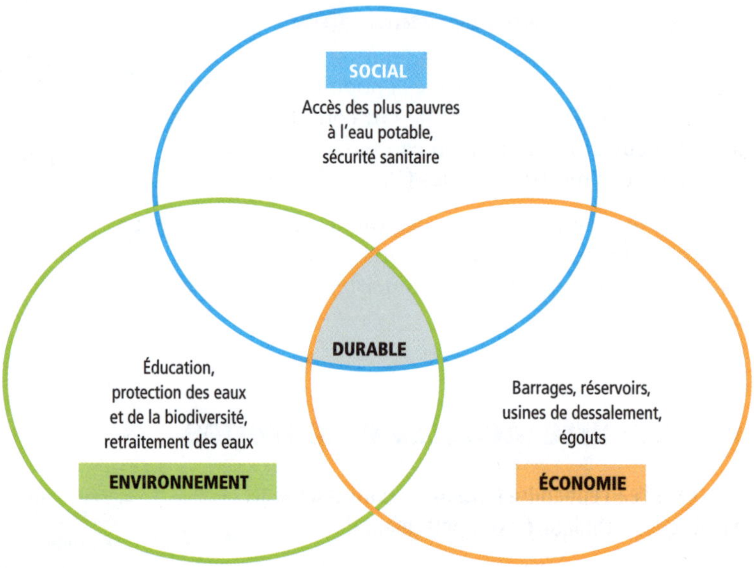

Quiz

1. Le goutte à goutte permet d'économiser l'eau.

☐ **vrai** ☐ **faux**

2. Le seuil du stress hydrique est à 1 000 m^3.

☐ **vrai** ☐ **faux**

3. L'irrigation par carrousel gaspille l'eau.

☐ **vrai** ☐ **faux**

4. La Banque mondiale a des objectifs uniquement économiques.

☐ **vrai** ☐ **faux**

→ Réponses p. 399

PRODUCTION GRAPHIQUE

Réaliser un schéma explicatif

Énoncé

Réalisez un schéma de la situation du continent africain en matière d'eau, à partir de la carte suivante.

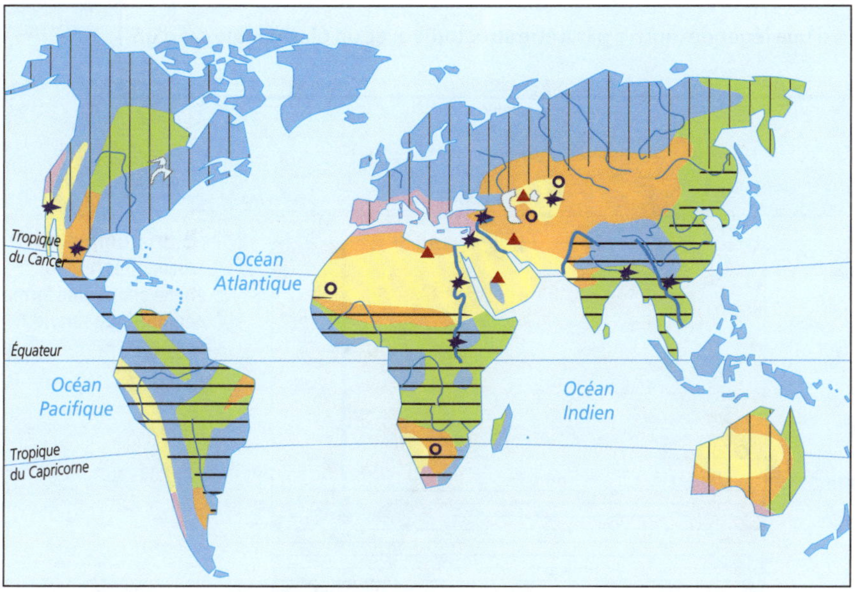

I. Une ressource inégalement répartie

1. Des espaces où l'eau est abondante
- Pas de saison sèche
- Saison sèche en été
- Saison sèche en hiver

2. Des espaces où l'eau est rare
- Climat désertique
- Climat semi-aride

II. Une exploitation de la ressource très contrastée
- Gestion globalement satisfaisante de la ressource
- Gestion insuffisante de la ressource
- ▲ Surexploitation de nappes fossiles

III. Des tensions potentielles ou effectives
- Conflits liés à l'eau
- o Pays qui dépend d'un État voisin pour son approvisionnement en eau
- Fleuve dont l'exploitation est source de tensions entre les pays qu'il traverse

Méthode

- Il ne s'agit pas de faire une carte, mais un schéma, c'est-à-dire quelque chose de simple et d'assez rapide à réaliser, qui visualise les données essentielles sans prétendre les dessiner avec précision.
- Faites cependant un travail soigné : veillez à lisser les aplats de couleur exécutés au crayon de couleur. En surimpression, au feutre à pointe fine ou au stylo, écrivez les noms ou ajoutez les symboles.
- Accompagnez le tout d'une légende (qui n'a pas à être structurée avec un plan dans le cas d'un simple schéma).

Corrigé

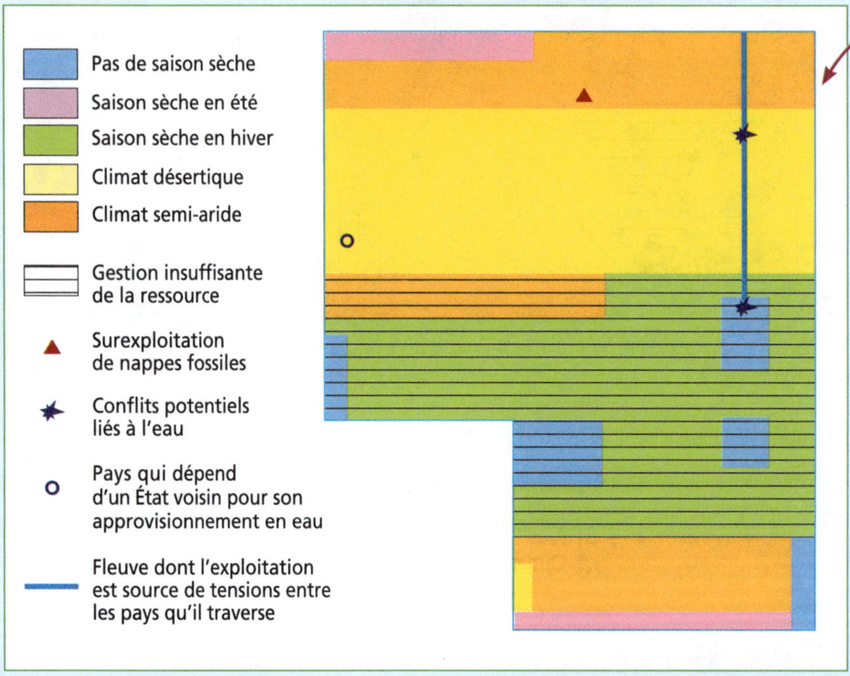

Bien comprendre
Schématisez l'espace étudié grâce à une **forme géométrique simple.**

Bien comprendre
Un schéma n'est pas exhaustif : il vise à **représenter visuellement une idée.** Vous devez donc **sélectionner** et **simplifier** les éléments qui y figureront.

Remarque
Le climat est méditerranéen (sec en été) au Nord et au Sud, puis désertique, puis tropical (saison sèche en hiver) et enfin équatorial (sans saisons sèche) dans les régions proches de l'équateur.

Chapitre 10

Gérer les ressources : l'énergie

1 Besoin en énergie et gestion des ressources

De quoi s'agit-il ? **Les besoins en énergie augmentent, alors que les ressources et la consommation sont géographiquement très concentrées.**

1 Des besoins croissants et contraints

- L'augmentation des besoins est une des conséquences de la croissance économique des pays émergents et de la croissance de la population, surtout dans les villes, où le niveau de vie et la consommation sont plus élevés qu'à la campagne.
- Les besoins sont contraints par les choix énergétiques, économiques et sociaux du passé qui vont continuer de produire leurs effets à long terme.
- Le besoin de pétrole va se maintenir ou croître car il n'est pour l'instant pas possible de le remplacer dans les transports.

2 Des ressources et une consommation concentrées

- Les ressources d'énergie fossiles sont géographiquement très concentrées (**Doc. 1**). Le pétrole reste la première énergie produite (31 % en 2013) devant le charbon (29 %) et le gaz (21 %).
- La consommation (1,8 tep/hab/an dans le monde) est concentrée également : 15 % de la population mondiale utilise plus de la moitié de l'énergie disponible, alors que deux milliards d'habitants des PED n'utilisent que la biomasse.
- Depuis les chocs pétroliers des années 1970, des politiques énergétiques ont été instaurées, visant à sécuriser et diversifier les approvisionnements en énergie.

Vocabulaire

- **tep (tonne d'équivalent pétrole) :** unité de mesure qui compare l'énergie produite par du gaz, du charbon, etc., à celle produite par du pétrole.
- **biomasse :** source d'énergie comme le bois et les plantes (biocarburants).

Doc. 1 **Les réserves prouvées d'énergie fossile fin 2014**

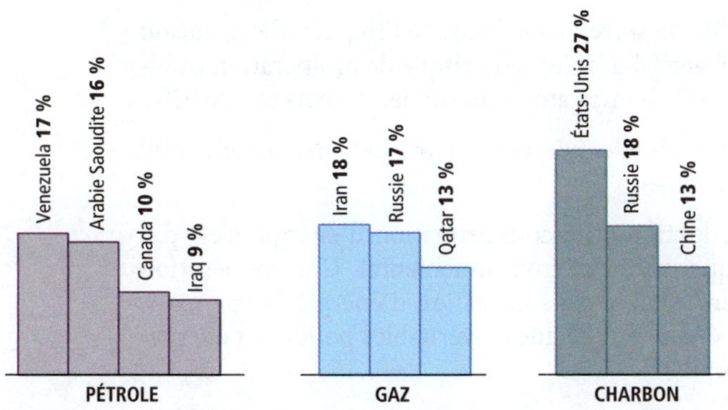

Les réserves prouvées sont les réserves connues et accessibles avec les moyens techniques actuels et au prix actuel. Elles augmentent si on découvre un gisement, une technique de production moins coûteuse ou plus efficace et si les prix augmentent sur le marché.

HISTOIRE-GÉO

2 Impacts environnementaux et tensions géopolitiques

De quoi s'agit-il ? Enjeu politique et économique depuis le XIXe siècle, l'énergie est désormais également un enjeu environnemental à l'approche du pic de Hubbert (*peak oil*).

1 Impacts environnementaux

- L'impact de la production d'énergie se mesure tout d'abord à la pollution de l'eau, de l'air et des sols (marées noires, accidents nucléaires).

> **Vocabulaire**
> ■ **pic de Hubbert (*peak oil*) :** moment où la production de pétrole commencera à décliner car on aura consommé plus de la moitié de la ressource disponible.

- L'impact sur le climat est une préoccupation récente, devenue sujet de société. Les deux principaux gaz à effet de serre produits par les activités humaines sont le dioxyde de carbone (65 % du total) et le méthane (20 % du total).
- L'impact sur les paysages est important (raffineries, grands barrages, centrales électriques), mais existe aussi dans le cas des énergies renouvelables (éoliennes, installations solaires). Le développement durable suppose aussi de s'intéresser aux impacts sociaux et économiques.

2 Tensions géopolitiques

- 50 % des réserves de pétrole accessibles à bas prix sont situées au Moyen-Orient. Le pétrole est un des enjeux de cette région marquée par des tensions récurrentes.
- Les États d'Asie centrale ont d'importantes réserves, mais la Russie s'emploie à en récupérer le contrôle qu'elle a perdu après la chute de l'URSS.
- La Chine entend sécuriser ses approvisionnements au XXIe siècle, tout comme les États-Unis ont su le faire au XXe siècle. Il y a là potentiellement de nouveaux facteurs de tension avec ses voisins, ses partenaires économiques voire ses rivaux politiques.

3 Quels choix énergétiques pour l'avenir ?

- La hausse de la consommation mondiale étant inévitable, il faut produire plus, mais il faut aussi réduire l'intensité énergétique de la croissance.

> **Vocabulaire**
> ■ **intensité énergétique :** rapport entre la consommation d'énergie et le PIB d'un pays ; plus elle est faible, plus le pays est économe en énergie.

- Le charbon est abondant (150 ans de réserves prouvées), connu et accessible techniquement et économiquement. C'est cependant l'énergie fossile la plus polluante.
- Le nucléaire ne produit pas de gaz à effet de serre, mais il suscite l'inquiétude en raison de la dangerosité de son combustible radioactif, l'uranium, du risque de prolifération (multiplication du nombre de pays qui possèdent la bombe atomique) et des déchets radioactifs.
- Les énergies renouvelables progressent, mais elles aussi ont un impact environnemental (production du matériel, impact sur le paysage).
- Ne pas intervenir pour réguler la production et la consommation d'énergie n'est pas possible sur le plan politique, économique, social et environnemental. Une coopération internationale permettrait de réduire vers 2050 la consommation d'énergie fossile mais, à ce jour, seuls le Japon et l'Union européenne ont décidé de véritables politiques énergétiques visant à réduire leur consommation.

Révision express

Le schéma à retenir

Développement durable : l'énergie

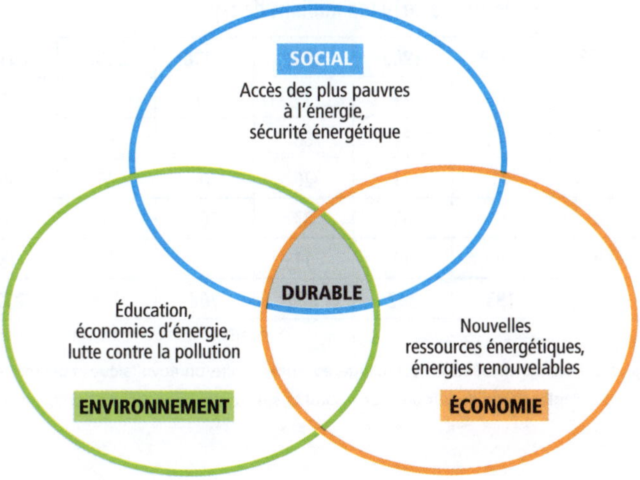

Quiz

1. Le charbon offre les réserves les plus importantes de toutes les énergies fossiles.

☐ **vrai** ☐ **faux**

2. Le volume des réserves est fixe et diminue à mesure qu'on les exploite.

☐ **vrai** ☐ **faux**

3. Plus on économise, plus l'intensité énergétique augmente.

☐ **vrai** ☐ **faux**

4. L'intensité énergétique est plus faible dans un pays de petite taille.

☐ **vrai** ☐ **faux**

5. Les énergies renouvelables n'ont pas d'impact sur les paysages.

☐ **vrai** ☐ **faux**

→ Réponses p. 399

ANALYSE DE DOCUMENT

Analyser un tableau statistique

Énoncé

Document

La consommation d'énergie en France de 1973 à 2014 (en millions de tep)

	1973	1979	1985	1990	2000	2006	2014
Charbon	28	32	24	19	14	12	9
Pétrole	121	114	82	88	95	92	77
Gaz naturel	13	21	23	26	38	40	36
Électricité primaire[1]	8	17	62	83	109	118	117
ENRt[2] et déchets	9	9	10	11	12	12	18
Total	**180**	**193**	**202**	**228**	**268**	**275**	**257**

Source : Ministère de l'environnement.

1. L'électricité primaire est l'électricité d'origine nucléaire, hydraulique, éolienne, solaire, photovoltaïque et géothermique.
2. Les ENRt sont les énergies renouvelables thermiques (bois, biocarburants, solaire thermique) et les pompes à chaleur.

Questions

1. Expliquez l'évolution de la consommation de charbon.
2. Expliquez l'évolution de la consommation de pétrole.
3. Expliquez l'évolution de la consommation d'électricité nucléaire.
4. Expliquez l'évolution de la consommation d'énergie renouvelable.

Méthode

- Repérez les limites du tableau statistique et déterminez les années qui marquent une rupture.

- Repérez l'unité de mesure utilisée, dans ce cas la tep (tonne d'équivalent pétrole), unité qui permet de ramener toutes les sources d'énergie à une seule, le pétrole, et d'additionner les consommations des diverses énergies.

- Repérez ce qui est mesuré : dans ce cas il s'agit du charbon, de l'énergie des débuts de la révolution industrielle, du pétrole qui s'est imposé après 1945, du gaz et du nucléaire qui se développent après 1970 et des énergies renouvelables qui décollent depuis peu.

- Repérez les données importantes en les surlignant pour ne pas oublier de les évoquer dans le cours de votre devoir.

Corrigé

1. La consommation de charbon baissait déjà avant 1973 puisque le charbon, énergie de la première révolution industrielle (machine à vapeur, sidérurgie) était remplacé de plus en plus par le pétrole. Elle s'effondre avec la crise de 1973 et les chocs pétroliers : la sidérurgie achète moins de charbon car le secteur de l'acier fait face à la crise économique ; les centrales thermiques fonctionnant au charbon sont remplacées par des réacteurs nucléaires. Le charbon est de plus l'énergie fossile la plus polluante. Tout cela explique qu'il recule de 15 % de la consommation totale en 1973 à 4 % en 2008.

> **Astuce**
> Calculez ce que représente la part de chaque énergie dans le total pour rendre les chiffres plus parlants.

2. La consommation de pétrole recule après 1973 en raison de la hausse de son prix, de la crise économique, du développement du nucléaire et des mesures d'économie d'énergie. Il est donc passé des deux tiers de la consommation totale d'énergie en 1973 à moins de un tiers en 2008. Il est resté irremplaçable pour les transports routiers : cela explique que sa consommation atteint un plancher à 82 millions de tep avant de repartir à la hausse avec le contre-choc pétrolier de 1985.

3. L'électricité est passée de 4 % de la consommation totale en 1973 à 42 % désormais. Elle s'est développée avec le parc électronucléaire et avec la politique énergétique décidée par Valéry Giscard d'Estaing après le choc pétrolier de 1973. Ces centrales représentent 80 % de l'électricité consommée en France chaque année.

4. Les énergies renouvelables, comme l'éolien, le solaire ou les pompes à chaleur, se sont développées lentement, mais on peut néanmoins penser que les mesures fiscales adoptées dans le cadre du Grenelle de l'environnement vont fortement accélérer leur développement. Ces mesures sont cependant trop récentes pour que leurs effets soient déjà mesurables, et le tableau donne des chiffres antérieurs au Grenelle.

> **Astuce**
> En géographie, les données de l'actualité sont souvent utiles pour compléter les documents qui datent souvent de quelques années.

Chapitre 11 Les villes durables

1 La croissance urbaine dans le monde

De quoi s'agit-il ? Depuis le XIXe siècle, la planète est entrée dans l'ère de l'urbanisation. Les villes ont connu une forte croissance, mais aussi des transformations spatiales et sociales importantes qui se poursuivent encore aujourd'hui.

- Depuis l'an 2000, la moitié des hommes vivent en ville. La croissance démographique y a été spectaculaire, liée à la fois à une croissance générale de la population mondiale et au développement économique et social qui a renforcé les secteurs industriel et tertiaire. Ces secteurs jouent un rôle central dans les villes.
- Le Nord (où le taux d'urbanisation stagne autour de 75 à 80 %) est en avance sur les pays du Sud (la Chine vient de franchir le cap des 50 %, tandis que beaucoup de pays africains sont encore autour de 25 %).
- La croissance des populations et des activités s'est donc faite à partir d'un centre, parfois ancien, vers la périphérie ou banlieue (**Doc. 1**), créant des agglomérations urbaines qui se rejoignent parfois pour former des conurbations, voire des mégalopoles (ex. Tokyo-Osaka-Nagasaki sur mille kilomètres au Japon).
- Activités et populations sont réparties différemment selon les pays, et l'on retrouve partout d'importantes inégalités sociales.

Vocabulaire
- **taux d'urbanisation :** proportion de la population totale vivant dans une ville.
- **agglomération :** espace formé par une ville et sa banlieue.
- **conurbation :** ensemble de villes.
- **mégalopole :** espace urbain géant rassemblant plusieurs agglomérations.

Doc. 1 Différents types d'organisation de l'espace urbain

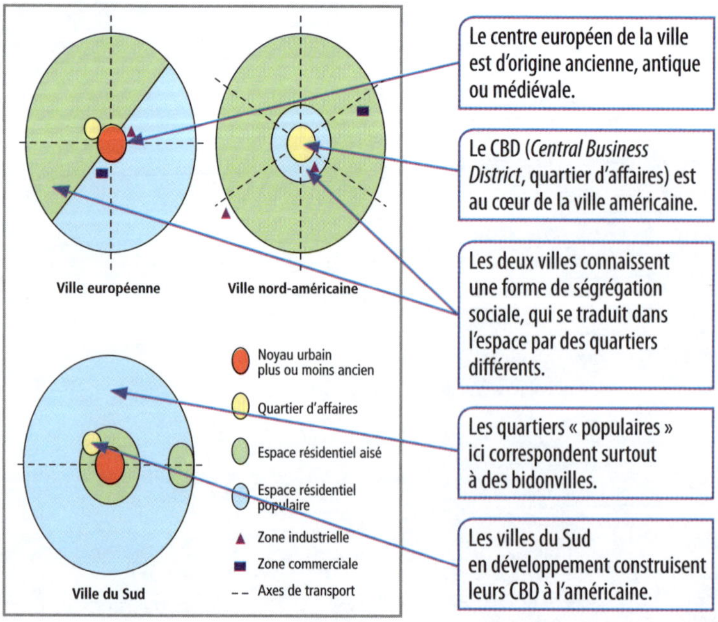

2 Transport et mobilité

De quoi s'agit-il ? L'extension des villes, qui concentrent de plus en plus d'activités, et des échanges entre elles entraîne un accroissement des déplacements qui rend centrale la question des transports.

- La ville est née comme un espace de marché : lieu de rencontre et d'échanges, elle est souvent située à des points stratégiques d'un espace régional ou national. Les réseaux routiers puis ferroviaires convergent vers les villes qui deviennent des nœuds de communication essentiels, attirant d'autant plus les hommes et les activités économiques.
- Aujourd'hui, un certain nombre de métropoles jouent un rôle fondamental dans les échanges à l'échelle aussi bien de leur pays que de leur continent, voire du monde : ces grandes métropoles, parfois appelées villes globales, concentrent souvent grands ports, aéroports internationaux, gares ferroviaires ou routières, qui permettent de les relier entre elles. La plupart restent situées au Nord.
- Les déplacements se font aussi à l'échelle de la ville. Il faut relier les différents espaces qui organisent la ville (quartiers résidentiels et zones d'emplois) et ne cessent de s'étaler, en développant différents réseaux : routes rapides qui traversent ou contournent l'agglomération, transports collectifs, etc.
- Toutes les villes du monde rencontrent le problème de la saturation des réseaux et la pollution.

Vocabulaire

- **métropole :** grande ville dominant son espace (métropole nationale, régionale…).

Notion

- **ville globale :** métropole dont l'influence économique, commerciale, politique ou/et culturelle s'étend à l'échelle du globe (New York, Tokyo, Londres, Paris).

3 Aménager des villes « durables » ?

De quoi s'agit-il ? L'urbanisation massive génère des inégalités et des dégâts écologiques. Pour préserver le cadre de vie des populations, les États commencent à inscrire le développement des villes dans une logique de développement durable.

- L'étalement urbain génère encore plus de déplacements, donc de pollution. La forte concentration de population va de pair avec la production de fortes quantités de déchets ménagers. Ces derniers posent plus de problèmes au Sud qu'au Nord, où l'on commence à les traiter.
- Beaucoup de villes se lancent, encore timidement, dans des projets liés au développement durable : Agenda 21 et écoquartiers en France, quartiers écologiques dans les villes chinoises, utilisation de matériaux diminuant les consommations énergétiques, développement du métro, du tramway, aménagement de « poumons verts » (parcs, etc.).

Vocabulaire

- **Agenda 21 :** plan d'action décidé en 1992 par le Sommet de la Terre de Rio (173 pays) pour préserver l'environnement en passant par des actions à l'échelle locale.

→ Révision express

Le schéma à retenir

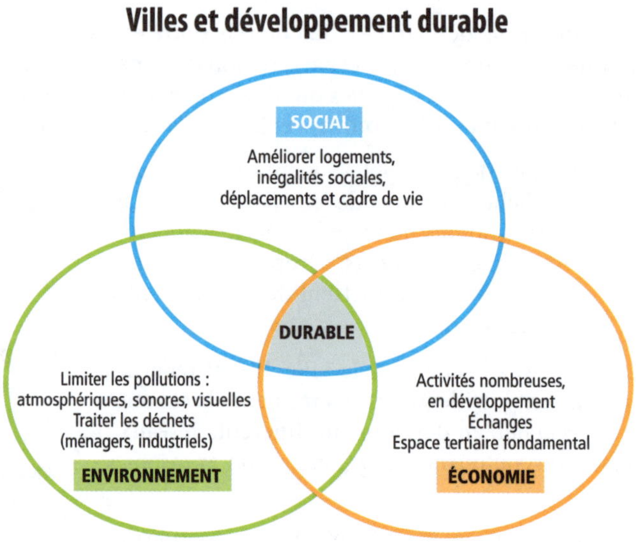

Quiz

1. La ville européenne est centrée sur son quartier d'affaires.

☐ vrai ☐ faux

2. On trouve des bidonvilles dans les villes du Nord.

☐ vrai ☐ faux

3. La moitié des hommes vivent en ville.

☐ vrai ☐ faux

4. Une ville globale est une ville qui a une influence importante sur la planète.

☐ vrai ☐ faux

→ Réponses p. 399

COMPOSITION

Sujet

Les villes du Nord au XXIe siècle.

Méthode

1 **L'introduction** présente le cadre général du sujet. Ici, vous devez donc définir l'idée globale d'urbanisation, puis donner le cadre spatial du sujet, avant d'énoncer votre plan.

2 **La problématique** doit être présentée clairement. Le sujet ne portant que sur les villes du Nord (donc, sur un seul type de ville), il s'agit de s'interroger sur ce qui fait leur spécificité aujourd'hui.

3 Pour la **rédaction**, soignez la présentation de votre copie : elle aide à la lecture. Sautez une ligne entre chaque partie. De même, entre chaque partie, et pensez à rédiger une phrase de transition.

Corrigé

Le corrigé de la composition est entièrement rédigé. Pour faciliter votre lecture, nous avons gardé les titres des différentes étapes du développement. Dans un devoir, vous ne devrez pas les conserver.

Introduction

L'urbanisation de la planète est un fait ancien, qui a commencé avec la sédentarisation et le développement économique. La Révolution industrielle, à partir du XIXe siècle, associée à une explosion démographique de l'humanité, a accéléré l'urbanisation : la moitié des hommes vit aujourd'hui en ville. Le Nord, espace riche plus développé, est aussi l'espace le plus urbanisé. Quelle est la spécificité de l'espace urbain du Nord en ce début de XXIe siècle ? Les villes sont caractéristiques des pays du Nord. Elles présentent une organisation spatiale spécifique, même si plusieurs modèles existent. Toutes font face à des enjeux environnementaux importants qui nécessitent de les réaménager.

I. La ville, horizon principal et symbolique des pays développés du Nord

A. Un taux d'urbanisation élevé, une croissance plutôt dans l'espace

Les pays du Nord (Europe, Amérique du Nord, Japon) ont commencé leur industrialisation il y a deux siècles, ce qui explique leur taux d'urbanisation déjà élevé (75 à 80 %).

Cela explique aussi la faible croissance actuelle de ces villes : à peine 0,3 % par an en moyenne. L'urbanisation consiste désormais plutôt en une transformation et extension de l'espace : rénovation des centres, construction de nouveaux quartiers d'activités en périphérie.

B. Des villes qui dominent le monde

Le Nord a donc été le premier à posséder des métropoles millionnaires et des mégapoles (Londres, New York , Tokyo), même si ces villes sont de plus en plus dépassées en population par les villes du Sud, où la croissance urbaine est plus forte.

Toutefois, les villes du Nord sont les villes les plus influentes de la planète par leurs activités économiques (grandes bourses, etc.), scientifiques, culturelles ou politiques (capitales comme Washington, Londres, Paris), parfois tout cela à la fois. On parle alors de villes globales. Les villes reflètent la puissance et le développement du Nord.

> **Astuce**
> Utilisez un vocabulaire précis et spécifique, des notions centrales, comme ici celle de ville globale.

II. À quoi ressemble une ville du Nord ?

A. Plusieurs modèles de villes du Nord

Deux modèles se sont construits dans les pays développés en fonction de l'ancienneté de l'urbanisation.

Les villes européennes sont centrées sur leur cœur historique, espace aisé, avec des périphéries consacrées au logement et aux activités économiques de masse (production industrielle, commerce de grande distribution).

La ville nord-américaine, plus récente, reconstruit son centre constitué par le CBD, entouré des anciennes activités économiques en déclin et de logements.

B. Une ville développée mais avec des inégalités sociales importantes

Quel que soit le modèle, la ville du Nord est une ville développée, aménagée, bien équipée en réseaux de transports, en eau, en énergie et en services. Les populations y sont presque à 100 % logées.

Mais des inégalités sociales se traduisent dans l'espace : en Europe, la périphérie est souvent fracturée entre quartiers résidentiels aisés et banlieues ouvrières ; en Amérique du Nord, les déshérités se concentrent dans la vieille ville autour du CBD quand les plus aisés s'éloignent pour satisfaire leur désir d'espace.

Ce modèle de ville nécessite de nombreux déplacements impliquant des problèmes de gestion de l'espace.

III. Les grands enjeux de la ville du Nord au xxie siècle : inventer la ville durable

A. Les problèmes d'environnement

Dans la ville du Nord, les espaces disponibles sont rares, ce qui rend les aménagements coûteux ou impose l'extension. L'étalement et les multiples activités (travail, loisirs) impliquent un accroissement des déplacements conduisant à la saturation des routes et des transports collectifs.

De nombreuses pollutions en résultent : atmosphériques (routes et industries), déchets ménagers, sonores et visuelles.

B. Les moyens et les actions menées pour gérer l'environnement

Par rapport à la ville du Sud, souvent confrontée aux mêmes problèmes, la ville du Nord a les moyens, techniques et financiers, d'y faire face. Depuis deux décennies, la prise de conscience de l'ampleur des dégâts écologiques a poussé les États et les municipalités à agir.

Astuce
L'objectif est de traiter des spécificités des villes du Nord : faites donc de temps en temps des comparaisons, ici avec les villes du Sud, pour montrer ce qu'elles ont de particulier.

Généralement, l'action a se fait par le traitement des déchets, par des actions de dépollution et par une politique de développement durable : soutenir la croissance économique de la ville, tout en favorisant la mixité sociale et la protection de l'environnement. Des actions ponctuelles et spécifiques à chaque ville comme dans le cadre de l'Agenda 21 aux projets futuristes d'eco-polis (villes écologiques), la ville du Nord essaye d'inventer la ville durable.

Conclusion

La ville du Nord s'engage aujourd'hui dans une logique d'amélioration qualitative. Le développement urbain consiste à améliorer le cadre de vie d'une population qui évolue relativement peu, dans une perspective de développement durable. La ville du Sud, inscrite elle aussi dans une logique de développement, reste un espace de construction ou de reconstruction récente (ex. de la Chine) qui doit surtout gérer son explosion démographique.

Chapitre 12 Gérer les espaces : les littoraux et les mondes arctiques

1 Les mondes arctiques, une nouvelle « frontière »

De quoi s'agit-il ? **Les espaces polaires sont peu peuplés et peu intégrés à l'espace mondial. Mais le réchauffement climatique et la tension sur les hydrocarbures relance l'intérêt pour ces régions, dont celle du nord pourrait par ailleurs devenir une route maritime mondiale majeure.**

D 1 D'un espace répulsif à un espace attractif

● L'espace arctique est un espace surtout maritime, bordé de terres et d'îles, aux limites floues, partant du pôle Nord vers le cercle polaire arctique (**Doc. 1**). C'est le froid permanent qui le définit le mieux : en moyenne – 10°C l'hiver, avec des records à – 60 °C, et à peine + 5 °C l'été, d'où un paysage glaciaire étendu aussi bien sur terre que sur mer avec la banquise. Les rares sols non couverts de glace sont gelés au moins la moitié de l'année (pergélisol), interdisant toute agriculture.

Vocabulaire

- **banquise** : zone de glace flottante formée par le gel de l'eau de mer.
- **pergélisol (ou permafrost)** : sol gelé de façon continue ou discontinue sur une longue période de l'année, voire toute l'année.

Doc. 1 Les limites de l'espace arctique

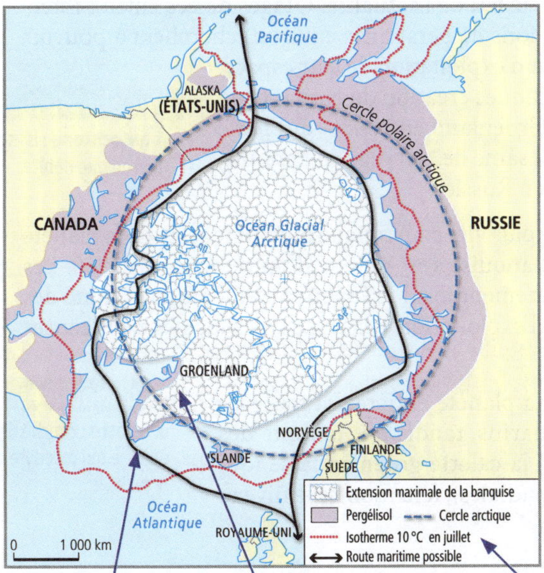

Une route maritime plus rapide entre l'Europe et l'Asie pourrait s'ouvrir par le nord du Canada et de la Russie.

La banquise couvre une partie de l'Océan glacial arctique et sa surface diminue.

Plusieurs critères entrent en jeu pour définir l'espace, marqué par le froid.

• Des peuples sont installés depuis 4 000 ans dans cette région du monde, ayant développé leur propre civilisation, adaptée au milieu (chasse, élevage), et formant plusieurs groupes ethniques qui ont subi la colonisation occidentale.

• Le réchauffement climatique tend à libérer l'espace maritime de l'emprise de la banquise : de nouvelles routes maritimes doivent donc bientôt pouvoir s'ouvrir, qui raccourciraient les trajets Europe-Amérique-Asie d'environ 7 000 km. Cet espace pourrait alors être rattaché aux grands courants de la mondialisation et connaître un relatif développement.

2 Un espace convoité

• L'Arctique possède des ressources : hydrocarbures (pétrole, gaz), minerais métalliques, pêche. La possession de ces ressources est conditionnée par les conventions internationales sur l'espace maritime qui attribuent à chaque État une ZEE (zone économique exclusive).

• Cinq États sont officiellement riverains de l'espace arctique : le Canada, la Russie, les États-Unis (avec l'Alaska), la Norvège, et le Groenland (territoire autonome du Danemark). On ajoute traditionnellement la Finlande, la Suède et l'Islande.

• Les ressources et l'ouverture possible de nouvelles routes maritimes ont fait naître des tensions et des revendications territoriales, en particulier de la part de la Russie.

Vocabulaire

- **ZEE :** espace de 200 milles marins (environ 350 km) au-delà des côtes d'un État, qu'il peut librement exploiter.
- **autonomie :** relative liberté laissée à un espace de se gérer lui-même tout en restant sous le contrôle d'un autre.

3 L'Arctique, un enjeu pour l'humanité ?

• L'Arctique devient donc un espace sous le feu de l'actualité. Otages de ces enjeux internationaux, les populations locales (4 millions de personnes environ) cherchent à pouvoir peser dans les décisions d'aménagement et d'exploitation de leur espace. Certaines obtiennent une autonomie politique : création du Nunavut au nord du Canada en 1999, autonomie du Groenland en 2008 – qui parle aujourd'hui d'indépendance –, Parlement sáme de Norvège en Laponie, reconnaissance des peuples autochtones en Russie…

Vocabulaire

- **autochtone :** issu du territoire qu'il ou elle habite.

• Les températures semblent se réchauffer plus vite en Arctique que sur le reste de la planète (+ 3 °C en un siècle contre + 0,6 °C). La banquise s'est réduite d'un tiers depuis 1960. Les conséquences sont graves pour l'environnement local : réduction de la faune et donc des ressources des populations. Par ailleurs, l'exploitation des ressources locales peut causer des dégâts.

• La crise climatique arctique concerne la planète entière. La fonte de la banquise peut modifier les courants marins, tandis que la fonte des glaciers terrestres, en particulier celle de la calotte groenlandaise (qui contient 10 % des réserves d'eau douce mondiales), fera monter le niveau des océans.

Vocabulaire

- **calotte :** couche de glace épaisse qui recouvre tout le relief.

2 Les littoraux, espaces convoités

De quoi s'agit-il ? Les littoraux sont aujourd'hui au cœur de l'organisation de l'espace mondial, mais subissent de ce fait une forte pression humaine.

1 Le phénomène de littoralisation

- Les littoraux réunissent aujourd'hui plus de 50 % de la population mondiale. Les principaux foyers de peuplement (asiatique, euro-méditerranéen, atlantique des deux Amériques, golfe de Guinée…) possèdent un littoral. On y trouve de nombreuses mégapoles majeures (Shanghai, Bombay, etc.) et deux grandes mégalopoles (au Japon et aux États-Unis).

- Les littoraux se sont toujours développés avec des activités maritimes : pêche, mais surtout aujourd'hui échanges commerciaux qui passent à 75 % par les océans. Par des ports comme ceux de Shanghai, Rotterdam ou Singapour transitent chaque année jusqu'à 500 millions de tonnes de produits transportés en conteneurs ou des matières premières.

> **Vocabulaire**
> - **conteneur :** caisse métallique standard permettant le transport de 20 à 40 tonnes de marchandises.

- Les zones portuaires se sont aussi très souvent doublées de zones industrielles. Les grandes métropoles qui sont le siège de ces activités sont aussi des centres d'affaires, des places financières. Enfin, les littoraux forment le premier espace touristique mondial.

2 Un espace limité et disputé

- Les grandes zones industrialo-portuaires comprennent raffineries de pétrole, usines sidérurgiques, automobiles ou électroniques. Cela nécessite de l'espace et un aménagement constant, entraînant la construction de terres-pleins, comme au Japon. La mondialisation a conduit à réaménager les ports pour accueillir les conteneurs, modifiant largement le tracé du rivage. Ces ports sont eux-mêmes reliés à d'autres modes de transport (ferroviaire, routier), formant ainsi des plates-formes multimodales.

> **Vocabulaire**
> - **zone industrialo-portuaire (ZIP) :** espace combinant activités d'échanges maritimes et de transformation industrielle.

- Les littoraux attirent plus de 300 millions de touristes chaque année (soit 30 % des flux mondiaux), Méditerranée en tête. Hôtels, marinas, centres commerciaux modifient profondément l'espace, transformant parfois des villages de pêcheurs en stations balnéaires de masse comme en Espagne ou en Tunisie, ou des portions de désert en capitale du tourisme, comme à Dubaï, aux Émirats arabes unis (**Doc. 2**).

> **Vocabulaire**
> - **marina :** port accueillant des bateaux de plaisance.
> - **avant-pays marin :** espace maritime au large de la côte.

- Le littoral reste cependant un espace de pêche majeur. L'avant-pays marin connaît donc aussi la concurrence des usages : circulation des navires de transports (la Manche est devenue ainsi une véritable autoroute), des bateaux de pêche ou de plaisance, présence des touristes…

Doc. 2 Dubaï, un exemple de transformation profonde d'un littoral

Le littoral de la péninsule arabique, ici dans le golfe Persique, est peu peuplé initialement car désertique.

L'émirat a investi les richesses du pétrole dans la construction d'une ville moderne, carrefour d'affaires, du commerce de luxe et du tourisme.

Des projets architecturaux orginaux ont achevé de transformer l'espace, comme ici un ensemblle d'îles artificielles.

3 Quels aménagements durables pour les littoraux ?

- Le littoral subit des dégradations importantes qui modifient l'environnement : érosion accélérée du rivage, surexploitation des ressources halieutiques, pollutions dues aux industries, aux habitants et aux touristes, paysages bétonnés, sans compter les marées noires. La concurrence des usages se traduit aussi par des conflits : la pollution industrielle réduit la pêche, le tourisme grignote l'espace agricole et pèse sur les ressources en eau.

- À l'échelle locale, les collectivités territoriales (États, communes…) jouent un rôle essentiel : choix d'aménagements, législation contraignante (en France, création du Conservatoire du littoral en 1975, adoption de la loi Littoral en 1986).

- À l'échelle internationale, dans les années 1970, les conventions de Londres lancent la lutte contre les pollutions marines, et la convention de Ramsar pour la protection des espaces humides est signée par 168 pays. Mais les mesures sont souvent limitées par les enjeux économiques couplés aux inégalités Nord/Sud : le Sud s'investit d'autant moins dans la protection de l'environnement qu'il a besoin d'aménager ses littoraux pour s'intégrer dans la mondialisation.

Vocabulaire

- **ressources halieutiques :** liées à la pêche (poissons, etc.).

Révision express

Le schéma à retenir

Schéma du développement durable : les littoraux

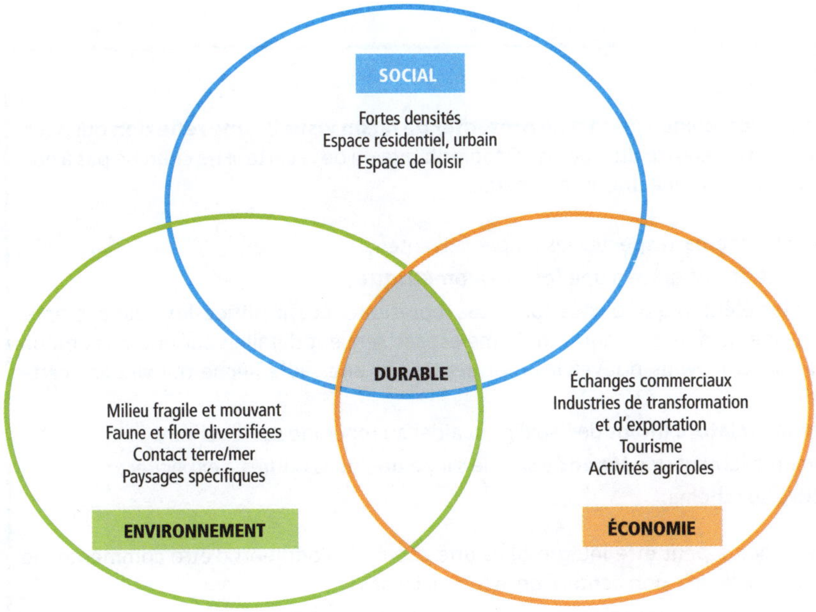

Quiz

1. Dans l'espace arctique, les températures peuvent descendre à…

☐ **– 10 °C** ☐ **– 40 °C** ☐ **– 60 °C**

2. Quel État revendique des zones arctiques ?

☐ **la Russie** ☐ **le Canada** ☐ **la Norvège**

3. Combien de kilomètres la route du Nord-Ouest ferait-elle gagner entre l'Europe et l'Asie ?

☐ **3 500** ☐ **7 000** ☐ **40 000**

4. Quelle proportion de l'humanité vit sur un littoral ?

☐ **20 %** ☐ **50 %** ☐ **80 %**

5. De quand date la protection des littoraux à l'échelle internationale ?

☐ **du XIXe siècle** ☐ **des années 1950** ☐ **des années 1970**

→ Réponses p. 399

PRODUCTION GRAPHIQUE

Réaliser un schéma cartographique

Énoncé

Les limites de l'espace arctique.

Méthode

1 Le schéma cartographique permet de **présenter de façon visuelle une réflexion** qui pourrait être rédigée. À la différence du croquis cartographique ou de la carte, il ne cherche pas à être détaillé : il correspond plutôt à une idée générale.

2 Pour réaliser le schéma, respectez les étapes suivantes :
– simplifiez l'espace étudié grâce à une **forme géométrique** ;
– **sélectionnez les éléments** que vous souhaitez représenter et **simplifiez-les** : par exemple, plusieurs flux de même direction dans un même espace seraient détaillés sur une carte ou un croquis ; sur un schéma, vous pouvez les représenter par une seule flèche qui va dans cette même direction ;
– placez une **nomenclature** (noms de lieux) pour aider au repérage sur le schéma ;
– établissez éventuellement une **légende** simple s'il y a quelques figurés à expliciter ;
– donnez un **titre** au schéma.

3 Ce type de schéma peut être intégré dans une copie – à condition d'être commenté : le schéma accompagne la réflexion écrite, il ne la remplace pas !

Corrigé

Choix d'une forme géométrique

Pour déterminer une forme simplifiée d'un espace, observez les grandes masses de celui-ci : Russie ou États-Unis peuvent ainsi être simplifiés par des rectangles plus ou moins allongés. Certaines formes sont couramment utilisées : l'hexagone pour la France, le triangle pour l'Europe…

La forme géométrique pour l'espace arctique, espace essentiellement maritime bordé par des littoraux continentaux, pourrait être tout simplement un cercle ou éventuellement un carré dont le centre est le pôle Nord.

Sélection des informations et représentation visuelle

On choisira ici plusieurs critères, de nature différente, pour délimiter l'espace arctique :
– centre = pôle Nord → une croix
– cercle polaire arctique → pointillé noir
– littoraux de l'Amérique et de l'Eurasie → ligne noire
– isotherme + 10 °C en juillet → ligne bleue
– limite du pergélisol → ligne verte

- **Réalisation du schéma**

Le schéma peut reprendre les types de figurés du croquis : il s'agit du même langage (espaces coloriés ou hachurés, flèches pour les flux, lieux représentés par des figurés ponctuels : point, rond, carré, croix...).

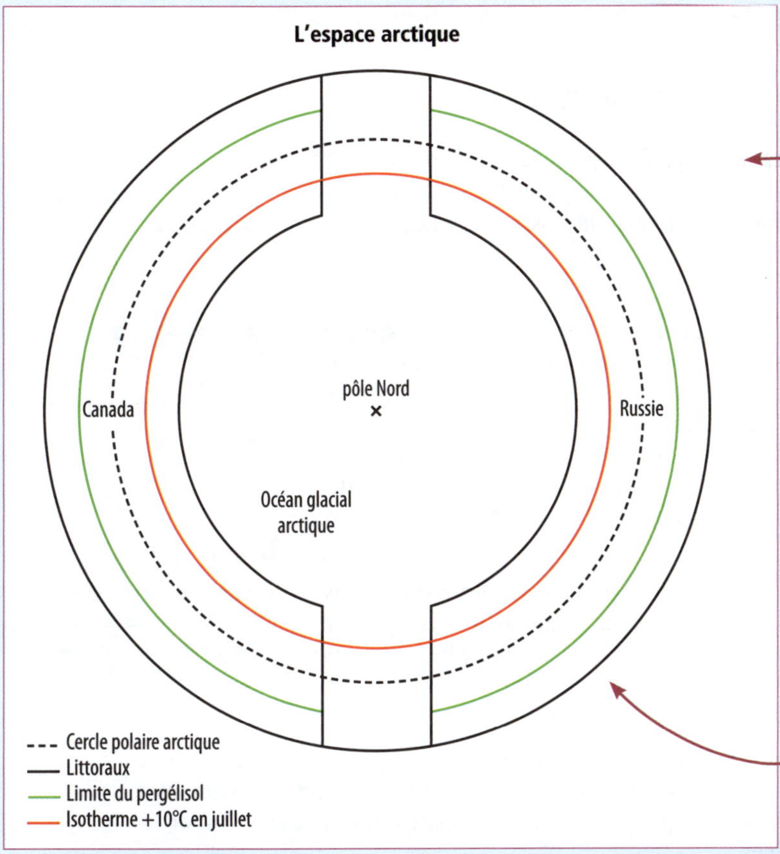

Le conseil du prof
Puisque vous travaillez ici sur des limites, les figurés seront tous linéaires : pour ne pas les confondre, distinguez-les en jouant sur les couleurs ou la forme (trait plein, en pointillé ou plus épais...).

Bien comprendre
Le schéma est une représentation visuelle d'une idée générale. Ici, on voit bien que par rapport à la carte p. 339, les limites et les tracés on été simplifiés.

Ce schéma montre que l'espace arctique est difficile à définir et correspond à un espace circulaire plus ou moins vaste s'étendant à partir du pôle Nord.

Par rapport à la carte p. 339, qui présente le même espace, on voit bien que les limites ont été simplifiées (elles se chevauchent parfois en réalité). Le tracé des littoraux aussi a été simplifié : plutôt que le représenter par une ligne circulaire, on a coupé cette ligne en deux demi-cercles pour mieux distinguer les deux masses continentales – à gauche les Amériques avec le Canada, à droite l'Eurasie avec la Russie.

Chapitre 13 Gérer les espaces : les espaces exposés aux risques majeurs

1 Les espaces de risques naturels

De quoi s'agit-il ? Certains espaces sont exposés à des phénomènes violents, d'origine naturelle comme humaine, constituant pour les populations des zones à risques. Les inégalités de développement se retrouvent aussi être des inégalités face aux risques.

Notion

- **risque** : danger auquel sont exposés les hommes.

• Les risques naturels sont liés aux mouvements de la lithosphère (volcanisme, séisme, tsunami) ou aux mouvements atmosphériques qui touchent davantage les zones intertropicales du Sud (cyclones, sécheresse) mais concernent aussi les espaces tempérés (tempêtes, inondations). Un milliard de personnes sont concernées par ces risques qui, s'ils se réalisent, deviennent des catastrophes naturelles. L'aménagement humain peut aussi les aggraver (déboisement qui accélère la désertification ou laisse passer les tempêtes…).

Vocabulaire

- **lithosphère** : croûte terrestre découpée en plaques mobiles.
- **tsunami** : raz-de-marée déclenché par un séisme sous-marin.

• Si les pays du Sud semblent plus touchés par les risques naturels, ils sont surtout plus vulnérables du fait de leur manque de moyens pour y faire face. Un même événement peut donner une catastrophe bien plus grave au Sud qu'au Nord (ex. pour des séismes de même intensité : Kobe en 1995 : 6000 morts, Haïti en 2010 : 200 000 morts).

Notion

- **catastrophe** : ensemble des dégâts humains et matériels causés par un phénomène naturel ou un accident technologique.

• Les moyens d'action sont nombreux et diversifiés selon les risques : prévention, alerte (surveillance des activités sismiques, volcaniques, balises en mer pour détecter les tsunamis, surveillance météorologique), normes parasismiques de construction pour diminuer les effets d'un séisme sur les édifices.

2 Les espaces de risques technologiques

De quoi s'agit-il ? Le développement économique a permis de nouveaux moyens de prévention et de protection, tout en générant de nouveaux risques. Les activités économiques doivent donc s'adapter pour éviter des accidents.

• Les activités industrielles ont provoqué des pollutions, des contaminations de sols ou des eaux. L'énergie nucléaire suscite toujours des craintes, comme l'a rappelé l'accident de Fukushima en 2011. Enfin, la multiplication des moyens de transport a aussi ses conséquences négatives : accidents d'avion, de train et surtout routiers, marées noires sur les littoraux des mers fréquentées.

• Les risques sanitaires font partie de ces risques. La mondialisation permet la circulation accélérée des marchandises mais aussi des épidémies. Certaines méthodes de l'agriculture intensive ont causé des polémiques : épidémie de la « vache folle », doutes sur les OGM (organismes génétiquement modifiés, pour en améliorer la production)…

Vocabulaire

- **risque sanitaire** : lié à la propagation de virus, microbes, etc., déclenchant des épidémies.
- **agriculture intensive** : qui produit beaucoup par rapport à la surface cultivée (utilisation d'engrais, de machines...).

- Ces risques concernent évidemment plus les pays développés, mais qui ont les moyens de lutter (normes de sécurité, normes environnementales...). Certains pays du Sud en développement commencent à être de plus en plus soumis à ces risques (pollutions, accidents), en particulier la Chine devenue « l'atelier du monde ». De façon globale, le Sud reste plus exposé aux risques sanitaires (maladies tropicales, épidémies), le Nord disposant d'un meilleur réseau de soin.

3 Le monde, un espace à risque ?

De quoi s'agit-il ? Si les risques majeurs peuvent être localisés en fonction des conditions naturelles ou du niveau de développement, un certain nombre de risques concernent toute l'humanité.

- La catastrophe de Tchernobyl (1986) a dégagé un nuage radioactif qui a circulé dans l'atmosphère et touché une grande partie de l'Europe. Certaines éruptions dégagent des nuages de cendres qui peuvent dérégler le climat pendant quelques années. Des catastrophes locales peuvent donc avoir un impact à bien plus grande échelle.

- La question du réchauffement climatique est au cœur des polémiques mondiales. L'effet de serre (Doc. 1) est un phénomène naturel et cyclique, mais on accuse aujourd'hui la pollution humaine de le renforcer, en provoquant des transformations accélérées qui rendent plus difficile l'adaptation : la montée du niveau des océans et la modification des littoraux peuvent ainsi provoquer des migrations fortes, le dérèglement climatique accentue les phénomènes naturels violents...

- La communauté internationale étant concernée, c'est dans le cadre de l'ONU que se discutent ces risques. Le protocole de Kyoto, réexaminé annuellement, prévoit une action à l'échelle des États pour diminuer les gaz à effet de serre, émis notamment par les industries et les transports.

Vocabulaire

- **effet de serre :** phénomène naturel de captation du rayonnement solaire réchauffant la surface terrestre.
- **protocole de Kyoto :** accord international adopté en 1997 et signé par plus de 180 pays sur 200 pour limiter le réchauffement planétaire et ses conséquences.

Doc. 1 L'effet de serre, accéléré par les activités humaines

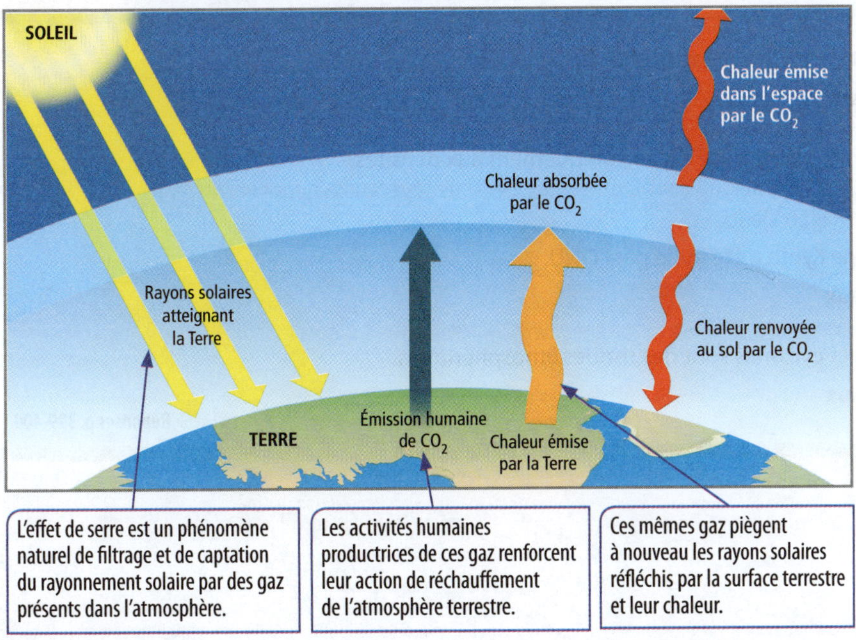

L'effet de serre est un phénomène naturel de filtrage et de captation du rayonnement solaire par des gaz présents dans l'atmosphère.

Les activités humaines productrices de ces gaz renforcent leur action de réchauffement de l'atmosphère terrestre.

Ces mêmes gaz piègent à nouveau les rayons solaires réfléchis par la surface terrestre et leur chaleur.

Révision express

Le schéma à retenir

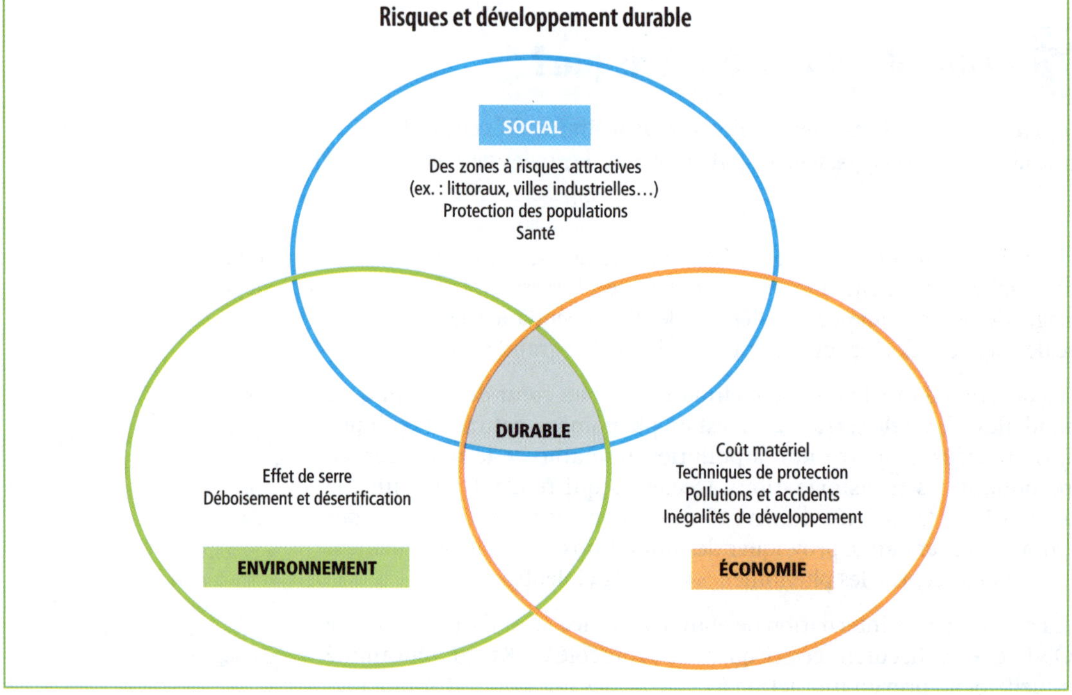

Quiz

1. Un séisme est en soi une catastrophe.

☐ vrai ☐ faux

2. L'ampleur d'une catastrophe est liée uniquement aux densités.

☐ vrai ☐ faux

3. Le protocole de Kyoto a été initié par l'ONU.

☐ vrai ☐ faux

4. Les tempêtes et cyclones sont des risques lithosphériques.

☐ vrai ☐ faux

→ Réponses p. 399-400

COMPOSITION

Énoncé

Prévenir les risques.

Méthode

1 L'**analyse du sujet** doit vous prendre environ 5 minutes elle est nécessaire pour ne pas partir dans une récitation de connaissances, voire de tout le chapitre de cours correspondant, ce qui vous ferait tomber dans le hors-sujet.

2 **Définissez bien chaque terme du sujet**, mettez-les en relation, reformulez le sujet, problématisez-le éventuellement quand il semble formulé de façon neutre. Vous devez toujours pouvoir poser la **problématique** de votre sujet sous forme d'une **question**.

3 Notez ensuite au **brouillon** l'ensemble des idées et informations qui vous seront utiles et que vous pourrez exploiter dans votre travail.

4 **Organisez** ensuite le texte pour qu'il soit lisible : remettez en ordre les idées et liez-les entre elles, préparez une phrase d'introduction et de conclusion.

Corrigé

- **Analyse du sujet**

– Prévenir = prévention, action pour lutter contre les risques, ou limiter les dégâts, alerter les populations.
– Risques = danger auquel sont soumis les hommes, d'origine naturelle (phénomènes violents) ou humaine (accidents technologiques…).
– Reformulation : « De quelles façons les hommes essayent-ils de lutter contre les risques ? »

> **Piège à éviter**
> Le sujet ne porte ici que sur un aspect du chapitre : attention à ne pas réciter l'ensemble ! Ne soyez donc pas trop long, par exemple, sur la description des risques.

- **Sélection des informations :**

– dans la bonne partie du chapitre : effectuez cette sélection après avoir bien analysé la question posée et après avoir mis de côté les éléments du chapitre qui seront inutiles ou devront être abordés très rapidement pour ne pas partir dans un hors-sujet ;
– dans les connaissances personnelles : cherchez des exemples d'actualité ou de proximité ;
– dans des documents éventuellement.

- **Exemple de brouillon**

– Thème possible : qui agit ou doit agir contre les risques ? États, individus, entreprises, instituts scientifiques (systèmes d'alerte), OMS (risques de pandémies), ONU, etc.
– Définir rapidement les risques (en introduction)
– Autre thème important : quels sont les moyens pour agir contre les risques ? (normes de construction, systèmes de surveillance et d'alerte, action internationale contre le réchauffement climatique, etc.)
– Tout le monde a-t-il les mêmes moyens (inégalités de développement) ?
– Des exemples d'action contre les risques (dans l'actualité : ex. tempête Xynthia 2010 ? près de chez soi : lutter contre une inondation, une avalanche, un risque industriel…)

- **Organiser sa composition**

Le brouillon ici proposé montre déjà des enchaînements logiques, qui doivent en général venir dans la réflexion : se poser la question « qui prévient les risques ? » induit ainsi de penser « comment les prévenir ? ».

Pour construire votre plan, vous devez enchaîner ces idées dans un sens qui vous permet de répondre à la problématique du sujet.

Ce n'est qu'une fois le plan clairement établi que vous pouvez commencer à rédiger.

- **Proposition de plan**

Introduction

Les sociétés sont soumises à divers risques, d'origine naturelle (séismes, inondations, etc.) ou humaine (accidents industriels, etc.). Pour se protéger et diminuer ces risques, elles cherchent à les prévenir.

I. Quelles actions et moyens d'action possibles ?

Des techniques de prévention existent : surveillance et alerte (ex : météo), normes de construction (ex : au Japon contre les séismes) ou de production dans l'industrie, constructions (ex : pare-avalanches, digues contre les inondations).

II. Qui agit dans la prévention des risques ?

Les acteurs sont nombreux : les individus (suivi sanitaire, action contre la pollution…), les entreprises (respect ou mise au point de normes de protection), les États (réseau sanitaire, lois sur la prévention, instituts scientifiques de surveillance et d'alerte) et les organisations internationales (rôle de l'OMS, de l'ONU sur les risques sanitaires et liés au développement technologique : ex accélération du réchauffement climatique).

III. Les inégalités dans la prévention des risques

Tous les pays n'ont pas accès à ces techniques à cause des inégalités de développement (ex : séismes similaires de Kobe ou de Port-au-Prince, 40 fois plus de morts à Haïti).

Le développement du Sud génère de nouveaux risques mais donne des moyens pour les prévenir.

Conclusion

La gestion des risques est aujourd'hui de plus en plus développée et relativement efficace puisqu'elle peut limiter les dégâts, humains et matériels, voire les éviter.

Anglais

Anglais

Chapitre 1 Lire

1 Des stratégies pour comprendre le texte

De quoi s'agit-il ? **Procédez par étapes et commencez par dégager l'essentiel, en répondant aux questions : *who? where? when? what? how?***

1 Anticiper / identifier la nature du texte

Exemple

Dans une autobiographie, l'auteur et le narrateur sont une seule et même personne.

• Les documents peuvent être de **différentes natures** (extrait de roman, article de journal, autobiographie, essai, extrait de pièce de théâtre…) ou **genres** (science fiction, humour, policier…). Connaître les spécificités de chacun vous donne des clés pour comprendre le texte.

• Aidez-vous du paratexte (titre, sous-titre, source) pour obtenir des informations complémentaires :

– **le nom de l'auteur et le titre de l'ouvrage :** si vous les avez déjà rencontrés en cours ou dans vos lectures, vous pourrez vous aider de ces connaissances (nationalité de l'auteur, sujet du livre...) dans votre approche du texte.

– **la date de publication :** elle situe l'écriture de l'ouvrage dans un contexte historique.

– **la source d'un article de presse :** elle vous indique le pays concerné, et peut vous donner une idée de la popularité du journal, de son orientation politique.

2 Comment lire le texte ?

Idée à retenir

Pour une biographie, cherchez quel est le personnage dont on parle, la date des événements, le ton de l'auteur, et identifiez son projet.

• S'il s'agit d'un texte de **fiction**, vous devez rechercher une série d'**informations essentielles** : quel est le sujet du récit (intrigue policière, roman historique, biographique…) ? qui est le narrateur, quels sont les personnages ? quels sont les liens qui les unissent ? où et quand le récit se déroule-t-il ? quelle est l'atmosphère qui se dégage ?

> Once I was invited to a wedding ; the bride suggested I drive up from New York with a pair of other guests, a Mr. and Mrs. Roberts, whom I had never met before. It was a cold April day, and on the ride to Connecticut, the Robertses, a couple in their early forties, seemed agreeable enough – no one you would want to spend a long weekend with, but not bad.
>
> Truman Capote, *Music for Chameleons*, © Random House, 1980

→ À l'occasion d'un mariage, le narrateur, un New Yorkais, rencontre pour la première fois un couple de la quarantaine, les Roberts. Ils font le trajet ensemble par une froide journée d'avril pour se rendre à la cérémonie dans le Connecticut à laquelle tous les trois sont invités.

• S'il s'agit d'un article de presse, lisez-le en ayant bien en tête **son titre** et **sa source** : ils vous aideront à identifier le **thème** (*topic*), l'**idée principale** (*main idea*) et le **ton** (*tone*) de l'article.

3 Saisir le sens global du texte

• Plusieurs techniques peuvent vous permettre de saisir rapidement le sens global du texte. Après avoir analysé le paratexte, vous pouvez :

– **lire la première et la dernière phrase du texte :** elles dessinent le contour du document à étudier. Dans le cas d'un article de presse, elles constituent souvent une introduction et une conclusion, vous indiquant l'orientation du document.

– **lire la première phrase de chaque paragraphe :** un nouveau paragraphe aborde souvent une nouvelle idée, une nouvelle étape de l'argumentation, introduit un nouveau personnage.

Astuce
Les extraits de roman ne sont pas choisis au hasard, d'où l'importance de la première et de la dernière phrase : elles forment un cadre volontairement mis en valeur, indice pour la compréhension.

• Vous devez ensuite **effectuer une seconde lecture** pour bien garder en tête le sens global du texte, puis entrer dans le détail par une lecture plus approfondie.

2 Effectuer des repérages

De quoi s'agit-il ? Les pronoms, le sujet et le verbe principal d'une phrase complexe ou encore les mots de liaison constituent dans un texte des repères de sens et de structure. Identifier d'emblée ces éléments vous donne de précieuses clés de compréhension.

1 Les référents

• Les référents sont les **pronoms personnels ou possessifs** et les **adjectifs possessifs**. Soulignez-les dans les textes et repérez à qui ou à quoi ils renvoient.

• Les pronoms personnels peuvent être **sujet** ou **complément**.

***I** hate **it**.*
(I → sujet ; it → complément)

Pronoms personnels sujets	*I*	*you*	*he / she / it*	*we*	*you*	*they*
Pronoms personnels compléments	*me*	*you*	*him / her / it*	*us*	*you*	*them*

Attention
À la différence du français, les possessifs en anglais s'accordent avec le possesseur.
la fille de Mark : sa fille
→ *his daughter*
his s'accorde avec « Mark » alors qu'en français, « sa » s'accorde avec « fille ».

• Ne confondez pas les **pronoms personnels** et les **adjectifs et pronoms possessifs.**

Adjectifs possessifs	*my*	*your*	*his / her / its*	*our*	*your*	*their*
Pronoms possessifs	*mine*	*yours*	*his / hers / its*	*ours*	*yours*	*theirs*

Everyone's had their radios on. My mother can't move away from ours. She sits there and listens to everything and talks on the phone to people.

- *their* : Renvoie à *everyone*
- *My* : Renvoie au narrateur
- *ours* : Renvoie au narrateur et à sa mère
- Attention : *everyone* (singulier) est repris par *their* (pluriel).

Légende : adjectif possessif (*their*, *My*) ; pronom possessif (*ours*) ; pronom personnel (*She*)

ANGLAIS

2 L'information essentielle

> **L'astuce du prof**
> Soyez actif pendant la lecture. Annotez le texte, soulignez les passages clés, utilisez un code couleur (par exemple une couleur par personnage).

• Dans une phrase complexe, repérez le sujet et le verbe principal (soulignés dans l'exemple) pour trouver l'information essentielle (en gras dans l'exemple).

__Dr Alan Hirsch__, an intrepid doctor and scientist, whose lifelong specialty has been understanding how our senses, and in particular, smell and taste affect the brain's functioning, __has found an innovative way to convince our brain to stop overeating__.

→ L'information essentielle de ce texte : le Dr Alan Hirsch a trouvé une façon innovante de convaincre notre cerveau de ne plus manger en excès.

• Vous pouvez également décomposer les phrases complexes en plusieurs phrases simples pour vous y retrouver plus facilement.

Dr Alan Hirsch is an intrepid doctor and scientist.
His lifelong specialty has been : understanding how our senses affect the brain's functioning.
More precisely, he has worked on smell and taste.
He has found an innovative way to convince our brain to stop overeating.

3 Les mots de liaison ou connecteurs

• Ce sont les **liens logiques**. Ils structurent un raisonnement ou le déroulement d'un récit, et vous permettent de mieux le comprendre.

But even though Greg earned more than Erin, it had never made any difference, either to how they spent their money or to the balance of power in their relationship.
Mais, bien que Greg gagnât plus qu'Erin, cela n'avait jamais fait de différence, qu'il s'agisse de la façon dont ils dépensaient leur argent ou de l'équilibre du pouvoir dans leur relation.

• Ces liens logiques peuvent entre autres exprimer :
– **le contraste :** *whereas* tandis que ; *and yet* et pourtant ; *in spite of / despite* en dépit de ; *although* bien que, quoique ; *contrary to* contrairement à ;
– **l'ajout :** *moreover, besides, furthermore* de plus ;
– **la cause :** *that is why* c'est pourquoi ; *thanks to* grâce à ; *out of* à cause de ;
– **la conséquence :** *as a result / as a consequence* en conséquence ; *thus* ainsi ; *therefore / so* donc ;
– **la condition :** *if* si ; *providing* pourvu que ; *unless* à moins que ; *as long as* tant que.

3 Déduire le sens des mots inconnus

De quoi s'agit-il ? **Identifier la nature grammaticale d'un mot ou les préfixes et suffixes qui le composent permet souvent d'en déduire le sens. On peut également déduire le sens d'un mot grâce au contexte.**

1 Formation et composition des mots

• Pour trouver le sens d'un mot inconnu, **identifiez d'abord sa nature grammaticale** : s'agit-il d'un verbe, d'un nom, d'un adjectif, d'un adverbe ?

• **Décomposer le mot** en repérant un préfixe ou un suffixe peut également aider à en comprendre le sens.

● **Les préfixes** se placent à gauche de certains noms, adjectifs, verbes ou adverbes. Ils interviennent sur leur sens en apportant par exemple une nuance négative, spatiale ou temporelle. L'anglais et le français ont de nombreux préfixes en commun.

Préfixes négatifs		
dis-	***dis**respect*	irrespect
il-	***il**literate*	illettré
in-	***in**dependent*	indépendant
ir-	***ir**realistic*	irréaliste
un-	***un**healthy*	mauvais pour la santé

Préfixes de sens temporel ou spatial		
pre-	***pre**determine*	prédéterminer
post-	***post**-war*	après-guerre
sub-	***sub**terranean*	souterrain
trans-	***trans**figure*	transfigurer

Remarques

■ Le préfixe *mis-* signifie : « de manière fausse ». *mistake* (erreur) = « qui est pris pour autre chose »

■ Le préfixe *re-* exprime la répétition. *reorganise* réorganiser

● Les **suffixes** peuvent aussi faire **changer la catégorie grammaticale des mots**.

Mot de base	Suffixe	Sens	Exemple
Verbe +	*–ee*	Métier, fonction	*train**ee*** stagiaire
Verbe +	*–er / –or*		*act**or*** acteur
Nom +	*–ess*		*act**ress*** actrice
Adjectif +	*–dom*	Noms abstraits	*free**dom*** liberté
Nom de personne +	*–hood*		*mother**hood*** maternité
Adjectif +	*–ness*		*loneli**ness*** solitude
Nom +	*–ship*		*relation**ship*** relation
Adjectif +	*–ly*	Adverbe	*noisi**ly*** à grand bruit
Nom +	*–ed*	Adjectif de sens passif	*interest**ed*** intéressé
Nom +	*–ing*	Adjectif de sens actif	*interest**ing*** intéressant
Nom +	*–y*	Avec… (adjectif)	*health**y*** en bonne santé
Nom +	*–ful*	Avec… (adjectif)	*beauti**ful*** beau
Nom +	*–less*	Sans… (adjectif)	*help**less*** démuni, sans défense
Verbe +	*–able*	Que l'on peut…	*drink**able*** potable

-*y* devient -*i*

Ne confondez pas *interested* (sens passif) et *interesting* (sens actif).

● Les **noms composés** sont généralement constitués de deux éléments. Le deuxième élément constitue le nom principal, le premier se comporte comme un adjectif et qualifie le nom principal. Il est invariable. Pour ne pas faire de contresens, on traduit de droite à gauche :

a race horse un cheval de course ; *a horse race* une course de chevaux

2 Transparence et faux amis

- Certains mots d'origine latine sont **identiques ou proches des mots français** qu'ils traduisent.
  The artist's graffiti improves the aesthetic quality of urban surroundings.
  Les graffitis de l'artiste améliorent la qualité esthétique du cadre urbain.

- Mais il faut se méfier des « faux amis », ces mots dont la graphie ressemble au français mais dont la traduction diffère. Voici une liste non exhaustive de faux amis courants et de leur traduction correcte.

Mot anglais	**Traduction**	**Faux ami en français**	**Traduction**
actually (= *in fact*)	en réalité	actuellement	*at present, nowadays*
advertisement	publicité	avertissement	*warning*
to attend	assister à	attendre	*to wait for*
car	voiture	car (nom)	*coach*
		car (conjonction)	*because*
character	personnage	caractère	*nature*
to check	vérifier	chèque	*cheque*
college (US)	université	collège	*junior highschool (GB)*
comedian	un comique	comédien	*actor*
to cry	pleurer	crier	*to shout*
to deceive	tromper	décevoir	*to disappoint*
to demand	exiger	demander	*to ask (for)*
enterprise	initiative	entreprise	*company*
eventually	finalement	éventuellement	*possibly*
fabric	tissu	fabriquer	*to make*
figure	chiffre	figure	*face*
habit	habitude	habit	*clothes*
journey	voyage	journée	*day*
library	bibliothèque	librairie	*bookshop*
lunatic	fou	lunatique	*moody*
medicine	médicament	médecin	*doctor*
novel	roman	nouvelle	*short story*
occupation	métier	occupation	*hobby*
to pass an exam	réussir un examen	passer un examen	*to take an exam*
physician	médecin	physicien	*physicist*
to prevent (from)	empêcher (de)	prévenir	*to warn*
to purchase	acheter	pourchasser	*to hunt, to pursue*
résumé	CV	résumé	*summary*
rude	mal élevé	rude	*harsh*
sensible	raisonnable	sensible	*sensitive*
to support	soutenir	supporter	*to bear*
surname	nom de famille	surnom	*nickname*
sympathetic	compatissant	sympathique	*friendly*

Attention
to do (faire) ≠ *to make* (fabriquer)

to pass a exam / to fail an exam
réussir / échouer à un examen

4 Comprendre les consignes

De quoi s'agit-il ? Pour réussir les exercices, vous devez bien comprendre ce que l'on attend de vous. Vous devez donc maîtriser le vocabulaire des consignes les plus fréquentes.

1 Identifier le type de consigne

- Une consigne peut correspondre à différents types d'exercices : montrer que vous avez compris le document, analyser une idée développée dans le texte ou en résumer un passage.

2 Exemples de consignes de compréhension globale et de repérage

What type of text is this? Justify your answer with a quotation from the text.
De quel type de texte s'agit-il ? Justifiez votre réponse avec une citation du texte.
When does the scene take place? Which country is the scene set in?
Quand se passe la scène ? Dans quel pays se situe la scène ?
What do the underlined pronouns or adjectives refer to?
À quoi les pronoms et les adjectifs soulignés renvoient-ils ?
Present the characters and say how they are related to each other.
Présentez les personnages et dites les liens qu'ils entretiennent entre eux.

3 Consignes fréquentes

Fill in the grid. Complétez le tableau.
Translate from line 33 to line 36. Traduisez de la ligne 33 à la ligne 36.
« Right or Wrong? » Justify with a quote from the text. Vrai ou faux ? Justifiez en citant le texte.
Focus on the first paragraph. Concentrez-vous sur le premier paragraphe.
Explain in your own words the mother's decision.
Expliquez avec vos propres mots la décision de la mère.
Compare the atmosphere in text A and in text B: similarities and differences.
Comparez l'atmosphère du texte A et du texte B : similitudes et différences.

Idée à retenir
Bien comprendre la consigne vous permet d'éviter le hors-sujet, d'organiser votre travail et de cerner les points auxquels vous devez être attentifs dans le document.

Piège à éviter
Ne confondez pas *where* (où) et *when* (quand).

Astuce
Identifiez les liens de parenté.

Le conseil du prof
Lorsque vous citez le texte, la citation doit être précise et entre guillemets. N'oubliez pas d'indiquer le numéro de la ligne.

➜ Révision express

Les points importants à retenir

- Pour bien comprendre un texte, vous devez **adapter votre approche à la nature du document.** La nature du document crée des attentes sur son contenu : l'identifier vous permet d'anticiper.
- **Rassemblez le maximum de clés de lecture :** repérez avant tout le titre du document, la source, le type de texte, puis lisez la première et la dernière phrase du texte, ainsi que les premières phrases de chaque paragraphe.
- Après une première lecture attentive, vous devez être capable de répondre aux questions : ***who? where? when? what? how?***
- Pour entrer dans le détail du texte, **repérez les pronoms** (personnels, possessifs, réfléchis), **les adjectifs possessifs :** ils vous montrent comment sont liés les personnages, et vous permettent d'associer les verbes et les sentiments aux bons personnages. Repérez aussi **les mots de liaison** qui vous aident à dégager les informations essentielles et la structure du texte.
- **Ne vous laissez pas impressionner par les mots inconnus :** vous pouvez souvent **déduire leur sens** en procédant avec méthode (en identifiant la nature du mot ou en déduisant son sens à partir de sa composition, de ses préfixes et suffixes).
- Pour bien répondre aux questions qui permettent de vérifier votre compréhension du texte, vous devez **connaître le vocabulaire des consignes.**

Quiz

Cochez la bonne réponse :

1. En anglais, les pronoms et adjectifs possessifs s'accordent avec :
   ☐ **le possesseur** ☐ **le possédé**
2. Dans une phrase, l'idée essentielle est portée par :
   ☐ **la proposition principale** ☐ **les propositions subordonnées**
3. La source dont est extrait le texte permet d'identifier :
   ☐ **la biographie de l'auteur** ☐ **le ton du texte** ☐ **le type de texte**
4. La question « *When does the scene take place?* » porte sur :
   ☐ **l'atmosphère** ☐ **le temps** ☐ **le lieu**
5. Le préfixe *mis-* :
   ☐ **a un sens péjoratif** ☐ **exprime l'idée de contraire** ☐ **a un sens laudatif**
6. *Support* est un faux ami qui signifie :
   ☐ **compatir** ☐ **supporter** ☐ **soutenir**

→ Réponses p. 400

EXERCICE GUIDÉ

Comprendre un texte

Énoncé

Lisez attentivement le texte suivant plusieurs fois, puis répondez aux questions de compréhension.

Reindeer steaks: an alternative to your Christmas turkey?

By Patrick Barkham, from guardian.co.uk,
Monday 15 November 2010 (*adapted*)

Animal rights campaigners are not happy about the appearance of Siberian reindeer meat in supermarket freezers.

This week, Lidl, a group of supermarkets, provoked the anger of vegetarian campaigners from Viva! for selling 350g steaks of Siberian reindeer at a very low price (£5.99).

But is it really cruel to eat steaks from this Arctic species of deer, the same animals which may be able to fly and distribute presents from Father Christmas around the globe?

"Lidl is destroying the magic of Christmas," deplores Viva!, claiming that Siberian reindeer are cruelly herded[1] by snowbikes "and perhaps even by helicopters" and "may be" slaughtered[2] in a cruel way.

According to Lidl, its reindeer are not herded by snowbikes or helicopters and are slaughtered in EU-approved abattoirs. Lidl's spokeswoman paints an idyllic picture of the reindeer living in their natural habitat, tended by[3] indigenous people of the Siberian tundra and fed on "local aromatic herbs and grass".

In Arctic nations in general, the herding of wild reindeer has become more intensive – and more stressful – for the animals. In Sweden, food hygiene standards have led to the closure of local abattoirs and the transportation of live reindeer by lorry over long distances.

But Viva! finds it cruel that 70% of slaughtered reindeer are very young and may never have seen snow.

You may not want to eat meat imported from Siberia but it is reasonable to assume that wild reindeer have a happier life than those millions of battery turkeys being reared[4] for our Christmas dinners.

1. *herded* : rassemblés
2. *slaughtered* : abattus
3. *tended = looked after*
4. *reared* : élevés

Méthode
À la lecture, effectuez les premiers repérages : lieu, période de l'année, thème...

Questions

Le conseil du prof
Lisez l'ensemble des questions avant de commencer à y répondre.

1. D'après l'observation du paratexte, déduisez le thème, l'idée principale et le ton de l'article.

2. *Two groups are mentioned in the article: Viva! and Lidl. Say what each of them is.*

3. *What caused Viva's anger?*

4. *Focus on paragraph three. Tick the correct answers, then justify with quotes from the text.*

Viva! reproaches Lidl with :

☐ *the price of the steaks.*
☐ *the cruelty inflicted to the animals.*
☐ *the quantity of meat.*
☐ *the destruction of a symbol.*

Astuce
Answers au pluriel indique qu'il peut y avoir plusieurs réponses vraies.

ANGLAIS

5. *Focus on lines 14 to the end. Right or wrong? Justify with quotes from the text.*

a. *Lidl claim that the natural way of life of the reindeer is respected and that local people look after the animals.*

b. *According to Viva!, it would be less cruel if the reindeer were slaughtered at an older age.*

c. *The journalist implies that Christmas turkeys also have cruel living conditions.*

Attention

« Justify with quotes from the text » vous demande de citer des passages dans votre réponse. Ne citez pas de passage trop long, mettez les citations entre guillemets, et n'oubliez pas d'indiquer les lignes concernées.

6. a. Pour chacun des mots suivants, analysez sa formation (racine du mot, préfixes ou suffixes), indiquez sa nature grammaticale, puis traduisez-le : *supermarket – campaigner – idyllic – stressful – reasonable.*

b. Expliquez comment se composent les mots *snowbike* et *spokeswoman* puis traduisez-les.

Méthode

- Observez bien le découpage de l'article : sa structure très claire facilite la compréhension. Vous pouvez ainsi facilement repérer quelle idée est développée à chaque paragraphe.

Corrigé

Repérages préalables

- Il s'agit d'un article de presse, extrait d'un journal anglais tout à fait sérieux, *The Guardian*.
- Les deux protagonistes sont le groupe de supermarchés Lidl, et Viva!, une association de végétariens et de défense des droits des animaux. Les deux partis s'opposent sur la question de la consommation de viande de renne pour les repas des fêtes de Noël.
- Le paragraphe d'introduction expose les faits (l. 6-8), le second paragraphe pose la problématique (l. 9-10), les deux suivants présentent les arguments des défenseurs des animaux et ceux du distributeur de viande de renne (l. 11-17). Le journaliste apporte ensuite des informations complémentaires sur les conditions de production et de distribution de viande de renne (l. 18-22). Enfin, il ouvre le débat avec une mise en question des conditions de vie des dindes élevées en batterie pour être consommées à Noël (l. 23-25).

Questions

1. L'article a été publié en novembre, il est question du repas de Noël où l'on consomme traditionnellement de la dinde dans les pays anglo-saxons. Vous pouvez deviner le sens de « *reindeer* » grâce au second paragraphe de l'article : « *the same animals which may be able to fly and distribute presents from Father Christmas around the globe* » (l. 9-10).

Le titre donne le thème de l'article : « Les steaks de rennes sont-ils une alternative à la dinde de Noël ? » L'idée principale est résumée dans le sous-titre : les défenseurs des animaux désapprouvent la consommation de viande de rennes de Sibérie. *The Guardian* est un journal britannique de qualité. Le texte est tout à fait sérieux. Pas question ici de rennes du Père Noël dévorés par des consommateurs sans scrupules…

2. *Viva! are vegetarian and animal rights activists. Lidl is a group of supermarkets.*

3. *Viva!'s anger was caused by the selling of 350g steaks of Siberian reindeer at a very low price (£5.99).*

4. *Viva! reproaches Lidl with:*
– the cruelty inflicted to the animals: "may be" slaughtered in a cruel way". (l. 12-13)
– the destruction of a symbol: "Lidl is destroying the magic of Christmas". (l. 11)

5. a. ***Right:*** *"the reindeer living in their natural habitat and tended by indigenous people". (l. 15-16)*

b. ***Wrong:*** *"Viva! finds it cruel that 70% of slaughtered reindeer are very young". (l. 21)*

c. ***Right:*** *"wild reindeer have a happier life than those millions of battery turkeys being reared for our Christmas dinners". (l. 24-25)*

6. a.

Préfixe	Racine	Suffixe	Nature grammaticale	Traduction
Super-	*market*	–	nom	supermarché
–	*campaign*	*-er*	nom	militant
–	*idyl*	*-ic*	adjectif	idyllique
–	*stress*	*-ful*	adjectif	stressant
–	*reason*	*-able*	adjectif	raisonnable

b. *snowbike* → *snow* + *bike* → motoneige.
spokeswoman → *spokes* (verbe *to speak*) + *woman* → la porte-parole.

Chapitre 2 Parler et écrire

1 S'exprimer à l'oral

De quoi s'agit-il ? **À l'oral, on utilise des phrases simples et courtes, et il est possible de se reprendre, de reformuler ou d'insister sur certains points. L'expression orale passe également par un langage corporel.**

1 Les caractéristiques de l'oral

• La langue orale se caractérise par une **succession de phrases simples et courtes**. Elle autorise les reprises, les redites, les hésitations, ainsi que les formes contractées.

• Les **réponses courtes** sont fréquemment utilisées à l'oral : pour dire oui ou non, on ne se contente pas de *yes/no*, mais on complète en reprenant l'auxiliaire de la question précédé d'un pronom personnel.

*Does she live in Cork? Yes, **she does**.*

• Les **tags** s'emploient à l'oral. On reprend l'auxiliaire présent dans l'énoncé principal (en l'absence d'auxiliaire, la reprise se fait avec *do*) :

– si **l'énoncé** est **affirmatif**, le **tag** est **négatif**. *It's going to rain, **isn't it**?*

– si **l'énoncé** est **négatif**, le **tag** est **affirmatif**. *It isn't going to rain, **is it**?*

Attention

Dans les tags, les indéfinis comme *somebody*, *everyone* sont repris avec le pronom pluriel *they*.

• **Tags particuliers** (reprises avec un auxiliaire modal) :

– **l'impératif**, repris avec *will* : *Don't do this, **will** you?*

– les énoncés commençant par ***Let's***, repris avec *shall* : *Let's go out, **shall** we?*

• En cas d'hésitation, vous pouvez utiliser des *gap-fillers* ou « bouche trou » le temps de réfléchir ou de chercher vos mots.

well... eh bien ; *you know* vous savez ; *so...* alors ; *really?* vraiment ? ; *let me think* laissez-moi réfléchir ; *my point is that* ce que je veux dire, c'est que... ; *in other words* en d'autres termes ; *it depends (on)* ça dépend (de) ; *it's hard to tell* c'est difficile à dire ; *... if you see what I mean* si vous voyez ce que je veux dire.

2 S'exprimer en continu (exposé, présentation...)

• **Toute présentation doit être structurée :** elle doit contenir une introduction, un développement et une conclusion. Annoncez de quoi vous allez parler et dans quel ordre.

• Pour aider votre auditoire à suivre, vous pouvez indiquer le **titre des parties** au tableau, ou utiliser un **diaporama** accompagnant le déroulement de l'exposé.

• Préparez vos **notes** avec attention : pas trop détaillées ni rédigées pour ne pas être tenté de les lire, mais suffisamment claires pour vous guider.

• Aidez-vous des **techniques que permet l'oral** pour **appuyer votre message** : accentuez les mots importants, répétez et récapitulez un passage clé. Vous pouvez interpeller l'auditoire pour capter leur attention.

Le conseil du prof

Plus l'exposé sera clair et fluide pour vous, plus il le sera pour l'auditoire, et plus celui-ci sera attentif.

Attention

Dans un exercice d'expression orale, on ne vous demande pas de lire vos notes, mais de communiquer.

• Avant de présenter l'exposé à la classe, **entraînez-vous à le dire chez vous**. Chronométrez-vous pour vérifier que vous respectez le temps imparti. Vous pouvez aussi vous enregistrer pour vous réécouter et repérer les erreurs à corriger : débit trop rapide, oubli du « s » à la 3e personne du singulier du présent simple, transitions pas assez nettes…

3 Prendre part à une conversation ou un débat

• L'art du débat consiste à **rester courtois**, à **écouter** l'argumentation de ses adversaires avec attention pour mieux pouvoir les **contredire**.

• Pour intervenir plus aisément, apprenez à utiliser les expressions utiles dans un débat :

– pour **donner votre opinion** :
to my mind… à mon avis…

– pour **contredire** :
I disagree with you. Je ne suis pas d'accord avec vous.

– pour **interrompre** :
Hang on! Attendez une minute ! *Can I say something?* Puis-je dire quelque chose ?

Le conseil du prof
Parlez suffisamment fort !

• Reportez-vous au paragraphe « Connaître les expressions utiles pour l'expression orale » p. 365-366 ; mémorisez-les.

2 Les différents types de production écrite

De quoi s'agit-il ? **Chaque type d'écrit répond à des exigences particulières de forme et de contenu. On distingue quatre grands types de sujets : la lettre, le récit, le dialogue, l'essai.**

1 Écrire une lettre

• Le **niveau de langue** doit être adapté au destinataire de la lettre : on utilise ainsi des formules différentes selon le degré de familiarité avec la personne à qui l'on écrit.

• **Pour commencer** (degré de familiarité de plus en plus important) :
Dear Sir, Dear Madam, Monsieur, Madame, (que l'on ne connaît pas)
Dear Professor Fletcher, Cher Professeur Flectcher,
Dear Mr and Mrs Thompson, Chers M. et Mme Thompson,
Dear Mum and Dad, Chers Maman et Papa,
My dearest Betty, Ma très chère Betty,

• Exemples de phrases types dans une lettre :
I am writing to ask whether you could send me a leaflet on the nearest ski resort.
Je vous écris pour savoir si vous pouvez m'envoyer une brochure sur la station de ski la plus proche.
Thank you for your letter, it's lovely to hear from you.
Merci pour votre lettre, c'est un plaisir d'avoir de vos nouvelles.
Sorry I haven't been in touch for so long. Désolé de ne pas avoir donné de nouvelles depuis si longtemps.

• **Pour terminer** un courrier :
Please don't hesitate to keep in touch. N'hésitez pas à nous envoyer de vos nouvelles.
Looking forward to hearing from you soon. En espérant avoir de vos nouvelles rapidement.

• **Formules de fin** (degré de familiarité de plus en plus important) :
Yours faithfully – Yours sincerely – Yours – With kind regards – All the best – With love from… – Lots of love from…

2 Raconter une histoire ou imaginer la suite d'un texte

• Raconter une histoire suppose d'en avoir auparavant identifié les points essentiels : **personnages, date, intrigue**... Dans le cas de la suite d'un texte, soyez sûrs de bien avoir repéré les personnages, leurs liens, mais aussi dans quel ton il est rédigé.

• Utilisez correctement les **temps du passé** :

– le prétérit simple exprime le passé révolu ;

– le prétérit *be + V-ing* a le même sens que le prétérit, mais insiste sur l'activité du sujet ;

– le *pluperfect* exprime l'antériorité dans le passé ;

– *used to + V* exprime une habitude révolue.

• Précisez la **chronologie des événements** à l'aide de repères temporels :

yesterday hier
last week la semaine dernière
the day before le jour précédent
the day after le lendemain
in the nineteen nineties dans les années 1990
two years ago il y a deux ans
once upon a time il était une fois
at that time à cette époque-là

3 Écrire un dialogue

• Avant le dialogue, il est nécessaire de rédiger une **brève introduction** pour identifier les personnages, situer où et quand la scène se déroule. Cette introduction ne doit pas dépasser deux ou trois lignes.

• La **présentation du dialogue** n'est pas la même en anglais qu'en français. En anglais, on change de ligne et on utilise des guillemets au début et à la fin de chaque prise de parole.

"Do you know where I put my glasses?"
"They're on your nose, honey."

Attention
En anglais, on n'utilise pas de tiret pour signifier les changements de locuteurs.

• Pour donner du corps au dialogue et insérer les commentaires d'un narrateur, variez les **verbes introducteurs du discours**.

to ask demander
to answer répondre
to retort répliquer
to explain expliquer
to insist insister
to demand exiger
to whisper murmurer
to agree être d'accord
to wonder se demander
to admit admettre

• **Apportez des nuances** et donnez du relief à votre dialogue à l'aide d'**adverbes**.

shyly timidement
suddenly soudain
all of a sudden tout à coup
softly d'une voix douce
painfully péniblement
with relief avec soulagement

• **Ne négligez pas la fin du dialogue** : trouvez une formule qui conclut l'échange tout en restant dans la continuité des propos précédents.

4 Écrire un article ou un essai

• Pour plus de clarté et de lisibilité, ne développez qu'**une seule idée par paragraphe**.

• **Utilisez des mots de liaison** qui expriment des liens logiques. Ils structureront votre raisonnement et votre argumentation.

Idée à retenir
Plus vous serez clair, plus votre argumentation sera efficace.

Lien logique	Mots de laisons
Contraste	*whereas* tandis que ; *contrary to* contrairement à ; *on the contrary* au contraire ; *and yet* pourtant ; *still* cependant ; *however* cependant ; *and yet* et pourtant ; *although* bien que, quoique ; *in spite of / despite* en dépit de ; *on the one hand* d'un côté … *but on the other hand* mais de l'autre…
Addition	*moreover, besides, furthermore* de plus
Cause	*that is why* c'est pourquoi ; *thanks to* + nom grâce à ; *because* parce que ; *all the more so that* d'autant plus que ; *that is the reason why* c'est la raison pour laquelle ; *out of* + nom à cause de
Conséquence	*thus* ainsi ; *therefore / so* donc ; *as a result, as a consequence / consequently* en conséquence ; *so… that* tellement… que
Condition	*if* si ; *as long as* tant que ; *providing* pourvu que ; *unless* à moins que ; *on condition that* à condition que

3 Améliorer la qualité de son expression

De quoi s'agit-il ? Vous pouvez améliorer la qualité de votre expression en complexifiant les énoncés, en enrichissant votre lexique et en utilisant les structures appropriées.

1 Améliorer la qualité de la langue

- **Varier le lexique** est indispensable pour améliorer la qualité de votre expression. Pour cela, vous devez enrichir votre vocabulaire.
- Utilisez au strict minimum les mots comme *bad, good, happy, difficult, interesting* et préférez-leur leurs nombreux synonymes.

beautiful *: good-looking, handsome, splendid, pretty, lovely, gorgeous*
bad *: awful, dreadful, painful, terrible, hopeless*
good *: great, satisfactory, acceptable, superb, well-behaved*
happy *: cheerful, content, glad, elated, joyful*
difficult *: hard, troublesome, problematic*
interesting *: fascinating, entertaining, captivating*

Le conseil du prof

Apprenez votre vocabulaire par thèmes, selon les sujets que vous traitez. Cela donne un lien de sens aux mots appris : vous les retiendrez mieux.

- À l'écrit, il est préférable d'éviter la succession de phrases simples. Utilisez donc les mots de liaison et **complexifiez vos énoncés**. Vous ferez ainsi preuve d'une meilleure maîtrise de la langue.

Astuce

Les propositions relatives vous permettent de relier les phrases simples.

2 Connaître les expressions utiles pour l'expression orale

- **Saluer**

How do you do.	Enchanté de faire votre connaissance.
Nice to meet you. / Pleased to meet you.	Ravi de vous rencontrer.
I'm glad to see you.	Je suis heureux de vous voir.
It's been a pleasure seeing you again.	J'ai eu beaucoup de plaisir à vous revoir.
See you soon.	À bientôt

ANGLAIS

- **Argumenter**

Of course!	Bien sûr !	marquer l'accord
You're quite right.	Vous avez tout à fait raison.	
Good point.	Absolument.	
No, I don't think so.	Non, je ne pense pas.	marquer le désaccord
I disagree with you.	Je ne suis pas d'accord avec vous.	
I don't agree with him.	Je ne suis pas d'accord avec lui.	
I don't share your opinion.	Je ne partage pas votre avis.	
It's out of the question!	C'est hors de question !	
It seems to me that...	Il me semble que...	donner son opinion
To my mind...	À mon avis...	
As I said before...	Comme je l'ai dit auparavant...	
I am convinced that...	Je suis convaincu que...	
Hang on!	Attendez une minute !	interrompre
Can I say something?	Puis-je dire quelque chose ?	

- **Les relations avec autrui**

Let's go, shall we?	Allons-y !	suggérer, conseiller
You should try it.	Vous devriez l'essayer.	
Why not + V?	Pourquoi ne pas... ?	
I advise you to...	Je te conseille de...	
Can I go with you?	Puis-je venir avec toi ?	demander la permission
Could you tell me?	Pouvez-vous me dire ?	
Would you mind if I opened the window?	Cela vous dérange si j'ouvre la fenêtre ?	
Don't cheat.	Ne triche pas.	exprimer l'ordre, l'obligation
She wants me to be quit smoking.	Elle veut que j'arrête de fumer.	
You must tell it to her.	Tu dois le lui dire.	
You have to be on time.	Tu dois être ponctuel.	
It's your fault.	C'est de ta faute.	exprimer le reproche
Why on earth didn't you tell me?	Mais pourquoi donc ne pas me l'avoir dit ?	
You mustn't park here.	Il est interdit de se garer ici.	traduire l'interdiction
You can't use your mobile in the cinema.	Il est interdit d'utiliser son portable au cinéma.	
Wearing jeans is not allowed in this company.	Les jeans ne sont pas autorisés dans cette entreprise.	

- **Exprimer l'intention**

She is decided to / determined to / resolved to defend her rights.	Elle a la ferme intention de défendre ses droits.
I've made up my mind.	J'ai pris ma decision.
I intend to travel around the world.	J'ai l'intention de faire le tour de la planète.

- **Exprimer le souhait, l'envie**

I hope to be able to + V	J'espère être capable de...
I feel like going abroad for the holidays.	J'ai envie d'aller à l'étranger pour les vacances.

- **Exprimer le regret**

I'm sorry.	Je suis désolé.
What a pity! / What a shame!	Quel dommage !
I wish I could go back there.	J'aimerais pouvoir y retourner.
If only I could go back there!	Si seulement je pouvais y retourner !

- **Exprimer la colère ou la surprise**

Enough is enough!	C'en est assez !
I can't put up with him anymore!	Je ne le supporte plus !
It can't be true!	C'est impossible !
I can't believe my ears!	Je n'en crois pas mes oreilles !
What a surprise!	Quelle surprise !
Really?	Vraiment ?
Are you kidding?	Sans blague !

3 Éliminer les erreurs les plus fréquentes

- N'oubliez pas **le « *s* » à la 3e personne du singulier** du présent simple.
- L'**adjectif en anglais est invariable** et se place devant le nom qu'il qualifie.
- ***to do*** (faire) n'a pas le même sens que ***to make*** (fabriquer).
  *After **doing** my homework, I will **make** a cake.* Après avoir fait mes devoirs, je ferai un gâteau

Idée à retenir

Relisez-vous ! Une simple lecture peut vous permettre de repérer et de corriger facilement des fautes qui pourraient vous coûter des points.

- N'oubliez pas l'auxiliaire *be* dans les structures en *be* + *V-ing*.
- Pour les adjectifs en *–ing* ou en *–ed*, ne confondez pas le **sens actif** (*-**ing***) et le **sens passif** (*-**ed***).
  *I was interest**ed** in the conference because the conference was interest**ing**.* J'étais intéressé par la conférence, parce que la conférence était intéressante.
- On utilise l'auxiliaire ***be*** pour dire l'âge : ***I am** fifteen years old.* J'ai quinze ans.
- N'oubliez pas *–ed* au participe passé pour les verbes réguliers.
- N'oubliez pas to après *want* et *would like*.
- Attention à la traduction de « vouloir que quelqu'un fasse quelque chose ».
  I want/would like her to come to my party. Je veux/j'aimerais qu'elle vienne à ma fête.
- « Dire ». Ne confondez pas la construction avec *say* et avec *tell*.
  She told me her story. Elle m'a raconté son histoire.
  She said it to me. Elle me l'a dit.
- Ne confondez pas *they're*, *their*, et *there*.
  Tom and Becky are at home. They're at home. Ils sont à la maison.
  Where's my bag? There it is. Où est mon sac ? Il est là. (*there* = indication de lieu)
  My parents are spending their hollidays in Greece. Mes parents passent leurs vacances en Grèce. (*their* = adjectif possessif)

Révision express

Les points importants à retenir

- Pour réussir votre présentation à l'oral, sa structure doit être claire, vos notes doivent être lisibles et vous devez vous entraîner à la dire auparavant.
- Pour réussir votre expression écrite, lisez attentivement le sujet proposé et pensez aux contraintes de formes attendues pour chaque type de sujet (récit, lettre, dialogue, essai).
- Mobilisez le lexique et les structures utiles pour traiter le sujet.
- Pensez à complexifier vos énoncés à l'écrit.
- Enfin, n'oubliez pas de bien vous relire pour éliminer de votre copie le maximum d'erreurs parmi les plus fréquentes (voir p. 367).

Quiz

Cochez la bonne réponse :

1. Pour présenter un dialogue en anglais, il faut :

a. ☐ **des tirets**
b. ☐ **des guillemets**
c. ☐ **aller à la ligne à chaque prise de parole**

2. La langue orale se caractérise par :

a. ☐ **des phrases longues et rédigées**
b. ☐ **des hésitations et des reprises**
c. ☐ **un enchaînement de phrases simples**

3. La traduction de « Je n'arrive pas à croire que tu y vas » est :

a. ☐ ***I can't make up my mind you are trying.***
b. ☐ ***I can't believe my ears you're going there.***
c. ☐ ***Why on earth are you going there?***

4. La traduction de « En espérant avoir de vos nouvelles rapidement » est :

a. ☐ ***Looking forward to hearing from you soon***
b. ☐ ***Looking forward to hear from you soon***
c. ☐ ***Looking forward hearing from you soon***

5. *Thus* est un synonyme de :

a. ☐ ***as a result*** **b.** ☐ ***however*** **c.** ☐ ***furthermore***

→ Réponses p. 400

EXERCICE GUIDÉ

Expression écrite

Énoncé

Rédigez environ 200 mots pour chacun des sujets suivants.

Sujet 1. *You've just moved to a new city. Write a letter to your best friend and tell him/her about the new school, the people you have met, how you feel.*

Sujet 2. *Try to remember the strangest dream or the most terrifying nightmare you have ever had.*

Sujet 3. *A teenager and a youth worker are having a conversation. The teenager tells him about his intentions for the future and the youth worker gives him advice. Write the dialogue.*

Sujet 4. *For or against uniforms at school?*

Méthode

- Avant de commencer, identifiez le type de production attendu, et réfléchissez aux contraintes de forme que cela implique.
- Dressez la liste des champs lexicaux et des expressions qui vous seront utiles pour traiter chaque sujet.
- Identifiez quels seront les temps les plus appropriés à votre type de récit.
- Utilisez votre brouillon pour organiser votre production.
- N'oubliez pas de vous relire !

Corrigé

Sujet 1

Pour ce sujet, vous devez mobiliser les champs lexicaux des sentiments, de la ville, de l'école.

Attention
Il s'agit de votre meilleur ami : choisissez une formule adaptée à votre degré de familiarité.

Le conseil du prof
Utilisez le *present perfect* pour faire le bilan de la situation.

My dear Paul,
Forgive me for writing only two months after my departure, but I have been very busy with moving and changing schools. Now I have settled in our new neighbourhood and I start feeling both enthusiastic about the new opportunities I have here and very sad and lonely when I think about you and all my friends, whom I miss very much.
Even if I sometimes feel like a stranger here, I hope to get used to my new routine quickly, especially as I have joined the local rugby club where I have already met a bunch of boys and girls who live in the area nearby.
I have been going to my new school for three weeks now, and I must say the teachers seem to be stricter here. However, I am lucky to be in Mr Twik's history class. I was told he is the best history teacher in the school and history is one of my favourite subjects, as you know.
I hope everything is going on well for you. Are you planning to come and visit me during the holiday? I would love it and your parents would certainly agree. Please send them my regards.
I am looking forward to hearing from you soon,
All the best,
*Tim (**216 words**)*

Sujet 2

Vous rédigez un récit sur un événement passé : utilisez les temps du passé (prétérit simple, prétérit *be + V-ing*, *past perfect*) associés à des repères temporels.

A few years ago, I had the strangest dream ever, so strange that I can remember it quite vividly still. It was on a week day, I was coming home from school as usual. We had been living in our flat since I was able to walk and I knew every inch of it. But in my dream, I put the key in the lock, when an old man appeared at the door. He was my father and yet I could not recognize him. Everything in him was dull and grey. He seemed not to see me. What a shock when I entered our flat! Everything was different: the rooms were the same, but all the furniture seemed older, colourless. I remember being struck by a disgusting smell coming from the kitchen. As I was exploring the living room, trying to find my bearings (to find one's bearings = trouver ses repères*), I came across a family poster, half hidden behind a cupboard and dirty curtains. I suddenly realized that the man and the woman on the picture were my parents but the child with them was… my worse enemy from primary school! The poster was dated 1962.*

(***215 words***)

Le conseil du prof
Mobilisez le lexique de l'étrangeté, de la surprise. Utilisez des adjectifs pour décrire les couleurs, l'aspect des lieux et des personnages.

Sujet 3

Mobilisez ici les expressions du conseil, de la crainte, de l'incertitude, le lexique des métiers.

Bien comprendre
Rédigez une phrase d'introduction qui présente les personnages et la situation.

The scene takes place at the park. Liam, 15, is having a conversation with Greg, a youth worker who has known him for several years.

"Good afternoon, Greg, it's good to see you, I really need to talk with you," Liam said anxiously.

"What's up with you, Liam? You're not yourself today. What's wrong?" Greg ***asked****.*

"Well, you know, I am really anxious about next year" Liam ***explained****. "I have to choose a major and my teachers ask me what I want to be in the future but I really have no idea," he* ***sighed*** *(to sigh =* soupirer*).*

"I see," Greg ***replied****. "What about your parents? Have you discussed this with them?" he* ***enquired****.*

"Well, the problem with my parents is that they want to impose their views on me. For instance, they've brought me to scientific exhibitions to show me that science is fun, hoping I would choose a scientific career. And also they keep referring to some of their friends' children who have prestigious jobs. But I don't want to be an architect, and I'm too scared of blood to be a doctor!" Liam ***exclaimed****.*

"If I were you, I would tell them the truth, and I would try to have a real discussion about your likes and your abilities. Trust me, there's no doubt that they will help you find your way," Gred reassured him.

"Thank you very much, Greg, I'll take your advice. I'm going home now to see my parents." Liam jumped of his bike and cycled home with new hope.

(***260 words***)

Les conseils du prof
- Puisqu'il s'agit d'un dialogue, utilisez les formes de l'oral : *gap fillers*, impératif, formes contractées.
- N'oubliez pas de varier les verbes introducteurs, sans inversion sujet/verbe.

Sujet 4

Structurez votre expression avec une introduction, suivie d'un développement organisé avec vos arguments pour et contre les uniformes à l'école.

Gagnez des points
Utilisez les structures de l'opinion, du point de vue et les mots de liaison.

In many English-speaking countries, students wear a uniform at school. We will first focus on the advantages and then on the disadvantages. Then I will tell you my opinion.

To begin with, we must admit that social classes express themselves through dressing codes. Therefore, with a uniform everybody looks the same, no matter what their social background is. So uniforms help erase the barriers between classes.

Moreover, each school has its own uniform, which creates a collective identity, so that the students feel that they belong to their school.

And yet, we live in a world where appearance and fashion has taken much room. Thus, it seems illusionary to make school a sanctuary free from the codes that exist everywhere else in society.

When you are young, you need to assert your personality and the way you get dressed tells about who you are. In this context, uniforms can feel like a restriction of one's freedom.

I am convinced that being for or against uniforms at school depends on the culture in which you were brought up. In the end, young people have the same aspirations, whatever the country they live in. Still it seems to me that if one's personality can emerge from the group through academic or sports results, one should also be allowed to express their conformism or their creativity through their clothes. As you have understood, I do not favor uniforms at school.

(***208 words***)

Attention
N'oubliez pas la conclusion, qui doit répondre clairement à la question posée.

Chapitre 3 Quelques points essentiels de grammaire

1 Le groupe nominal

De quoi s'agit-il ? Le choix du déterminant dépend de la nature du nom qu'il accompagne. Les noms peuvent être dénombrables ou indénombrables.

1 Les noms dénombrables et indénombrables

• **Les noms dénombrables** désignent des éléments que l'on peut compter. Ils s'emploient au singulier ou au pluriel.

• **Les noms indénombrables** désignent des objets ou des activités vus dans leur ensemble, sans que l'on puisse les compter. Ils ne prennent pas la marque du pluriel et le verbe qui suit s'accorde au singulier.

• Pour compter les indénombrables, on utilise des expressions comme *a piece of, a lump of, a slice of.*

__a piece of__ furniture, __a lump of__ sugar, __a slice of__ bread.

À retenir

Noms indénombrables :
__advice__ des conseils
__news__ des nouvelles
__information__ des informations
__luggage__ des bagages

Remarque

**« Indéfini » veut dire « que l'on n'a pas encore spécifié ».
On utilise donc l'article indéfini lorsque le nom apparaît pour la première fois.**

2 Les articles : *a / an, the, Ø*

• ***A / An*** sont des **articles indéfinis**. Ils renvoient à un et un seul nom dénombrable. On utilise *a* devant un son consonne (***a** woman*) et *an* devant un son voyelle (***an** umbrella*).

• ***The*** est un **article défini**. On l'utilise lorsque le nom est considéré comme **connu**. Il peut déterminer un nom dénombrable singulier ou pluriel, ou un nom indénombrable.

*Once upon a time there was **a** young princess who lived in a remote castle.*
***The** princess felt very lonely.*

Attention
Le son [j] est un son consonne. Devant un mot commençant par le son [j], on utilise donc l'article indéfini *a* et non *an*.
a young princess

• On utilise l'article zéro (Ø) essentiellement pour exprimer une **généralité**. On l'emploie devant un nom dénombrable pluriel ou un indénombrable.

Ø Children love to play. I like Ø coffee with Ø milk.

• On ne met pas d'article (Ø) devant les noms de lieu, de personne, les jours et les mois, ni dans certaines expressions courantes : *go to Ø bed, go to Ø school, watch Ø television, by Ø train/bus/car.*

3 Le pluriel des noms

• La plupart des noms dénombrables prennent un *-s* au pluriel. D'autres ont un pluriel irrégulier.

- Certains mots changent de forme en passant au **pluriel** :

– ***-y*** devient souvent ***-ies*** au pluriel : *a lady* → *ladies.*

– ***-fe*** peut devenir ***-ves*** au pluriel : *a life* → *lives* ; *a leaf* → *leaves.*

– ***-o*** peut devenir ***-oes*** au pluriel : *a tomato* → *tomatoes* ; *a potato* → *potatoes.*

- Dans un **nom composé**, c'est le deuxième élément qui porte la marque du pluriel : *a tea pot* → *tea pots* (des théières).

Pluriels irréguliers

a child → *children*
a man → *men*
a woman → *women*
a tooth → *teeth*
a foot → *feet*

4 L'adjectif qualificatif

- En anglais les adjectifs sont **invariables** et se placent **devant** le nom qu'ils qualifient (*a new house*), sauf les adjectifs attributs qui se placent après un verbe d'état (*be, look, seem, appear*) : *alive, asleep, afraid, awake, glad, ill…*

- Si plusieurs adjectifs se suivent, l'**ordre** dépend de ce qu'ils expriment : on place d'abord l'adjectif qui exprime un **jugement subjectif** (*good, bad, nice, stupid…*), puis celui qui exprime la taille, l'âge, la couleur, l'origine et la matière.
  A rich old dark-eyed Irish lady.

- **Le comparatif et le superlatif** des adjectifs se forment différemment selon que l'adjectif est considéré comme court ou long :

– comparatif de supériorité (plus... que) :
adjectif court + ***-er*** + ***than*** → *colder* ***than***
more + adjectif long + ***than*** → ***more*** *ambitious* ***than***

– comparatif d'infériorité (moins... que) :
less + adjectif court ou long + ***than*** → ***less*** *cold* ***than*** ; ***less*** *ambitious* ***than***

– comparatif d'égalité (autant que) / d'inégalité (pas autant que) :
as + adjectif court ou long + ***as*** → ***as*** *cold* ***as***
not so / not as + adjectif court ou long + ***as*** → ***not so / not as*** *ambitious* ***as***

– superlatif de supériorité (le plus) :
the + adjectif court + ***-est*** → ***the*** *coldest*
the most + adjectif long → ***the most*** *ambitious*

– superlatif d'infériorité (le moins) :
the least + adjectif court ou long → ***the least*** *cold* ; ***the least*** *ambitious*

Rappel

- Adjectifs d'une ou deux syllabes et se terminant par *-er, -ow, -le, -y* → **adjectifs courts**
- Autres adjectifs de deux syllabes ou plus → **adjectifs longs**

Irrégularités

good / well → *better, the best*
bad → *worse, the worst*
far → *further / farther, the furthest / the farthest*

5 Exprimer la quantité

- **Exprimer la petite ou la grande quantité**

	Indénombrables	**Dénombrables pluriels**
Petite quantité	*Little time* (peu de temps) *A little time* (un peu de temps)	*Few students* (peu d'étudiants) *A few students* (quelques étudiants)
Grande quantité	*A lot of, plenty of money* (beaucoup d'argent) *Much care* (beaucoup d'attention)	*A lot of, plenty of computers* (beaucoup d'ordinateurs) *Many books* (de nombreux livres)

- **_Some / any_**

– Pour exprimer une **quantité indéfinie**, on utilise *some* dans les énoncés affirmatifs, et *any* dans les énoncés négatifs ou interrogatifs.

*I'd like **some** more time. Is there **any** time left? There isn't **any** time left. There is **no** time left.*
J'aimerais un peu plus de temps. Reste-t-Il du temps ? Il n'y a plus de temps.

– On peut utiliser *some* dans une question lorsqu'on présuppose que la réponse sera positive.
*Could I have **some** more coffee, please?* Puis-je avoir un peu plus de café, s'il-vous-plaît ? → on sait qu'il reste encore du café.

- **Autres quantifieurs**

one : un seul	*one episode ; one of their sons*
both : les deux	*both boxes ; both of his eyes*
each : chacun	*each shoulder ; both of his shoulders*
every : chaque, tous	*every ticket* ← *Every* est toujours suivi d'un verbe au singulier.
most : la plupart de	*most days ; most of my time*
several : plusieurs	*several baskets*
the whole : tout entier	*the whole world*
all : tous, tout	*all the things ; all of it*
either (…or): l'un ou l'autre	*either way ; either here or there*
neither (…nor) : ni l'un ni l'autre	*neither solution, neither Jason nor Kali*

6 Relier des noms entre eux

- ***Of*** est employé pour mettre en relation deux noms, surtout lorsque le nom qui suit *of* désigne une chose.

*the door **of** the library* la porte de la bibliothèque

- Le **génitif** est indiqué par **'s** accolé à un nom. Il exprime la **possession**. Il relie le nom suivi de *s'*, qui désigne celui qui possède, au nom placé après, qui désigne l'élément possédé. Le mot principal est le second.

Betty's magazines les magazines de Betty

(*Betty's* → possesseur ; *magazines* → élément possédé)

> **Attention**
> Ne confondez pas : *the woman's magazine* (le magazine de la femme : de cette femme-là) et *a women's magazine* (un magazine féminin : qui désigne une catégorie). Le second est un génitif **générique**.

- Quand le possesseur est un groupe nominal long, on le désigne en utilisant *of* et pas le génitif.

*The story **of** <u>the man who had never left his bedroom</u>*

(*the man who had never left his bedroom* → possesseur)

La proposition relative qualifie *the man*.

- Le génitif peut aussi exprimer une **notion temporelle :** *today's lesson* le cours d'aujourd'hui

2 Le groupe verbal : les temps

De quoi s'agit-il ? En anglais, les formes conjuguées des verbes associent des temps (présent et prétérit) et des aspects (*be* + *V-ing* et *have* + participe passé).

Idée à retenir

Chaque temps se combine avec l'un, l'autre ou les deux aspects. Les formes produites conservent le sens fondamental du temps et/ou de(s) l'aspect(s) qui la constituent.

1 Temps et aspects

- Il existe **deux temps grammaticaux** en anglais, le présent et le prétérit. Chaque temps a un sens fondamental, et chacun a une forme simple.

- Il existe aussi **deux aspects : *be* + *V-ing* et *have* + participe passé.** Chaque aspect a un sens fondamental.

Temps / Aspect	Présent	Prétérit
Aucun aspect	Présent simple	Prétérit simple
***be* + *V-ing* :** action en cours de déroulement	Présent *be* + *V-ing*	Prétérit *be* + *V-ing*
***have* + participe passé :** idée de bilan, résultat	Present *perfect* simple (*have* + participe passé)	*Pluperfect* simple (*had* + participe passé)
be* + *V-ing ***have* + participe passé**	Present *perfect be* + *V-ing* (*have* + *been* + *V-ing*)	*Pluperfect be* + *V-ing* (*had* + *been* + *V-ing*)

Les temps peuvent combiner plusieurs aspects : *be* + *V-ing* (ici en rouge), et *have* + participe passé (ici en vert).

2 Les temps simples : le présent simple et le prétérit simple

- **Formes**

– Les temps simples n'ont pas d'auxiliaire à la forme affirmative. Pour les formes négatives et interrogatives, on utilise *do*. Au prétérit, *do* devient *did*.

– Le présent simple se forme avec : **base verbale** (+ *-s* à la 3e personne du singulier).
*I often **sing**. She often **sings**. You **do** not / **don't** eat meat. **Do** you eat meat?*

– Le prétérit simple se forme avec : **base verbale** + ***-ed***, sauf pour les verbes irréguliers qu'il faut apprendre.
*I listen**ed** to her last week. They **did** not / **did**n't eat meat. **Did** she eat meat?*

- **Emplois**

– **Le présent simple exprime la généralité.** Il est incompatible avec « ici et maintenant ». On l'utilise pour exprimer ce qui caractérise une personne (goût, métier, opinion), pour exprimer une vérité générale, une habitude.

– **Le prétérit simple marque la rupture avec le présent.** C'est le temps privilégié de la narration.

– **Le prétérit dit « modal » exprime l'irréel**, qui est aussi une rupture avec le présent. On l'utilise pour exprimer le souhait, le regret.
*I wish he **cared** for me.* J'aimerais qu'il s'intéresse à moi (mais ce n'est pas le cas).

Idée à retenir

Exemples de repères temporels associés au prétérit : *yesterday, last week, two months ago.*

3 L'aspect *be* + *V-ing* (présent et prétérit en *be* + *V-ing*)

• **Formes :** c'est *be* qui porte la marque du temps, de la négation et que l'on utilise pour la forme interrogative :

– *be* au présent + *V-ing* : ***I am / I'm going*** *out.* ***Are*** *you* ***going*** *out? He* ***is not / isn't going*** *out.*

– *be* au prétérit + *V-ing* : *I* ***was sleeping. Were*** *they* ***sleeping****? We* ***were not / weren't sleeping****.*

• **Emplois**

– Le **présent *be* + *V-ing*** exprime une action en cours de déroulement dans le présent (« ici et maintenant »).

– Le **prétérit *be* + *V-ing*** exprime une action en cours de déroulement dans le passé.
"What ***were*** *you* ***doing*** *at the time of the murder ?" "I* ***was sleeping****."*

4 L'aspect *have* + participe passé (*present perfect* et *pluperfect*)

• C'est ***have*** qui porte la marque du temps, de la négation et que l'on utilise pour la forme interrogative.

• **Formes** : le participe passé régulier se forme avec l'ajout de *-ed* à la base verbale. Les participes passés des verbes irréguliers sont à apprendre.

Present perfect : *I* ***have / I've done*** *it.* ***Has*** *she* ***done*** *it? We* ***have not / haven't done*** *it.*

Pluperfect : *You* ***had arrived. Had*** *they* ***arrived****? I* ***had not arrived****.*

• **Emplois**

– Le ***present perfect*** exprime un lien avec le présent, le bilan ou le résultat dans le présent d'une action passée.

– Le ***pluperfect*** exprime le bilan ou le résultat d'une action antérieure à un moment précis du passé.

Idée à retenir

Exemples de repères temporels associés au *present perfect* : ***already, always, ever / never, not yet, just, recently, over the past few days, so far, since.***

3 Le groupe verbal : la modalité, le futur et le conditionnel

De quoi s'agit-il ? La modalité permet d'exprimer le jugement de celui qui parle. Le futur s'exprime de différentes façons et le conditionnel a plusieurs valeurs : maîtriser ces nuances enrichit la qualité de votre expression.

1 La modalité

• **La modalité exprime le jugement de l'énonciateur** (celui qui parle). Il peut s'agir d'un jugement ou de la pression de l'énonciateur sur autrui, ou de la probabilité qu'un événement se réalise.

• La modalité peut s'exprimer grâce à des **auxiliaires modaux** : *can / could, may / might, will / would, must, shall / should*. Ces auxiliaires peuvent être associés aux aspects *be* + *V-ing* ou *have* + participe passé.

• **Il ne peut pas y avoir deux auxiliaires modaux dans une forme verbale.** Si nécessaire, on utilise des équivalents : *will be able to* pour exprimer la capacité future, *will have to* pour exprimer l'obligation future.

Attention

Les auxiliaires modaux sont invariables, et sont suivis de l'infinitif sans *to* (jamais de *to* ni de V-*ing* !).

Jugement ou pression sur autrui		
Auxiliaire	**Notion exprimée**	**Exemple**
Must / must not	Obligation / interdiction	*You **must stop** immediately.* Je veux que tu arrêtes tout de suite.
Need not	Absence d'obligation	*We **needn't do** that now, there's no hurry.* Nous n'avons pas besoin de faire cela maintenant, il n'y a pas d'urgence.
May / may not	Permission / absence de permission	*You **may leave** the table. But you **may not go out**.* Tu peux quitter la table mais pas sortir.
Will / won't	Volonté / refus	*She **won't accept** my decision.* Elle refuse d'accepter ma décision.
Should / shouldn't	Conseil	*They **shouldn't go** to bed that late!* Ils ne devraient pas aller au lit si tard.
Can / can't	Capacité ou incapacité	*I **can't lift** my suitcase, it's too heavy.* Je n'arrive pas à porter ma valise, elle est trop lourde.

On peut exprimer la probabilité d'un fait passé, présent ou futur.

Probabilité (du moins certain au plus certain)		
Auxiliaire	**Notion exprimée**	**Exemple**
May	Il y a 50 % de chances que l'événement se réalise.	*He may come, he didn't say he wouldn't come.* Il se peut qu'il vienne, il n'a pas dit qu'il ne viendrait pas.
Can / could	Il est possible que l'événement se réalise.	*He **could come**, it's possible.* Il est possible qu'il vienne.
Will	J'affirme que l'événement se réalisera.	*I tell you he **will come**: I am sure he would not miss my birthday party.* Je te dis qu'il viendra : je suis sûr qu'il ne raterait pas mon anniversaire.
Must	J'en suis certain.	*He is late, it's not like him, he **must have had** an accident.* Il est en retard, cela ne lui ressemble pas. Il doit avoir eu un accident.
Can't	C'est impossible, j'en suis certain.	*He **can't be** dead! He called me a few minutes ago.* Il ne peut pas être mort ! Il m'a appelé il y a quelques minutes.

2 L'expression du futur

- Il n'existe pas en anglais de temps grammatical futur avec une terminaison spécifique. Mais il existe plusieurs façons d'exprimer le futur.
- ***will** + V* permet de **prédire une action** qui se déroulera dans le futur (ex : prévision météo).
  *It **will be** sunny tomorrow.* Il fera beau demain.

Idée à retenir

Repères temporels associés à *will: later, next week, when I am older.*

- ***be going to** + V* exprime l'**intention** ou prédit quelque chose en s'appuyant sur des **indices présents**.
  *We **are going to see** her next week.* Nous comptons la voir la semaine prochaine.
  *Don't do that, you'**re going to hurt** yourself.* (dit la mère au jeune enfant imprudent)

- Le présent ***be* + *V-ing*** permet d'exprimer des **projets futurs**.
*I'**m** running the marathon next week.* Je cours le marathon la semaine prochaine.

- ***be about to* + *V*** exprime le **futur immédiat**, très proche.
*I've just heard his car. He'**s about to come in**.* Je viens d'entendre sa voiture, il est sur le point d'entrer.

3 Le conditionnel

- Avec une subordonnée en ***If* + verbe au présent**, la proposition principale au conditionnel exprime le **futur**.

*If you work hard, you **will / may / could succeed** in your exam.* Si vous travaillez dur, vous réussirez / pourriez réussir votre examen.

- Avec une subordonnée en ***If* + verbe au prétérit**, la proposition principale au conditionnel exprime l'**irréel**, ou le **conseil**.

*If he earned money, he **could / would help** his parents.* S'il gagnait de l'argent, il pourrait aider / aiderait ses parents.

*If I were you, I **would not give up** school.* Si j'étais toi, je ne quitterais pas l'école.

> **Attention**
> *be* devient *were* et non *was* dans ce cas.

- Avec une subordonnée en ***If* + verbe au *pluperfect***, la proposition principale exprime soit quelque chose qui aurait été possible mais qui n'a pas eu lieu, soit le reproche ou la critique.

*If they had been warned earlier, they **would have had** time to escape.* S'ils avaient été prévenus plus tôt, ils auraient eu le temps de s'enfuir.

4 Le groupe verbal : la forme passive, les prépositions et les particules adverbiales

De quoi s'agit-il ? La forme passive et les prépositions vous permettent de diversifier et de préciser votre expression.

1 La forme passive

- **Formes** : la forme passive be + participe passé se combine avec les temps et aspects. C'est *be* qui porte la marque du temps, de la négation et sert pour la forme interrogative.

Présent simple : *The window **is** broken.* La fenêtre est cassée.

Prétérit *be+V-ing* : *The car was **being** repaired.* La voiture était en réparation.

Present perfect : *The parcel has **been sent**.* Le paquet a été envoyé.

- **Emplois**

– La forme ou voix passive permet de **mettre en valeur l'objet de l'action**. Elle est utilisée lorsque l'on ne connait pas la source de l'action ou que celle-ci n'est pas importante pour le message.

– Quand la **source de l'action** est précisée, elle est sous la forme d'un groupe nominal précédé de la préposition ***by***.

> **Remarque**
> La forme passive est beaucoup plus fréquente en français qu'en anglais. Elle permet notamment de traduire la forme impersonnelle avec « on ».

– Lorsqu'un verbe prépositionnel est à la voix passive, la préposition est placée après le participe passé : *My son is being looked **after**.*

2 Prépositions et particules adverbiales

- Ce sont des mots invariables comme *across, in, out, up, down, out...*
- **Les prépositions** introduisent un complément, par exemple de lieu. On les maintient à droite dans les questions, les propositions relatives, les structures passives.

Attention
Ne confondez pas prépositions et particules adverbiales : toutes deux se placent après le verbe, mais elles n'ont pas la même fonction.

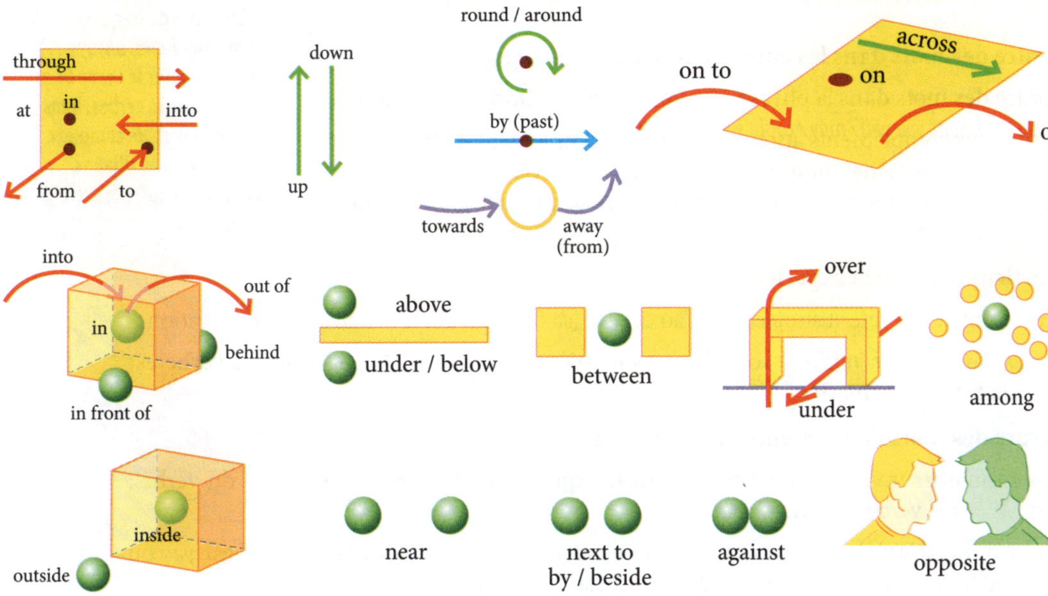

- **Les particules** modifient le sens du verbe.

*to give **up*** abandonner — *to stand **up** <u>for / against</u>* se battre pour / contre
*to look **down** <u>on</u>* mépriser — *to get **up*** se lever

Le verbe à particule peut être suivi d'une <u>préposition</u> qui introduit le complément d'objet.

3 Le discours indirect

- Le discours indirect permet de **rapporter les paroles de quelqu'un.** Leur transposition au style indirect entraîne les modifications suivantes :

– **possessifs** : *my, your, his, her* → ***his / her*** ; *its* → ***its*** ; *our, your, their* → ***their***

– **pronoms personnels** : *I, you, he, she* → ***he / she*** ; *it* → ***it*** ; *we, you, they* → ***they***

– **adverbes** de lieu et de temps :
here → ***there*** ; *last week* → ***the week before*** ; *two days ago* → ***two days before*** ; *tomorrow* → ***the next day*** ; *next month* → ***the month after.***

– formes verbales :

*"I **don't** know", he said.*	→ *He said (that) he **did not** know.*
*"She **is sleeping**", he said.*	→ *He said (that) she **was sleeping**.*
*"They **have left**", he said.*	→ *He said (that) they **had left**.*
*"He **went** away", he said.*	→ *He said (that) he **had gone** away.*
*"We **will** see", he said.*	→ *He said (that) they **would** see.*
*"She **must** be ill", he said.*	→ *He said (that) she **must** be ill.* (probabilité)
*"She **must** obey", he said.*	→ *He said (that) she **had to** obey.* (obligation)

- Dans les **questions indirectes**, il n'y a pas d'inversion sujet/verbe.

Attention
Le prétérit reste le prétérit lorsqu'il s'agit d'une habitude : *"When I was young, I was blond," she said.*
→ *She said that when she was young she was blond.*

Verbes introducteurs
- ***to say, to tell, to believe, to suppose, to know, to think*** sont suivis d'une **subordonnée en *that***
- ***to ask, to expect, to order, to tell, to prefer, to want*** sont suivis d'une **proposition infinitive (*to* + V).**

ANGLAIS

5 La phrase

De quoi s'agit-il ? On distingue la phrase simple de la phrase complexe (une proposition principale + une ou plusieurs subordonnées).

1 Les énoncés affirmatifs, négatifs, interrogatifs

Cas particulier

Les adverbes de fréquence (*often, sometimes, always…*) se placent après le verbe *be* et avant les autres verbes. Dans une forme verbale complexe avec plusieurs auxiliaires, ils se placent après le premier auxiliaire.

- **Ordre des mots dans les énoncés affirmatifs et négatifs** :

– l'ordre des mots dans la phrase est : Sujet + verbe (*not*) + complément.

– l'ordre des compléments après le verbe est : complément d'objet direct, puis complément de manière ou d'intensité (*well, very much…*). Les compléments de temps (*last month, tomorrow…*) se placent généralement en fin d'énoncé.

- **Particularités de la négation :**

– au présent et au prétérit simple, c'est l'auxiliaire (*do / did*) qui porte la marque de la négation.

– *never, hardly ever, nothing* sont d'autres manières d'exprimer la négation : le verbe est alors à la forme affirmative.

- **Ordre des mots dans les énoncés interrogatifs :**

– il y a toujours inversion sujet/verbe sauf lorsque le mot interrogatif est sujet du verbe : *Who / What* + verbe (+ compléments)?

– ***Yes/No question*** (questions commençant par un auxiliaire dont la réponse est *yes* ou *no*) : Auxiliaire + sujet + verbe? L'intonation est montante.

– ***Wh-questions*** : Mot interrogatif + auxiliaire + sujet + verbe (+ compléments)? L'intonation est descendante.

- **Les mots interrogatifs**

Mot interrogatif	Objet de la question	Exemple
Who (sujet ou complément)	Une personne	***Who** sings this song?* ***Who** are you talking to?*
What (sujet ou complément)	Une chose ou un événement	***What** goes on?* ***What** do you mean?*
Which	Lequel (quand on a le choix entre plusieurs possibilités)	***Which** skirt do you prefer: the blue one or the red one?*
Whose (génitif de *who*)	Exprime la possession	***Whose** cup is this?*
Where	Le lieu	***Where** do they live?*
When	Le moment	***When** was he born?*
Why	La cause	***Why** did they move?*
How	La manière, le moyen	***How** do you go to London, by train or by plane?*
How long	La durée	***How long** will you stay in England?*
How often	La fréquence	***How often** do you go to the gym?*
How far	La distance	***How far** is it from home?*
How much / how many	Une quantité / un nombre	***How much** (money) does it cost?* ***How many** brothers do you have?*

Dans ces deux exemples, le pronom interrogatif est sujet du verbe, c'est pourquoi il n'y a pas d'auxiliaire.

How much + nom indénombrable

How many + nom dénombrable au pluriel

2 Les propositions subordonnées en *that* et les propositions infinitives

- **Les propositions subordonnées en *that*** : on les trouve après les verbes exprimant un savoir ou une opinion (*believe, know, suppose, think*) ou les verbes introducteurs du discours (*tell, say, answer, reply, explain…*).
  *I hope **that** he will come to my party.*

- **Les propositions infinitives (*to* + *V*)** expriment la **visée.** ***to* + *V*** désigne un **acte envisagé mais non encore réalisé**. On l'utilise :

– après les verbes de **volonté**, de **désir** ou **d'intention** (*decide, plan, refuse, want, hope, intend*) ;

– après les verbes décrivant une **pression** exercée sur autrui (*advise* conseiller ; *allow* permettre ; *ask* demander ; *tell* donner l'ordre à qqn ; *expect* s'attendre à ; *force* obliger ; *order* ordonner) ;

– pour exprimer le **but** :
I lay on the grass (in order) to relax. Je me suis allongé sur le sol pour me reposer.

– en complément d'adjectif :
*It is difficult **to hear** you because of the noise outside.*

- **Le sujet de la proposition infinitive** :

– peut être identique à celui de la proposition principale : *I have decided to go.* J'ai décidé de partir.

– peut être différent de celui de la proposition principale. Si c'est un pronom, il est à la forme complément (*me, you, him/her/it, us, you, they*) :
They have ordered us to go. Ils nous ont ordonné de partir.

– est précédé de *for* dans la construction avec un adjectif : *It's difficult for him to understand.* C'est difficile à comprendre pour lui.

Attention
Dans une proposition infinitive (*to* + *V*), la négation se place avant l'infinitif.
He told him never to do it again.
Il lui ordonna de ne jamais refaire cela.

3 Les propositions avec gérondif (*V-ing*)

- Le sens fondamental de *V-ing* est **la reprise, le déjà vu.**

- La proposition en *V-ing* peut être **sujet** :
  Doing house chores isn't my cup of tea. Je n'aime pas les corvées ménagères.

- La proposition en *V-ing* peut être **complément.** On l'emploie alors après des verbes exprimant :

– les **goûts**, une **appréciation**, une **prise de position** (*like, dislike, love, enjoy, fancy, feel like* : avoir envie de, *hate, can't stand/can't bear* : ne pas supporter, *avoid* : éviter, *enjoy…*) ;

– un événement **déjà réalisé** (*remember, regret*) ;

– une action en cours au moment de l'énonciation (*go on, keep on* : continuer, *stop, spend time* : passer du temps, *can't help* : ne pas pouvoir s'empêcher de).

- Le **sujet** de la proposition en *V-ing* peut être :

– identique à celui de la proposition principale : *I enjoy singing.*

– différent de celui de la proposition principale. Si c'est un pronom, il est à la forme complément. Un possessif ou un génitif est aussi possible :
She can't stand him being late. She can't stand his being late. She can't stand Jordan's being late.

Idée à retenir
Pour exprimer le but : *(in order) to* + *V.*
Pour exprimer la cause : *for* + *V-ing.*

- Certaines prépositions ou expressions sont suivies d'un gérondif :

– les prépositions *of, with, in, before, after, about…* : *Call me before coming.*

– *It's no use / it's no good* (il ne sert à rien de) ; *it's (not) worth* (cela (ne) vaut (pas) la peine de) :

It's not worth going there if we don't have tickets. Il ne sert à rien d'y aller si nous n'avons pas de billets.

– *Be used to / get used to* (être habitué à / s'habituer à) :

You will get used to listening to the English radio! Tu t'habitueras à écouter la radio anglaise !

Attention

for + V-ing **exprime la cause.**
I got a fine for trespassing.
J'ai eu une amende pour être entré dans la zone interdite.

4 Les propositions subordonnées relatives

- Les propositions subordonnées relatives font partie du **groupe nominal** (on peut les remplacer par un adjectif). Elles sont précédées d'un **pronom relatif.**

The man who is standing over there is my neighbor.

The tall man is my neighbor.

- Les propositions subordonnées relatives sont **restrictives** (ou déterminatives) lorsqu'elles apportent une information indispensable pour identifier l'antécédent.

The man who is standing over there is my neighbor. L'homme **qui est debout là-bas** est mon voisin.

Antécédent	Sujet	Complément	Complément
Humain	*Who (that)*	*Who(m) / that / Ø*	*Whose*
Non humain	*Which that*	*Which / that / Ø*	*Whose*

Idée à retenir

Pour choisir le bon pronom relatif, demandez-vous s'il est humain ou non humain, et quelle est sa fonction grammaticale (sujet ou complément) dans la proposition subordonnée.

- Les propositions subordonnées relatives sont **appositives** lorsqu'elles apportent un complément d'information qui pourrait être omis sans dénaturer le message (comme des éléments entre parenthèses en français). Elles sont toujours **entre virgules.**

My neighbour, who is standing over there, is a very nice old man. Mon voisin, qui est debout là-bas, est un vieil homme très gentil.

Antécédent	Sujet	Complément	Complément
Humain	*Who*	*Who(m)*	*Whose*
Non humain	*Which*	*Which*	*Whose*

- **« ce qui » / « ce que »**

– *what* **annonce** quelque chose qui va être précisé.

What I mean is… Ce que je veux dire, c'est…

– *which* sert à **reprendre** toute une proposition.

He lost control of his bike, ***which*** *is why he fell.* Il a perdu le contrôle de son vélo, ce qui explique pourquoi il est tombé.

➔ Révision express

Les points importants à retenir : *for / since / ago*

- Les phrases ci-dessous renvoient à une même réalité, exprimée de manières différentes selon que l'on envisage le point de départ, la durée par rapport au présent ou la durée par rapport à un moment du passé :

date ou point de départ | durée

I have lived here *since 2000.* — Je vis ici depuis l'an 2000.
I have lived here *since I was born.* — Je vis ici depuis ma naissance.
I have lived here *for twelve years.* — Je vis ici depuis douze ans.
I moved here *twelve years ago.* — J'ai emmenagé ici il y a douze ans.
I had been living *there for a long time when they moved in the house opposite ours.* — Je vivais là depuis longtemps lorsqu'ils emménagèrent dans la maison en face de la nôtre.

Present perfect : lien passé-présent (j'y vis encore)

Prétérit : date ou point de départ révolu.

Pluperfect be+V-ing: durée par rapport à un moment du passé, événement commencé avant, toujours en cours à ce moment.

- *Since* + date / point de départ : « depuis » → associé au *present perfect*.
- *For* + durée : – « depuis » → associé au *present perfect*, au *pluperfect* ou au prétérit.
  – « pendant » → peut être associé au prétérit ou pour une situation future.
- Durée + *ago* : « il y a » → associé au prétérit.

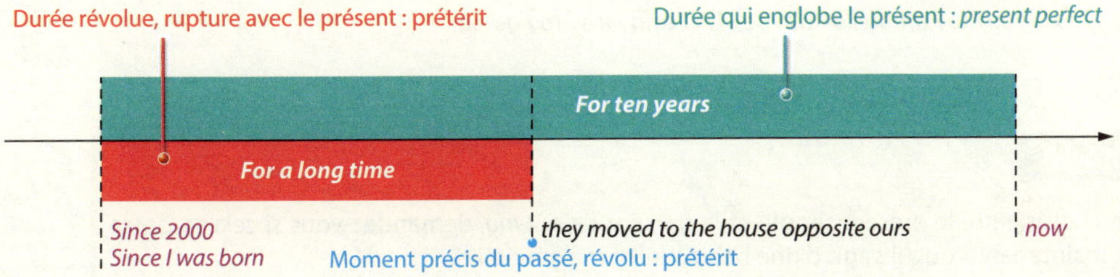

Quiz

Cochez la bonne réponse :

1. *advice, news, information* et *luggage* sont des noms :

☐ **dénombrables** ☐ **indénombrables**

2. La traduction de « Il a peu d'amis » est :

☐ ***He has few friends*** ☐ ***He has a few friends*** ☐ ***He has little friends***

3. *I don't know … to do.* Par quel mot compléter cette phrase ?

☐ ***which*** ☐ ***that*** ☐ ***what***

4. *I haven't seen her… several months.* Par quel mot compléter cette phrase ?

☐ ***for*** ☐ ***since***

→ Réponses p. 400

EXERCICE GUIDÉ

Entraînement grammatical

Énoncé

1. Complétez avec *a / an, the*, ou Ø.

Tom is … best tennis coach I've ever had. He has been … coach for years now. I prefer… coaches who have much experience.

Vocabulaire
to peck : picorer
bud : bourgeon
be born : naître
be a chicken : être une poule mouillée

2. a. Mettez les verbes entre parenthèses au présent simple ou au présent *be + V-ing*.

It often (rain) at this time of the year, but today the sun (shine). Look, the birds (come) to peck at buds. I (love) to see them.

b. Mettez les verbes entre parenthèses au prétérit ou au *present perfect*.

I (never like) horror films. I (watch) The Silence of the Lambs *last year. After that, I (can not sleep) for many weeks. I (always be) a chicken!*

c. Complétez en mettant les verbes entre parenthèses au prétérit simple, au prétérit *be + V-ing* ou au *pluperfect*.

She (be) in her bed when she (hear) an unusual noise in the kitchen.

She (be) in her bed for an hour when she (hear) an unusual noise in the kitchen.

She (go) downstairs when an ugly face (appear) at the end of the corridor.

3. Remettez les mots dans l'ordre pour former des phrases correctes.

a. *were / and / where / you / when / born / ?*

b. *he / it / left / was / when / time / what / ?*

c. *take / your / you / to / umbrella / advise / I / : / rain / it's / to / going.*

Le conseil du prof
N'oubliez pas l'inversion sujet / verbe dans les questions.

Méthode

- Pour choisir entre le présent simple et le présent *be + V-ing*, demandez-vous si cela se passe « ici et maintenant » ou s'il s'agit d'une habitude, d'une généralité.
- Pour choisir entre le prétérit simple et le prétérit *be + V-ing*, demandez-vous si l'action est vue en cours de déroulement ou s'il s'agit d'événements ponctuels.
- Pour choisir entre le prétérit et le *present perfect*, demandez-vous s'il y a rupture ou lien avec le présent.
- Pour choisir entre le prétérit et le *pluperfect*, demandez-vous s'il y a antériorité d'un événement par rapport à l'autre.

Corrigé

1. Les superlatifs sont toujours précédés de *the* : *Tom is* **the** *best tennis coach I've ever had.*

On utilise *a* devant les noms de métier : *He has been a coach for years now.*

Coaches représente l'ensemble de la catégorie, donc pas d'article. *I prefer* **Ø** *coaches who have much experience.*

2. a. *often* indique une généralité, il est donc associé au présent simple.

> **Le conseil du prof**
> Aidez-vous des adverbes de fréquence et des indices temporels de la phrase pour choisir le temps qui convient.

Today, look, indiquent que l'on s'intéresse à la situation en cours, on utilise donc le présent *be +V-ing.*

Love exprime une caractéristique du sujet, on utilise donc le présent simple.

It often **rains** *at this time of the year, but today the sun* **is shining***. Look, the birds* **are coming** *to peck at buds. I* **love** *to see them.*

b. *never* et *always* sont associés au *present perfect,* car on passe en revue toute la vie de l'énonciateur jusqu'au moment présent. L'adverbe se place entre l'auxiliaire et le verbe. *Last year* indique la rupture avec le présent, *watch* et *can* sont au prétérit.

***I've** (have)* **never liked** *horror films. I* **watched** The Silence of the Lambs *last year. After that* **I couldn't sleep** *(could not sleep) for many weeks. I* **have always been** *a chicken!*

c. Il s'agit d'un récit au passé : le temps privilégié est donc le prétérit. Dans la deuxième phrase, *for an hour* introduit une antériorité : *be* est donc au *pluperfect (she had been in bed for an hour when...). Go downstairs* désigne une action en cours dans le passé (prétérit *be + V-ing*) interrompue par un événement ponctuel, *appear,* qui est au prétérit simple.

She **was** *in her bed when she* **heard** *an unusual noise in the kitchen.*

She **had been** *in her bed for an hour when she* **heard** *an unusual noise in the kitchen. She* **was going** *downstairs when an ugly face* **appeared** *at the end of the corridor.*

3. a. *Where and when were you born ?*

b. *What time was it when he left?*

> **Bien comprendre**
> Il n'y a pas d'inversion dans *when he left* : c'est une proposition circonstancielle de temps et non une question.

c. *I advise you to take your umbrella : it's going to rain.*

Chapitre 4 Vocabulaire

1 *Family, friends, feelings*. La famille, les amis, les sentiments

1 Les mots essentiels

father / mother	père / mère	
daughter / son	fille / fils	
sister / brother	sœur / frère	
grandfather / grandmother	grand-père / grand-mère	
aunt / uncle	tante / oncle	
step father / step mother	beau-père / belle-mère (remariage)	
the in-laws	belle famille (famille du conjoint)	
child / children	enfant / enfants	
young / the youth	jeune / la jeunesse	
live / life	vivre / la vie	
at home	chez soi	≠ *house* maison (bâtiment)
older generations	les générations plus âgées	
family	parents proches	≠ *relatives* la famille
best friend	meilleur ami	*close friend* ami proche
live alone	vivre seul	
get married	se marier	
wedding	mariage	*newly weds* jeunes mariés
get on well with	bien s'entendre avec	
be very close to	être très proche de	
live together	vivre ensemble	
generation gap	fossé entre les générations	
show understanding	se montrer compréhensif	
quarrel	se disputer	*have a row with* se disputer
lack freedom	manquer de liberté	
put up with	supporter	
have enough of	en avoir assez de	

2 Pour aller plus loin

ambitious	ambitieux
brave	courageux
proud	fier
charitable	charitable
honest / dishonest	honnête / malhonnête
faithful	fidèle
imaginative	imaginatif

creative	créatif	
industrious	travailleur	*hard working* travailleur
efficient	efficace	
modest	modeste	
tolerant	tolérant	
wise	sage	
absent-minded	étourdi	
boastful	vantard	
clumsy	maladroit	
cruel	cruel	
lazy	fainéant	
selfish	égoïste	
silly	idiot	
stubborn	têtu	
touchy	susceptible	

2 *Tastes, hobbies, sport*. Les goûts, les loisirs, le sport

1 Les mots essentiels

likes and dislikes	ce que l'on aime et ce que l'on n'aime pas	
like to + V / V-ing / dislike	aimer / ne pas aimer	
enjoy	aimer	
take an interest in	s'intéresser à	
be fond of	aimer	*be keen on V-ing* aimer
love	adorer	
be mad / crazy about	être fou de	
I don't care	cela m'est égal	
I can't stand = I can't bear	je ne supporte pas	
past time = hobby	loisir	
free time	temps libre	
have a good time	passer un bon moment	
day off	jour de congé	
give a party	donner une fête	
belong to a club	appartenir à un club	
go to the cinema / theater	aller au cinéma / au théâtre	
a play	pièce de théâtre	
visit a museum	visiter un musée	*go sightseeing* faire du tourisme
street arts festival	festival d'arts de la rue	*Notting Hill carnival, London*
play music	jouer de la musique	
member of a music band	membre d'un groupe de musique	
the piano	piano	
the guitar	guitare	*bass guitar* basse ; *lead guitar* guitare solo
go to concerts	aller aux concerts	
spend the weekend away	partir en week-end	

2 Pour aller plus loin

sports facilities	équipements sportifs	
lucky / unlucky	chanceux / malchanceux	*succeed ≠ fail* réussir ≠ échouer
win a match	gagner un match	
heroic	héroïque	
celebrity	célébrité	
ride a bicycle	faire du vélo	
tournament	tournoi	
opponent	adversaire	
in top shape	en pleine forme	
football ground	terrain de football	*referee* arbitre
goalkeeper	gardien de but	*They failed to score.* Ils n'ont pas réussi à marquer.
a coach / to coach	entraîneur / entraîner	
playing field	terrain de sport	
fencing	escrime	
swimmer	nageur	*swim* nager ; *swimming pool* piscine

3 *In town.* En ville

1 Les mots essentiels

neighborhood (USA) / *neighbourhood (GB)*	quartier	
neighbor (USA) / *neighbour (GB)*	voisin	
area	zone	*residential area* zone résidentielle
district	quartier	
urban / rural environment	environnement urbain / rural	
skyscraper	gratte-ciel	*skyline* ligne d'horizon
office building	immeuble de bureaux	
block of flats	immeuble d'habitations	
detached house	maison individuelle	
housing estate	cité	*concrete jungle* univers bétonné
at the park	au parc	
green areas	espaces verts	
lake	lac	
pond	bassin	
relax	se détendre	
take a nap	faire une sieste	
sunbathe	bronzer	
bench	banc	
lawn	pelouse	
street	rue	
No trespassing.	Entrée interdite.	
sidewalk (USA) / *pavement (GB)*	trottoir	

shop	magasin	*window shopping* lèche-vitrine
shopping mall	centre commercial	
closed-circuit television (CCTV)	caméra de surveillance	
crowd	foule	adj. *crowded*
homeless people	sans-abris	
sleep rough	dormir dans la rue	
shelter	abri	
speed limit	limitation de vitesse	*overtake* doubler
traffic light	feu tricolore	*pedestrian crossing* passage piéton
dead end	impasse	*one way road* sens unique
cross road	croisement	*No U-turn.* Demi-tour interdit.

2 Pour aller plus loin

transport	les transports	
public transport	transport public	
train / bus station	gare ferroviaire / routière	*platform* quai
bus stop	arrêt de bus	*ride the bus* prendre le bus
carpooling	covoiturage	
drive / driver	conduire / conducteur	
rush hour	heure de pointe	
traffic jam	embouteillage	
swear	jurer	*road rage* violence au volant
be patient	être patient	
run out of petrol	être à court d'essence	*have a breakdown* tomber en panne

4 *Environment, pollution, climate change.* Environnement, pollution, changement climatique

1 Les mots essentiels

pollution / pollute	pollution / polluer	*Cars and factories emit polluting gases.* Les voitures et les usines émettent des gaz polluants.
recycle = reuse	recycler	
carbon dioxide	dioxyde de carbone ou CO_2	
global warming	réchauffement climatique	*The earth's temperature is rising.* La température de la Terre augmente.
ozone layer	couche d'ozone	
greenhouse gas	gaz à effet de serre	
save water	économiser l'eau	*energy-saving light bulb* ampoule à économie d'énergie
waste	gaspiller	*nuclear waste* déchets nucléaires
be green	être écologiste	

ANGLAIS

environmentalist	un écologiste	
desertification / deforestation	désertification / déforestation	*cut trees* couper des arbres
ocean / sea / river	océan / mer / fleuve	
rise	augmenter	*the rising of the level of the seas and oceans* l'augmentation du niveau des mers et des océans
fossil fuels	énergies fossiles	*coal, oil, gas* charbon, pétrole, gaz
renewable energies	énergies renouvelables	*wind energy / solar power* énergie éolienne / solaire
earthquake	tremblement de terre	*tsunami = tidal wave* tsunami = raz-de-marée
be involved in	s'engager dans	
fell concerned about	se sentir concerné par	
care about	se soucier de	

2 Pour aller plus loin

endangered species	espèces menacées	*The world's biodiversity is threatened / menaced.* La biodiversité du monde est menacée.
become extinct	en voie d'extinction	*wildlife* vie sauvage
change habits	changer de comportement	
melt	fondre	*The ice cap is thinning.* La calotte glacière s'amoindrit.
the seasons	les saisons	*winter* hiver ; *spring* printemps ; *autumn (GB) / fall (USA)* automne ; *summer* été
geography	géographie	*mountain* montagne ; *desert* désert ; *wood* bois ; *forest* forêt ; *natural resources* ressources naturelles
precipitations	précipitations	*rain* pluie ; *snow* neige ; *hail* grêle ; *cloud* nuage ; *fog* brouillard
natural disasters	catastrophes naturelles	*flood* inondation ; *drought* sécheresse ; *landslide* glissement de terrain ; *hurricane* ouragan ; *heat wave* canicule
air conditioning	climatisation	
switch on / off	allumer / éteindre	
sustainable development	développement durable	
fair trade	commerce équitable	

5 *New technologies, the internet, social networks.* Nouvelles technologies, Internet, réseaux sociaux

1 Les mots essentiels

screen	écran	
mouse	souris	
software	logiciel	*freeware* logiciel libre ; *driver* lecteur ; *disk* disque
create a file	créer un dossier	*graph* graphique ; *slideshow* diaporama
save as	enregistrer sous	
edit	éditer	
cut / paste	couper / coller	
print / scan	imprimer / scanner	*printer* imprimante / *scanner* scanneur
the world wide web	le web	*Wi-Fi = wireless fidelity* technologie sans fil
download a file	télécharger un dossier	
click on a link	cliquer sur un lien	
browse	naviguer	*browser* navigateur
login = user's name	nom d'utilisateur	
register	s'enregistrer	*password* mot de passe
be logged on = be connected	être connecté	
be addicted to / dependent on / hooked to video games	avoir une dépendance aux jeux vidéo	*video game addict* accro aux jeux vidéo
mobile / cellular / cell phone	téléphone portable	*hand held device* kit mains libres
camera	appareil photo	

2 Pour aller plus loin

convenient = handy	pratique	
socialize	rencontrer des gens	
get new friends	se faire de nouveaux amis	
spend time	passer du temps	
share information	échanger des informations	
isolated	isolé	
social networks	réseaux sociaux	
snoop on	espionner, fouiner dans	
write a blog	écrire un blog	*blog = web log = diary on the web* journal en ligne
buy equipment	acheter du matériel	*game console* console de jeu
the virtual world	le monde virtuel	
do without	se passer de	
interact	interagir, dialoguer	
communicate	communiquer	
move with the times	vivre avec son temps	
personal digital assistant (PDA)	assistant personnel	
mp3 player	lecteur mp3	*record oneself* s'enregistrer
tracking device	appareil de détection	*GPS = global positioning system*

Révision express

Les expressions à retenir

The scene is set in New York. La scène se déroule à New York.
Don't play the music too loud! Ne mets pas la musique trop fort !
Make yourself at home! Fais comme chez toi !
It tastes good! C'est bon ! (quelque chose que je goûte)
The train has been delayed. Le train est en retard.
The traffic is clear. Le trafic est normal.
Life in town is really hectic! La vie en ville est vraiment trépidante !
She has cut her hair short. Elle s'est coupé les cheveux courts.
What's the weather like? Quel temps fait-il ?
Deforestation threatens the rainforest. La déforestation menace la forêt tropicale.
Her son is addicted to video games. Son fils est dépendant aux jeux vidéos.
We should preserve the earth for future generations. Nous devrions protéger la terre pour les générations futures.

Quiz

Chassez l'intrus.

1. ☐ ***landslide*** ☐ ***drought*** ☐ ***browser*** ☐ ***flood***
2. ☐ ***feel well*** ☐ ***get on well with*** ☐ ***be on good terms with*** ☐ ***have good relationships with***
3. ☐ ***interact*** ☐ ***share information*** ☐ ***be isolated*** ☐ ***communicate***
4. ☐ ***endanger*** ☐ ***save*** ☐ ***threaten*** ☐ ***menace***
5. ☐ ***modest*** ☐ ***stubborn*** ☐ ***wise*** ☐ ***tolerant***

→ Réponses p. 400

EXERCICE GUIDÉ

Se présenter / Présenter son quartier

Énoncé

Write a short text to introduce yourself (≃ 150 words).

Méthode

- Pour vous décrire, pensez aux nombreux thèmes qui aideront à vous définir : dites qui vous êtes, ce que vous faites, où vous habitez ; décrivez-vous, parlez de vos goûts, de vos loisirs ; décrivez un rêve, un espoir, un but qui vous est cher.
- Mobilisez les structures utiles : le présent simple, les adjectifs composés pour vous décrire ; le souhait, l'intention, le désir pour décrire un but, un rêve ; le lexique de la famille, des goûts, des loisirs.

Corrigé

Rappels

- *used to + V* **renvoie à un passé révolu.** *I used to be an only child but I am not anymore: my sister Alice was born two months ago.* J'étais enfant unique mais je ne le suis plus : ma sœur Alice est née il y a deux mois.
- **Formation des adjectifs composés :**

– *a boy with dark hair = a dark-haired boy* (adjectif + nom + *-ed)*

– *a house with three bedrooms → a three-bedroom house* : comme les adjectifs sont invariables en anglais, *bedroom* ne prend pas de *-s*.

Exemple de réponse

My name is Jill, I am fifteen years old and I live in the outskirts of Paris with my mother and my step-father. I used to be an only child but now I have a step brother named Paul, he is three. I am a student. We live in a three-bedroom house in a residential area.

I am rather tall for my age, I am dark-haired and brown-eyed. I am fond of roller skating so I usually spend the whole Saturday afternoon by the river next to our house with my friends. When the weather is bad, we go to the cinema in the town centre, where we watch blockbusters.

I cannot wait to be eighteen because I am planning to make a tour of Europe then. My best friend and I intend to travel the whole summer and stay in backpackers hostels (= auberges de jeunesse).

(143 words)

Attention
Pour dire l'âge, on utilise *be*.

Vocabulaire utile
by, next to près de (prépositions de lieu)
I can't wait to… J'ai hâte de…

Énoncé

Write a short text about the place where you live (≃ 150 words).

Méthode

● Présentez l'environnement, les structures de loisirs, les possibilités offertes aux jeunes ; faites des propositions pour améliorer la vie des jeunes dans votre quartier.

● Mobilisez les structures utiles : le présent simple, *there is there are* (il y a) ; la suggestion ; le lexique de la ville, des loisirs, du sport.

Corrigé

In my neighborhood, there are no skyscrapers or office buildings, no impressive skyline at night either. Indeed, I live in a small town in a rural area. I can see a farm from my bedroom window! It is a great place for taking fresh air and learning about animals and plants. However we lack sports facilities, so to practice fencing, I must go to the city nearby, which is about fifteen kilometers away. My friends and I have formed a youth committee and we have made proposals to the mayor: we suggest collecting money to fund a drive-in theater. And why not organizing a video game contest once a month? Most of us are glued to our computers every evening! Thus we hope to make our small town more attractive for young people who tend to spend their free time hanging around* in the shopping mall in the city!*

(148 words)

Bien comprendre
There is est suivi d'un nom au singulier, *there are* est suivi d'un nom au pluriel.

* Vocabulaire : *a contest* : un concours – *hang around* : traîner.

Corrigés des Quiz

MATHÉMATIQUES

p. 8

1. Vrai. 2. Vrai. 3. Faux. 4. Faux. 5. Vrai. 6. Faux. 7. Vrai. 8. Vrai.

p. 16

1. -1. **2.** 0. **3.** 2. **4.** 2. **5.** [-2 ; 2[. **6.**]3 ; 5[. **7.** 3. **8.** -2. **9.** [-0,5 ; 4].

p. 28

1. 2/3. **2.** Pas de solution. **3.** 4 et 1/2. **4.** 5. **5.** -4 et 4. **6.** -1.

p. 38

1. Équilatéral. **2.** Rectangle. **3.** 5 cm. **4.** Parallèles. **5.** $EG = 5\sqrt{2}$ cm.

p. 45

1. Faux. 2. Vrai. 3. Vrai. 4. Faux. 5. Vrai. 6. Faux.

p. 52

1. 31. **2.** 0,23. **3.** 35,97. **4.** 35. **5.** 30. **6.** 40.

p. 62

1. 0,4. **2.** 0,6. **3.** 0,06. **4.** 0,66.

p. 68

1. 36. **2.** X = 3 et Y = 8.

PHYSIQUE-CHIMIE

p. 77

1. Vrai. Au cours d'une hydrodistillation, le mélange eau + composé devient gazeux ; la vapeur d'eau entraîne l'espèce chimique contenue dans le composé et d'autres impuretés.

2. Faux. Pour réaliser une extraction par un solvant, on choisit un solvant non miscible à l'eau et dans lequel l'espèce chimique est très soluble. Ainsi, il se forme deux phases : une qui contient le solvant et l'espèce à extraire, et une autre qui contient l'eau et les impuretés.

3. Faux. Le passage de l'éthanol pur de l'état liquide à l'état gazeux se fait à la température d'ébullition de l'éthanol. La température de fusion correspond à la température du changement de l'état solide à l'état liquide.

4. Faux. Une espèce chimique naturelle est extraite d'une substance naturelle.

5. Faux. Dans un médicament, les excipients sont sans effet thérapeutique, contrairement au princeps (principe actif).

6. Vrai. Le montage à reflux permet de travailler à température élevée, dans des conditions de sécurité optimales.

p. 85

1. Vrai. Cette tension prend des valeurs différentes au cours du temps.

2. Faux. Il n'y a pas de motif qui se répète.

3. Faux. Elle n'est pas sinusoïdale car elle n'est pas périodique.

4. Faux. La lumière se propage dans le vide.

5. Vrai. La vitesse de propagation d'une onde dépend du milieu : le son se propage plus vite dans l'eau que dans l'air.

6. Vrai. Le solvant est l'espèce majoritaire.

7. Faux. Si le solvant est de l'eau c'est une solution aqueuse, mais le solvant n'est pas toujours de l'eau.

p. 93

1. Vrai. Le référentiel terrestre est le référentiel lié à tout objet à la surface de la Terre, et utilisé pour étudier le mouvement des corps à sa surface.

2. Faux. D'après le principe d'inertie, un objet peut être en mouvement en étant soumis à aucune force.

3. Faux. La bille est immobile ; elle est donc soumise à des forces qui se compensent (son poids et la réaction de la table).

4. Faux. Les traces ne donnent qu'une indication de la trajectoire du skieur, mais ne donnent aucune indication sur l'évolution de sa vitesse au cours du mouvement.

5. Faux. La vitesse moyenne du cycliste est $v = 20/0{,}5 = 40$ km.h^{-1}.

6. Vrai. La durée de la course est de 9 secondes et 58/100 secondes. Le chiffre 8 est le chiffre des 1/100e de seconde.

7. Vrai. Sur la glace, les frottements sont négligeables, ce qui permet d'observer des mouvements rectilignes et uniformes.

p. 101

1. Vrai. La masse molaire atomique est la masse d'une mole d'atomes : elle s'exprime en g.mol^{-1}.

2. Vrai. $m = n \times M$: la masse de l'échantillon est le produit de la quantité de matière n (nombre de moles) par la masse d'une mole (masse molaire).

3. Vrai. $n_A = c_A \times V$: cette relation est équivalente à $C_A = \frac{n_A}{V}$.

4. Faux. Par dilution d'une solution mère, on obtient une solution fille moins concentrée.

5. Vrai. Les espèces qui disparaissent sont les réactifs : ils réagissent pour former les produits.

6. Faux. Les produits sont écrits à gauche de la flèche, ce sont les réactifs que l'on écrit à gauche de la flèche.

7. Faux. Les nombres stœchiométriques traduisent la conservation des éléments et la conservation de la charge au cours d'une réaction

p. 107

La formule ***brute*** de la molécule de butan-1-ol est $C_4H_{10}O$. Sa formule développée est la suivante.

La covalence de chaque atome d'hydrogène est de ***1***, celle de l'atome d'oxygène est de ***2*** et celle de l'atome de carbone est de ***4***.

La formule semi-développée du butan-1-ol est

$$CH_3\text{-}CH_2\text{-}CH_2\text{-}CH_2\text{-}OH.$$

Il existe d'autres molécules ayant même formule brute mais une formule semi-développée différente, par exemple

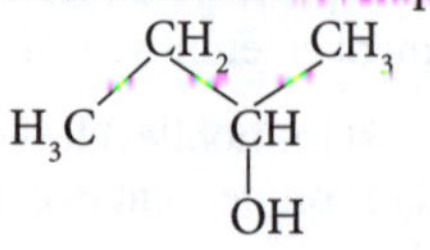

On dit que ce sont des molécules ***isomères***.

p. 114

1. L'unité du Système International de pression est le pascal (Pa) : 1 pascal correspond à une force de 1 N sur une surface de 1 m^2.

2. À température constante, si la pression augmente, le volume diminue. C'est une compression. Ce résultat peut se retrouver grâce à la loi de Boyle-Mariotte pV = constante : si p augmente, V diminue. p et V sont inversement proportionnels. Ceci est vrai pour un système fermé, c'est-à-dire tel que la quantité de gaz ne varie pas.

3. À une force de 1,0 N exercée sur une surface de 1,0 cm^2 correspond une pression de 0,10 bar.

En effet, $p = \frac{F}{S}$, d'où $S = 1{,}0 \times 10^{-4}$ m^2.

$$p = \frac{1}{1{,}0 \times 10^{-4}} = 1{,}0\ 10^4\ Pa \text{ et } 1 \text{ bar} = 10^5 \text{ Pa}$$

$$1 \text{ Pa} = 10^{-5} \text{ bar}$$

$$p = 1{,}0 \times 10^4 \times 10^{-5} = 0{,}10 \text{ bar}.$$

4. Dans un liquide, la pression augmente avec la profondeur.

5. La loi de Boyle-Mariotte pV = cte peut aussi s'écrire $p = \frac{cte}{V}$: la pression est inversement proportionnelle au volume du gaz.

p. 125

1. Faux. La lumière n'est pas déviée si elle arrive en faisant un angle nul avec la normale ; dans ce cas, elle continue à se propager dans la même direction.

2. Faux. La lumière se propage dans tous les milieux homogènes et transparents. Elle ne se propage pas, par exemple, dans un morceau de métal (matière dont les propriétés sont homogènes en tout point de l'espace).

3. Vrai. L'indice du milieu est caractéristique de la longueur d'onde dans le vide. C'est pourquoi l'air, l'eau et le verre dispersent la lumière.

4. Vrai. Le spectre d'une lampe à vapeur de mercure est constitué de raies colorées sur fond noir.

5. Faux. La valeur de l'angle réfracté dépend de la différence d'indice entre les deux milieux. Si n augmente, i diminue, et réciproquement.

6. Vrai. L'indice d'un milieu est un nombre toujours positif (c'est le rapport entre deux vitesses) et toujours supérieur à 1 car la vitesse de propagation de la lumière dans le milieu est toujours inférieure à la vitesse de propagation dans le vide.

p. 137

1. Faux. L'atome de magnésium contient 12 protons.

2. Vrai. L'atome de magnésium possède autant d'électrons que de protons car il est électriquement neutre. Il possède donc 12 électrons répartis en couches électroniques *K*, *L*, *M*.

3. Faux. Il n'a pas une structure électronique stable, car il ne possède pas 2 électrons externes mais ce n'est pas une couche *K*.

4. Vrai. En perdant 2 électrons externes, il obtient une structure stable en octet $(K)^2(L)^8$.

5. Faux. Il appartient à la 3e ligne car il a 3 couches électroniques et à la deuxième colonne car il a 2 électrons externes. Attention, pour les 3 premières lignes, on passe de la colonne 2 à la colonne 13.

p. 144

1. Vrai. Le référentiel géocentrique est un solide imaginaire, centré sur la Terre et dont les axes sont pointés vers trois étoiles fixes dans le référentiel héliocentrique.

2. Faux. La trajectoire de la Lune est un cercle dans le référentiel géocentrique. Dans le référentiel héliocentrique, c'est une courbe complexe.

3. Vrai. Le poids d'un corps dépend de la valeur de g, l'intensité de la pesanteur qui dépend de la latitude, de l'altitude et de l'astre sur lequel il est placé.

4. Faux. La masse s'exprime en kilogramme (kg) et le poids s'exprime en newton (N).

5. Faux. La valeur de la force gravitationnelle est inversement proportionnelle à la distance au carré ; plus les corps sont éloignés et plus la valeur de la force est petite.

6. Vrai. L'interaction gravitationnelle est une interaction réciproque.

7. Faux. Le poids s'exerce au centre de gravité de l'objet, qui n'est pas toujours son centre (cas des solides non homogènes).

SVT

p. 151

1. b) Vrai. a) La Terre a un satellite et Mercure aucun. **c) Vrai.** Les satellites et les comètes sont très différents.

2. Aucune bonne affirmation. Les planètes telluriques sont proches du Soleil et constituées essentiellement de roches.

3. a) et **c) Vrais. b)** Jupiter n'est pas une planète tellurique.

4. a) et **b) Vrais. c)** L'effet de serre n'est pas suffisant pour faire fondre des roches.

5. c) est **Vrai. a)** et **b)** sont **Fausses**, car une planète extrasolaire est située en dehors du système solaire.

p. 158

1. Aucune bonne affirmation : les bactéries, les procaryotes et les eucaryotes sont tous formés de cellules.

2. b) et **c) Vrais. a)** La paroi plasmique n'existe pas.

3. b) Vrai. a) Les organes sont plus grands que les cellules. **c)** Les organites sont plus petits que les cellules.

4. Aucune bonne affirmation. **a)** Les cellules procaryotes ne deviennent pas des cellules eucaryotes. **b)** et **c)** Les cellules eucaryotes ont souvent des chloroplastes et des mitochondries.

5. Aucune bonne affirmation. Le métabolisme est contrôlé par le milieu et le patrimoine génétique ; il peut subir l'influence des mutations.

p. 164

1. a) b) et **c) Vrais.**

2. b) et **c) Vrais. a)** C'est une double hélice.

3. a) et **c) Vrais. b)** C'est la mutation qui produit l'allèle.

4. a) et **c) Vrais. b)** La sélection naturelle ne dépend pas de la taille de la population.

5. b) et **c) Vrais. a)** La sélection naturelle ne modifie la fréquence allélique qu'au niveau de la population.

p. 172

1. b) Vrai. a) et **c) Faux**, car on mesure la biodiversité génétique au sein d'une même espèce.

2. a) et **c) Faux**, car le nombre d'espèces subit des variations et a parfois baissé. **b) Faux** car le nombre d'espèces ne peut pas subir de mutations.

3. b) Vrai. a) Faux car le système nerveux n'est pas dorsal chez tous les êtres vivants. **c) Faux** car l'axe dorso-ventral existe chez les Non-Vertébrés.

4. b) et **c) Vrais. a) Faux**, car l'Homme diminue les surfaces naturelles.

5. b) et **c) Vrais. a) Faux** puisque **b)** est **vrai**.

p. 178

1. b) et **c) Vrais. a)** L'énergie solaire n'est pas une nourriture.

2. b) **Vrai.** a) Les combustibles fossiles se renouvellent lentement en profondeur. c) L'Homme utilise beaucoup les combustibles fossiles.

3. a), b) et c) **Vrais.**

4. c) **Vrai.** b) et a) **Faux**, car de la matière animale peut aussi être à l'origine des combustibles fossiles.

5. b) et c) **Vrais.** a) **Faux**, car c'est seulement le gisement qui nécessite un piège.

p. 184

1. b) Vrai. a) et c) **Faux**, car aux pôles, l'énergie lumineuse est concentrée sur une plus grande surface qu'à l'équateur et est plus absorbée par l'atmosphère.

2. a) et b) **Vrais.** c) **Faux**, car le mouvement d'air est indiqué de manière trop simpliste.

3. b) et c) **Vrais.** a) **Faux**, car on ne les appelle jamais courants d'air.

4. a) et c) **Vrais.** b) Faux, car les combustibles fossiles se forment très lentement.

5. b) et c) **Vrais.** a) Faux, car malgré l'utilisation des énergies renouvelables, la concentration de CO_2 augmente encore.

p. 191

1. a) et b) **Vrais.** c) **Faux**, car la production primaire est plutôt grosse consommatrice d'eau.

2. a) et c) **Vrais.** b) **Fausse**, car ce n'est pas la lenteur des vers qui conditionne la lenteur de formation des sols.

3. c) **Vrai.** a) et b) **Faux**, car les labours et les produits phytosanitaires détériorent les sols.

4. a) et b) **Vrais.** c) **Faux**, car directement sous la surface du sol se trouve le sol.

5. a) et b) **Vrais.** c) **Fausse**, car les mousses et les lichens colonisent plutôt des surfaces dures.

p. 198

1. a) et c) **Vrais.** b) **Faux**, car la consommation de dioxygène ne revient pas immédiatement à sa valeur de repos à la fin de l'effort.

2. a), b) et c) **Vrais.**

3. Aucune bonne affirmation. Le débit sanguin est le produit du rythme cardiaque par le volume d'éjection systolique.

4. b) **Vrai.** a) **Faux**, car par exemple le débit sanguin des reins diminue lors d'un effort. c) **Faux**, car le cœur est plus irrigué qu'au repos.

5. a), b) et c) **Vrais.**

p. 205

1. b) et c) **Vrais.** a) **Faux**, car la pression artérielle est due à la contraction cardiaque.

2. a) **Vrai.** b) et c) **Faux**, car la réponse unique est dirigée vers l'effecteur.

3. c) **Vrai.** a) et b) **Faux**, car les barorécepteurs sont des capteurs.

4. a), b) et c) **Faux**, car le sinus carotidien est situé sur une artère et il contient des capteurs de la pression artérielle.

5. a), b) et c) **Vrais.**

6. b) et c) **Vrais.** a) **Faux**, car la pression systolique est mesurée par le médecin au repos.

p. 210

1. a) et c) **Vrais.** b) **Faux**, car les accidents musculaires n'affectent pas les ligaments.

2. c) **Vrai.** a) **Faux**, car les substances fabriquées par l'organisme sont dites endogènes. b) **Faux**, car certaines substances exogènes entraînent un dopage et sont interdites.

3. a) **Vrai.** b) et c) **Faux**, car les articulations sont soutenues par des ligaments et lubrifiées par le liquide synovial.

4. a) **Vrai. b) Faux**, car une entorse bénigne ne présente pas de déchirure. c) **Faux**, car une luxation ne se définit pas par l'effet sur les ligaments.

5. a), b) et c) **Vrais.**

FRANÇAIS

p. 217

1. Faux. 2. Faux. 3. Faux. 4. Vrai. 5. Vrai.

p. 224

1. a. 2. c. 3. b. 4. a.

p. 232

1. Faux. 2. Faux. 3. Vrai. 4. Faux. 5. Vrai.

p. 239

1. Vrai. 2. Faux. 3. Vrai. 4. Vrai. 5. Faux.

p. 246

1. Faux. → Au contraire, elle minore l'expression.

2. Faux. → Méfiez-vous des paronymes !

3. Vrai.

4. Vrai. → Dans deux mots proches dans la phrase : nom et adjectif par exemple.

5. Vrai. → C'est le mot latin qui exprime la fatalité.

6. Vrai.

7. Vrai.

8. Vrai. → Cela participe à l'interprétation.

p. 251

1. Vrai. 2. Faux. 3. Vrai. 4. Faux.

p. 258

1. Faux. → Le commentaire analyse le texte littéraire.

2. Vrai.

3. Vrai.

4. Faux. → Le plan du commentaire doit être fermement organisé même s'il peut suivre une construction significative du texte.

p. 263

1. Vrai. 2. Vrai. 3. Faux. 4. Vrai. 5. Vrai.

p. 270

1. Vrai. 2. Faux. 3. Faux. 4. Vrai. 5. Faux.

HISTOIRE-GÉOGRAPHIE

p. 279

1. Au début du XIXe siècle. **2.** L'empire romain. **3.** 450 millions.

p. 284

1. Vrai. 2. Faux. → Ils sont élus. **3. Vrai. 4. Vrai.**

p. 291

1. Faux. → Elle double. **2. Vrai. 3. Vrai. 4. Vrai.**

p. 298

1. a. 2. a. et **c.** C'est Luther qui proposera en 1517 la réforme du christianisme qui aboutira à la création du courant « protestant ». **3. b.**

p. 305

1. Vrai. 2. Vrai. 3. Faux. → Ils ne votent pas mais manifestent dans la rue et se réunissent dans des clubs pour débattre de la situation politique et économique. **4. Faux.** → Issus du peuple, ils portent le pantalon et non la culotte des aristocrates et des bourgeois. Artisans et boutiquiers en général, ils ne paient pas assez d'impôts pour voter mais ils ont une certaine instruction.

p. 311

1. Vrai. 2. Vrai. 3. Vrai. 4. Faux. → Jefferson en avait proposé l'abolition dans son projet, mais la proposition a disparu du texte définitif.

p. 316

1. Vrai. 2. Faux. → Même si certains comme l'Afghanistan sont des PMA. **3. Vrai. 4. Faux.** → Le premier a lieu en 1972 à Stockholm.

p. 321

1. Faux. → C'est l'ONU. **2. Vrai. 3. Faux.** → C'est l'Inde.

p. 326

1. Vrai. 2. Faux. → À 1700. **3. Vrai. 4. Faux.** → Elle soutient les projets qui concourent au développement, sur tous les plans.

p. 331

1. Vrai. 2. Faux. → Il dépend des progrès de la prospection, du prix de la ressource et des techniques que l'on maîtrise pour l'exploiter. **3. Faux.** → C'est le contraire. **4. Vrai.** → Le besoin en énergie du secteur des transports est beaucoup plus grand relativement dans un pays vaste. **5. Faux.** → Une éolienne par exemple se voit de très loin.

p. 336

1. Faux. → Il ne faut pas confondre avec la ville nord-américaine. **2. Faux.** → Même si on voit ressurgir des formes d'habitat spontané et insalubre. **3. Vrai. 4. Vrai.**

p. 343

1. c. 2. a. b. c. Tous ! **3. b. 4. b. 5. c.**

p. 348

1. Faux. → Il n'y a catastrophe que s'il y a présence et victimes humaines. **2. Faux.** → Si la population sait se protéger, cela en diminue les conséquences.

3. **Vrai.** **4.** **Faux.** → Ce sont des risques climatiques.

ANGLAIS

p. 358

1. **le possesseur** → En anglais, ***Jenny's** book* = ***her** book*, ***Mike's** book* = ***his** book*. En français, que le possesseur soit féminin ou masculin, on dit « son livre » dans les deux cas. **2.** la proposition principale. **3.** **le type de texte.** **4.** **le temps**. **5.** Le préfixe *mis-* **a un sens péjoratif**. **6.** soutenir.

p. 368

1. **b.** et **c.** **2.** **b.** et **c.** **3.** **b.** **4.** **a.** **5.** **a.**

p. 383

1. indénombrables. **2.** *He has few friends.* **3.** *I advise you to revise for the test.* **4.** *what.* **5.** *Thank you for telling me.* **6.** *for.*

p. 392

1. *browser.* **2.** *feel well.* **3.** *be isolated.* **4.** *save.* **5.** *stubborn.*

Crédits photographiques

p. 89 M. Hans
p. 90 UMA/Paul Sutton/PCN
p. 115 Cosmos/David A. Hardy/SPL
p. 140 Cosmos / SPL / Pkka Parvanen
p. 214 © Collection Archives Nathan DR
p. 216 ht BIS/ Ph. H. Josse © Archives Larbor
p.216 b BIS/ Ph. © Archives Larbor
p. 222 ht BIS/ Ph. H. Josse © Archives Larbor
p. 222 b BIS/ Ph. H. Josse © Archives Larbor
p. 223 BIS/ Ph. H. Josse © Archives Larbor
p. 229 BIS/ Ph. © Archives Larbor
p. 230 © Harlingue-Viollet © Adagp, Paris, 2007
p. 231 BIS/ Ph. H. Josse © Archives Larbor
p. 236 ht BIS/ Ph. J. Arland © Archives Larbor
p. 236 b Bis/ Ph. © Archives Nathan
p. 237 BIS/ PH. H. Josse © Archives Larbor
p. 238 ht © Photos 12
p. 238 b BIS/ Ph. Jean Tarascon © Archives Larbor
p. 277 BIS/Ph. Michel Didier © Archives Larbor
p. 282 BIS/© Archives Nathan
p. 283 BIS/Ph. Oronoz © Archives Larbor
p. 287 BIS/Ph. H. Josse © Archives Larbor
p. 288 © atmospheric - Fotolia. com
p. 295 BIS/© Archives Larbor
p. 296 BIS/Ph. Giacomelli, Venise © Archives Larbor
p. 297 BIS/Ph. Scala © Archives Bordas
p. 299 BIS/© Archives Larbor
p. 304 BIS/Ph. Didier © Archives Larbor
p. 308 © Paris-Musée de l'Armée, Dist. RMN/Pascal Segrette
p. 312 © Paris-Musée de l'Armée, Dist. RMN/Pascal Segrette
p. 342 © ISS/NASA

Les photos p. 197 et p. 200 sont de M. Lalevée.

Imprimé en Italie par «La Tipografica Varese Srl»
en novembre 2017 - 10238027